# JOHN DL ⌣⌣
# PRINCE OF ULSTER

# JOHN DE COURCY
# PRINCE OF ULSTER

### STEVE FLANDERS

**COLOURPOINT**

Published 2015 by Colourpoint Books
an imprint of Colourpoint Creative Ltd
Colourpoint House, Jubilee Business Park
21 Jubilee Road, Newtownards, BT23 4YH
Tel: 028 9182 6339
Fax: 028 9182 1900
E-mail: info@colourpoint.co.uk
Web: www.colourpoint.co.uk

First Edition
First Impression

Designed by April Sky Design, Newtownards
Tel: 028 9182 7195
Web: www.aprilsky.co.uk

Printed by W&G Baird Ltd, Antrim

ISBN 978-1-78073-069-1

Front cover: Carrickfergus Castle, centre of John de Courcy's kingdom. *(Sam Knox)*
Opening image: Downpatrick seen from Inch Abbey. *(Steve Flanders)*
Closing image: Carrickfergus Castle at night. *(Sam Knox)*

*About the author:*
*Steve Flanders studied the Courcy family for his doctoral thesis at Queen's University*
*Belfast. He lectures and tutors on a wide range of topics, especially the medieval period.*

# Contents

Thanks. . . . . . . . . . . . . . . . . . . . . . . . . . . . . . 7

John de Courcy – Prince of Ulster . . . . . . . . . 9

Maps . . . . . . . . . . . . . . . . . . . . . . . . . . . 111

Figures. . . . . . . . . . . . . . . . . . . . . . . . . . 117

Index . . . . . . . . . . . . . . . . . . . . . . . . . . 121

# Thanks

I should like to thank Carrickfergus Borough Council and the Northern Ireland Environment Agency, without whose support this book would not have been possible. Thanks also to Ian Eagleson and John O'Keefe and their staffs for all their help, and especially Sam Knox for the generous use of his photographs of Carrickfergus Castle.

Generously supported by:

Dawn, early February 1177. The Hill of Down, today's Cathedral Hill, stands out from the mist which flows across the countryside; the mist that makes it difficult to distinguish the surrounding flooded tidal marshes from what will become the town of Downpatrick. As the sun rises higher, it reveals a mass of armed men approaching the fords across the Quoile river to the north. Thousands strong and confident, they are led by their king, keen to recapture his hill fort. Up on the hillside a few hundred men await their attack. Dismounted knights and men-at-arms, protected by chain mail, holding swords and spears, and backed up by archers and lightly-armed allies, survey the approaching army, confident of victory. Unlike the oncoming native Irish, the defenders are mostly Normans – fierce warriors, trained to fight from birth, and conquerors of England, Sicily and Jerusalem. And they have another advantage. Standing tall amongst them, fair-haired, experienced, courageous and full of confidence, is the aristocrat who will lead them to victory and win for himself a kingdom. He is John de Courcy, and he will this day become Prince of Ulster.

John de Courcy was born in the middle of the twelfth century, in about 1150, at the manor of Middleton Cheney in Northamptonshire. His father, Jordan, was lord of the manor. There do not appear to have been any previous children born to Jordan and his wife (her name has not survived in the records). Stillborns, infant deaths and daughters were not recorded and even the birth date of John is conjectural. It's likely that Jordan de Courcy married a year or so before John's arrival although, of course, he and his younger brother – named Jordan after his father – may have been born some years after the marriage. Their father, like all Anglo-Norman aristocrats, would only have married when he had secured sufficient land and wealth to satisfy his future wife's family that he had the ability to support his bride and any children they might have. Ownership of sufficient land also demonstrated that Jordan's social status matched or exceeded that of his bride's family. To marry, he needed to hold land or have good prospects of doing so. Jordan did not marry before he became lord of Middleton Cheney in Northamptonshire.

Middleton Cheney, or rather Middleton Courcy as it would have been known at the time, was a moderately-sized manor centred on a village together with several hamlets and land suitable for different types of agriculture, both arable and pastoral. Like most medieval manors it was largely self-sufficient, producing all the food and materials that the lord of the manor, his family, sub-tenants and peasants needed to survive. Jordan sub-divided Middleton not only into the different land types but also amongst sub-tenants. Some of these would have been fairly well-to-do farmers whilst others were little more than agricultural labourers, living in small cottages with a garden for growing vegetables and access to a modest share of any common land. These tenants used surplus food, raw materials such as animal hides, and their own labour to pay the lord in return for the use of the land. Good-quality land produced various crops, animals were reared in pastures, meadows were cut to provide winter hay, and bogs were cut for turf fuel. Poorer quality high ground was ideal for sheep and goats, whilst woodland provided everything from foraging for pigs to construction material.

Jordan de Courcy was given the lordship of the manor of Middleton Cheney by his older brother William who had inherited their father's much larger lordship – the honour of Stogursey. This Courcy lordship in England comprised manors scattered across the country, although mainly concentrated in Somerset, Devon and Yorkshire.

In granting Jordan the manor of Middleton, William was fulfilling his duty of providing for his siblings and other family members. However, the grant was not absolute. Like all medieval transfers it contained an element of quid pro quo.

Nominally, the king of England owned all the land. All the lords, the Church and others were his tenants – known as tenants-in-chief. These then tenanted some of their lands to men lower down the social scale, such as younger brothers, who became lords of manors like Middleton Cheney. William de Courcy was one of these tenants-in-chief and his brother Jordan one of these lesser men. Lesser he may have been but, like all such men holding only one or two modest manors, he played a vital role in twelfth-century society.

Jordan owed William fealty, that is fidelity and loyalty. He was William's 'man'. When required, Jordan would turn out as a mounted knight to support his lord. This is why from an early age all aristocratic boys were trained to fight, unless they were destined for a career in the Church. Aristocratic girls were trained by their mothers in the skills necessary to run a lord's household, that of their future husband, unless they too entered the Church.

Jordan wasn't the only trained fighting man that William could call upon. Each tenant-in-chief had a quota set by the king. When the king went to war he expected all his tenants-in-chief to muster their quota of fighting men so that, together with the king's own knights and men-at-arms, they formed the royal army, the army of England. Failure to muster your men when the king commanded meant you had committed treason which, at the very least, led to loss of land and status and, at worst, your life.

Consequently, throughout William de Courcy's lordship across England he held some of the manors himself for his own income – often the best ones – and granted the others to men who formed his personal army. The most important element of this army were the knights, usually younger sons of aristocrats who fought on horseback. Indeed, aristocratic boys were introduced to horse riding at a very young age, as soon as they could straddle a saddle, so that it became second nature to them. The more plentiful element in each lord's private army were men-at-arms, who fought on foot. They were usually tenants of the poorer manors within the lordship. Nevertheless, they still represented significant wealth compared to the peasants, not least because they could equip themselves with chain mail, like the mounted knights. Chain mail was very expensive. Every link was hand made and it took an expert blacksmith to manufacture a bespoke suit. Accurate fitting was vital as the wearer's life depended on his ability to move easily when wearing it and his confidence in its ability to protect him.

For most of the year these men lived on and administered their manors, but in the summer campaigning season between sowing and harvesting they could be called up to fight. However, by the later twelfth century a change was developing in this system of knight service. A monetary value was set on the cost of providing a mounted knight or a man-at-arms. Rather than call out each lord's tenants for campaigning, the king began to accept this monetary value from each lord according to their required quota instead of the men themselves, and used the money to hire stipendiary knights who were probably better trained for warfare and certainly had greater experience. When John de Courcy first struck out on his own independent path he became a stipendiary knight. This was a typical career path of a young aristocrat who either inherited very little wealth from his father or who was a younger son.

Although comparatively modest, Middleton Cheney provided Jordan and his family with most of what they needed throughout the year, but they would also have traded food and other things for items made by specialist craftsmen in nearby towns or brought into the district by itinerant merchants. Also, as in any farming district today, they traded cattle, sheep and other livestock with their neighbours and in the regular markets held in the district. Markets were based in towns, in fact they were the main reason for a town's existence. Towns were manors just like everywhere else in the twelfth century and they were owned by a lord or several lords. Controlling a town meant that a lord controlled its market and was able to gain a considerable income from its transactions. Jordan's manor relied on markets owned by other lords and this shows he was far from the front rank of the aristocracy. Nevertheless, although he was not wealthy when compared with other aristocrats, he enjoyed a comfortable income which was many times greater than his sub-tenants and beyond the dreams of the average labourer.

Jordan de Courcy remained lord of Middleton throughout his life and eventually passed it on to his eldest son, John, who in turn listed it as part of his dower property when he married Affreca, the daughter of the king of the Isle of Man. However, Northamptonshire was not to be the centre of John de Courcy's early life. While he was still a young child his father moved the family to Harewood in Yorkshire and it was in this part of England that John grew to adulthood and made the friends, contacts and alliances which subsequently were to serve him so well in Ulster. All aristocratic families ensured that their young sons lived, trained and relaxed with others of their social class. Friendships established at this period of their lives usually persisted throughout their adulthood. It was these friendships that formed and strengthened the complex network of personal ties which permeated England's ruling elite.

# John the aristocrat

John was born into the Anglo-Norman aristocracy which had dominated the kingdom of England since its conquest in 1066, and the duchy of Normandy from the time of its establishment by Viking invaders early in the tenth century. Jordan de Courcy, his father, was one of the three sons of a certain William, the first Courcy lord of the lordship of Stogursey (ie Stoke Courcy) centred in Somerset, in south-west England. Jordan was the second of the three. John's two uncles were William, the eldest brother who succeeded their father as lord of Stogursey, and Robert, the youngest brother of whom we know little. When John's uncle, the second William de Courcy of Stogursey, inherited the lordship he provided for his younger brothers: Jordan was granted the lordship of Middleton Courcy, while Robert became his eldest brother's tenant for some houses within the important royal borough of Oxford. A borough was a town which was owned by one or more lords but which had been granted a charter giving it a certain amount of self-government. All towns were markets, and all boroughs were towns, but not all towns were boroughs.

Family connections by birth, marriage and god-parenthood were very important in John's time. Royal government administered the whole of the country, but it was far less developed or detailed than government today, and its objectives were also quite different. John and his contemporaries could not look to the government for social services such as medical care or pensions, instead they relied on their family, personal connections and contacts, many of which were established by birth. As John was his father's son he could claim whatever status that gave him. John's mother is not recorded but, as it appears his father's family was the determining influence on his life, her family may have been of lower social status than the proud Courcy clan.

The lord of each manor administered local law and justice within the territory he controlled, although this was limited to what we would consider to be civil law and minor criminal offences. Disputes between lords were settled by the king or his representative in the county, the shire reeve (sheriff), who also convened the king's court to hear major criminal cases, such as murder and rape. Thus, to some degree, justice was devolved to each tenant-in-chief and he was also expected to assist the king's sheriff in tax collection and whatever other administrative duties the king expected in the locality.

At every level of society, families provided as secure an environment as possible for the protection of their members. They sought to advance the prospects of children and ensure that family wealth stayed largely under their control. Medieval families were tight, cohesive social units consisting of several generations.

They gave status, the possibility of inheritance and daily sustenance and habitation. They also gave much more. They linked each family member with other families. Families were often already connected by previous births and marriages and, more rarely, political alliances.

This is the reason why marriage in medieval society was so significant. Marriage joined two families together, not just the bride and groom. It transferred wealth, power and influence from one family to another. The bride left the family controlled by her father or other senior male relative and became part of her husband's family. Her dowry, which amongst the aristocracy could be very substantial, was removed from the family of her birth and now became the property of her new family. To give an extreme example, when the future King Henry II married Eleanor of Aquitaine in 1152 she brought most of south-western France as her dowry. Consequently, love was not the primary reason for marriage, although it often followed, and most such alliances had been discussed and debated at length within each family, and negotiated between them before any ceremony took place.

Over-arching all of these specific personal links were those of tenancy, fealty and loyalty. To be the tenant of a lord, especially a great lord, gave the head of a family plenty of responsibilities, but also provided status, an income, additional security and someone more powerful who might help them in times of need. Medieval society was a complex web of these interconnected relationships, with families forming the primary units within which people lived. These networks permeated all sections of society, even down to peasants within their village. Although the peasants' personal wealth and influence was far more limited than society's elite, they nevertheless lived within a fabric of inter-family and inter-personal relationships. As in village life down to the nineteenth century, everyone knew everyone else, how much they owned, to whom they were related and what prospects they had. It was a society in which you knew your neighbours very well and they knew you, and everyone was suspicious of outsiders, such as travelling craftsmen or merchants.

For aristocrats, these family-based relationships were especially crucial as their wealth and resources were so much greater. Also, because only a few thousand aristocrats ruled England, they all knew a lot about most of their social equals, no matter how far away they lived, and were probably related to them, if only distantly. They regularly met together whenever the king called them to an army muster and, as they all acted to some degree on behalf of the king's government, they were in regular contact with each other and with the royal court. Just as in village peasant society, aristocrats gossiped and schemed, each aiming to get advantages over other aristocrats. Being his father's son meant that John was one of these aristocrats from birth and so automatically became a part of these convoluted personal interconnections which made up the warp and weft of twelfth-century life.

However, just as peasants could be relatively rich or poor within their village, so also the aristocracy. While it is true that, as a whole, all aristocrats were vastly rich compared with all peasants, within the aristocracy there was as much variation as in any other part of society. By comparing one aristocrat with another, it is possible to see that some were fabulously wealthy and others were relatively poor, some commanded many tenants while others were pleased to be tenants themselves, even of quite modest amounts of land. John's father was one such tenant.

## Inheritance and tenancy

John's father, Jordan, was the tenant of his older brother, the second William de Courcy of Stogursey. Although primogeniture, the principle that only the eldest son should inherit the father's estates, was becoming established in the first half of the twelfth century, it was far from being written in stone and it was only in later centuries that it became an unquestioned rule of inheritance. About 50 years before William inherited the lordship of Stogursey from his father, another William

– the conqueror and king of England – had died and disposed of his holdings to his three sons in a quite different way. Convention in the late eleventh century required a father to bequeath to his eldest son those lands and other wealth which he himself had inherited from his own father. Once these were disposed of, he could then distribute in a way he thought fit any lands which he himself had acquired by marriage or conquest. King William the Conqueror gave his patrimonial lands – the duchy of Normandy – to his eldest son, Robert, but granted the lands he had conquered – the kingdom of England – to his second son, also called William. The Conqueror's third son, Henry, received cash.

About 50 years later, however, the first William de Courcy of Stogursey granted all of his lands to his own first son, named William after him, undoubtedly expecting him to make some provision for his younger brothers, but keeping the lordship itself in one piece and firmly under Courcy family control. Although the father might have been tempted to provide for all his sons by dividing up his lands, when he passed everything on to his eldest son he ensured that the integrity and strength of the lordship would be maintained. Dividing it up into three parts, even unequal parts, would have substantially reduced the financial and military strength of the lordship and consequently lowered the status of the second William de Courcy amongst his fellow aristocrats. Having established himself in England, the first William de Courcy was clearly determined that his family should maintain its status within the highly-competitive Anglo-Norman aristocracy and for that the new lord, his eldest son, needed as large a lordship as possible.

Granting tenancies to younger brothers was an ideal solution for a lord with relatively limited resources compared to more powerful aristocrats. Firstly, it demonstrated that the head of the Courcy family was looking after its other members by providing an income and modest status for younger male siblings who had inherited virtually nothing. This was the expected practice of the time. Secondly, it kept the tenancies within the family and encouraged the new lord's brothers to remain loyal to him, as younger brothers were always potential competitors. Thirdly, it slowed the increasing tendency for tenants unrelated to the lord by blood or marriage to become more independent from their lord's control.

## John's youth

At his birth John was immediately an aristocrat and would be reared and trained as one. It was not only his status, it was also his future job. Aristocratic boys and youths underwent training in all the skills they would need for warfare: horse riding, use of the sword and other weapons, close-combat and, as importantly, the organisation of his personal staff of grooms and squires. Furthermore, they would have learnt the basics of command: how to lead men, how to balance the make-up of their force, what types of troops to include for each different situation, and how to organise the commissary for their needs. It is often said that every French soldier in Napoleon's army carried a field-marshal's baton in his knapsack, and for young aristocratic men in the elite warrior society of twelfth-century England that was exactly what their training attempted to achieve.

John was born to be such a warrior, but his prospects were hampered by his status. His father was a younger son and had not inherited a share of his own father's lordship. Consequently, he would have little to pass on to his sons. John was his father's eldest son and as such could have expected whatever lands Jordan might own and control, and perhaps any position he held. However, as he grew to adulthood and began to understand how his world worked, it was obvious to him that his patrimony would be very modest and do little to further his position within England's ruling elite. Moreover, John had a younger brother, named after their father, so even when he did gain whatever inheritance his father might bequeath, he would also be expected to help his own brother to some extent. John's father was rich in status but poor in resources, and it is this prospect, passed on to his eldest son, which was an important influence – probably the key influence – on John's future career and actions. Almost everything that John later achieved was driven by his inherited status, very limited resources and rather bleak prospects.

John's upbringing was dominated by training to manage a lordship, and for warfare. His personal military training took place amongst other aristocratic boys under the tutelage of experienced warriors. However, John's family's modest resources would not have supported an extensive military retinue and so he gained his training by being fostered, for a few months each time, with more wealthy families to whom the Courcys were connected. The number of families with which John could claim a personal connection and were near enough to visit dramatically increased when his father moved his family to Harewood in order to take up the administration and stewardship of the Courcy family estates in northern England. This occurred in 1153 or 1154 and meant that John grew to adulthood amongst lordships owned by families who were powerful in the region and linked by birth or marriage to the Courcys.

John trained with other young aristocrats who were members of his extended kin group, or were the sons of their tenants, and established friendships on which he could later call when he subsequently transformed Ulster into an Anglo-Norman feudal lordship. He also travelled widely across northern England, visiting

Courcy estates as well as those of related families much further afield, familiarising himself with the practicalities of administration and making additional contacts with the sons of tenants. Northern England was John's training ground and provided him with his most valuable resource in Ulster: a group of young, landless, aristocratic warriors eager to take part in conquest and secure their own land as lords themselves or as tenants of a more powerful lord.

## John's ancestry

John de Courcy's successful invasion and conquest of eastern Ulster was the result of his ancestry, upbringing and training as an aristocratic knight. As part of the aristocracy of the duchy of Normandy, the Courcy family was swept up in the invasion of England in 1066 by William the Conqueror and the subsequent disputes and warfare between his three sons: Robert, William and Henry.

The earliest evidence we have of the Courcy family is in Normandy in northern France sometime in the 1030s. Robert de Courcy was the fourth son of an aristocratic warrior called Baudri the German who had been encouraged to settle in Normandy by its duke, Richard. Robert of Courcy got his surname because he was given the little settlement of Courcy as his own manor, together with some outlying villages. These are all on or near the river Dives which flows northwards through western Normandy to the duke's stronghold of Caen and then on to the Channel coast. Duke Richard also arranged a marriage for Robert. His wife, Hebrea, was the daughter of another local lord and brought more manors to Robert as her dowry.

Robert de Courcy and Hebrea had at least one child, a son whom they named after their generous duke. Richard de Courcy subsequently married another local heiress, Wandelmode, and she brought additional land to her Courcy husband. All seemed set for the Courcy family to continue as minor aristocrats farming their land deep in Calvados country and enjoying the benevolent protection of their duke.

However, in 1066 that peace was shattered. The duke – William – the grandson of the Richard who had first given the Courcy family its land, was determined to conquer a new kingdom for himself just across the sea. In late September 1066, Duke William of Normandy launched his invasion of England and subsequently defeated and killed King Harold II and his Saxon army at the Battle of Hastings on 14 October. In the years following this conquest King William the Conqueror divided England up amongst his aristocrats so that they now had land on both sides of the Channel.

There is no evidence to suggest that Richard de Courcy took part in the invasion; he was probably one of the

Norman aristocrats who remained behind in Normandy to defend the duchy while most of its fighting men were away in England. Nevertheless, he did benefit from the conquest. Sometime before 1086, when the *Domesday Book* was drawn up to list what everyone owned in England, he was given three manors in Oxfordshire: Nuneham, Sarsden and Foscot. This was quite a small reward compared to the massive estates in England which other Norman aristocrats had received, but it may have been intended to give Richard an income for acting as one of King William's justiciars. As a royal justiciar Richard's job was to act on behalf of the king and make sure that all taxes and other payments due were collected and paid into the royal treasury. Once these manors had been given to Richard they became part of the Courcy family's lordship in England and Normandy. Richard de Courcy and Wandelmode had three sons: Robert, Richard and William. They were all named after dukes of Normandy. The second son, Richard, died young leaving Robert as the heir and William with only limited prospects as the younger son.

King William the Conqueror died in 1087. Because he gave the duchy of Normandy to his eldest son, Robert, and the kingdom of England to his younger son, King William II – known as Rufus because of his ginger hair and beard – this created problems of loyalty for the Norman aristocrats. They were expected to be loyal to the king or duke wherever they owned manors. So, as they all had land in Normandy the new Duke Robert expected them to be loyal to him. However, they also had land in England so the new king expected them to be loyal only to him. It was a difficult situation for all Norman aristocrats, including Robert de Courcy. That situation got worse when the sons of William the Conqueror fell out with each other and each one tried to conquer the other. Norman aristocrats were forced to choose sides. Whichever son they chose – king of England or duke of Normandy – the other one would declare them disloyal and take away their land in his territory.

Most of Richard de Courcy's land was in Normandy so he sided – more or less – with Duke Robert. This meant that the three manors he had been given in Oxfordshire could be taken from him by King William II. During the confused fighting and political manoeuvring of the 1090s, Richard de Courcy appears not to have visited England and he consequently lost control of his Oxfordshire manors, although he was never formally declared as disloyal. In Normandy, the duchy gradually descended into chaos, as different factions fought to control territory and even the person of the ineffectual Duke Robert himself. At one point, the situation became so bad for Richard de Courcy and his family that their castle at Courcy – which still stands today – was besieged by those claiming to represent the duke. With the help of an ally, another local aristocratic family, the

Grandmesnil, he successfully fought off the attack.

The situation changed when King William II of England died in a mysterious hunting accident in the New Forest on 2 August 1100, and the youngest of the three royal brothers – Henry – dashed from Normandy to England and had himself crowned king. Meanwhile, Duke Robert had spent the previous four years on the First Crusade, where he had fought very valiantly and found himself a wealthy heiress to marry. On his return later in 1100 he felt that it was he who should have succeeded to the English throne, not his younger brother Henry. Five more years of factionalism and rivalry in Normandy did nothing to strengthen Duke Robert's rule and he was eventually overthrown by King Henry I of England at the Battle of Tinchebray in Normandy on 26 September 1106. Henry imprisoned Robert until the latter's death in 1134 and took the duchy for himself.

# Two Courcy families

Richard de Courcy died sometime before 1100 during this lengthy period of unrest and was succeeded by his eldest son Robert as lord of the family's Normandy manors. As was expected at the time Robert made his younger brother, William, the tenant of some of his less valuable manors so as to provide him with a home and income. This, however, was not enough for William and his subsequent action caused the Courcy family to split into two separate sections, with one based in Normandy and the other based in England. John de Courcy was a member of the English-based family.

Before his father's death, the young William de Courcy had been with the future King Henry when the latter was living in Normandy during the 1090s. He had managed to secure a place in Henry's entourage. He next appears in the records in England soon after Henry was crowned king of England in 1100. The new King Henry immediately set about organising his own government and replaced all the favourites and officials of the previous King William II with his own men. William de Courcy was one of these men. The changeover was so noticeable that chroniclers of the time referred to these young aristocratic officials of King Henry as 'new men' who had come from nothing. They were not powerful and established landowners in their own right. This was just what King Henry wanted. They owed their position and their new wealth to him and they were ready to carry out his orders to the letter. King Henry was an astute and capable administrator, and a master at manipulating and using people to serve his ends.

He appointed William de Courcy as a royal dapifer. This meant that William became a steward acting with royal authority on the king's behalf. He helped in the administration of the king's vast collection of manors as well as ensuring that tax and other income from non-royal land was paid into the treasury. It was an important but somewhat mundane job that involved plenty of accounting and supervision. This approach to the government of England was a substantial improvement on what had gone before – at least as far as King Henry was concerned – but nobody likes paying taxes so royal stewards were not popular. The post gave William de Courcy occasional access to the king, which was something that was valued by all aristocrats, and meant that he was a small but integral part of Henry's forthright control of his kingdom.

While his younger brother, William de Courcy, was becoming a rising star in King Henry's government of England, Robert de Courcy in Normandy was lord of the family's manors in the duchy, nominally ruled by Duke Robert. Consequently, the Courcy family had split into two with each section loyal to a different lord. In England, King Henry set about rewarding William de Courcy and raising his status and authority by giving him land, the most important asset of medieval society. First he gave him some royal manors in Northamptonshire. To these he added the Oxfordshire manors of Nuneham, Sarsden and Foscot, which had been listed in *Domesday Book* as in the possession of William's father, Richard de Courcy. If the tradition of primogeniture had been followed the eldest son would have inherited all his father's land and these would have passed to William's brother, Robert de Courcy in Normandy. However, because of the ongoing dispute between England and Normandy, King Henry could regard the Oxfordshire manors as forfeited by the Courcys of Normandy and was therefore free to grant them to whoever he wished.

When William de Courcy received these Oxfordshire manors it rankled with his older brother in Normandy. It was one of the reasons for the family splitting into two parts. In the next generation the subsequent Courcy lord in Normandy would use his influence to take control of land in England owned by William de Courcy's successor and this led to John de Courcy's father – Jordan de Courcy – moving his family northwards from Middleton Cheney to Yorkshire. John de Courcy grew up in Yorkshire because of a family dispute stretching back two generations, and it was there that he learned about the fragile political situation in eastern Ulster.

King Henry of England consolidated William de Courcy's position by providing him with a wealthy widow and heiress as his wife. William married Emma de Falaise in the early 1100s. Emma's dowry included manors in north Devon and Somerset which she had inherited from her father, William de Falaise. The most important manor was called Stoke, in north Somerset, and included a castle, village and church. It was the centre of all the lands which Emma brought to her second husband and so his surname was added to its name, giving Stoke Courcy, today's Stogursey. Emma's dowry was the biggest contribution to William de Courcy's new wealth and so all of his manors – including the previous royal manors and those in Oxfordshire – now became grouped together in an honour, a collection of manors held by an aristocrat. William became lord of the honour of Stogursey.

Within a few years William de Courcy had become established as a comparatively wealthy official acting on behalf of King Henry. His loyalty was guaranteed because he owed all of his success to the king. With his new wife and new manors William established a new branch of the Courcy family in England completely independent of the senior branch in Normandy headed by his brother Robert. By 1105 King Henry had defeated and imprisoned his own brother, Duke Robert, and extended his control over Normandy so that, once again, the kingdom of England and the duchy were ruled by one man. Of course, this also meant that Robert de Courcy in Normandy had to make his peace with King Henry who, magnanimously, accepted his oath of loyalty. So, within King Henry's dominions there were now two Courcy families established and, to add to the genealogical complexity, both families usually chose the same names for their sons.

William de Courcy of Stogursey and his wife Emma had three sons: William, Jordan and Robert. While the names William and Robert were already well established in the de Courcy family, Jordan was a new introduction in this generation and was only used in the English branch of the de Courcys. It may have been a traditional name in Emma's family. As the eldest son, William succeeded his father. Jordan, the second son, only had the prospect of a subordinate tenancy. He was the father of John de Courcy.

In Normandy, Robert de Courcy had married Rohesia de Grandmesnil. This marriage was arranged in order to cement the alliance between the Courcy and Grandmesnil families. They were near neighbours in the area in Normandy south of Caen and the Grandmesnil family fought in the defence of Courcy Castle in the 1090s against Duke Robert. Robert and Rohesia had at least eight children. Unfortunately, daughters rarely appear in the records as they only achieved importance in aristocratic society when they married and transferred property from one family to another in their dowries. The sons of Robert and Rohesia were Robert, Richard, William, Ivo, Philip, Simon, Gervais and Hugh.

## The royal succession

Life in Normandy and England appears to have settled down under the firm rule of King Henry but all that was to change in 1120. King Henry had married Matilda of Scotland in 1100. She was a descendant of the Saxon kings of England through her mother, Margaret, and the kings of Scotland through her father, Malcolm Canmore. They had two children: William and Matilda. In 1114 Matilda married the Holy Roman Emperor Henry V, and William was set to succeed his father as king of England.

However, disaster struck on 20 November 1120, when the White Ship carrying the 17-year-old prince and many of his teenage aristocratic friends across the Channel to England hit rocks just off the coast of Normandy and sank within sight of the port of Barfleur. William and practically all of those on board were drowned. This threw the succession to the English throne into crisis. King Henry's older brother, the imprisoned Duke Robert, had a son, William Clito, who might have a claim. Also, Henry's sister, Adela, had married the count of Blois, a territory to the south east of Normandy, and they had several sons. Henry's daughter Matilda, however, now with the title of Empress, had had no children.

Matilda's husband, the Holy Roman Emperor, died in 1125 and she was summoned back to England by her father so that he could arrange a second marriage for her that would help him secure the succession to the throne after his death. King Henry married his daughter to Geoffrey, count of Anjou in 1128. Anjou was the territory to the south of Normandy and had always been a threat to the duchy. By this marriage King Henry aimed to stop the threat to Normandy from Anjou and – hopefully – provide him with a grandson. To try and control the succession as he wished, Henry made all of his aristocrats swear on oath that they would support any future son that Matilda and Geoffrey might have. Matilda gave birth to a son in 1133 and named him Henry. A second son, Geoffrey, arrived the following year, and a third, William, in 1136. The succession appeared to be safe.

King Henry died in 1135 but the succession did not work out as he had planned. His nephew, Stephen, the son of his sister Adela of Blois, had been an important figure in Henry's court for some years. Moreover, he was an adult and an experienced aristocratic warrior and administrator while Matilda's son was less than two years old. If the Norman aristocrats remained loyal to Matilda then there would be a regency run by the Empress and her husband. To allow an Angevin to rule Norman England and Normandy was unacceptable so Stephen received plenty of support and was proclaimed king of England. However, the Empress Matilda and her husband Geoffrey of Anjou had their own faction so the stage was set for civil war. Once again the Norman aristocracy was forced to choose sides in a dispute between members of the same family, for Matilda and Stephen were cousins. Both factions began to rally support but for the first couple of years after Stephen took the throne of England the fighting only took place in southern Normandy.

By about this time Robert de Courcy of Normandy had died and been succeeded by his eldest son, also Robert. In

England, William de Courcy of Stogursey, who had been King Henry's dapifer, had also died and been succeeded by his eldest son, William. This second William de Courcy of Stogursey was the older brother of Jordan de Courcy and was therefore John de Courcy's uncle. The Courcys of England and Normandy were cousins in this generation.

The second William de Courcy of Stogursey sometimes referred to himself as a royal dapifer, but this was his way of affirming his ownership of the lands granted to his father by King Henry as there is no evidence that he ever held the post. In Normandy, his cousin, Robert de Courcy, sought appointment as a royal dapifer or seneschal to King Stephen. The situation in Normandy was increasingly unsettled by civil war and it is not clear if Robert de Courcy was ever officially granted the post. He was, however, firmly in the new king's camp and remained loyal for a couple of years until Normandy was won by the Empress Matilda. He then switched allegiance. Robert de Courcy of Normandy had married soon after he inherited from his father, although the name of his wife is not recorded. They had two sons. The first, Robert, died young, while the second, William, eventually succeeded to the Courcy manors in Normandy.

In England, the second William de Courcy of Stogursey also married soon after inheriting his father's honour. William married Avice de Rumilly and they had three sons: William, Robert and Richard. Avice was a widow and an heiress. She was a member of the wealthy Meschin family, which was closely related to the earls of Chester. Her dowry added several manors to William de Courcy's land holdings. These were scattered throughout England and one of them was probably Middleton in Northamptonshire. This was the manor that William subsequently granted to his younger brother Jordan. In time, Jordan's eldest son, John de Courcy, inherited the manor and he gave it to his wife Affreca as part of his dower in their marriage settlement. In medieval marriages the bride brought her dowry to her husband while he listed about a third of his own land as dower estates, which would support her if he died first.

Avice was not only a widow when she married the second William de Courcy of Stogursey, she was also a mother. She had a daughter, Alice, who was heir to substantial property left by her father, William Paynel. So when William de Courcy married Avice he not only received her dowry lands for himself, he also received control over his step-daughter, Alice Paynel, and her inheritance. This meant he could decide who she should marry and when. The longer he postponed Alice's marriage the longer he could control and get the benefit from her inherited manors. Also, his choice of husband for Alice could be used to his own benefit to make a new alliance or, alternatively, to aid another member of the Courcy family in England.

# The Rumilly inheritance

This was not the only significant aspect of William de Courcy's marriage to Avice de Rumilly. Sometime about 1135 Avice's father and brother died in quick succession, leaving all of the Rumilly inheritance to be divided between Avice and her two sisters, Alice and Cecily. The established tradition was that the inheritance should pass to the nearest male heir, but by this time a new practice was also developing alongside primogeniture, that of parage. By this, if all male siblings had died then an inheritance could be divided between surviving sisters. However, the inheritance would not mostly go to the eldest sister, as with male heirs, but instead it would be divided more or less equally. This was because it would benefit the sisters' husbands, so there was pressure for all interested parties to get a substantial share. Moreover, as this was a relatively new idea, it needed the agreement of the king to make it legally valid.

In 1136, King Stephen travelled slowly north from London to York, partly as a way of checking on the loyalty of his aristocrats and partly dispensing justice and settling legal cases. One such case was the Rumilly inheritance and he gave his approval to the division of the manors between the three sisters. Immediately, Avice de Rumilly and her two sisters each gained considerably more land than they had had in their dowries. This meant that their husbands, including the second William de Courcy of Stogursey, suddenly found themselves owners of much more land. For William this meant that he was now lord of a substantial collection of manors in Yorkshire. It was quite a windfall.

However, there was a fly in the ointment as far as William de Courcy was concerned. In his journey northwards, King Stephen had been accompanied by Robert de Courcy of Normandy, and his younger brother Richard. They were part of the king's entourage when he settled the Rumilly inheritance. In other words, Robert de Courcy of Normandy was in the presence of the king while William de Courcy of Stogursey was far away in Somerset. Robert used his opportunity to persuade King Stephen to arrange a marriage for his younger brother Richard and he had a candidate for the bride clearly in his sights. Some time soon after King Stephen was in York, Richard de Courcy of Normandy married Alice Paynel, the step-daughter of William de Courcy of Stogursey. Richard de Courcy immediately secured Alice Paynel's own inheritance from her father, which had been under William's control as her step-father. This established him as a fairly wealthy aristocrat in Yorkshire.

In return for arranging this marriage, King Stephen got a loyal supporter established in the north of England. His action suggests that Robert de Courcy of Normandy had been made a seneschal of the duchy at the same time as the Rumilly inheritance was divided up by the king. Stephen needed all the help he could get against the Empress Matilda. There was nothing that William de Courcy of Stogursey could do to prevent this intrusion into his affairs by his Normandy cousins. William's situation then became worse. By 1137, the civil war between King Stephen and the Empress Matilda had spread to England and aristocrats were forced to choose sides. Eventually, a stalemate developed – although there was much fighting – and, broadly, the south and east of England were controlled by King Stephen while the west supported the Empress Matilda.

William de Courcy was caught between the two because he had valuable manors in the West Country and also in Oxfordshire and the south Midlands. Whoever he declared for, the other would seize his manors in their territory. Instead, he opted to keep his head down and try not to get involved. He spent the civil war in Oxford, assisted by his youngest brother Robert. He occupied one of his wall tenement houses and took part in the administration of the royal borough during these difficult times, eventually being listed as an alderman, a leader of the town's ruling corporation. Oxford was on the front line and was occupied by both King Stephen and the Empress Matilda at different times. It put William in the middle of the action without committing himself to either side and also allowed him to keep a close eye on his own manors of Nuneham, a short way down the river Thames, south of the borough, and Sarsden, his valuable estate in the Cotswolds to the west. At the same time he made his brother Jordan tenant of Middleton Cheney in Northamptonshire so that he could oversee the scattering of Courcy manors in the south Midlands.

This meant that William de Courcy of Stogursey had no chance of personally supervising his wife's new inheritance in Yorkshire. Consequently, Richard de Courcy, now established in the county, seized his cousin's estates for himself, although no doubt he responded to any query as to his right to do so by saying he was merely looking after them on William's behalf during these difficult times. Moreover, as a loyal supporter of King Stephen, he had the backing of royal authority. For the Courcy family of Normandy this was payback with a vengeance. They might have lost their Oxfordshire manors a generation earlier but they now controlled much more extensive lands in Yorkshire which they had prised out of the hands of their cousin in England.

# The Scottish connection

To add to this period of chaos and upheaval, King David of Scotland decided to exploit the situation to see what he could gain. He invaded the north of England, supposedly to support the Empress Matilda. His army made its way down the eastern side of the Pennines and met an English army raised by local Yorkshire lords at Cowton Moor, Northallerton on 22 August 1138. The encounter is known as the Battle of the Standard because the Normans had a mast mounted on a cart in the middle of their camp which contained the consecrated host and from which flew various religious banners. The Scots' attack was stopped and turned back but the Normans were not strong enough to pursue and destroy them. Instead a truce was established and for the next six years the Scots occupied most of northern England and had their southern capital at Carlisle. Richard de Courcy was one of the leaders of the Norman lords who fought at the Battle of the Standard. He fought on behalf of King Stephen, justifying his loyalty and repaying the king's approval of his marriage to Alice Paynel.

Earlier, a section of the Scots' army had broken away from the main body and crossed over the Pennines to the west. This force was led by William fitz Duncan, a relative of King David of Scotland. He was met by a force led by the Lacy family at their town of Clitheroe. The battle took place on 10 June and the Lacy forces were defeated. William fitz Duncan immediately marched on Skipton Castle which he easily captured. Today, a local legend about Skipton Castle includes a lurid account of how William then seized the lady of the lordship and forced her to marry him at sword point. This is a fantasy. The lady of Skipton was none other than Alice de Rumilly, sister of Avice de Rumilly and sister-in-law to the second William de Courcy of Stogursey. She was, therefore, also related to her sister's brother-in-law, Jordan de Courcy – she was John de Courcy's aunt.

William fitz Duncan was no wild marauding Scot. Although his ancestors included Scottish kings he also counted Normans amongst them and had grown up in the court of King Henry of England. Significantly, King David, before he succeeded to the Scottish throne, also spent considerable time at King Henry's court as a young aristocrat where, with William fitz Duncan, he was trained in Norman government, fighting and outlook. Rather than the fictional dramatic scene in the chapel of Skipton Castle in 1138, William fitz Duncan's marriage to Alice de Rumilly took place some years before and had been arranged by that practised schemer King Henry of England. It was just one more example of Henry's many moves by which aristocrats from outlying and bordering territories were interlinked with the Norman aristocracy of England. William fitz Duncan was as Norman as the Lacy family he defeated.

The real cause of this curious campaign was that, in the chaos of the civil war, the Lacy family had tried to grab control of Alice de Rumilly's inheritance of the honours of Skipton and Copeland. These had been her share of the inheritance from her father and brother. The Lacy family wanted Skipton because it would give them control of the Aire Gap, the only significant west–east pass through the Pennines. The Lacys held many manors either side of the Pennines, in the honour of Clitheroe in the west and the honour of Pontefract in the east. The Aire Gap linked the two and, if the Lacys could control it, they would become powerful regional lords. When William fitz Duncan defeated the Lacys at Clitheroe it was because he was fighting to secure his wife's inheritance, and the fact that no other great lord in the region ever disputed his actions shows they agreed with his move.

It was only after her husband had thrown out the thieving Lacy family from Skipton that Alice de Rumilly took up residence there with him. There was no Hollywood-style dramatic forced marriage, but rather a lord and his lady reclaiming what was rightfully theirs. After William fitz Duncan's death a few years later, Alice de Rumilly married Alexander Fitzgerald and continued to reside at Skipton. By that time, Jordan de Courcy had moved his family northwards to administer the Yorkshire estates of his brother, the second William de Courcy of Stogursey. Jordan's sons, particularly John de Courcy, grew up just a short way from his aunt's wide-ranging honours of Skipton and Copeland. Not only did that mean he could range widely over the territory and meet family tenants whose sons would later settle in Ulster, but he also grew up in a heady atmosphere of family history linked to the kings of Scotland and England.

In about 1153 the second William de Courcy of Stogursey regained control of his Yorkshire estates and moved his younger brother, Jordan, and his family northwards to act as his steward and manager. King Stephen died in 1154 and by agreement he was succeeded by the oldest son of the Empress Matilda, who became King Henry II of England. Richard de Courcy had died in the previous year and his widow, Alice née Paynel, was swiftly married to Robert de Gant, a member of a prominent Lincolnshire aristocratic family loyal to the new King Henry II. Her lands finally left Courcy control.

William fitz Duncan died in about 1153. His widow and their children remained in possession of Skipton for many years, retaining some of the soldiers of Galloway who had formed part of William fitz Duncan's original force. These formed a significant part of the castle guard and acted as military instructors for the next generation of young aristocratic warriors. Skipton was at the top of the young John de Courcy's list of places to visit for extended periods and it was here that he not only received military training but also gained detailed knowledge of the political situation in north-west England, south-west Scotland, the Isle of Man and, of course, Ulster.

In addition to part of the eastern Pennines, the lordship of Skipton also controlled Copeland, that part of Cumbria which faces across the northern Irish Sea towards the glens of Antrim and County Down. John travelled throughout Cumbria, staying with tenants of the lordship of Skipton, making friends, visiting local monasteries and constantly gaining knowledge and experience. It can be no surprise that when he made himself lord of Ulster, many of his new tenants were drawn from this territory and he made grants and foundations on behalf of monasteries stretching from near Carlisle to as far south as Chester. They had been founded by the same families with which the marriage of John's uncle William of Stogursey had created links. Moreover, Skipton, Copeland and Chester were not the only lordships in the region in which John was welcomed as a relation. Another of his cousins was Cecily, the daughter of William fitz Duncan, who married William the Fat, lord of Holderness and earl of York. When John de Courcy installed tenants in newly-conquered Ulster, they were drawn from these same areas. John's lordship of Ulster was a family business.

# Ireland

John first visited Dublin in 1171. He was only a minor knight within the massive royal army with which King Henry overawed the Irish princes and brought Strongbow and the other Anglo-Norman adventurers in Ireland into line. John travelled with Robert Puher, one of the family that was now administering the lordship of Stogursey on the king's behalf, and they were almost certainly accompanied by John's brother, Jordan. Robert Puher is recorded as shipping cavalry equipment and other supplies for the king. While Henry was staying at Dublin in the special camp built just outside the city for the king and his army, John approached him and raised the subject of Ulster, far to the north and untouched by Norman incursions. As in the case of Philip de Braose, who received a royal grant for Limerick, King Henry laughingly granted Ulster to John "provided he could conquer it by force".

John cut an unlikely figure at the time; still somewhat inexperienced and with little personal following, but fired up with the idea of conquering the territory he had heard so much about as he had grown up in northern England. Henry could not have regarded John's request with much seriousness and the whole story might be just that, a story subsequently invented to justify the invasion. In later years it was certainly in Henry's interest to say that he had made the grant as, when John had indeed conquered Ulster, the king could then claim his own over-lordship and that John's status was simply that of his tenant in the north-east of Ireland. Whatever the truth of the story may be, John had the king's consent and now only needed the opportunity to have a go at turning it into reality. Eventually, his patience was rewarded.

He returned to Dublin in 1176 as part of the royal garrison under the command of King Henry II's newly-appointed administrator William fitz Aldelin. As a landless aristocratic warrior, John was following the career of a paid knight in the king's service, but loyalty to his lord went far beyond the latter's ability to pay. Gerald of Wales mentioned that John arrived in Dublin with two other captains who each commanded a force of about ten knights. John also commanded such a group, having gained his experience and acceptance as a leader of fighting men in the years since his father's death.

John had resorted to selling his sword wherever he could because what little prospects he might have had from his father had evaporated at just the moment he was entering adulthood. In 1171, the third William de Courcy, the lord of Stogursey and owner of the Yorkshire lands which John's father, Jordan, managed as his steward, died leaving only an infant son – also called William – as his heir. The infant William was John's nephew. As a result of the death of the third William de Courcy and because the Courcy family was a tenant-in-chief of the king, the royal government took over the running of the Stogursey lordship on behalf of the very young fourth William de Courcy. William le Puher and Hugh Pincerna, two important tenants of the Courcys in Somerset, were appointed by King Henry II's administration to manage the estates. If John's father, Jordan, was still alive at that time, he was relieved of his stewardship of the Courcy's northern estates and moved back to Middleton Cheney, although it is more likely that he also died at about this time. This left John de Courcy with a dilemma. He had inherited his father's modest manor but not the lucrative administration of the Courcys' northern estates.

These were poor prospects indeed for the young John and it is no wonder that he spent the next few years making his way as a penniless fighter, hiring himself out to whoever might need a knight's murderous abilities. The best employer was, of course, the king, as he always needed armed men to police his far-flung territories and to fight in his regular summer campaigns. Catching the king's eye was not easy, however, and John first had to build up that personal experience and expertise in warfare for which he was subsequently praised by contemporaries. John, together with his younger brother Jordan, naturally turned to the Courcy family for their initial employment. Clearly the lordship of Stogursey had no need for them, or at least was under the control of individuals whose only interest was in farming the estates on behalf of the king and, no doubt, for themselves, so they had to look elsewhere.

John turned to his cousins in Normandy. There, the senior branch of the family was headed by another William de Courcy but, unlike his namesakes in England, he held a post of considerable importance in the royal government of the duchy. William de Courcy of Courcy-sur-Dives was King Henry II's seneschal or steward of Normandy, responsible for the routine administration of the duchy, particularly the enforcement of royal rights and taxes, for which he accounted at the ducal Exchequer in Caen. His responsibility extended throughout Normandy and he needed a group of warriors ready to enforce the decisions of the courts and collect payment of all that was owed to the king. Here was an ideal environment for John and Jordan to gain employment and experience, and they were to spend the next five years in Normandy in the service of their cousin. Moreover, being in the household of the king's steward gave John opportunities to be noticed by the king's counsellors and perhaps by Henry II himself.

William de Courcy of Normandy died in 1176 and his job of ducal steward went to another family. His death closed off another avenue for John and yet again he was cast adrift. By this time, however, he had made a sufficiently favourable impression on the king or his counsellors to be appointed as part of the new royal garrison of Dublin. Being chosen to go to Ireland was no accident; John undoubtedly put himself forward for the post. He had had his sights set westwards from his teenage years when he first learned from his contacts in northern England and Galloway about the fragile political situation in Ulster and the tremendous potential that it offered to a determined and risk-taking adventurer such as himself. After all, he had very little to lose and all to gain by chancing his luck in Ireland.

Now, with plenty of fighting and organising experience behind him, John returned to Dublin as one of several captains subordinate to William fitz Aldelin. This, however, was only a stepping stone towards his ultimate objective. John was back in Ireland at the head of a force of men and with the leadership skills, personal charisma and authority to make good King Henry's jesting permission. For John, there was no time limit to the royal consent he had received in 1171 and now, at last, he had scraped together the resources to chance his luck. He was ready to gamble that Fortune's wheel would turn in his favour.

Gerald of Wales commented that the knights forming the Dublin garrison were dissatisfied with William fitz Aldelin's leadership. They expected him to raid the Irish kingdoms surrounding the Norman-controlled territory, even during winter. Instead, Gerald depicted their commander as acting deviously and seeking to buy off Irish opposition rather than confront it. Chafing at this relative inactivity, some of the knights were easily persuaded by John that there was honour and glory – and land – to be won away to the north of Norman Dublin. Thus it was that John was able to lead 22 knights northwards from the garrison. No Norman knight travelled alone. Each was accompanied by at least his squire and a groom to tend to his several horses. Moreover, John would have ensured that he included Norman infantry and archers in the force. In effect it was a small army in which all the necessary types of fighting troops needed to ensure mutual support in any battle were present. When John faced Dunlevy's attack at Downpatrick he commanded a small but proficient and powerful fighting force.

## Downpatrick – the target

John de Courcy chose to attack in February 1177. Such a winter campaign was very unusual for the time. Normally armies would keep to their winter quarters with only small-scale foraging raids to relieve the tedium. John's objective was the native Irish hill fort of Down, modern-day Downpatrick's Hill of Down. This was the centre of the small Irish sub-kingdom of Dál Fiatach and of the over-kingdom of Ulaid, approximately those parts of Counties Antrim and Down east of the upper and lower river Bann and Lough Neagh. The Hill of Down was a typical hill-fort site. The cathedral now occupies the top of a rounded hill which is all but isolated from the surrounding high ground by areas which, until modern drainage schemes were built from the eighteenth century onwards, were frequently under water and were always marshy. Even today, the land either side of the river Quoile is liable to flooding. The land is low-lying on all but the eastern side, where an easily-defended narrow tongue of higher ground linked the hill fort with the rest of King Rory Mac Dunlevy's territory. It also controlled the river Quoile, which in this period was an important route way to much of eastern Down via Strangford Lough and, through the narrows, to the Irish Sea and beyond.

Downpatrick formed a secular settlement containing the ruling lord's house and household linked to a religious enclosure. Ecclesiastical activity on the site dates back to the fifth century, for the eighth-century monastery replaced an earlier Celtic Christian centre. Additionally, the local king had his administrative centre there, combining secular and religious activities in a characteristically Irish manner. By the early eleventh century the settlement had grown down the gently sloping eastward flank of the hill where the cathedral now stands. A medieval road heading north-east left Downpatrick from this point and met the river at what is now Quoile bridge. This was the site of a ferry which John de Courcy subsequently seized and granted to the monks of Downpatrick Cathedral. From the other side of the river bank the road then ran northwards towards Killyleagh. A number of ferries crossed both the river Quoile and Strangford Lough throughout this period and were a valuable source of income and control for whoever owned them. After his victory, John made good use of these ferries as valuable gifts to the monasteries he established, but kept the important and remunerative link between Strangford and Portaferry for himself. He granted the remainder to Downpatrick Abbey in 1180.

The name 'Quoile' comes from the Irish for narrow, cael, and refers to the navigable tidal channel where it joins Strangford Lough. Upstream, the river originally opened out and flooded much of the land either side at each high tide. Barriers built in the last 200 years have altered the lay of the land so that today's landscape is quite different. The barriers encouraged mud to build up on the landward side and, by reducing the river's width, speeded up its rate of flow which, in turn, deepened the channel. When John arrived in 1177, however, the area inland of the Quoile's narrow entry into Strangford was a substantial flooded area known as Lough Down, particularly noted for its salmon fishery. After his conquest, John granted all fishing rights along the narrow stretch of the river to Inch Abbey but gave the more substantial rights covering all of Lough Down to his new abbey dedicated to Saint Patrick built on the site of the Irish fort. It was John de Courcy who gave Downpatrick its name and began its long association with Ireland's patron saint.

John also began to build a motte-and-bailey castle at Downpatrick. This, now known as the Mound of Down, stands a short distance to the north of the cathedral. It is a natural outcrop adapted into a native Irish structure, perhaps as a secure site for King Dunlevy's most valuable cattle and his horses. After John's victory he began rebuilding the Mound as a castle so as to separate its secular administrative function from the religious centre which now occupied the whole of the Hill of Down. However, before it was completed, the need for a military and administrative post at Downpatrick receded and, instead, John developed his defences further afield with new castles, such as Dromore, while the centre of his new lordship became his magnificent stone keep at Carrickfergus.

John established his control of eastern County Down relatively quickly because he knew that in the past Downpatrick had needed its defences. It had been raided by Vikings in AD 942; the river Quoile gave these expert seamen an easy route to the settlement. Forty-seven years later, in AD 989, the Vikings returned, sacked the settlement at Downpatrick again and burned it to the ground. The wooden buildings were burnt yet again in the year 1111 when they were struck by lightning.

The nearby monastery of Inis Cumhscraigh completes the picture of Downpatrick at the time of John's victory. Like the Celtic Christian community long established on the Hill of Down, the monastery of Inis Cumhscraigh was founded in the eighth century and dedicated to the local Saint Mo Bíu of Inis Cúscraid. The Vikings raided the monastery in 1001 and took many prisoners. It was evidently prospering at that stage, but by 1177 it was all but abandoned. John subsequently revitalised the site, inviting Cistercian monks to his new foundation of Inch Abbey, the remains of which are still standing.

Overall, the area which King Dunlevy of Downpatrick controlled – the kingdom of Dál Fiatach – comprised a small but comparatively well-organised maritime territory with considerable resources, but bedevilled by factional divisions and dynastic rivalries within the ruling family. Its rich farmlands were productive, Lecale being noted for its grain production. John knew that it was not just a prize worth winning, it was also ripe for conquest. His plans were well researched and well organised. He did not just head north from the Dublin garrison on some vague whim, he knew exactly where he was going and the situation he would find there, for he had spent his teenage years in northern England amongst those who were knowledgeable about the lands across the Irish Sea.

# The invasion of Ulster

In early February 1177, John's small army marched northwards for three days, passing through Meath. He arrived at Downpatrick just as dawn was breaking on the fourth morning. The Irish king, Dunlevy, was taken completely by surprise. He had not rallied his forces and so immediately fled with the few troops he had with him. He had not been warned by any of the Irish kings who had allowed John to pass through their territory.

They were evidently either bought off by John, promised some future reward or were pleased to see Dunlevy attacked. After all, if John failed, the warfare would weaken Dunlevy and make him an easy target for others. If John succeeded he might not be strong enough to hold all of Dunlevy's territory and, again, others could grab some of the land. Furthermore, John gained some Irish soldiers en route to add to his army. These were either provided by the Irish kings holding territory on his march from Dublin to Downpatrick or were recruited as mercenaries. In either case the Irish kings were keen for John and his men to pass quickly through their territory, they had no wish to confront a Norman army, no matter how modest its size.

John's decision to campaign in the middle of winter was extremely unusual for the time. Food stocks were getting low, the weather was bad and the days still short. The Dublin garrison was discontented, although this is hardly a rare situation amongst soldiers, but John's timing wasn't just dependent on his fellow knights' grumbling over their inactivity. Instead, he specifically chose this time because winter campaigns were so rare and unexpected and, just as he hoped, he was able to surprise his enemy at the very time when they least expected an attack. It was typical of John's leadership. He utilised every possible advantage to its greatest extent.

Having captured Downpatrick without a fight, John's small invading foreign army seized booty and supplies and dug themselves in, knowing that their easy victory would soon be hotly contested by the Irish keen to defend their land. Amongst the plunder, John captured the visiting papal legate, Vivian, who now attempted to negotiate a settlement. In accordance with Irish custom, Dunlevy offered John an annual tribute if he would leave but this didn't suit the Normans at all. Firstly, it's very unlikely that they would have been able to collect on the promise once they left and, secondly and more importantly, they wanted land, not cash. The principal aim of John's elite aristocratic knights was to seize foreign territory, settle on it themselves, create estates, install tenants, marry the sisters and daughters of other invading Normans and establish their own dynasty. They were land-hungry. They wanted medieval society's primary resource on which to create lordships and establish their status amongst their fellow aristocrats. Dunlevy's aim was to recapture the land from which he had been driven. Their aims were irreconcilable. A battle was inevitable.

## The opposing armies

Dunlevy rallied his forces and attacked. A Norman monk, Gerald of Wales, writing a few years later, claimed that the Irish fought naked and unarmed, believing it a sign of bravery. This is untrue, of course, but it does demonstrate their great valour. Gerald probably meant that they fought without the chain mail armour worn by the Normans. He described the weapons which the Irish used. These were darts, short spears and axes. Significantly, he did not list archers, which seems strange as the technology was far from new. Instead, the Irish used their darts and short spears as missiles and in mêlées. Their use of axes was relatively new in the twelfth century, having been learnt from Viking raiders and settlers. Gerald stressed the Irish fighters' speed and ability to use anything, even stones, as missiles against their enemies. They did not have cavalry as a fighting unit although some might have travelled to battle on horseback.

By contrast, the surviving sources, primarily the account of the extremely partisan Gerald of Wales, depict the Normans as "naturally" superior, "better fighters" and "more civilised" than the Irish. It's not surprising that this Norman monk should present such a biased view in favour of his fellow countrymen. Gerald was a member of the extended Fitzgerald family which played a major role in King Henry II's invasion of Ireland in the twelfth century and its subsequent rule by the Anglo-Normans of England. John's army, "although small in numbers, was of excellent calibre", and equipped and trained for a very different type of warfare to the shout-and-charge technique of the Irish. As with all armies, both the Irish and the Normans relied on personal valour, esprit-de-corps and individual élan, but the core of John's army comprised men-at-arms led by his handful of dismounted knights. These well-armoured and armed heavy infantry formed the centre of his position and John's intention was that they would receive the force of the initial Irish attack and stand firm without being overwhelmed or flinching back.

John's heavy infantry were supported by lightly-armed Irish mercenaries or allies which he had recruited on his northwards march. They were used as a protective screen in front of the Norman infantry to help disrupt the Irish attack and then fall back to stand alongside the core of John's force and protect their flanks. In addition, the Normans had archers. Initially, these were deployed in advance of the infantry so as to get the maximum range in firing on the advancing Irish. As soon as the attackers came close, however, the archers withdrew behind the infantry and continued to fire over their heads until the front ranks crashed together. The Norman archers were a valuable part of John's forces and he paid careful attention to their deployment. His force was drawn up on the north-west facing side of the Hill of Down, just below the site of the cathedral, forcing the Irish to attack uphill and also allowing him to send his archers further up the rise behind his front line after the Irish came close. In this position, John's archers were able to use their added height to achieve greater range and rain arrows down on the unengaged Irish fighters towards the rear of the attacking force, further encouraging disorganisation and panic.

The most important element of John's army were the young aristocratic knights who, like him, were seeking to conquer permanent lordships within Ulster. They formed an elite unit of characteristic Norman heavy cavalry clad in chain mail and carrying one or more spears for throwing or charging, and a long battle sword for close combat. They were shock troops combining speed, greater height compared to a foot soldier, and the psychological advantage of a charging cavalry force. Once stopped, however, they became vulnerable to attack by soldiers on foot. John personally led his small group of cavalrymen. They were each well-mounted on their best battle horses and had the support of several of their own squires and grooms, who stood ready with fresh horses to replace killed, injured or winded chargers. Initially, John kept the horses well to the rear in the battle's early stages, up slope and protected, while he and his fellow aristocrats first fought dismounted alongside his men-at-arms.

Gerald of Wales described the Irish army as numbering ten thousand but it would be more accurate to think of Dunlevy's forces as being 'a lot', certainly many more than John could muster to defend his position. Undoubtedly, the Irish outnumbered John's army but the principal aim of Gerald's exaggeration was to depict his fellow Normans as heroic and steadfast against overwhelming odds and also to depict John and his men in a David-and-Goliath struggle. Consequently, the great bravery of the Irish soldiers in crossing over a river and marshes and then attacking uphill while under attack from archers and spear-throwers is barely mentioned in this partisan account.

John had not been idle since seizing Downpatrick. He had ordered his men to build a temporary fort within the wide-ranging ramparts at the top of the hill, where John founded the cathedral. His fort was planned to prevent surreptitious incursions and thefts as well as to provide security for John's foreign invading force in the midst of Irish territory. Rapidly-built, it was designed for routine defence, but not to forestall an army. It could not withstand a siege. John had not had much of a chance to amass a stockpile of food and his enclosure did not contain a source of fresh water. He was isolated in a foreign country controlled by the hostile Irish keen to defend their own land. Lastly, but most importantly, the circuit around the top of the Hill of Down – Cathedral Hill – was far too long for John to defend, as it would require him to spread his forces very thinly.

The hill fort did not suit the Anglo-Normans' method of waging war nor was it a position that could be adequately defended. To be victorious, John needed to fight the Irish on land of his choosing and on his terms. The Anglo-Norman army required room to fight. Its cavalry could only be effective on firm ground and with a sufficient distance to build up to a gallop for a crushing shock assault, if required. Similarly, the armoured men-at-arms and lighter infantry needed to deploy on good ground. Ideally, this would have a slight downward slope towards the enemy, so as to give each man sufficient space in which to fight and to raise them higher than the attackers. The Normans did not use the compact shield wall of tightly-packed heavy infantry characteristic of the Saxons defeated at Hastings a century earlier. They needed room to swing their swords. Such an open formation, in which each relied on his compatriots on either side, could only be achieved through discipline, experience and trust, and this the Normans at Downpatrick had in abundance. Whether it was justified or not, it was the cornerstone of their own sense of superiority.

In addition, the Anglo-Norman archers also needed space to fight. They would be much less effective tightly packed into a confined fort. Their strength lay in their ability to produce rapid missile fire with arrows landing on the enemy, in flight, and about to be fired. In addition, they could move to new positions as quickly as a running man. A competent commander could use this flexibility to bring their firepower down on the enemy wherever it was needed. Moreover, apart from such responsiveness, archers could keep a retreating enemy in range by following up as they fell back or ran away. John used his archers very efficiently at Downpatrick.

# The Battle of Downpatrick

Eight days after fleeing from Downpatrick, King Rory Mac Dunlevy returned with his army ready for battle. His aim was to destroy John and his army. It would achieve nothing if all he succeeded in doing was to force them away in good order because the Normans would remain together as a threatening fighting force. Consequently, Dunlevy wanted to engage them in combat; he wanted the battle and was prepared to attack them in their prepared position so as to destroy them. Moreover, his Irish soldiers were keen to drive these land-grabbing foreigners from their territory.

John led his forces out of their small enclosure on the flatter ground at the top of the Hill of Down onto the sloping side. This placed the Normans well above the soft marshland which spread out on either side of the river Quoile. John positioned his men on the north-west flank of the hill, facing out towards Dunlevy's forces as they approached. The Irish had to ford the river, cross the marshy area on its edge and only then begin their attack uphill. John hoped the boggy ground around the hill would help protect his army's flanks and limit the chances of it being surrounded by the much larger Irish army. He also expected it to slow down and disorganise the Irish troops. He placed his most powerful troops in the centre of his defensive line. These comprised his knights fighting on foot at this stage of the battle and his men-at-arms. He positioned himself right in the centre – John always chose the most prominent place for himself in any battle, and it was usually the most dangerous. On either flank he deployed his lighter troops, including those from his Irish allies. No doubt each flank curved slightly round and up the hill so as to limit the possibility of being outflanked. John read the terrain well, using his long experience as a soldier, and utilised the best position for his troops.

This position also restricted the frontage against which the Irish could attack and thereby reduced the importance of their numerical advantage. Their objective was to get into hand-to-hand fighting with the Normans and destroy them. Dunlevy could not allow any part of John's forces to survive as they would withdraw, regroup and could attack again another day. Several factors encouraged Dunlevy to make a frontal assault up the hill. First and foremost he wished to engage and defeat John, not chase him away. Secondly, honour and glory was won by attacking an enemy face-to-face and defeating him; and finally this form of direct attack was that most commonly used by Irish armies. It demonstrated the bravery of the Irish soldiers. Dunlevy's army was comprised of separate elements each commanded by their own local lord and they competed for the honour of confronting the enemy's leadership. Thus, once Dunlevy had unleashed the characteristic Irish battle charge he would have no control of his forces and certainly could not have diverted any section into a flanking attack. He would know that every one of his supporters would be aiming to kill John de Courcy and the other invaders.

Gerald's description of the battle was written some years after the event and when he had spent some time as a guest of John de Courcy. It was designed to show the valour of the Normans and their skill at winning the victory. An important aspect of the account was the way in which he presented the Irish as well-armed, brave and in much greater numbers than his heroes. By presenting the attackers in this way, Gerald's aim was to add lustre to his compatriots' success, even if his description of events owed more to his imagination and the oft-repeated stories of those who fought and won on the day. For example, Gerald said that both sides used similar weapons. This is an unlikely claim, especially as he had described the quite different Irish weapons earlier in his book. Also although he recounted that both sides met in hand-to-hand combat he reserved all of his praise for the Normans and ignored the courage of the Irish.

As Dunlevy's forces approached the Hill of Down and crossed the marshy meadows either side of the Quoile river, John de Courcy's archers began firing at them, inflicting death and injury even at some distance. This angered Dunlevy's men, as it would any attacking force, as they were suffering injuries and casualties without being able to attack the enemy. As a result they bravely sought to speed up their attack so as to get close to the Normans. To do so they would have to make an heroic charge up what is even today quite a steep slope. Their battle charge would force the Norman archers to stop firing and run back behind John's battle line for protection.

The Irish battle charge made a fearsome sight rushing up the hill towards the small Anglo-Norman army. Although to John and his men it may have looked disorganised, in fact the Irish soldiers could use this tactic with deadly effect. They fought alongside men they had known all their lives and were led by their traditional tribal leaders. They recognised each other and, although divided into separate units according to the territory from which they came, each of those apparently disorganised forces were self-supporting and could react flexibly to any battle situation. They were a formidable force. John's men needed all their courage to stand and face the attack for, unlike a battle fought on level ground, the Normans could see the entire strength of the attacking army spread out before them. It must have been a chilling sight.

Nevertheless, even at this stage of the battle the psychological advantage wasn't all in favour of the Irish. In addition to the Norman archers' constant firing, as the Irish got within range, John's foot soldiers let fly with spears and other missiles to further blunt the attack. Those foot soldiers included some Irish light infantry which John had recruited either near Dublin or en route to Downpatrick and, although lightly armed and unlikely to hold their ground against Dunlevy's battle charge, they had long experience at fighting other Irish war bands and best knew how to make the most of their spears.

The attacking Irish would have felt very exposed crossing the marshy water meadows up towards the Hill of Down. The waterlogged ground slowed down their progress and, as Gerald commented, the Normans' archery had a devastating impact. It was a grim advance across bad ground with compatriots repeatedly struck down and left for dead. Furthermore, as they reached firmer footing at the base of the hill they then faced ground that rose comparatively steeply to the more level terrain at the summit. Dunlevy's only hope was to rally his men as they neared the Normans and encourage them to launch a powerful assault. With a mighty shout his Irish warriors thrust forward to crash onto the line of knights and men-at-arms which formed the core and centre of John de Courcy's small army. It was a brave action. Dunlevy's aim was to break the enemy's organisation with this single crashing attack and, against Irish armies, it usually worked and delivered the knockout blow. This time, however, the Irish faced a different sort of army and, most important of all, John de Courcy was in its front rank.

John's tactic was simple. Recognising that the strength of an Irish army lay in the impact of this first attack, he organised his forces so they would be as well placed as possible to receive the blow and stand firm. The physical and psychological impact of that blow was what made Irish armies successful in battle against each other. For John, therefore, the strength of his army lay in its ability to hold their ground, keep its position and maintain its organisation and discipline against that shock. At all costs he sought to avoid his fighting line of heavy infantry from disintegrating into disorganised hand-to-hand fighting, which the Irish troops behind the front line could then move into and deploy their numerical strength. The crisis point came right at the beginning of the battle as Dunlevy's fiercely charging Irish soldiers crashed into the Normans' line. Would it hold? The whole battle, the whole future of these men, of John de Courcy and of their conquest of Ulster, hung in the balance.

The Normans fought fiercely without flinching or breaking ranks. They withstood the fearless Irish attack, brought it to a juddering stop and, as the brutal close fighting continued, their experience, mutual co-operation and protective chain mail tunics began to give them the upper hand. They kept together and aided each other rather than letting the engagement become chaotic. Gerald, of course, only recounts the heroism of the Normans and ignores that of the Irish. When he said that "there were many who behaved bravely in this battle" he was only referring to the invading Normans. One of these was Roger Poher, a young man from the Somerset family who were tenants of the Courcys of Stogursey. He was "a youth as yet unbearded, fair-haired, handsome and tall", and he particularly distinguished himself in the combat. Roger not only fought for his life and those of his compatriots, he was also fighting for Irish land, for the chance to carve out an estate so that he could become a powerful tenant of a mighty lord. His example was repeated along the ranks of the Normans who fought that day at Downpatrick to conquer Ulster for this new foreign elite.

After some minutes of fierce fighting it became clear that John and his men had successfully halted the fearsome Irish attack. The Normans had succeeded in stopping the terrifying assault. Those Irish further back who were not yet fighting John's men pressed forward so as to get in close to their enemy. They wanted to move up so as to show their valour in the battle and also to escape the continuing attack of the Norman archers who were firing over the heads of their own men and into the attacking mass charging up from lower down the hill. However, brave as it was, the Irish attack had stalled and bloody butchery was taking place, as the more powerfully-armed Normans took every opportunity to slice down Dunlevy's men.

At this stage, only a few minutes into the actual fighting, the Irish position had already become dangerous. Stopped at the front, beaten by the Norman knights and men-at-arms, pressed from the rear by those trying to get up and away from the archers' arrows, the whole force began to degenerate into confusion. Gerald stresses that after the initial Irish battle charge had faltered and begun to fall back, each man looked to his own and his friends survival. Dunlevy's army comprised men from the different kin groups within his kingdom and, as their king's leadership began to be seen as unsuccessful, these groups looked to their own.

The attack had ground to a halt and failed. Now the Irish were to pay for their inability to break the Normans' line. They quickly realised they were in a dangerous position and their morale began to plummet. By contrast, that of the Normans rose rapidly. They had stopped the massive Irish attack in its tracks, they stood firm on their chosen ground and the enemy was beginning to falter. The Irish at the front were beginning to break off the fight and fall back down the slope, adding to the chaos caused by those further back still pressing forward. As soon as they broke from the Normans, John's archers had them in their sights once more, while his lighter troops could again use spears and other missiles to add to the slaughter.

John was in a good position to assess the situation. His army's small frontage meant that he could easily see what was going on in the battle and he could assess the remaining strength of the knights and other soldiers who were fighting alongside him. Looking down the slope of the hill and seeing the Irish falling back he immediately recognised that his opportunity for a complete victory had arrived and he responded in a characteristically Norman way. Leaving the armoured men-at-arms to slowly move forward when ready, he called his small band of knights together and instructed the squires to bring forward their war horses. Quickly, his group of elite aristocratic Norman cavalrymen formed up, re-equipped with fresh armaments where necessary and, at John's command and with a blood-curdling yell, charged down the slope at the backs of the retreating Irish. It was the terrifying coup-de-grace for Dunlevy's men.

Glancing over their shoulders, the Irish saw heavily-armoured Norman cavalrymen charging towards them as they retreated down the hill and into the boggy meadows. The sight caused panic amongst the Irish soldiers. The psychological impact was tremendous for, although John and his men numbered only a couple of dozen, their charge was completely unexpected and they were the last thing the withdrawing Irishmen wished to turn and face. No doubt there were more than enough Irish soldiers to stop and destroy these few cavalrymen but they had lost the organisation and, more importantly, the morale to rally, turn and stand their ground to defeat them. Within a few moments the massive Irish army had charged, been stopped and forced to retreat. Then, like avenging demons, the Normans had unleashed their terrifying heavy cavalry against them – a type of fighting force which they had never faced before.

Now the battle turned into slaughter. The first of the retreating Irish were caught in the soft ground of the Quoile's floodplain. This slowed their flight and added to the confusion. John reined in his cavalry before they got into the bog – he had prepared for the battle and knew the ground well. John had used the shock effect of the Norman cavalry brilliantly. It was a tactical masterpiece. Trained from youth, his fellow knights controlled their equally well-trained horses with precision. The Norman archers moved forward, protected by John's foot soldiers, and continued to rain down death on the Irish. As Dunlevy's army quickly collapsed into a disorganised mass, John's foot soldiers moved closer to complete their destruction and, in particular, John's Irish allies seized this opportunity to destroy and loot. It was a frightful sight.

Even writing years later Gerald of Wales vividly conjures up the scene, saying that a "great number of the enemy were killed along the sea shore where they had taken refuge"; the sea shore being the banks of the tidal Quoile. Gerald then quotes Saint Columbkille's prophecy that the slaughter "would be so great that their enemies would wade up to their knees in their blood" and continues "the weight of their bodies caused men to sink deep into [the soft ground], and the blood pouring from their wounds remained on the surface of the slippery ground and easily came up to the knees and legs of their pursuers".

The battle was over. Dunlevy was defeated and humiliated. He had lost his kingdom to this upstart Norman. Battles didn't last long in the twelfth century and this one was particularly quick. In February in County Down sunrise is at about 8.00 am. If Dunlevy moved to attack shortly after the mists had risen then the probable time for the fighting is about mid-morning. The battle didn't last long so John's forces had most of the short winter's day to chase the defeated Irish. He rallied his men an hour or two before dusk, which was at about 5.00 pm, and they withdrew back into their temporary fort to tend their wounds, bury their dead and, most of all, celebrate their victory. The Normans remained watchful, however, as they knew that Dunlevy would make more attempts against them. Nevertheless, it took the Irish king several months to rally sufficient men and attempt to win back his kingdom. On 24 July he returned to Downpatrick with what Gerald claims to have been an even bigger army but was once again defeated. In fact, John was not just victorious for a second time, he was by this stage becoming undisputed master of all of Ulster east of the river Bann, north and south of Lough Neagh, and, like any successful war leader, he attracted men and allies to his side. Success led to more success and by the end of the year he was the unchallenged Prince of Ulster.

# Lord of Ulster

We know what John de Courcy looked like because he was described by Gerald of Wales, a churchman who stayed with the lord of Ulster sometime in the 1180s. Gerald mentions that John had his own historians who would record his exploits more fully, but unfortunately those other accounts have not survived. Nevertheless, Gerald's description is vivid and lets us picture what the new Prince of Ulster was like. John was tall and fair-haired, and had bony and sinewy limbs. He had great bodily strength, a very strong physique and an extraordinarily bold temperament. He was courageous from his youth and a skilful warrior. As an aristocrat he was, of course, quite literally born to be a fighter and a proficient soldier. He was always at the centre of the fighting, even to the extent of rushing into the fray when he should hold back and direct operations. Perhaps his one flaw was his willingness to put himself into dangerous situations. Gerald criticised this, saying that he abandoned a leader's self control and, in a headstrong manner, made for the heart of the action. He was valorous and impetuous, brave and fiercesome. Over the years, John got into several close scrapes when campaigning outside his lordship because he was always at the sharpest point of conflict and committed himself to battle without hesitation. Gerald describes him at the Battle of Downpatrick wielding his sword with deadly accuracy, lopping off the heads, arms and hands of his adversaries. To his fellow Normans and the native Irish within his lordship he was a charismatic leader and a much-feared warrior.

John was also a good propagandist. He made sure that Gerald of Wales' book, *The Conquest of Ireland*, included Saint Columbkille's prophecy of the bloody scene on the shores of the river Quoile. Gerald's account includes the saint's prediction that a poor and needy man, a fugitive from other lands, would arrive at Down with a small force, take possession of the place and disdain the authority of any superior lord. If Gerald's account of the prophecy is accurate then it was tailor-made for John, especially as his actions in the Dublin garrison laid him open to all sorts of charges of disloyalty and disobedience to the king of England. He was certainly poor and needy, having no significant land of his own, and he never regarded himself as under the authority of another if he could possibly avoid it.

John also drew Gerald's attention to the prophecy of Silvester of Celidon. In that, again according to Gerald, John matched the saint's vision that a man, mounted on a white horse and with eagle emblems on his shield, would capture Ulaid. Gerald stressed John's fair hair, "tending in fact towards white", identifying it with Silvester's prediction of a white knight. Also, luckily for John, he 'chanced' to be riding a white horse at Downpatrick – or at least that is the way he remembered it. To complete the accuracy of the saintly prediction, John's shield carried the Courcy family crest of three eagles, rampant. John may have gathered these prophecies himself in preparation for Gerald's visit and drew them to the writer's attention. John was no fool and knew the power of such visions.

Initially, Downpatrick was established as John's capital. He granted all of the former king's fort on the Hill of Down to the Church and dedicated the site to Saint Patrick. John initially transferred his own secular authority to his partially-built motte-and-bailey fortress nearby, overlooking the site of his greatest victory, but he built his most important castle at Carrickfergus. This became the centre of his lordship, his caput. The changes at Downpatrick removed the hill from secular authority and presented any Irish lord with the problem of placating the Church if he sought to defeat John and re-establish it as a king's settlement. The grant was a substantial act of patronage and won John the support of local churchmen. In particular, it united the Church's regional interests with those of John himself and established a mutually-beneficial relationship with Bishop Malachy III of Down.

Subsequently, the remains of Saint Patrick, Saint Brigid and Saint Columbkille were miraculously discovered in what was then described as the city of

Downpatrick. In 1186, John arranged for the remains to be reverently moved to the cathedral site where they would be tended by the Benedictine monks established there by John's patronage. The ceremony of translation was conducted under the auspices of the papal legate Cardinal Vivian and included important secular lords, with John de Courcy being the most prominent. As a result, Downpatrick Cathedral became the destination for pilgrimages, especially to visit the final resting place of Saint Patrick. The saint's immense popularity and association with Ireland owes much to John's promotion through patronage and publication.

John was especially generous to the Church. He revived the Celtic monastery of Inis Cumhscraigh on the north bank of the Quoile by granting its site, land and possessions to the Cistercians for the establishment of Inch Abbey. All grants to the Church would have been made as acts of pious penitence, but that which established Inch Abbey was especially important to John. The new abbey looked out across the Quoile to the site of John's victory in which so many men on both sides were killed. It was established partly to atone for the killings which the Normans had committed. In this action, John demonstrated that he was copying William the Conqueror's establishment of Battle Abbey on the site of his victory over King Harold at Hastings, 111 years earlier. Moreover, penitence aside, its foundation and position would have clearly demonstrated to his contemporaries that John was comparing himself favourably to the Normans' greatest war leader. He felt he was as triumphant as the conqueror of England.

Once the battles were won, John set about turning military success into feudal settlement. He did not sweep the Irish from the land he had conquered. In fact, the situation was the reverse. John wished the indigenous Irish to remain and to continue to farm the land, for it would have had no value to the new lord of Ulster without people to work it. As in England after 1066, the native people remained once their previous rulers had been defeated and they were now ruled and were loyal to a new foreign elite. However, many aspects did change, particularly the reorganisation of the land into Norman-style feudal manors suitable for this new elite.

John's method of making a feudal settlement was the same as that used by William the Conqueror after he captured England a century before. John rewarded his knights and other followers who had been at the battle with large tracts of land. He also encouraged new settlers to come to him in Ireland from those lordships in England with which he was personally connected. This was how John built up his own lordship. He needed tenants to become lords of the new manors which he set about creating. These tenants became the backbone of his control of Ulster. They turned out as mounted knights when he went to war and brought with them their under-tenants as men-at-arms. John's tenants administered the localities, policed and protected the peasantry, administered justice, farmed the land and gave loyalty to their lord. With John, they set about building motte-and-bailey castles throughout eastern Ulster.

The castles, many of which can still be seen in Down and Antrim, were first built as simple wooden ringworks on top of earthen mounds. They were hardly cutting-edge military technology in twelfth-century England, but were well suited to this newly-conquered territory in Ireland and were an effective defence against any hostile Irish. Later, some were replaced with stone forts. Today, they are hard to miss. For example, Dromore, Donaghadee and Clough Castles are characteristically Norman motte-and-bailey types and even the remains of the motte at Dundonald show John's handiwork. Overall, John built or adapted about 75 castles and defended sites, and all but a handful are east of the Upper and Lower Bann, the core of John's lordship. Sorting out some sites is difficult, however, as some were originally Irish forts or later became so after Ulster was reconquered by the Irish centuries later. Much of Dundrum Castle, for example, was rebuilt by the MacGuinness family.

Understanding what John's castles represented is crucial to understanding his lordship. The defeated Saxons described William the Conqueror's castles in post-conquest England as a mesh of chain mail, controlling the country with an iron fist imposing draconian rule over a demoralised population. This is the view of the defeated. Such accounts were written by monks who were younger sons or brothers of the aristocratic Saxon lords defeated at Hastings. Castles were not islands of power surrounded by a sea of hostility and potential insurrection. Today, their structure and military purpose is obvious, but this neglects their other functions. Rather than following Hollywood's fantasies and comparing them with US cavalry forts set amongst native Americans, a more accurate parallel would be modern local government offices combined with a police station. They had a military purpose, of course, but their principal role was administration and justice.

In Ulster, John and his leading tenants built castles to administer the territory as well as defend it. The new lord of Ulster had no need to advertise his wealth and power; it was self-evident in his conquests. His castles' administrative role extended over the surrounding population, their military role was to defend local resources, including the native population, against attacks from beyond the lordship. They did not provide a safe bastion from which marauding Norman rulers rode out to terrorise the Irish tenants and labourers in the locality. Quite the reverse, they were designed to provide a base from which the Norman defenders of that territory could operate against neighbouring hostile Irish lords. John's castles protected his most vital asset after the land: the local Irish peasantry. Without their daily toil no crops were sown and harvested, no animals were husbanded, no smithies worked and no wealth was created, and what was true for John was also true for his tenants. Far from brooding menacingly over a local population crushed under its military superiority, the local castle was a source of reassurance, security, justice and active defence. It demonstrated what every peasant sought: a reliable lord who could defend his territory and his tenants from attack and offer laws and justice to make everyday life as safe and secure as possible.

# Carrickfergus

John de Courcy's capital in Ulster was his magnificent castle at Carrickfergus. It was a statement of his power and wealth, announcing to the world that this region was ruled by a strong and forthright aristocratic warrior. John positioned his castle so that it could be seen from anywhere on Belfast Lough and the surrounding countryside. Nothing like it had existed in Ulster prior to John's conquest: Irish buildings were single-storey wooden and daub structures. Carrickfergus Castle proclaimed a new era: the era of the Prince of Ulster.

Unlike John's other castles, which were first built of wood on top of an earth mound surrounded by a lower raised platform and ditch, Carrickfergus Castle was built of stone from the start and on an outcrop of basalt rock.

It comprised the square central keep and inner curtain wall of the castle we see today, and was subsequently surrounded by later walls and a gateway. Its location gets its name from King Fergus, son of Eric of Armoy. In Irish, Carrickfergus is Carraig Fheargus, the Rock of Fergus. King Fergus went from Ireland to conquer land in Scotland sometime in the early sixth century. Apparently in the year 531 he fell ill and returned to east Antrim to get a cure from a holy well. Unfortunately, Fergus was never cured, instead his ship foundered on rocks and he was drowned, leaving his name to the spot where he met his end.

Fergus's holy well is located down on the lough shore at Carrickfergus, almost in the sea, and John de Courcy selected this site to build his new castle, directly on top of this supply of pure water. A good source of water was essential to any castle and the reliability of the holy well was a major factor in John's choice of location. Undoubtedly, the quality of the water was the reason why the well was venerated by the Irish. They believed it magical that a well of pure water could be at a place almost in the salty lough. The position of the castle offered John many strategic advantages but, ever with an eye on local legend and belief, by incorporating the holy well into his new castle he also exploited the prestige of a religiously significant site and demonstrated to everyone that he was a powerful enough person to control it. John wanted to use every possible advantage to impress his new Irish tenantry and peasants, and secure his rule over them after his initial conquest. Building his new castle directly over a venerated holy well was a brilliant propaganda move.

The new lord of Ulster began work on Carrickfergus Castle in 1178 as soon as he had secured most of County Down and southern County Antrim. The castle grew rapidly on its tough basalt base and eventually comprised a substantial square keep attached to a larger polygonal wall, all built of stone. Perched on top of the rocks, the view from the top of the keep is excellent. The flat waters of the lough mean ships can be seen while they are still miles away, whilst the surrounding countryside is laid out in a panorama. John's new castle at Carrickfergus was very obvious to anyone standing anywhere around Belfast Lough or travelling by boat.

The site projects out into the lough and provided a natural moat and strong defensive position. Ships could tie up next to the castle, but potential attackers from the sea would have faced a tough time scaling the curtain wall. John placed the original entrance to the castle in the eastern side of the wall. This reduced the chance of an attack from the northern landward side because it forced any enemies to make their way around the base of the wall to the eastern side, or attempt the very dangerous option of climbing over a defended wall. The rocky connection to the shore was the only significantly vulnerable part of the curtain wall, so John had a ditch dug into the hard basalt to complete the moat on all four sides, at least at high tide. Access was by a drawbridge permanently staffed by John's soldiers, which could be raised for greater protection.

The sea and navigable rivers were the motorways of the medieval world. The inhabitants of the British Isles were skilled sailors many centuries before the advent of the Vikings and their fast-moving boats. The sea was the quickest means of transport and linked up what appear to us to have been isolated coastal settlements. Normans such as John de Courcy proudly remembered their own distant Viking ancestry and readily appreciated the importance of shipping and the control of the sea.

Carrickfergus Castle dominated Belfast Lough, historically known as Carrick Lough. By controlling this virtual inland sea, largely protected from the worst of the weather, John dominated the whole region because the lough and the river Lagan provided a route reaching almost to the western border of his lordship. It was John's own mare nostrum, and Carrickfergus Castle was the key to that control. The high quality of the construction of the keep and surrounding curtain wall illustrates the castle's importance to John's hold over his lordship.

John based some of his ships at the mouth of the river Bann, north of Coleraine, and others at Carrickfergus. John used his ships to patrol the lough as well as for trading. He controlled those who entered and left his territory, and exacted tribute or a tithe of their goods. If you wanted to trade in any Norman lordship you had to make sure the lord got his share. From the upper floors of the castle John's men maintained a watch over Belfast Lough and signalled the launch of their lord's ships to intercept any unknown or unwanted intruder. Being situated at the water's edge did not isolate the castle. It protected ships loading saleable local produce such as skins, and unloading imported supplies, such as wine, and, as a result, a settlement quickly grew up inland of the castle. Moreover, as with Inch Abbey, John's positioning of Carrickfergus Castle on the lough shore suggests that to some extent he was again copying that greatest of Norman heroes, William the Conqueror.

After conquering England in 1066, William the Conqueror began the construction of the Tower of London. His castle, the White Tower, was a massive square keep clad in cream limestone from Caen in Normandy. This was polished to make it reflect the sunlight and must have been dazzling on a bright day. It was located at the eastern edge of the city of London, England's most important port, so all trading ships on the river Thames had to pass by. This allowed him to control the trade of his new capital and it was also an ever-present and very visible reminder to the Londoners of his rule over the kingdom. Not only was it a dramatically cream coloured fortress, it also towered over the surrounding buildings.

In a similar way, John's castle at Carrickfergus not only effectively controlled trade along the principal route into his new lordship, it also stood out as a demonstration and reminder to everyone travelling through the lough of his power and prestige. His massive square keep was a statement of his lordship over all the land that could be seen by anyone travelling by boat. It was the biggest building in Ulster and towered over the surrounding Irish houses which grew into the town of Carrickfergus. John was saying to everyone who saw his castle that he owned everything the eye could see and the centre was this powerful stone fortress. Even today it stands out on the shoreline. Carrickfergus Castle is another example of the astute and flamboyant way in which John presented himself and his rule to the indigenous population and everyone who entered his lordship.

The castle was also John's administrative centre and his main residence, as well as a statement of aristocratic prestige. The central square keep has massive dimensions. The walls are almost 4 metres thick and around 40 metres high. John divided the keep into four floors connected by a spiral staircase The entrance was a door in the first floor. The ground floor was used for storage and had no doors or windows to make it vulnerable to attack.

The first floor provided quarters for the garrison and a medieval toilet within the garderobe. When John built the keep's walls he included a small alcove within their thickness. The alcove formed part of an internal room in the castle and was partitioned off with wooden walls.

Inside this garderobe there was a stone seat with a hole cut; this went down vertically and outwards through the walls to the outside. It emptied into the sea, and was washed away with each high tide. The garderobe was a high-status fitting in a castle. Houses in the twelfth century did not include indoor plumbing. John was again demonstrating his aristocratic status by incorporating a garderobe in his castle. As it contained a privy it was also used to hang clothing, such as coats and cloaks. People of the time believed that the smell of ammonia from the toilet would protect the clothing from vermin, and drive out fleas.

Carrickfergus Castle fulfilled a variety of functions in addition to its military purpose. John built the second floor as a single large room which could be used for private meetings and discussions as well as more formal public events. The most important function of the room for his tenantry was as a court where John and his stewards could settle disputes and investigate criminal acts. There was no distinction between civil and criminal law in the twelfth century. As the new lord of Ulster, John applied Norman law for his new leading tenants and, again imitating William the Conqueror, traditional Irish Brehon law for his lesser tenants and peasants. In any dispute between the new settlers and the established Irish, however, John applied Norman law, as was the practice in England. The room was also where John's officials received payments of rent from his leading

Norman tenants: usually a proportion of the produce of the various manors which they had been granted.

The large and airy top floor room, the solar, was John's private quarters where he and Affreca lived and so was the most socially-important part of the castle. It contained all of the couple's best clothing, valuable jewellery and other high-status items such as plate and drinking vessels. It also acted as a prestigious venue for John to meet privately with his most important visitors, such as churchmen and other dignitaries. Entertaining on a grander scale took place in the great hall, a separate two-storey building constructed against the curtain wall near the eastern entrance and with windows looking out over Belfast Lough. This suite of internal buildings also included John's private chapel, a small structure at the north end of the complex.

An important aspect of the life of a great lord was the ostentatious display of his wealth. Social status was indicated by the high quality and fineness of the clothes John and Affreca wore, their gold and jewelled adornments and their well-bred horses. It was impossible to mistake a lord for someone of lower status because he would have literally dazzled the eye with the opulence of his costume and the superior manner in which he acted.

Carrickfergus Castle was an example of the ostentatious display of wealth characteristic of the Norman aristocratic elite from which John was drawn. Its size, strength and location all indicated the wealth of its builder and owner. To own such a castle showed that the lord controlled a large area of land and ruled over thousands of peasants. Staffing the castle, filling the stables with fine stallions, and the quality of the foods being prepared in the kitchen – another separate building inside the curtain wall – all signalled that John was master of a substantial territory. Above all else, Carrickfergus Castle proclaimed that John lived in a truly regal style, that he was Prince of Ulster.

While John's lordship of Ulster can be mapped as the land east of the river Bann, his influence also stretched out into the surrounding seas from his capital at Carrickfergus. John's marriage to Affreca, daughter of the king of the Isle of Man, in 1180, was not just about establishing an important alliance. It linked his lordship to a maritime power influential in a region centred on the northern Irish Sea and meant that John de Courcy's Ulster functioned virtually without hindrance from any king or other great lord.

As a Norman, the king of England was John's nominal overlord, but he acted as if he owed allegiance to no one. The king's pronouncements – or those of the king of Scotland – had little influence over his lordship. To the north, covering the Hebrides, was the all-but-independent lordship of the Isles which, if it owed allegiance to anyone, was nominally part of the territory of the king of Norway. To the north-east of Ulster were the separate earldoms of Carrick and Galloway which were still centuries away from being incorporated into the kingdom of Scotland. Eastwards across the sea was Cumbria, remote from the influence of any king and with plenty of John de Courcy's family connections. Moreover, most of what we now think of as northern England and southern Scotland was claimed by both kingdoms and usually only under the control of its local independently-minded lords. They only gave deference to kings when they were confronted by royal armies. To the south-east of John's lordship were the autonomous principalities of Wales. These remained independent for another century or more until conquered by King Edward I of England.

In Ireland, John's Ulster existed amongst independent Irish kingdoms. These isolated John from the semi-independent Norman lordships in the south and east of Ireland which themselves paid heed to the king of England's officials in Dublin only when forced to do so. Carrickfergus Castle was a statement of John's strength and importance within this milieu of independent territories and it was the focus of his lordship. It all came to an end when he was confronted by King John of England and forcibly stripped of his lordship. Thereafter, Carrickfergus Castle was enlarged and became the centre of royal authority in Ulster until the twentieth century.

Markets were the main way in which John forcibly transformed the indigenous Irish economy into one familiar to the Anglo-Normans. He introduced silver half-pennies and farthings to promote the use of coinage instead of barter exchange, and also to demonstrate just how independent his lordship was from the king of England. His two main mints were at Carrickfergus and Downpatrick, but there may have been others. John also introduced those organisational aspects of lordship which he had learnt as a youth. He made Richard fitz Robert his steward charged with the job of running Ulster's routine administration, and he appointed Roger of Chester as his constable. Roger was responsible for organising John's fighting men and looking after his castles. The medieval office of constable developed from the man put in charge of his lord's horses and stables: he literally had the 'con' (oversight) of the 'stable'. A constable's duties quickly grew in this period until he was responsible for the day-to-day management of one or more castles. It is very likely that Roger was based at Carrickfergus Castle for at least some of these duties.

John's primary method of transforming Irish Ulster into an Anglo-Norman lordship was, however, to make grants of land, dividing his newly-won territory into local manors which could be tenanted by Normans who had accompanied him to Ireland and those in his wide-ranging family connections in Britain who sought land for themselves. These men then established their own Anglo-Norman families in Ulster, controlled and protected the Irish peasantry who continued to make up the local workforce, and created a new social elite in the region.

# Patronage

In the twelfth century, the Church was a valuable ally to any lord or king. Abbeys and dioceses owned land and formed part of a vast single international organisation. Making grants to the church allowed John to introduce monks from abbeys associated with the Courcys in England and Normandy, and also helped him to influence the appointment of bishops of the dioceses which covered his lordship or were adjacent. Moreover, moveable wealth, in the form of gold and silver objects, could be donated in good times and then 'recovered' when cash was needed. The monks might complain but no doubt John would have regarded a wooden crucifix as being just as effective as a silver one.

John's patronage was very much a family affair. In about 1179, John revived the defunct monastery of Nendrum, on Strangford Lough, and granted it as a daughter house to the abbey of St Bees in Copeland, within the lordship of his aunt, Alice de Rumilly, widow of William fitz Duncan. St Bees had been founded by William Meschin, Alice's father. Alice was John's aunt by marriage. Later, John established Inch Abbey at Downpatrick for the Cistercians as a daughter house of Furness Abbey. Furness was deep within Alice de Rumilly's lordship of Egremont, just across the Irish Sea.

John's links with Furness were especially strong and he commissioned one of the abbey's monks, Jocelin, to write a new Life of Saint Patrick to help promote the saint's cult at Downpatrick. It is from Jocelin's dedication to John at the beginning of this work that we get his description as princeps – top man, prince – of Ulster.

In 1183, John founded a Benedictine priory at Ards, dependent on Saint Andrew's Priory in Stogursey in Somerset from where its first monks were drawn. This was another clear link with his family as Stogursey was, of course, Stoke Courcy and the centre of his uncle's lordship. At the same time, John founded the cathedral chapter of Downpatrick with Benedictine monks drawn from Saint Werburgh's Abbey in Chester, the principal recipient of the earl of Chester's patronage. The earl was William Meschin's nephew and his family traced its line back to the lords of the Bessin in Normandy, with whom the Courcys had established close ties in the eleventh century. John was paying full homage to his past and strengthening all the complex family links that he enjoyed. A further example of John's family-based patronage was his founding of the priory of Saint Thomas the Martyr for Augustinian canons at Toberglory, in Downpatrick. Toberglory became a dependent house of Saint Mary's Abbey in Carlisle, situated on the northern boundary of the Rumilly lordship, and with links to David, king of Scots, uncle of William fitz Duncan.

John's patronage never strayed far from his family ties. Through his wife, Affreca, he again made the Cistercians his beneficiaries in the early 1190s, founding Grey Abbey, near the head of Strangford Lough, as a daughter house of Holm Cultram Abbey in Cumberland. Tradition has it that Affreca is buried at Grey Abbey but unfortunately the stone effigy attributed to her dates from the fourteenth century rather than the first half of the thirteenth century. Grey Abbey's proper name is Iugum Dei, the Yoke of God. The story goes that Affreca founded the abbey in praise of God for answering her prayers during a stormy sea voyage, presumably to or from Man. It could well be true but its establishment was also part of her husband's strategy of tying the church into his lordship. Apart from the still-extant ruins of its buildings, stone fish traps have been discovered nearby on the foreshore of Strangford Lough. It also owned a lucrative sea fishery at Ballywalter on the eastern coast of the Ards peninsula.

John's final act of patronage, according to the surviving evidence, was the creation of a house for Premonstratensian canons at Carrickfergus with monks drawn from Dryburgh Abbey in Berwickshire. Dryburgh had been founded by the Morville family and was patronised by the kings of Scotland so, by making this donation, John was signalling his links via William fitz Duncan with the Scottish crown and his friendship with families based in north-west

England and south-west Scotland. In this way he tried to limit the influence of the king of England over his lordship of Ulster by playing him off against the king of Scotland.

# Tenants

We can discover the names of some of John's aristocratic tenants from the witness lists on surviving charters of the time. These charters granted land or other benefits to religious organisations, such as the monastic houses he founded. Charters were issued to secular individuals as well, such as tenants, but almost invariably the ones that survive relate to religious houses, so the evidence for John's grants is limited. This is because religious houses insisted on receiving a written statement of any grant and carefully preserved such documentation. Also, the act of granting a charter was made verbally, perhaps with an action such as placing a dagger on an altar, and the written charter was a record of that act, not the act itself. This seems strange in our modern society with its obsession for written records, but in medieval society it was verbal statements which carried weight. Secular recipients either did not receive written charters or, most often, did not give them value after the death of the lord making the grant.

Looking at the surviving charters issued by John de Courcy, once we eliminate nicknames and isolated first names, we have about 30 individuals who can be associated with a place of origin. Unsurprisingly, almost all of these came from northern England but a few can be linked to Courcy estates elsewhere. For example, John's steward, Richard fitz Robert, is probably a son of a leading Courcy tenant in Northamptonshire. Roger of Chester, John's constable, was almost certainly one of the earl of Chester's men. He held a manor at Crumlin, near Lough Neagh. We know this because John of Chester, Roger's son, subsequently made a grant of tithes from his lands all round Lough Neagh to the Hospital of Saint John the Baptist in Dublin. Despite his father's name, John of Chester later called himself John de Courcy when, in 1204, he was one of several hostages taken by King John.

This name change, along with references to a Milo 'son of John de Courcy' and, subsequently a Patrick de Courcy in the royal records, suggest that the lord of Ulster may have produced several sons with women other than his wife. The genealogy of the de Courcy lords of Kinsale relies on this last supposed son of John but there is no evidence that he had any children. It is likely that the name was used to identify men of his retinue, those 'of Courcy', and Milo may just be a transliteration of miles, a soldier, of Courcy.

Other tenants drawn from Chester include Richard Fitton, who commanded Mount Sandel Castle in 1197, and Elias of Chester, based at Ballymoran, near Killinchy, on the western shores of Strangford Lough. Elias was a patron of Nendrum Abbey, just up the coast, and also held the motte-and-bailey castle at Rathgorman which overlooked Quarterland Bay and controlled the natural harbour of Ringhaddy. Elias also made a grant to a Dublin religious house from land held in the district and this may mean he was one of the original garrison group which accompanied John northwards.

Apart from those from Chester, the names of John's tenants indicate a wide sweep of territory: Gilbert of Furness, Gilbert and Roger de Croft (Warrington), Robert Vardcap (Warcop near Appleby), and Richard son of Truite (linked with eastern Cumberland and Galloway). Jocelin de Cailly was the son of a tenant of Cecily de Rumilly and two others were identified as 'of Copeland', showing their origins in the Cumbrian lordship. William and Henry Copland gave their name to the townland of Ballycopeland in the Ards, and the Copeland Islands, just off the coast. The name Copeland also occurs near Carrickfergus, but it was probably the motte at Donaghadee, overlooking the harbour and now surmounted by a Victorian dynamite store, which formed the centre of the manors they tenanted from John.

From Yorkshire, John granted Augustine de Ridale (Ryedale, North Riding) the area around Ballyeaston in County Antrim. Roger de Dunesforthe (Dunsforth, West Riding) gave his name to Dunsfort and was given land north of Ardglass, County Down by John. Yorkshire also provided Brian de Scaliers (Pontefract, West Riding) as the tenant of Ballydargan, further west round the coast and a little inland on the road to Clough. Other probable Yorkshire tenants were the families of Sandall, Talbot, Hacket and Maitland.

Similarly, John gained tenant settlers from south-east Scotland, especially Galloway and around the Solway Firth. This was another area which he knew well from wide-ranging visits to local lords during his adolescence. Finally, John's marriage to Affreca, the daughter of the king of Man, added a new network of alliances which spanned the Irish Sea uniting political entities which regarded themselves as independent, or nearly so, of the unitary kingdoms of England and Scotland and the influence of their kings.

## John's campaigns

It is difficult to uncover John's history after his success at Downpatrick for the only records are the very terse and occasionally ambiguous entries in the Irish annals, and a handful of references in the administrative rolls of the kings of England. The latter only appear when he comes into conflict with the wily King John. Nevertheless, according to the Annals of Tigonach, the house chronicle of the Connacht royal dynasty, John de Courcy was defeated by the Irish soon after his second victory at Downpatrick and briefly taken prisoner. This may have been at the hands of Rory O'Connor, who claimed to be overlord of Ulaid. In the following year, 1178, John was defeated twice in battle when campaigning first towards Coleraine and then southwards into Louth. It may have been these defeats that prompted his building of Carrickfergus Castle to strengthen his position.

He had stabilised things by the following year and began negotiations with the king of Man. These culminated in 1180 with John's marriage to Affreca, the daughter of King Godred of Man. Apart from the link she brought with the ruling family of Man, Affreca was also connected to the Lords of the Isles (ie the Hebrides). Moreover, she was a niece of Somerled, the powerful and charismatic lord of Argyll and the Isles. John himself was also related in some way now undetermined to Duncan, earl of Carrick in Galloway, and he subsequently granted his Galwegian cousin lands near Coleraine in 1197. Consequently, it may be claimed that Duncan's settlers were the first Ulster Scots. Aided by his Manx connection, John built up a small fleet of ships, based at Coleraine. He subsequently won control of land west of the Bann estuary in the later 1180s and it was here that he planted further Scottish settlers. John's lordship was always under threat, particularly from the MacLoughlins. In 1181, Donal MacLoughlin invaded but was defeated, while in 1183 Malachy MacLoughlin was murdered by some of John's men.

John may have visited King Henry II in England about then and it has been suggested that at their meeting he was appointed the king's justiciar of Ireland, although it is extremely unlikely. John did supervise the Lacy honour in Meath on the king's behalf after its lord was killed by Gilla-gan-inathair O Mee but this was far short of a justiciarship. In 1185, Prince John, the brother of King Richard of England, was made lord of Ireland and formally accepted John de Courcy's homage. This was the first stage in the royal government's plan to bring the independently-minded lord of Ulster under its control.

John de Courcy faced hostile Irish lordships along the length of the river Bann, but true to his nature his main means of defence was attack. In 1188, part of John's army marched across Armagh towards Dungannon, but was beaten back by Donal MacLoughlin. At the same time John led an Anglo-Norman force towards Connacht, but turned north towards Ballysadare and Donegal. They had probably been hired as mercenaries by Rory O'Connor to help him regain his lordship of Connacht and oust his usurping son Conchobar. John met stiff opposition and was forced to retreat across the Curlew Mountains. He then changed course, but was attacked by the Irish of Connacht and suffered heavy losses, forcing him to retreat.

In 1189, Prince John appointed his own men, Bertram de Verdun and Gilbert Pipard, to hold Dundalk and Ardee respectively. This new royal Anglo-Norman presence stretched towards the southern border of John de Courcy's lordship and began the feudalisation and settlement of previously independent Irish areas separating Ulster from the English king's territories around Dublin. John responded with a show of force, marching on Armagh and then waging a large-scale raid into Fermanagh.

John de Courcy reached the zenith of his power in 1194 when King Richard the Lionheart finally made him royal justiciar of Ireland. However, just as Fortune's wheel had spun John to the very pinnacle of achievement it was also preparing to bring him down.

Cathal Crobderg, ruler of Connacht, invaded Thomond in 1195 and, to protect his rear, agreed a peace treaty at Athlone with John de Courcy and Walter de Lacy. Cathal mustered more than twelve hundred men while, according to the Annals of Loch Cé, John de Courcy and Walter de Lacy assumed the leadership of the Anglo-Normans of Leinster and Munster. The treaty also secured John de Courcy's flank as he capitalised on the situation by joining with local Irish lords, including Rory MacDunlevy, in co-ordinated attacks to attempt to capture territory west of the Bann. Dunlevy attacked the O'Neills, but was defeated. John fortified Mount Sandel near Coleraine and campaigned in the region between

Toombebridge and Derry. Simultaneously he launched attacks with his fleet along the north coast, but the raid, led by one of his lieutenants, was not a success and was beaten off by the inhabitants. Soon after, a separate sea-borne raid on the Inishowen met with a similar fate and failed.

John was again campaigning in 1197, travelling across Tyrone to Ardstraw and Derry. He ravaged the Inishowen, but faced stiff opposition from the now united O'Neills. In an attempt to relieve the pressure on their western territories, Aedh O'Neill of Tyrone attacked the east of John's lordship. He made a landing near Larne with five ships and overran Kilwaughter before withdrawing. It is perhaps significant that he didn't contemplate attacking John's castle at Carrickferrgus. John retreated from the Inishowen but, according to the Irish chronicles, he took with him many cattle, this perhaps being one of his chief objectives. He returned to the attack against the O'Neills two years later, launching three separate campaigns, or hostings as they were known, into Tyrone. In the last of these he was finally brought to battle and beaten by Aedh O'Neill near Donaghmore.

By 1200 Cathal Crobderg of Connacht was again resurgent and now had the support of Aedh O'Neill and John de Courcy. Together, the forces of O'Neill and de Courcy moved into north Connacht, pillaging Roscommon and Sligo on the way. They were ranged against Cathal Carrach, the nephew of Cathal Cobderg, who sought to replace his uncle in Connacht and who enjoyed the support of William de Burgo, the leading Norman colonist in Tipperary, who could also muster an Anglo-Norman army. O'Neill withdrew his native forces, being harried by Cathal Carrach, and was driven back as far as Drumcliff. John de Courcy and Hugh de Lacy, however, rallied their men and moved towards Kilmacduagh before confronting Cathal Carrach at Tuam. They were defeated and withdrew eastwards with some difficulty, being ferried across Lough Ree.

# The end

For John, however, the days of the free-ranging campaigning which he enjoyed so much were drawing to a close, largely as a result of the patchwork and disjointed colonisation and settlement of Ireland by the Anglo-Normans themselves. John de Courcy's freebooting activities provided a convenient reason for increased royal involvement in Ireland. King Richard had died and his younger brother, the erstwhile lord of Ireland, was now King John of England and his sights were set on the lord of Ulster. John de Courcy's independent attitude was the king's target.

In 1202, King John invited the lord of Ulster to travel to England under safe conduct in order to make peace. John de Courcy wisely declined the offer. By the following year relations between the two had deteriorated even further. King John was less than impressed that de Courcy was minting coins which bore the name of Saint Patrick rather than that of the king. John belatedly complied, but the affront still rankled. Walter de Lacy was authorised by the king to seize John de Courcy and imprison him at Nobber in County Louth. John was popular amongst his fellow Anglo-Norman lords, however, and when his Ulster tenants and Irish allies mustered at Nobber in his support, Walter de Lacy pragmatically released him. John's tenants attempted to defuse the king's rapidly escalating hostility by offering their sons as hostages, but were refused. Instead, King John instructed the Lacy lords to invade and seize Ulster. It was perhaps no coincidence that this family was selected as it was they who had suffered at the hands of William fitz Duncan many years before at the Battle of Clitheroe. John de Courcy counted William fitz Duncan, lord of Skipton, as his relation.

The last act in the story of John de Courcy began in 1204, when King John ordered the construction of Dublin Castle as the seat of royal government. This showed that the king of England was now going to exercise his personal authority over Anglo-Norman Ireland. John de Courcy had returned to Ulster from Nobber, but now faced the Lacy invasion. Hugh de Lacy captured John, seized his lordship and dispossessed him of all he had.

John pledged to take the cross and go on crusade. He convinced Hugh of his sincerity and was released. This move was subsequently copied by King John of England during his fight against his barons, which ultimately led to the signing of Magna Carta. By taking the cross a Norman lord's family and property were given the protection of the Church. In Ireland, John de Courcy's action probably suited Hugh's purpose because if John tried to recapture his lordship, rather than heading for Jerusalem, he would have broken his oath and his complete dispossession could be sanctioned by the king acting on the Church's behalf.

Once again, John gambled on the situation and decided not to go on crusade. He rallied support from his kinsmen, allies and neighbouring native Irish lords. The most valuable help came from his brother-in-law, the king of Man, who supplied a fleet of ships. King John reacted on 29 May 1205. John de Courcy was formally stripped of his land in Ireland and it was all granted to Hugh de Lacy who was then invested with the new title and honour of earl of Ulster. John, meanwhile, arrived at Strangford with his fleet of ships and supporters, and moved swiftly round the coast to besiege Hugh at Dundrum Castle. Hugh's brother, Walter de Lacy, rushed northwards with an army to support his brother. John de Courcy's siege was unsuccessful and his forces were defeated.

Just what happened next is unclear. One story says that John retired to his English manors. However,

Middleton and his other Northamptonshire lands were being administered by the husband of Alice de Courcy of Stogursey, the surviving heiress of the English de Courcy line. Also, King John was notoriously vindictive and it is unlikely that he would have allowed John de Courcy to simply 'spend more time with his family'. At the very least he would have imprisoned John in a royal castle, as he did with various lords and their families who displeased him.

A more plausible story is that John de Courcy fled to France, to his family's lands in Normandy. It was at about this time that the duchy was captured by the king of France and Robert de Courcy, lord of Courcy-sur-Dives, was on the ascendant. Robert quickly became an important figure in the new royal administration controlling the duchy. Normandy lost its independence as part of the land of the king of England and became just another province of the kingdom of France. John de Courcy sought sanctuary from his distant cousin and spent the next two years keeping his head down. In 1207, with the king of England's permission, John returned to the country of his birth and was reconciled with his sovereign. He settled at Middleton and had no further involvement in Ulster.

Or at least that's how that particular version of his last years has it. There is some evidence to suggest that John's specialist knowledge of Ireland was used by the king for his expedition in 1210 and, six years later, that he was sent to command troops at Winchester to defend the city against the invading force of Louis of France. Another version has it that after this service John retired to a monastery in Chester to live out his final years. This was a conventional way for a dying lord to spend his last months and John certainly had family links with the earldom. A further anecdote places John's last days in a French monastery.

We don't know when or where John died, but the royal records of England show that he was deceased by 1219. In that year, Affreca's possession of her widow's dower lands was confirmed by the king. This dower land had been made over to her by her husband John as part of their marriage agreement, in order to support her should he die before her. These particular manors lay west of the river Bann and included land over which the O'Neills had disputed ownership with John de Courcy for some considerable time. John could have died some years earlier.

Yet the stories continued. Another legend has John fighting a duel as the champion of the boy-king Henry III. For this fanciful tale, set in the 1220s, John would have been in his 70s, although his great age and well-documented fighting ability are key elements of the scene described. While far-fetched, it sums up his contemporaries' image of this charismatic warrior who posed such a contrast to Henry III's scheming, unpopular and unsuccessful father, King John.

John de Courcy personified the idealised self-image of the Anglo-Norman knight. He conquered new territory, he was courageous, he led his men from the front and was always in the thick of the action, just like William the Conqueror. In an age of division, destruction and loss, John de Courcy symbolised the ideal Anglo-Norman warrior lord to his fellow aristocrats. His destruction at the hands of the devious and villainous King John adds extra poignancy to his story. As the dawn mists slowly cleared over Downpatrick they revealed a true Norman hero on his white horse, his army ranged behind him, ready for conquest. John stepped into history as the prophetically-foretold star of his own wild romance and, at its end, he disappeared back into the realms of adventure, tale-telling and legend.

# Maps

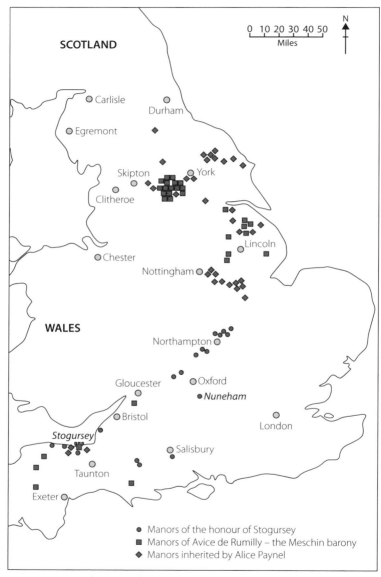

Map 1: Manors held by the Courcy family in England in about 1135.

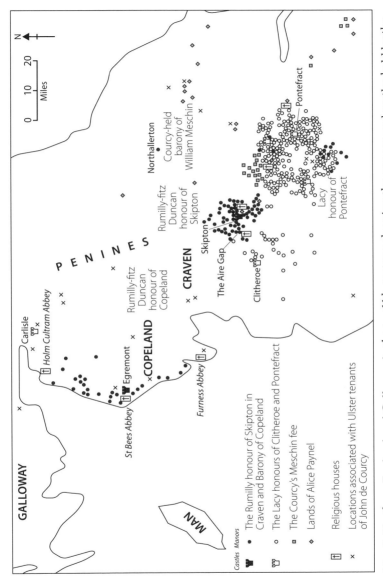

Map 2: Northern England and Galloway in the twelfth century showing the manors and castles held by the Courcy, fitz Duncan and Lacy families.

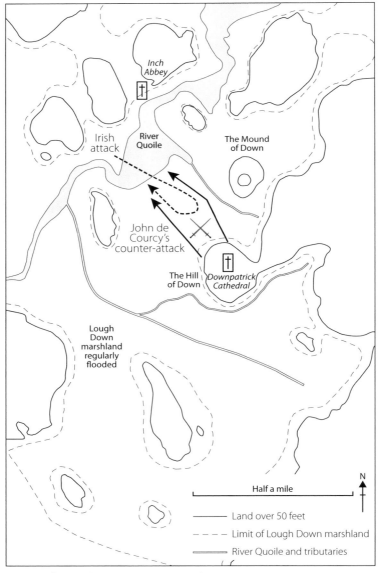

Map 3: The battle site at Downpatrick.

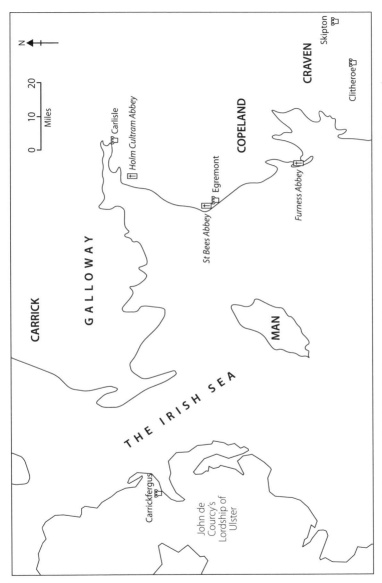

Map 4: The Irish Sea provided John de Courcy with an excellent transport network that linked him to many other independent lordships.

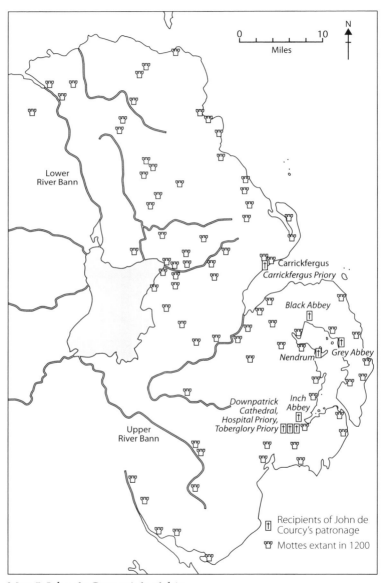

Map 5: John de Courcy's lordship.

# Figures

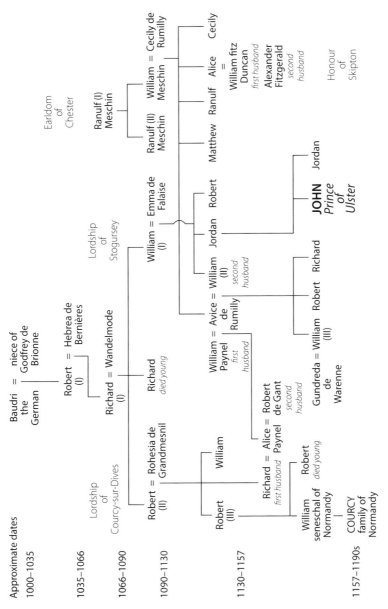

Figure 1: The Courcy family in the eleventh and twelfth centuries.

118

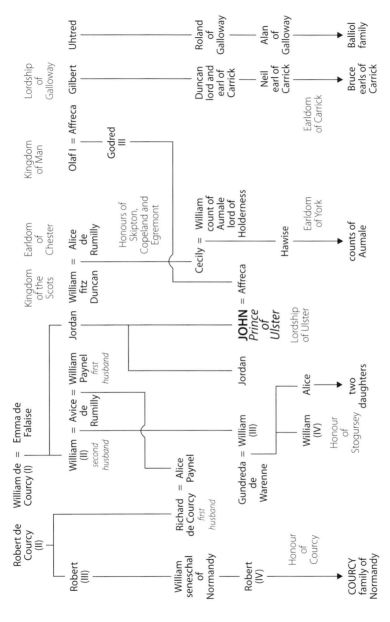

Figure 2: The lordships with which John de Courcy could claim a close family relationship.

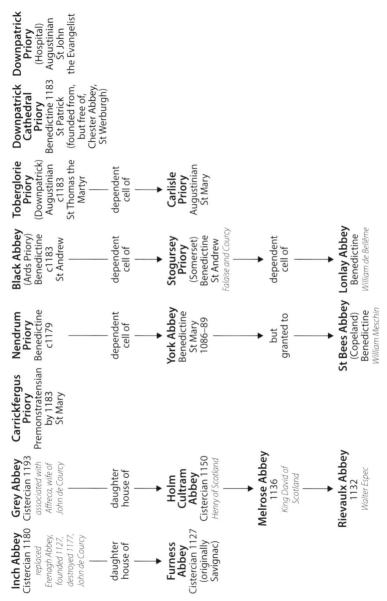

Figure 3: John de Courcy's religious patronage: foundations, refoundations and grants.

# Index

Affreca, daughter of the King of Man  15, 38, 90–91, 96, 100–101, 109

Aire Gap  44–45

Anglo-Normans  10, 16, 22, 24, 47, 60, 63–64, 68, 92–93, 102–103, 105–106, 110

Annals of Loch Cé  103

Annals of Tigonach  100

Augustinian  95

Bann, River  53, 75, 86, 91, 101–103, 109

Battle Abbey, Hastings  79

Battles (see Clitheroe, Downpatrick, Hastings, Standard, Tinchebray)

Baudri the German  25

Belfast Lough (Carrick Lough)  83, 85–87, 90

Benedictine  79, 95

Blois, Adela of  35–36

Blois Family  35–37, 39–42, 43, 46

Blois, Stephen of (see Stephen, King)

Brigid, Saint  78

Carlisle  43, 47, 95

Carrach, Cathal  104–105

Carrickfergus  56, 78, 83–97, 99

Carrickfergus Castle  56, 78, 83–97, 101

Carrick Lough (see Belfast Lough)

Cathedral Hill (see also Hill of Down)  9, 63

Celtic  54, 56, 78

Chester  38, 47, 95, 98–99, 109

Cistercian  56, 79, 94, 96

Clitheroe  43, 45

Clitheroe, Battle of  106

Clito, William  35

Clough Castle  81

Columbkille, Saint, prophecy of  74, 77–78

Copeland/Copland  44–47, 94, 99

Conquest of Ireland, The  77

Canmore, Malcolm  35

Crobderg, Cathal  103–104

Crusades  29, 107

Dál Fiatach  53, 57

David I, King of Scotland  42–44, 95

de Bernières, Hebrea  26

de Burgo, William  105

de Courcy, Alice, *of Stogursey*  108

de Courcy, Gervais, *of Normandy*  34

de Courcy, Hugh, *of Normandy*  34

de Courcy, Ivo, *of Normandy*  34

de Courcy, Jordan, *Brother of John de Courcy*  48, 50–51

de Courcy, Jordan, *Father of John de Courcy*  10–12, 14–16, 20, 23, 32–34, 37–38, 42, 44–46, 48–49

de Courcy, Patrick  98

de Courcy, Philip, *of Normandy*  34

de Courcy, Milo  98

de Courcy, Richard (I) *of Normandy*  26–28, 31

de Courcy, Richard, *of Normandy, son of Robert (II)*  34, 40, 42–43, 46

de Courcy, Richard, *of Stogursey, son of William (II) of Stogursey*  37

de Courcy, Richard, *son of Richard (I)*  27

de Courcy, Robert (I), *of Normandy*  25, 26, 28

de Courcy, Robert (II), *of Normandy* 27, 29, 31, 33, 34, 36

de Courcy, Robert (III), *of Normandy* 34, 36, 40

de Courcy, Robert (IV), *of Normandy* 108

de Courcy, Robert, *of Normandy, son of Robert (III)* 37

de Courcy, Robert, *of Stogursey, son of William (I) of Stogursey* 16, 33, 37, 41

de Courcy, Simon, *of Normandy* 34

de Courcy, William (I), *of Stogursey* 16, 21, 27, 29–33, 35

de Courcy, William (II), *of Stogursey* 11, 12, 13, 16, 20, 21, 33, 34, 35, 37–42, 44–47, 95

de Courcy, William (III), *of Stogursey* 37, 49

de Courcy, William (IV), *of Stogursey* 49

de Courcy, William, *of Normandy* 34

de Courcy, William, *Seneschal of Normandy* 37, 50–51

de Falaise, Emma 32

de Falaise, William 32

de Gant, Robert 46

de Grandmesnil family 28, 34

de Grandmesnil, Rohesia 34

de Lacy family 103, 105–107

de Lacy, Hugh 105–107

de Lacy, Walter 103, 106–107

de Rumilly, Alice 43–45, 94

de Rumilly, Avice 37–39, 44

de Rumilly, Cecily 39, 47, 99

de Rumilly family 37, 39–42, 43–45, 94–95

Domesday Book 27, 31

Donaghadee Castle 81

Donaghadee motte 99

Downpatrick 9, 53–57, 58, 63–64, 65–75, 77–79, 93–95, 100–101, 110

Downpatrick Abbey 54

Downpatrick Cathedral 54, 63, 79, 95

Downpatrick, Battle of 53, 57–64, 65–75, 77–78, 100–101, 110

Dublin 47–49, 51–52, 57–58, 69, 77, 92, 98–99, 106

Duncan, earl of Carrick 101

Dunlevy, King (see Mac Dunlevy, King Rory)

Dromore Castle 56, 81

Dryburgh Abbey, Berwickshire 96

Dundonald Motte 81

Dundrum Castle 81, 107

Edward I, King 92

Egremont 94

Eleanor of Aquitaine 18

Fergus, King of Ireland 84

fitz Aldelin, William 49, 52

fitz Duncan, William 43–47, 94–96

Fitzgerald, Alexander 45

fitz Robert, Richard 93, 98

Fitton, Richard 98

Foscot, Manor of 27 , 31

Furness Abbey, Egremont 94–95

Geoffrey, Count of Anjou 35–36

Gerald of Wales 49, 52, 59–60, 62, 67, 69–70, 72, 74–75, 76–78

Godred, King of Man  101

Grandmesnil (see de Grandmesnil family)

Grey Abbey  96

Harold II, King of England  26, 79

Hastings, Battle of  26, 64, 79, 82

Henry I, King of England  29–33, 34–37, 44

Henry II, King of England  18, 46–52, 60

Henry III, King of England  109

Henry V, Holy Roman Emperor  35

Hill of Down (see also Cathedral Hill)  9, 53, 56, 61, 63, 65, 67, 69, 78

Holm Cultram Abbey, Cumberland  96

Inch Abbey, Downpatrick  55–56, 79, 87, 94

Inis Cumhscraigh, Downpatrick  56, 79

Irish Sea  46, 54, 57, 91, 94, 100

Isle of Man  15, 46, 91

Jocelin, monk of Furness Abbey  95

John, King of England  92, 98, 100, 105–110

John of Chester  98

Louis, Prince of France  109

Lough Down  55

Lough Neagh  53, 75, 98

Mac Dunlevy, King Rory  53, 55, 57–59, 62, 65–67, 69–75, 103

MacGuinness family  81

MacLoughlin family  101

MacLoughlin, Donal  101–102

MacLoughlin, Malachy  102

Magna Carta  107

Malachy III of Down, Bishop  78

Matilda of Scotland (Empress Matilda)  34–37, 41–42, 46

Meschin family (see also de Rumilly, Avice)  38, 94–95

Meschin, William  38, 94–95

Middleton Cheney / Courcy, Manor of  10–12, 14–15, 16, 32, 38, 42, 49, 108

Mount Sandel Castle  98, 103

Napoleon  23

Nendrum Abbey, Strangford Lough  94, 99

Nobber  106

Normandy, Duchy of  16, 21, 25–37, 40, 42, 50–51, 94–95, 108

Normans  10, 26–28, 36, 43–44, 48, 52, 58, 59–64, 65–74, 75, 77, 79–80, 81–82, 86, 87, 89–90, 92–93, 105–106

Northallerton  43

Nuneham, Manor of  27, 31, 41

O'Connor, Rory  102

O'Neill, Aedh  104–105

O'Neill family  103–105, 109

Oxford  16, 41

Patrick, Saint  55, 78, 95, 106

Patronage  78, 79, 94–97

Paynel, Alice  38, 40, 43, 46

Paynel, William  38

Pontefract  45, 100

Puher, Robert  47–48

Quoile, River  9, 53–56, 65, 67, 74, 77, 79

Richard I, King of England  102–103, 105

Richard, Duke of Normandy  25, 26

Robert, Duke of Normandy  21, 27–29, 31, 33, 34

Roger of Chester  93

Rumilly (see de Rumilly family)
Rumilly inheritance, the  39–42
Saint Andrew's Priory,
   Stogursey  95
Saint (St) Bees Abbey  93
Saint Mary's Abbey, Carlisle  95
Saint Thomas' Priory,
   Toberglory, Downpatrick  95
Saint Werburgh's Abbey,
   Chester  95
Sarsden, Manor of  27, 31, 42
Saxons  26, 34, 64, 81–82
Silvester of Celidon, prophecy
   of  77
Skipton Castle  43–45
Skipton  44–47, 106
Somerled, lord of Argyll and the
   Isles  101
Standard, Battle of the  43
Stephen, King of England
   36–37, 39–42, 43, 46

Stogursey / Stoke Courcy  11, 16,
   20, 21, 32–33, 36–38, 40–42,
   44–50, 71, 95, 108
Strangford Lough  54–55, 94,
   98–99
Tinchebray, Battle of  29
Toberglory Priory (see Saint
   Thomas' Priory)  95
Ulaid  53, 77
Vikings  56, 86
Vivian, Cardinal  59, 79
Wandelmode  26–27
William II (Rufus), King of
   England  26, 28–30
William, Duke of Normandy  26
William the Conqueror  21,
   25–28, 79–81, 87, 89, 110
William the Fat  47
Winchester  109
York  39–40, 48

*Weidner, Ge*

# Der Prosaroman von Joseph von Arimathia

Weidner, Georg

**Der Prosaroman von Joseph von Arimathia**

*Inktank publishing, 2018*

*www.inktank-publishing.com*

*ISBN/EAN: 9783750127142*

*All rights reserved*

# DER PROSAROMAN

VON

# JOSEPH VON ARIMATHIA.

---

HERAUSGEGEBEN

VON

## GEORG WEIDNER.

OPPELN.

EUGEN FRANCK'S BUCHHANDLUNG

(Georg Maske).

1881.

# HERRN

# JULIUS VON EICHEL-STREIBER

GEWIDMET

VOM

HERAUSGEBER.

5

Google

Wenn ich der folgenden Arbeit einige Worte vorausschicke, so geschieht es, weil ich mich gedrungen fühle, denen, welche mir bei der Ausarbeitung der Untersuchung und bei der Herstellung des Textes hülfreich zur Hand gingen, an dieser Stelle meinen Dank auszusprechen. Herr Professor *Wesselofsky* besorgte mir gütigst die Abschrift der Petersburger, freundschaftlicher Vermittelung verdanke ich den Anfang der Vaticanischen Handschrift. Zu grossem Danke bin ich auch Herrn Professor *Mussafia* verpflichtet, der mich mit ausserordentlicher Bereitwilligkeit bei der Korrektur des Textes unterstützte. Zuletzt sei es mir gestattet, Herrn Dr. *Koschwitz* meinen Dank auszusprechen für die Mühe und Sorgfalt, mit der er die Arbeit von Anfang bis zu Ende überwacht und geleitet hat.

Osnabrück, den 20. November 1880.

**Der Herausgeber.**

Google

# Die handschriftliche Ueberlieferung des „Joseph von Arimathia".

~~~~~~

Der «Joseph von Arimathia», wie er uns im kleinen Gral überliefert ist, ist uns in poetischer und prosaischer Form erhalten. Von der poetischen Version besitzen wir nur eine Hs.

1. **R**, Nat.-Bibl. No. 20047, früher Fonds Saint-Germain No. 1987. Sie enthält zuerst L'Image du Monde. Zahlreiche Randnoten scheinen von dem Präsidenten Fauchet (XVII. Jh.) herzurühren, welchem die Hs. gehörte. Es ist ein kleiner Pergament-Band, welcher gegen das Ende des XIII. Jh. geschrieben zu sein scheint. Nach v. 2752 fehlen 2 Blätter. Einen genauen Abdruck von der Hs. gab *Francisque Michel, Le Roman du Saint-Graal. Bordeaux 1841.* Ein zweites Mal veröffentlichte sie *Frederick Furnivall* als Appendix zum I. Bd. seines *Seynt Graal, or The Sank Ryal. Printed for the Roxburghe Club. London 1841.*

Von der prosaischen Bearbeitung sind uns mehrere Hss. erhalten. Eine Aufzählung derselben gaben *Hucher, Le Saint Graal. Le Mans 1874.* I, 25—27, und *Birch-Hirschfeld, Die Sage vom Gral. Leipzig 1877.* p. 145. In beiden Werken werden nur 6 Hss. erwähnt. Von diesen hat Hucher 3 (CDM) vollständig abdrucken lassen und eine (H) im Auszuge mitgetheilt. Die von ihm gar nicht oder doch nur stellenweise benutzten Pariser Hss. habe ich copirt und die von ihm vollständig mitgetheilten Texte mit den Hss. collationirt.

Vollständig ist uns die prosaische Version des Joseph von Arimathia enthalten in folgenden Hss.

1

2. **C**, Nat.-Bibl. No. 748, früher Cangé 4 No. 7170³, ein kleiner, gut lesbarer und sehr gut erhaltener Folioband mit dem Titel: Merlin. Vorne, wohl von der Hand Cangé's, liest man: «Ce manuscrit qui paraît être du XII<sup>e</sup> siècle ne contient au plus que le quart de ce roman; il y a au commencement un extrait fort abrégé du roman du Saint Graal qui finit page 18». Und weiter unten: «Codex à Delange, 89». Hucher setzt die Hs. in die 2. Hälfte des XIII. Jh. und erklärt sie für besonders werthvoll wegen ihres Alters und weil sie allein einige Aufklärung über das Verhältniss Robert's de Borron zu Gautier von Montbéliard, Connetablen von Jerusalem, gebe. Auf den Joseph von Arimathia folgt ohne Unterbrechung in der Hs. Merlin, welcher dem Codex seinen Namen gegeben hat. Der Joseph von Arimathia ist daraus abgedruckt bei Hucher I, 209—276. Hucher, welcher diese Hs. für die beste der uns überlieferten hält, hat sie daher auch seiner Analyse unseres Denkmales I, 165—208 zu Grunde gelegt. Meine Collation hat zahlreiche, kleinere Abweichungen des Hucher-schen Textes von der Hs. ergeben.

3. **D**, Ms. Didot. Nat.-Bibl. Nouvelles Acquisitions 4166. Die Hs. gehörte früher dem Kanzler d'Aguesseau, ging später in die Sammlung von Ambroise Firmin Didot über und wurde vor zwei Jahren von der Nationalbibliothek erworben. Sie ist in grünes Pergament gebunden, welches auf der vordern Seite mit dem Wappen des Kanzlers d'Aguesseau (1717—1751) verziert ist. Es ist die einzige unserer Hss., welche das Datum ihrer Abfassung trägt. Auf der inneren Seite des vorderen Deckels liest man: «Ce manuscrit est précieux et très-curieux, vû son antiquité: il est daté de l'an 1301». Darauf sind 4 Zeilen bis zur Unkenntlichkeit ausradirt, sodann: Nantes, le I<sup>er</sup> juillet 1806. Die Hs. enthält ausser dem Joseph von Arimathia den Merlin und nach diesem den Perceval. Alle drei Theile schliessen sich ohne eine äussere Unterbrechung eng an einander. Der Joseph von Arimathia ist daraus ab-gedruckt bei Hucher I, 279—333.

4. **H**, eine Hs., welche sich im Privatbesitz eines Kauf-mannes in London, des Herrn Huth, befindet. Hucher, welchem eine Copie dieser Hs. zur Verfügung stand, hat ziemlich zahl-reiche Varianten daraus mitgetheilt I, 335—365. Leider war die Copie, welche Hucher benutzte, sehr fehlerhaft. Trotzdem aber gewähren die mitgetheilten Varianten die Möglichkeit, bei der Classification der Hss. derselben ihren Platz anweisen zu können. Sie enthält ebenfalls nach dem Joseph von Ari-mathia den Merlin. Wie Hucher vermuthet, rührt folgende

Note in der Hs. von Ducange her: «Messire Robert de Bourron ou de Berron est auteur de cet roman. Il se dit compagnon en armes de Hélies qui a fait celuy de Lancelot du Lac». Das erste Blatt der Hs. ist abhanden gekommen. Nach Hucher ist die Hs. etwas älter als die Hs. Didot und enthält nicht den Perceval. Ihr Text ist sehr kurz gedrängt.

5. **A**, auf der Arsenalbibl. zu Paris No. 2996 (früher No. 225), ein Quartband von 60 Pergamentblättern zu je 4 Columnen. Der Joseph von Arimathia reicht bis Blatt XV. 4. Col. 8. Z. v. u. Daran schliesst sich ununterbrochen der Merlin. Blatt I und VIII fehlen, LVII—LX sind zum grossen Theil zernagt. Auf der Innenseite der vorderen Decke liest man: «1° fragment du St Graal qui est différent de ce qui se trouve dans d'anciens ms que dans ce qui est imprimé sous le titre de l'histoire du St Graal, dont le 1er et 8e f. du 1er cahier manque». Sodann: «Voyes fo XV V° à la 2e Colonne le nom de l'auteur et la division de l'ouvrage en 4 branches. Suit après l'histoire de Merlin telle qu'elle a été imprimée à peu de différence près». Hucher hat von dieser Hs. nur zwei kurze Stellen angezogen I, 128 und 132. Für unsere Untersuchung aber ist sie ebenso wichtig als die vorhergehenden Hss.

6. **F**, Nat.-Bibl. No. 1469 (früher 7547³ anc. cod. Lancelotti 169), ein Quartband in Papier, welcher auf 122 Seiten den Joseph von Arimathia, sodann, ununterbrochen, den Merlin enthält. Der erstere reicht bis zur Mitte der ersten Seite des Blattes 30. Der Titel der Hs. lautet: «Les propheties de Merlin». Die Erzählung von Merlin endigt bei der Krönung des Artus zum König. Am Schlusse der Hs. finden sich folgende Verse:

Ici finist la prophetie Merlin.
Redigée de picard en franzoys
Qui est tel quel au meulx que l'entendoys
A l'escripvain dont Jesus bonne fin.

Auf der Innenseite des hintern Deckels liest man einige Familiennachrichten, welche wahrscheinlich vom Schreiber der Hs. herrühren, für uns aber kein besonderes Interesse haben. Die Schrift ist deutlich die des XV. Jh. Wir werden sehen, dass diese junge Hs. keineswegs die Vernachlässigung verdient, welche ihr Hucher hat zu Theil werden lassen.

7. **V**, Vaticanische Bibl. (Bibl. Reginensis 1687), enthält die Version des grossen Gral und nach dieser auch den Joseph von Arimathia des kleinen Gral. Die Hs. wurde angezeigt von *Adelbert Keller*, *Romvart*. 437, 8. Birch-Hirschfeld, a. a. O. p. 8 trug sie nach als Ergänzung zu dem Hucher'schen Ver-

zeichniss der Hss. des grossen Gral (Hucher I, 23 und 24).
Der Joseph von Arimathia beginnt f. 76. 3. Col. und wird
eingeleitet durch die Worte: «Chi se taist ore li contes de
toutes les lignies, qui de Chelisdoine issirent et retorne à une
autre istore de Mellin, qu'il convint ajouster ensaulle par fine
forche aveuc l'istore du seine Graal et pour chou que la branche
en est et i apartient et commenche mesires Robers de Bourron
en tel maniere. Istore de Mellin: Che...» Er endet f. 89a.
Von 89b bis zum Ende folgen die Weissagungen Merlins. Die
Hs. ist allenthalben verstümmelt, auch verbunden. Anfang
und Ende und Vieles in der Mitte fehlt. Ich kenne nur den
Anfang der Hs.; ob im Joseph von Arimathia auch Lücken
sind, ist mir nicht bekannt geworden.

Bekanntlich ist der Joseph von Arimathia fragmentarisch
auch in einigen Hss. des grossen Gral enthalten. Dieselben
geben uns einen Theil der Version des kleinen Gral in 3 Bruch-
stücken. Das erste Fragment entspricht v. 1—199 des Gedichtes, das zweite v. 200—678 und das dritte v. 967—1996.
Sie enden bei der Erzählung von der Bestrafung der Juden
durch Vespasian mit den Worten: *Lors en refist une grant
partie ardoir.*

8. **M***), eine in Le Mans befindliche Hs., welche Hucher,
II. und III. Bd., bekannt gemacht hat. Die eingeschobenen
Fragmente des kleinen Gral finden sich dort p. 39 *Ce doivent
savoir* — p. 45 *et avoit un sien chevalier soudoier*, sodann
p. 50 *Ichil Joseph* — p. 68 *et puis l'en menerent* und endlich
p. 78 *Il avint que uns pelcrins* — p. 111 *Lors en refist une
grant partie ardoir.* Hucher I, 15—17 hat eine genaue Be-
schreibung der Hs. gegeben, auf welche wir hier verweisen.
In den eingeschobenen Partien des kleinen Gral hat er die
älteste Fassung desselben erkennen wollen. Er bedauert, dass
diese Hs. nur fragmentarisch den kleinen Gral enthält, da in
Allem, was den Worten: *Lors en refist une grant partie ardoir*
vorangehe, dieser Text ausserordentlich werthvoll sei.

9. **B**, Nat.-Bibl. No. 770 (früher 7185[33]), eine der pracht-
voll ausgestatteten, mit Miniaturen geschmückten Hss. des
grossen Gral, welche genau wie **M**, an denselben Stellen, die
fragmentarische Ueberlieferung des kleinen Gral enthält. Das
erste Bruchstück beginnt Bl. VI. 3. Col., das zweite Bl. VII.
1. Col. und das dritte Bl. VIII. 3. Col. und endet Bl. XI. 4. Col.
Die Schrift ist die des XIII. Jh.

---

*) Birch-Hirschfeld p. 145 scheint in seiner Aufzählung unserer
Hss. zu übersehen, dass M eine Hs. des grossen Gral ist.

10. **P**, eine auf der Kaiserlichen Bibliothek zu St. Peters=
burg befindliche Hs. des grossen Gral (früher gehörte sie der
Bibliothèque de l'Ermitage an), welche den Titel Joseph
d'Arimathye führt. Sie wurde nach den Angaben des Herrn
Professor Wesselofsky beschrieben von *Dr. Ed. Koschwitz,
Ztschr. f. rom. Phil. II, 618.* Das erste Bruchstück des kleinen
Gral ist darin nicht erhalten; das zweite beginnt erst Hucher
II, 66 mit den Worten: [*me*]*ist pour ce que il ne resuscitast*
und endet II, 68 *A cest conseil se tindrent etc.* (in der Hs.
Bl. XII. 1. Col.); das dritte Fragment (Hucher II, p. 78—111)
steht in der Hs. Bl. XII. 4. Col. — Bl. XV. 4. Col.

Hucher hat zwar schon versucht, die ihm bekannten Hss.
zu classificiren, indem er I, 79—134 viele interessante Stellen
aus den prosaischen Hss. und dem Gedichte zusammenstellte;
sein Resultat, welches er I, 136 mittheilt, muss aber schon
a priori in Zweifel gezogen werden, wenn man bedenkt, dass
er die Hss., welche er zur Vergleichung heranzog, willkürlich
auswählte und sein Hauptaugenmerk auf eine Frage heftete,
welche schon vor ihm einen Gelehrten beschäftigt hatte, die
Frage nämlich, welche Version die ältere sei, die prosaische
oder die poetische. Zuerst behandelte diese Frage *P. Paris,
Rom. de la Table Ronde I, 117 ff.* Er ist der Meinung, dass
die Prosa eine Auflösung des Gedichtes sei. Zum Beweise führt
er Stellen an, welche ihm bekräftigen, dass der Prosabearbeiter
den wirklichen Sinn des Gedichtes oft schlecht wiedergegeben
und einige Male unerhörte Hinzufügungen eingeschoben hat.
Er glaubt seinen Beweis so sicher geführt zu haben, dass er
mit den Worten schliesst: «Il serait superflu de donner d'autre
moyens de distinguer le texte original de la mise en prose.
D'ailleurs je craindrais de retenir trop longtemps mon lecteur
sur une matière aride en accumulant les arguments en faveur
des alégations précédentes». Später hat *P. Paris, Romania*
I, 481 zwei von Borron selbst ausgeführte Redaktionen des
poetischen Joseph von Arimathia angenommen, zwischen denen
das Erscheinen des grossen Gral liege. Unser Gedicht reprä-
sentire die zweite Redaktion. Zu dem entgegengesetzten
Resultate kam Hucher I, 81—136. Er glaubte mit Sicherheit
bewiesen zu haben, dass in Bezug auf Logik, Präzision und
Sprache das Gedicht den Prosahss. bedeutend nachstehe und
dass in den letztern das Original Robert's de Borron erkannt
werden müsse. Er schliesst seine Vergleichung I, p. 136 mit
den Worten: «Il résulte évidemment de la comparaison minu-
tieuse à laquelle nous venons de nous livrer, que le roman du
Saint Graal et sa suite «l'estoire Mellin» ont été composés en

prose par Robert de Borron; que les Mss. du Mans, **C.**, **H.**, **A.** et **D.** nous donnent une idée complète de la première version; que le Ms. du **Mans** et le Ms. **H.** suivent souvent la même voie; que les Mss. **C.** et **A.** marchent également parallèlement, enfin que le Ms. **D.** et la version rimée nous donnent certainement l'expression la plus récente du récit, celle adoptée aux dernières années du XIIIe siècle: d'où la conséquence naturelle, que le poëme est une oeuvre postérieure d'un trovère anonyme, et que la pensée première est même l'expression de Robert de Borron est dans nos manuscrits en prose. Nous ne grossirons pas davantage cette étude où nous avons cherché à grouper des faits précis et nouveaux ...» An einer späteren Stelle, wo er von **R** spricht, zieht er zwei Stellen v. 153—174 und v. 177—192 aus dem Gedichte an, welche seine Behauptung bestätigen sollen. Gegen Hucher's Ausführung wandte sich *Zarncke in Paul und Braune's Beitr. III, 304—334.* Zarncke meint, Hucher habe ebenso Unrecht darin, dass er glaube, die prosaische Version sei älter als die poetische, als darin, dass er seine Analyse nach einem stark interpolirten Texte (es ist **C**) gebe. Die Begründung der Behauptung Zarncke's suchte Birch-Hirschfeld p. 146 beizubringen. Er stellte einige Stellen aus der Prosa und dem Gedichte neben einander, um zu zeigen, dass das letztere von ersterem nicht abhängig sein könne. Einem gewöhnlichen Umreimer, meint er, wäre es nicht möglich gewesen, ein solches Gedicht zu Stande zu bringen, das keineswegs den Eindruck eines steifen, elenden Flickwerkes mache. Dass uns das Gedicht in einer mangelhaften, jungen und fehlerhaften Hs. überliefert sei, giebt er zu.

Die verschiedenen Resultate, zu denen man gelangte, indem man die Frage zu beantworten suchte, ob das Gedicht der Prosa als Vorlage gedient habe oder umgekehrt, lassen von vornherein zweifeln, ob die Frage richtig gestellt ist. In der That liegen noch andere Möglichkeiten vor. So war zu untersuchen, ob nicht Prosa und Gedicht auf einer gemeinsamen Quelle beruhen, deren verschiedene Ausläufer uns in den vorhandenen Hss. vorliegen. Auch musste man sich vor Allem Klarheit darüber zu verschaffen suchen, wie sich die verschiedenen Prosatexte zu einander verhalten, eine Arbeit, welche von Hucher unternommen wurde, aber ganz ungenügend ausgeführt ist. Es ist daher nothwendig, nochmals das gegenseitige Verhältniss unserer Fassungen zu untersuchen, womit wir zugleich die Basis für eine kritische Ausgabe des Joseph von Arimathia, des kleinen Grals gewinnen. Eine solche aber

ist nöthig, weil erst aus ihr Resultate über die Entstehung
der Gralsage gewonnen werden können.

## Classification der Hss.

Bei der Classification ist die fragmentarische Ueberlieferung mehrerer Hss. kein geringes Hinderniss. **MBP** enthalten nur einen kleinen Theil des Ganzen, in **A** fehlen Bl. I.
und VIII, von **V** steht mir nur der Anfang zu Gebote, und
leider hat Hucher von **H** nicht alle Varianten mitgetheilt. Die
Gruppirung der Lesarten lässt sich also nicht immer durch
alle Hss. verfolgen. Doch ist es möglich, auch an Stellen,
wo **MBP** die Version des grossen Gral geben, die Gliederung
des übrigen zu erkennen und somit zu sicheren Resultaten zu
gelangen.

Unsere Hss. zerfallen in 4 Gruppen:

**R** steht schon seiner Form wegen getrennt von den
übrigen Hss. Es ist in achtsilbigen Versen mit gepaartem
Reim verfasst. Auch dem Inhalte und der Form nach giebt
es sich als alleinstehend zu erkennen. Nicht selten folgt **R**
einer andern Ueberlieferung als die Prosatexte, z. B. **R, v. 33,4**
*Tele com la voust* [la virge] *la fourma, Simple, douce, mout·bien
aprise, Toute la fist à sa devise;* **MBCVDF, 11** *Moult fu nostres
sires simples et dous* (**V** *ad. et prieus*). **R, v. 95,6** *Cil troi
sunt une seule chose, L'une persone en l'autre enclose* **MBCVDF, 16**
*toutes ces trois parties sunt unes meismes choses* (**CDF** *ad. en
Deu*). **R, v. 665—7** *Nychodemus eut un ami A ce conseil, qui
l'en garni; Manda li que;* **MBPCADHF, 251** *A chel conseil ot
Nicodemus* (**F** *ad. auchuns*) *amis qui li fisent* (à **AH** *om.*) *savoir
que.* **R, v. 999—1002** *fenestrele, Où on mettoit une escuele,
Quant on li donnoit à mengier, Adès quant en avoit mestier;*
**MBPCADF, 416** *feniestre, par ù on li dounoit à mengier* (**M** *ad. et*)
(à *une piele* **BDF** *om.*). **R, v. 1557—60** *Tout li juif qui là estoient,
Qui toutes ces paroles oient, Dient qu'encor riche seroit Et assez
grant honneur aroit;* **MBPCADF, 646** *se li disent* [die römischen
Gesandten]: (*Vous* **C** *Veronne, sachez que vos*) *seres* (*encore* **F** *ad.
unes foiz*) *rice feme.* **R, v. 1891—4** *Devant lui les ha apelez;
Trente en ha d'une part sevrez; Assez feit chevaus amener Et
as queues les feit nouer, Que touz trahiner les fera;* **MBP, 778**
*Puis les a fait venir devant lui* (*et grant plenté de cevaus* **B** *om.*)
*et* (*en* **B** *om.*) *fist* (*.IIII. prendre* **BP** *prendre .IIII.*) (*les* **B** *des*)
*mix vaillans, si les fist maintenant derompre* **C** *Lors les fist toz*
[*les juis*] *prandre et mener devant lui, toz liez sor granz plantes
de chevaux, si an prist .IIII., si les fist maintenant derompre*

**DHF** *Lors fist Vaspasiens (prendre* **H** *venir) grant (plainté* **F**
*nombre de chevaux et les fist prendre .IIII. et .IIII., si les*
*fist maintenant derompre* **A fehlt.** **R 2821—4** *Qui recreirunt ma*
*compeignie Et la teue, ne doute mie, De Moyses se clamerunt*
*Et durement l'acuserunt;* **CADHF, 1206** *et cil qui (recrairont* **CHF**
*retrairont) ma compaignie et la toe, (le* **DHF** *si le) (clameront* **H**
*clamerons* **F ad.** *et apelleront* **C ad.** *sa sepolture) (cors Moys* **D**
*conteor).* — **R** unterscheidet sich auch von den übrigen Hss.
durch Erweiterungen, die in der Prosa keine Parallele haben,
z. B. **R, v. 2** *(pecheeur), Et li petit et li meneur.* **R, v. 6—10**
*et huchier, Que Diex son fil envoieroit Cà jus aval, et soufferoit*
*Mout de tourmenz, mout de doleurs, Mout de froiz et mout de*
*sueurs.* **R, v. 12—19** *Et roi et prince et duc et conte, Nostres*
*premieres peres Adam, Eve no mere et Abraham, Ysaac, Jacob,*
*Yheremyes Et li prophetes Ysayes, Tout prophete, tout autre*
*gent, Boen et mauveis communement, Quant de cest siecle depar-*
*toient, Tout droit en enfer s'en aloient;* die Prosatexte berichten
nur, **4** *aloient tuit en anfer;* (*neis* **V** *ais* [?] **F** *et meismement)*
*(les* **D** *et) prophetes (i* **D om.**) *aloient.* **R, v. 28** *Qu'il nous feist*
*trestouz honneur.* **R, v. 30** *Et nostre humeinne char preist.*
**R, v. 35—43** *Pleinne fu (Marie) de toutes bontez, En li assist*
*toutes biautez; Ele est fleiranz comme esglentiers, Ele est ausi*
*com li rosiers, Qu'ele porta la douce rose, Qui fu dedenz sen*
*ventre enclose. Ele fu Marie apelée, De touz biens est enluminée.*
*Marie est dite: mer amere.* **R, v. 45—80**, in denen die Geburt
und Abstammung Maria's erzählt wird. **R, v. 83,4** *et giter*
*hors d'enfer, Que tenoit enclos Lucifer.* **R, v. 94** *Bien os dire,*
*si con moi semble.* **R, v. 100** *Pour rien contredist ne l'eust.*
**R, v. 112—16** *Car une pomme li donna, Que Diex leur avoit deveé*
*Et trestout l'autre abandonné; Meis il tantost la mist au dent*
*Et en menja isnelement.* **R, v. 123—7** *Après ce coteles se firent*
*De fueilles, qu'ensemble acousirent. Et quant nostres sires ce*
*vist, Adan apele, et si li dist: «Adan, où ies tu? — Je sui cù»*
u. s. ö. — Andererseits finden sich, der Prosa gegenüber,
Auslassungen in **R**, abgesehen von der Lücke, welche in **R** nach
v. 2752 durch Ausfall zweier Blätter entstanden ist. So **MB, 65**
*Et Judas enquelli envers lui moult grant haine pour .I. onghe-*
*ment, pour tel afaire comme (je vous* **B** *jel) dirai* **C** *et commença*
*haine vers lui icil Judas à emprandre par un oignement issi*
*con ge vos dirai* **D** *Et Judas acuilli haine moult grant vers*
*nostre seygnor par .I. oignement par raison comme je vous dirai*
**F** *en son couraige viut* [Jesus], *que icil Judas print une hayne*
*contre nostre seygneur à cause d'un oinguement —* **R om.** nach
**v. 230. R, v. 261** lässt die Zeitbestimmung aus, wann die Juden

zusammenkamen, um über den Tod Jesus zu berathen; **MBCF,
74** lesen: *Set jorz devant la Pasques avint que,* **D** *lanuit* [ver-
lesen aus il avint] *devant la Pasque* (*.I. jor* **F** *sept jours*) *que.*
Hinter **v. 664** om. **R,** was **MPCADF, 250** hinzufügen: *et si dient*
(**M** *disent*) *qu'il les* **MP** *prandront* (*la nuit* **MP** *anuit* **D** *par nuit*
**C** *en medeus la nuit*). Ferner übergeht **R** nach **v. 1197** sozu-
sagen eine kleine Episode, welche uns die Prosa, **492** berichtet:
**MBP** *Lors dist uns amis* (*à* **BP** om.) *Pylate à l'emperaour: Vous
m'i envoierez, car* (*je* **P** *vous*) (*le* **BP** om.) (*saurai* **P** *saurez* **B** ad.
*i*) *miex que nus, comment il a esté. Li empereres respont: Jo
i envoierai vous et autrui* **C** *Lors dist uns amis Pilate: Vos
m'i envoierez, que je saurai miauz que nus coment ce a esté,
enquerre tote la verité. Et l'emperaere respont: Go i envoierai
et vos et autrui* **A** *Lors dist uns amis Pilate: Vos i envoierez
aucun où vos vos puissiez bien fier, que il raporte le mesage,
et que ce ne soit pas à vous. Et l'emperere respont: Ce sera
à vos, qui là envoierez et que il vos envoie, si c'est voir* **DF**
*Lors dit .I. des amis* (**F** ad. *de*) *Pilate: Sire, vos m'i envoierez
(car je scaurai mieulx que nul aultre, comment ce a esté fayt*
**D** om.). *Et l'empereur respont:* (*Je i envoierai vos* **F** *Je vous
y envoyroy*) *et* (*autres* **F** *d'aultres avecques vous*). Ferner lässt
**R** in der Rede des Pilates an die Gesandten nach **v. 1413** aus:
**MBP 580** *et selonc chou que vous orres* (**B** ad. *conter*), *si* (*sera
contet* **B** *dires*) (*l'emperaour* **BP** om.) *mon segnour* **CA** *et selonc
ce si feroiz* **D** *et selon ce que vous orrez d'une part et d'aultre,
si faictes.* **MBPCADF, 612** *Ensin* (**C** *et einsinc*) (*fu departiz* **CADF**
*departi*) *li parlemenz; et Pilates fu delivrés de la haine as messages*
(**M** ad. *qui liet en furent*) hat keine Parallele in **R**, welche nach
**v. 1482** stehen müsste. — Es ist selbstverständlich, dass **R**
wegen seiner poetischen Form in Bezug auf Ausdruck und
Wortstellung sehr oft von den Prosatexten abweicht. Für die
verschiedene Wortstellung Beispiele anzuführen, scheint überflüssig, für den Ausdruck mögen folgende genügen: **R, v. 4,5**
*par les diz Fist des prophetes anuncier Sa venue en terre;*
**MBCVDF, 2** *Ke il* (*fist* **CVDF** *faisoit*) *parler les prophetes en son
non et* (*anoncier* **M** *avanchier*) *sa venue en terre.* **R, v. 22** *Les
avoit en enfer boutez;* **MBCVDF, 5** *les* (*i* **D** om.) (*avoient* **MCF**
*avoit*) *menez.* **R, v. 23** *Gaaignez avoir les quidoit;* **MBCVD, 6** *si*
(*quidoient* **MCV** *quidoit*) (*avoir moult bien* **V** *moult bien avoir* **D**
*moult dieu avoir*) *esploitié* **F** *il cuydoyt avoir beaucop proffité.*
**R, v. 101,2** (*Cil sires*) *qui humanité Prist en la Virge;* **M, 18** *et
prist humaine fourme en lui* **B** *et prist forme en lui humaine*
**CDF** *et prist humainne char terrestre* **V** om. **R, v. 191,2** *ainsi
pourroit Grace à Dieu querre et il l'aroit;* **MB, 46** *tant de fies*

1*

*porront il revenir à la garde de leur pere* **C** *ensinc porroient parvenir en la gloire de lor pere* **VDF** *ainsi porroient venir (**F** parvenir) à le creanche de (sen **DF** lour) pere.* **R, v. 275,6** *Il quidoient, qu'il fust loiaus Vers son seigneur;* **MBCDHF, 81** *car il quidoient que il fust (trop* **C** *mult* **DHF om.**) *boens disciples.* —
Eine zweite Gruppe bilden die Hss. **MBP**. Wie bei R müsste man auch bei diesen 3 Hss. schon ihrer äusseren Beschaffenheit wegen geneigt sein, sie einer besonderen Klasse zuzuweisen. Es sind Hss. des grossen Gral, welche an den früher angeführten Stellen fragmentarisch die Version des kleinen Gral in sich enthalten. Schon der Umstand, dass diese Bruchstücke in allen drei Hss. von gleichem Umfange sind und genau an denselben Stellen in den Text des grossen Gral eingeschoben werden, ist ein Zeugniss dafür, dass diese drei Hss. unter einander in einem nahen Verwandtschaftsverhältniss stehen. Auch ihr Dialekt, der picardische, unterscheidet sie von den übrigen Hss. Aber nicht allein solche Aeusserlichkeiten, sondern auch innere Gründe beweisen, dass **MBP** eine eigene Gruppe bilden. Von den übrigen Hss. verschiedener Inhalt und verschiedener Ausdruck machen es unzweifelhaft. Ein Beispiel dafür, wie **MBP** inhaltlich von allen übrigen Texten abweicht, ist der Bericht über die Bestrafung der Juden durch Vespasian (s. p. VII); ein anderes, wo freilich **P** fehlt, ist **198 MB** *et vinrent (tout droit* **B om.**) *cele part à on gaitoit le cors Jhesu-Crist;* **CA** *et vindrent jusqu'à la croiz et quant (les gardes as juis virent* **A** *il i furent), Nichodemus qui aportoit les tenailles et lou martel, si vindrent tuit cele part (encontre lui* **A om.**) **DF** (*si vint* [obgleich vorher Nichodemus et Joseph genannt werden] **F** *puys vindrent*) *cele part où Jhesu-Crist estoit en la crois et Nichodemus (vint* **F** *dist as juis)* **R, v. 525—8** *Et vinrent à la crouiz errant. Quant ce virent li chien puant, Si se sunt de cele part treit, Car de ce leur estoit mout leit.* **MBP 422** *qu'il li aidast* **RA om. C** *si li deist* **D** *que il li deist* **F** *qu'il le luy dist.* Zahlreicher sind die Fälle, wo sich **MBP** durch den Ausdruck von den übrigen Hss. unterscheiden, z. B. **MBP 489** (*Lors* **B** *Et lors) parla li empereres et dist* **R om. CA** *Lors apela l'empereres ses genz et dist* **DF** *et puis dit li empereor;* **MBP 448** (*deusse* **B** *osaise) conter* **R 1083** und **CADF** geben bloss *deisse;* **449 MBP** *si le traist à conseil* **C** *et si l'apela à une part* **D** *et l'en apela à une part* **F** *et l'apela à part* **A** *si le traï à une part* **R 1088** *L'empereur apelé ha;* **MBP 468** (*qui* **B** *que) sanz jugement (soufri* **B** *soufrir) .I. home à tuer en son pooir (et en ma segnorie, qu'il avoit à garder sor moi* **BP om.**) **C** *quant il en leu où il eust lou pooir li sosfri mort à recevoir, fait l'ampereres, et puis*

*sanz jugement* **A** *que sanz jugement preist* [Jesus] *mort en leu*
*où il* [Pilates] *eust pooir* **DF** *que sanz jugement* (*prist le prophe*[*te*]
*ce mort* **F** *print mort le prophete*) *où il eust pooir* **R 1132—4** *Se*
*il soufrist teu mesproison En liu où seignourie eust, Puis que*
*deffendre le peust;* **MBP 490** *envoier en Judée* **CADF** *là envoier*
**R 1187** (*que nous*) *envoions là;* **MP 506** *et* (*pour* **P om.**) *savoir*
*se ses fix en* (*poroit* **P ad.** *ja*) *garir* **B** *et s'il avoit remes cose*
*de lui par quoy ses fieus peust garir* **CADF** *por la garison* (*de*
**D om.**) *son fiz* **R 1231** *La garison sen fil queroit;* **MBP 508** (*que*
**P om.**) *il s'en prendroit à lui* **ADF om.** **C** *il li feroit comparer*
**R 1234** *Granz maus avenir l'en pourra;* **MP 512** *et del grant*
*messeant* **B om. CAD** *et del grant desavenant* **F** *et du grant in-*
*convenant* **R 1248** *Grant desavenant* (*li fist on*); **MBP 533** (*que*
*nus juis* **BP** *por les juis qu'il*) *n'i sourvenisscnt* **R 1292** *Que les*
*genz n'i puissent entrer* **C** *por les juis qui nes escoutassent* **A**
*pour les juis que il ne l'escoutassent* **D** *por les juis qu'il ne les*
*escoutassent* **F** *pour cause que les juifs ne les escoutassent.* —
Auch einige **MBP** allein eigenthümliche Zusätze und Auslassungen
beweisen ihre Zusammengehörigkeit. So **MBP 436** *firent tant*
*à Pylate et à chyaus* **CADF** *donnerent* (*tant* **A om.**) *et promistrent*
*à* (*toz ces* **D** *cele* **F** *ceulx;* **MBP 502** (*home*) *et que on leur en*
*die la verité*, was in den übrigen Hss. keine Parallele hat.
Ebenso findet sich nur in **MBP 482** *se il creance y avoit.*
**MBP om. 445** dgg. *de ceste vile* der übrigen Hss. (R ändert)
und den Attributivsatz zu **523** *letres*] **CADF** *qui li* (*ont* **D** *ot*)
*conté ce que li pelerins ot conté à* (*Rome* **ADF om.**) *l'ampereor*
**R 1271,2** *Raconté li unt mot à mot Ce que li pelerins dist ot,*
**MBP** lesen blos *lettres l'emperaour.*

Dieselben Gründe, welche uns bestimmten, **R** und **MBP** als
besondere Gruppen aufzufassen, beweisen auch, dass **CAV** als
eine weitere Gruppe aufzufassen sind. Der Umstand, dass in
**A** das erste Blatt fehlt und mir von **V** nur der Anfang bekannt
geworden ist, zwingt mich, **CA** allein als Repräsentanten dieser
Gruppe zu nehmen und darauf für **V** allein seine Zugehörig-
keit zu dieser Gruppe zu beweisen. Wir haben schon im vhg.
öfter gesehen, wie **CA** sowohl inhaltlich als auch in Bezug auf
den Ausdruck sich von **R** und **MBP** sondern. Ich füge noch
hinzu: **CA 488** *et mener devant une chambre et bien garder*
**DFMBP** *et metre* (**F** *mistrent*) (*en* **BP** *dedens*) *une cambre* **R** *Et*
*en une chambre l'unt mis, Si le firent là bien garder,* **C 216** *et*
*recoilli anz lou sanc des plaies et des piez et des mains et dou*
*costé* **A** *et receut le sanc de son costé et de les plaies* **MB** *et le*
*sanc qui en degoutoit, mist en son vaissel et des mains et des*
*piés* **DF** (*et* **F ad.** *les*) *plaies des mains et des piés degoutoient*

*dedanz le vaissel* **R 569—72** *A son vaissel ha bien torchies Les plaies et bien nestoies, Celes des meins et dou costé, Des piez environ et (et) en lé.* — Eine Erweiterung zeigen **CA 171** *vos l'aurez moult volentiers* **MBDF** *vos l'aures* **R om.** Dgg. findet sich in **CA 451** eine Auslassung, auf welche die Schreiber von **C** und **A** nicht unabhängig von einander gekommen sein können; **MBPDF** lesen: *Et quant l'empereres l'ot oï, si s'en merveilla et (dist* **D** *ad. au prodome* **F** *demanda au prodomme): Porroit cou estre voirs que tu m'as dit? Et chil dist: Jou (n'en* **D** *ne) sais riens se (cou* **P** *si* **DF om.**) *(non* **D** *ne mes) (que* **PD** *com) (mon* **F** *ung) oste (me raconta* **BPOF** *m'a contet)* **R 1093—98** *Quant l'empereres l'eut oï, Si s'en merveilla mout ausi Et dist: Estre ce voir pourroit Que tu m'as conté or endroit?* — *Si m'ajust Diex, sire, ne sai, Tout ausi de lui oï l'ai.* — Wie sich **CA** von **DHF** scheiden, zeigt sich deutlich da, wo die im grossen Gral enthaltenen Fragmente des kleinen Gral uns verlassen, z. B. **CA 794** *Sire, se je (ansaig* **A** *enseignoie) Joseph, serai ge asseurez et je et mi enfant?* **DHF** *(Sire, seroi ge* **F** *si il seroyt) quites, se (je* **F** *il* **H** *ad. vous) (enseignoie* **F** *enseignoyt) Joseph et (je* **F** *luy) et (mes* **F** *ses) enfanz?* **R 1941—3** *Et se je Joseph enseignoie, Ma vie sauve averoie, Et ma fame et tout mi enfant?* Entsprechend **R 3128** *Le fil Alein atendera* sprechen **DF 1334** von *le fil Alein,* während **CA** berichten: *le fil du filz Alein.* — Dafür dass auch **V** zu dieser Gruppe gehört, habe ich aus den wenigen Stellen, die mir zu Gebote stehen, nur folgenden Beleg: **CV 1** *tout li pechaour* **MB** *tot bon chrestien* **DFR** *tuit pecheor.* Dass **V** eine grössere Verwandtschaft zu den Gruppen **CA** und **DHF** hat als zu **MBP**, beweisen mehrere Stellen, z. B. **CVDFR 4** *En icel* **MB** *Et en cel;* **VDF 9** *car* **C** *que* **MB** *Et quant* **R om. CVDF 7** *en la venue Jhesu-Crist* **MB** *pour la venue Jhesu-Crist* **R 26** *Ou fil Dieu;* **CVDF 37** *par lor mauveises oevres* **MB** *par lor meffais* **R 164** *Par les pechiez que il ferunt;* **CVDF 47** *venir à la creance* **MB** *revenir à la garde* **R 192** *Grace ... querre* **CVDF** *faisoit* **MBR** *fist.* So fügt auch **V** wie **CD 32** zu *preste* hinzu: *soie merchi,* was in den übrigen Hss. fehlt.

Die p. XI zum Beweise dafür angezogenen Stellen, dass **CA** eine Sonderstellung einnehmen, beweisen natürlich auch, dass **DHF** einer engeren Gruppe zugetheilt werden müssen. Dies wird noch besonders bestätigt durch den Schluss unseres Denkmals. Zweimal wird im Gedichte, **3155** und **3461**, der Name Robert's von Borron genannt. Die erstere Stelle hat eine Parallele in **CA**, wenn auch hier der Name Borron's nicht genannt wird, sie fehlt dgg. ganz in **DHF**. **CA 1345** *Et cil qui fist cest livre dit que se il voloit tot raconter icelles choses (que*

*Joseph conta à son neveu Elain* **A om.**) *que cist livres se doubleroit deux foiz d'escripture, mais qui itant en aura oï, moult sera fox, s'il n'antant bien que Joseph aprist son neveu* **R 3155—64** *Meistres Robers dist de Bouron, Se il voloit dire par non Tout ce qu'en cest livre afferoit, Presqu'à cent doubles doubleroit; Mais qui cest peu pourra avoir, Certeinnement pourra savoir (Que, s'il y vieut de cuer entendre, Assez de bien y porra prendre) Ces choses que Joseph aprist A sen neveu et qu'il li dist.* Die ganze Stelle fehlt in **DHF**. Auch an der zweiten Stelle, **R 3461** ff., entsprechen **CA** genau den Versen des Gedichts, während **DHF** nicht allein wiederum den Namen Borron's unterdrücken, sondern auch stark kürzen. **DHF 1475** (*Dit ore* **H** *Ore dist après cis contes* **F** *Et dit après la lettre) que qui voudra savoir ceste conte, il li couvendra à conter (où* **HF** *que) Alain, le fiz Bron devint* ... (*Toutes ces .IIII. partirs je rasamblerai* **FH** *je rassembleray toutes ces quatre parties) (en une seule; ainsi par raison comme je les ay* **D om.**) (*aprises* **H** *traites) d'une seule partie (et traites* **H om.**), *ce est Des li puissanz de toutes choses. Et convendra à conter de la ceine neismes et ces .IIII. lessier tant que je reveingne à ces paroles et à ceste* (*hoiere* **FH** *oevre\*), chascune par soi; et si ge lessoie atant, nus ne sauroit, que toutes ces choses seroient devenues ne por quel senefiance je les auroie departies;* **CA** lesen: *Et messires Roberz de Borron qui cest conte mist en (autorité* **A** *ystoire) par lou congié de sainte yglise (et par la proiere au preu conte de Monbeliart, où cui servise il estoit, si* **A om.**) *dist que qui voldra bien savoir cest (livre* **A** *conte), (si saura dire et conter* **A** *il li covendra savoir) que Alain* ... (*Et* **A om.**) *totes ces .IIII. parties covient ansamble assambler, chascune partie par soi, si com eles sont devisées. Et ce ne puet nus hom faire, se il n'a veu (et* **A** *ou) oï conter (lou livre del* **A** *du) Graal de ceste estoire. Et au tens que messires Roberz de Borron lou retraist (à* **A** *et) mon seigneur Gautier (lou preu conte* **A om.**) *de Monbelliart, ele n'avoit onques esté escripte par nul home fors el grant livre. E ge voil bien que tuit cil sachent, qui cest livre verront, que, se Dex me done (santé et vie* **A** *vie et santé) et memoire (et* **A** *que) il par son pechié où par son corroz où por ce que il (crerist* **A** *creust) moi, (se Deu non ou talent où ge ai esté*

---

\*) *hoiere* ist natürlich ein Schreibfehler für *hoievre* und ist also nicht, wie Hucher, I, 333 will, mit *hystoire* zu corrigiren. Ebenso unrichtig ist die Uebersetzung Hucher's a. a. O. von *ceine = cinquième.* **F** hat *cene*, **H** *chainne*, Formen, die wie die von **D** beweisen, dass **DHF** hier einer andern Ueberlieferung folgen als die andern Hss.

*tresqu'à* or **A om.**), *ge rasamblerai totes ces .IIII. parties (par parol es* **A om.**) *(à* **A** *en) une seule, ensinc con ge les ai par raison d'une (seule* **A om.**) *partie traites, ce est Dex li puissanz de totes choses. Et si convendra (à* **A om.**) *conter ce meismes et ces .IIII. laissier, (mais ancois me convendra à conter d'une ligniee de Bretaigne, c'est la ciquoisme et des aventures qui i avindrent* **A om.**) *(et puis revendrei à ceste oevre* **A** *tant que je reviengc à ces paroles et à ces eovres) (et la raconterai* **A om.**) *chascune (ligniee* **A om.**) *par soi. (Car* **A** *Et) se (ges* **A** *je le) lessoie atant (et la cinquoisme ligniee n'i estoit meslée* **A om.**), *nus ne sauroit que (ces* **A** *toutes ces) choses seroient devenues (ni* **A** *et) por quel senefiance (ges* **A** *je les) auroi (descvrés* **A** *departies), (l'une de l'autre* **A om.**); **R 3461—5** *Messires Roberz de Beron dist, Se ce ci savoir voulun, Sanz doute savoir couvenra Conter là où Aleins ala, Li fiuz Hebron . . .* **3480—3514** *Ces quatre choses rasembler Couvient chaucune et ratourner Chascune partie par soi Si comme ele est; meis je bien croi Que nus hons nes puet rassembler, S'il n'a avant oï conter Dou Graal la plus grant estoire, Sanz doute, ki est toute voire. A ce tens que je la retreis O mon seigneur Gautier en peis, Qui de Montbelyal estoit, Unques retreite esté n'avoit La grant estoire dou Graal Par nul homme qui fust mortal; Meis je feis bien à touz savoir, Qui cest livre vourrunt avoir, Que, se Diex me donne santé Et vie, bien ei volenté De ces parties assembler, Se en livre les puis trouver. Ausi cumme d'une partie Leisse, que je ne retrei mie, Ausi couvenra il conter La quinte et les quatre oublier, Tant que je puisse revenir Au retreire plus par loisir Et à ceste uevre tout par moi Et chascune m'estu[et] pa[r soi]; Meis se je or les leisse atant, Jc ne sai homme si sachant Qui ne quit que soient perdues, Ne qu'eles serunt devenues, Ne en quele senefiance J'en auroie feit dessevrance.* — Gemeiuschaftliche Erweiterungen und Auslassungen finden sich auch sonst nicht selten in **DHF**, den andern Hss. gegenüber, z. B. **DHF 455** *Et li prodome alu querre son oste et li dit: Beaux ostes, venez oveuc moi devant l'empereour. Et li pelerins respont: Volentiers, sire*, ähnlich **R 1103—10** *L'ostes en sa meison ala, Le pelerin arreisonna Et dist: L'empereres vous mande Par moi, et si le vous commande, Que vous vigniez à lui parler. Li pelerins sanz demourer Ha dist: Volentiers i irei, Quanqu'il demandera direi.* Die übrigeu Hss. übergeben die directe Rede und erzählen einfach: **MBPA** *Et li preudons ala querre son oste et chil* (**BP ad.** *i) vint (moult volentiers* **C** *Et li ostes i ala et cil i vint moult volantiers).* Ganz ebenso verhält es sich mit dem Folgenden: **DHF 458** *Lors (s'en alerent* **H** *s'en tornerent ct alerent)*

22

*devant l'empereor. Et quant il furent devant lui, si dit li pelerins: Sire, vos m'aves mandé* (**H ad**. *Ore me demandes chou qu'il vous plaist*). *Et li empereor respont: (C'est voirs, je t'ai mandé* **H** *Je voel*) (*por dire* **F** *pour me dire* **H** *que tu me dies*) *ce que tu as dit à ton oste. (Et li pelerins li conte* (**F ad**. *tout*) *mot à mot* **H** *Et il dist: Sire, je le vous dirai volentiers et tantost l[i] conte tout) ausi com il (avoit* **H** *l'avoit) dit (et conté* **HF om**.) *à son oste* **RMBPCA** berichten kürzer mit Umgehung der directen Rede: **R 1111—15** *Li pelerins est là venuz, Qui ne fu fous ne esperduz ; L'empereeur a salué Et après li ha tout conté Quanque sen hoste conté ot Et la chose tout mot à mot* **MBPCA** *Et quant il (vint* **A** *fu) devant l'emperaour, se li conta tout l'errement moult bien, ainsi com il (avoit* **C** *l'avoit) (conté* **A** *fait' à son oste* **P** *l'avoit à son hoste conté*). Dgg. unterdrücken **DHF** die rhetorische Frage des Pilates an Vespasian, ob er an dem Tode des Propheten schuldig sei, welche die Hss. **MBPC 773** berichten: *Quant (il* **C** *Pilates) (fut* **C** *vint) devant ( Vaspasien* **C** *lui), se li dist: Sire (* **C ad**. *sire), or ses tu bien se jou ai (* **C ad**. *nul) tort (de* **C** *en) la mort (au* **C** *à la) prophete* **R 1879—82** *Pylates est venuz devant; A son seigneur va enquerant, Se il avoit eu grant tort Où prophete ne en sa mort.* — Schliesslich beweist auch ein Fehler, welchen **DHF** gemeinsam haben, dass eben diese Hss. eng zusammengehören. Freilich fehlen hier **MBP. CA 1192** *quant tu (aporteroies* **A** *raporteroies) la connoissance de t a mort* **R 2786,7** *Adonc quant tu raporteroies La souvenance de ta mort* **DHF** *quant tu aporteroies la connoissance de ma mort*\*).

Es ist natürlich, dass Stellen, an denen eine Hs. von andern zu derselben Gruppe gehörigen Hss. abweicht, ohne zugleich mit einer Hs. aus einer andern Classe übereinzustimmen, nicht gegen die aufgestellte Gruppirung sprechen können. Dies ist namentlich der Fall bei den Hss. **C** und **D**, von denen die erstere, wie wir später sehen werden, sehr oft erweitert, die letztere zahlreiche Lücken enthält. Eben so wenig können Stellen unser Verhältniss umstossen, wo in den verschiedenen Hss. die Genitive auf verschiedene Weise ausgedrückt werden, durch den blossen Obliquus, mit *de* oder *à*, z. B. **518 CR (1256)** *messages l'anpereor* **BPA** *messages de (l'empereeur* **P** *son signour* **MDF** (*messages* **DF** *genz) à l'empereor.* — Solche Stellen ergeben nur zufällige Uebereinstimmung und

---

\*) Auch **H** giebt *ma*, da wohl das *ta* in ( ), Hucher I, 361 von Hucher herrührt.

lassen sich leicht als Zufälligkeiten erkennen, indem bei ihnen die jedesmaligen Schreiber der Hss. willkürlich nach eignem Gutdünken ändern. Aber es finden sich auch einige Stellen, die gegen unser Verhältniss sprechen könnten, wenn sie sich nicht ebenfalls als zufällige Uebereinstimmungen erklären liessen. So lassen **BAF** den Namen *Perron* aus in dem Satze **115** *Cist essamples est Perron* **R 342** *Cest essample en Perrum penrei.* Derselbe Satz wiederholt sich gleich darauf **122**, wo auch **BF** den Namen nennen. Nur in **A** fehlt das folgende und somit auch die Wiederholung. Wir haben es hier jedenfalls mit einem Zufall zu thun, der sich um so leichter erklären lässt, als die Stelle nicht gerade besonders klar ist. Der Sinn ist: Dieses Gleichniss ist dem [für] Petrus [welchem zuerst die Leitung der Kirche übertragen wurde]. Wie leicht konnten hier einige Copisten *Perron* auslassen, so dass die Stelle den Sinn bekam: Das ist ein Gleichniss. — An einer anderen Stelle würde sich das Verhältniss **MBA — CF → D — H** ergeben. **MBA 171** . *V.* . *C. merchis* **CF** *cent mile merciz* **D** .*C. merciz* **R 465** *Sire, granz merciz en aiez.* Wahrscheinlich ist in **D** Ausfall von *mile* anzunehmen. Die Uebereinstimmung von **A** mit **MB** erklärt sich dann daraus, dass, wie auch sonst so häufig, unsere Hss., was Zahlen betrifft, willkürlich ändern. Da nun .*V. C.* in unserer Wendung im afr. überhaupt nicht selten ist, so ergiebt sich diese Uebereinstimmung leicht als eine zufällige. — Die übrigen Stellen, welche nicht zu unserer Gruppirung stimmen, lassen sich aus paläographischen Gründen als Zufälligkeiten erklären, z. B. **AMB 634** *et le mesage au filz l'empereour* **CDFP** *et lou* (*malage* **D** *maladie* **F** *mul*) (*au* **P** *del*) *fil l'anpereor* **R om.** *malage* und *mesage* werden so ähnlich geschrieben, *s* und *l* sind oft so schwer von einander zu unterscheiden, dass die Schreiber von **A** und **MB** unabhängig von einander leicht *mesage* für *malage* verlesen konnten. Aehnlich verhält es sich mit der folgenden Stelle **912 CA** *si quier les deciples, qui tenent* (*l'enor\* de Jhesu-Crist* **A** *s'onneur*) **CF** *qui tiennent sa loi* **MBP** fehlen **R 2228** *Qui tiennent ce que il leur dist.* Hier scheint in **CF** ein gemeinsamer Lesefehler vorzuliegen; *loy* wird verschrieben sein aus einem *l'onor*, in welchem *n* durch einen Bogen über *o* und *or* durch das für diese Silbe gebräuchliche Abkürzungszeichen *9* wiedergegeben waren. Das letztere Zeichen

---

\*) Hucher, I, 312 trennt *l'enor* in *le nor* und glaubt, es sei verschrieben für *le non* (s. Anm.). Es ist aber eine afr. sehr häufige Form für *l'onor*.

konnte dann leicht als *y* gelesen werden. — Einmal stellen
sich **DBV** und **MCF** gegenüber; **DBV 5** *et quant deables les i
avoient menez, si quidoit (avoir moult bien* **V** *moult bien avoir)
esploitié et (il* **B ad.** *s'i) (estoient* **V** *estoit) (mult* **V ad.** *malement
engigniez* **MCF** *et quant dyables les i avoit menez, si quidoit avoir
(moult bien esploitié* **F** *beaucop proffité)* **R 21—4** *Quant li deables,
li maufez, Les avoit en enfer boutez, Gaaigniez avoir les quidoit
Et en ce ades mout se fioit.* Es handelt sich hier um den
Numerus der Verba. **MCFR** führen den Singular durch; **DBV**
wenden den Singular und den Plural an. Jedenfalls ist der
Plural das Ursprüngliche; die Singulare in **MCFR** sind auf eine
gemeinsame, unabhängige Auslassung der Abkürzungszeichen
für *en* zurückzuführen. — **985 AD** *que nous ne (mourons* **D ad.**
*nos) et nous et noz enfanz* **CHF** *que nos ne (menjons* **F** *entre-
mengeons) (et nos* **H om.**) *et nos enfanz* **R 2397** *Car nous tout
si de fein moruns.* Ich glaube, dass auch hier ein Lesefehler
vorliegt. **DAR** werden *mourons* aus einem *mengons* verlesen
haben, was sehr leicht geschehen konnte, wenn die Silbe *men*
geschrieben war *me* mit einem Bogen, dem Abkürzungszeichen
für *n*, welches sich weit über das *e* herunterbog, so dass ein
*o* daraus entstand. Ein nicht deutlich geschriebenes *g* konnte
dann leicht für *r* verlesen werden. Dass **D** etwas anderes in
seiner Vorlage gehabt hat als *morons*, beweist das *nos*, welches
es hinzufügt und welches wohl zu *menjons*, nicht aber zu
*mourons* passt. — Gewiss nöthigt uns keiner dieser Fälle, unsere
aufgestellte Gruppirung aufzugeben, zumal die Gruppirung,
die sich bei ihnen herausstellt, bei jedem einzelnen Falle eine
verschiedene ist.

## Die einzelnen Gruppen.

### DHF.

Die Uebereinstimmung in diesen drei Hss. ist in den
meisten Fällen eine wörtliche zu nennen. Abweichungen ent-
stehen fast nur im Ausdruck, indem **F** oft jüngere Formen für
die in **D** und **H** bewahrten älteren einsetzt, z. B. *seigneur* für
*sire* u. a., oder beruhen auf falscher Lesung in **H**, z. B. **H 99**
*Chelui que je baiserai, premiers,* wo offenbar *premiers* aus *prenez,*
wie es die übrigen Hss. geben, verlesen ist. Hucher, welcher
erkannt zu haben glaubte, dass **H** zu **C** gehöre, hat es oft,
da es ziemlich fehlerhaft überliefert oder copirt ist, nach **C**
corrigirt. Darauf will ich nicht eingehen. — Es handelt sich
nun darum, das gegenwärtige Verhältniss zwischen **D**, **H** und **F**
zu untersuchen.

2

**D** kann nicht abhängig sein von **F**. Das beweist einmal das Alter dieser beiden Hss., dann aber auch Stellen, an denen **F** entweder verderbt ist, ändert oder Lücken zeigt, z. B. **DCVMB 46 (R 190)** *pechié guerpir* **F** *pcché gemir;* **DCMBP 678** *l'errement* **R** om. **F** *le tourment.* **DCVMB 23** *et quant Adan ot pichié, si se vist* (**V ad.** *tot nus*) *et* (*en* **CVMB** om.) *ot honte, si senti luxure.* **R 117—22** *Et tantost comme en eut mengié, Pourpensa soi qu'il ot pechié; Car il vit sa char toute nue, Dont il ha mout grant honte eue. Sa fame nue veue ha, A luxure s'abandonna* **F** *Puys Adam se reprint et fut honteux de son pechié; avecq ce fut consentans au peché de la chair;* **DCVMB 31** *Pour ce me covient* (*à gainchir* **MB** *estre aguenchis*) (*soit* **CVMB** *sour*) *la moie ovre, dont il me preste* (*soe merci* **MB** om.) *sens et memoire* **R 149—52** *Dès or meis me couvient guenchir A ma matere revenir De ce que me rememberrai Tant cum santé et povoir ei* **F** *pour quoy supply que soyt son benoist plaisir de me donner sens et memoyre pour conduyre ceste matere à fin;* **DCVMB 53** (*et si* **MB** *mais il*) *n'en* (*n'osoit* **MB** *osoit* **C** *osa*) *faire semblant pour les autres yuis* **R 202—4** *meis à nul fuer N'en osast feire nul semblant pour les juis qu'il doutoit tant* **F** *mais il n'en ousoyt moustrer semblant pour le danger des aultres juifz;* **DCMB 62** *si* (*se* **MB** *l'en conmenca moult à estrangier* (*par oevre* **C** *de jor en jor et à correcier vers elz*) (*et* **C** *si*) *en conmenca moult à* (*meservir* **C** *meserrer*) *et estre plus crueux* (*as desciples* **MB** om.) (*que* **CMB** *qu'il*) *ne soloit* **R 225—7** *Se commenca à estrangier Et treire à la foïe arrier, Plus crueus fu qu'il ne soloit* **F** *si commancza moult à estre leur estranger et à mal exercer son office et estre maulvais serviteur.* — Lücken zeigen sich in **F** an folgenden Stellen: **DCVMB 14** *Or* (*entendez* **V** *esauez*) *en quantes maniers* (*ilo* **CMB** *il lo* **V** *il*) *roient* (**V ad.** *home*) **R 89,90** *Entendez en quantes mennieres Nous racheta Diex nostres peres.* In **F** findet sich keine Parallele. Ebensowenig zu dem folgenden, welches **DCVMB 27** berichten *si les* (*ot* **MB** *tint*) *tant que li fiz vint* (**C ad.** *en terre*) *sauver l'uevre* (*du* **V** *de son*) *pere.* **R 137—9** *Tant com Diex vout et ne plus, Qu'il envoia sen fil cà jus Pour sauver l'uevre de son pere.*

Auch **H** kann nicht die Vorlage von **D** gewesen sein, denn **H** giebt oft eine andere Lesart an Stellen, wo **D** mit den übrigen Hss. übereinstimmt. So lesen **DF 126** *le quel de vos je laveroi* **R 367,8** *Si cum connoistre ne pouroit Le lavé* **H** *qui me chraira* [Hucher I, 338 glaubt es stehe für *traira*. Es ist aber wahrscheinlicher, dass es mit *laverai* zusammenhängt.] **DF 146** *et ce que n'avoit mie la force contre le juif* **MB** *et ce que il ne vouloit pas moustrier sa force* **C** *ne il ne lor vost onques*

mostrer sa force **R 411** *Et force n'i voust mestre mie* **H** *et chou
qu'il ne voloit pas aler contre ses juis de lour volenté faire.*
**H** liest **621** *que ele manoit en la rue de la escole maistre. maistre*
lassen alle übrigen Hss. aus. **H 886** *que il envoia son fil en terre
Jhesu-Crist que nasqui des flans à la vierge Marie en Bethleem
sans pechié* **DCAF** *(et peres* **F** *et le pere* **C** *car il* **A** *si) envoia
son fiuz en terre (et s'aombra* **CAF om.**) *en la virge Marie*
**R 2183** *En terre sen fil envoia.* Eine Lücke findet sich in **H**
an folgender Stelle: **DFCA 1423** *(que* **CAF** *quant) il parla à toi
en la chartre* **R om.** Auch falsche Formen, welche **H** häufig
zeigt, würden ein Beweis dafür sein, dass **D** unabhängig ist
von **H**, doch müssen wir vorsichtig sein, da vielleicht diese
Fehler nur dem modernen Copisten angehören, wie Hucher I,
335 selbst vermuthet.

    **H** ist unabhängig von **F**, wie aus folgenden Stellen hervor-
geht: **HCADMBP 591** *Ains (t'en* **D** *te) pesa par semblant* **R 1436**
*Ainz t'en pesoit par samblement* **F** *ains te faisoyt bien grant
mal;* **H 723** *Ensi fu la semblance aportée à Roume que on apiele
le Veronique* **DF** *Einsi fust portée la Veronique (à Rome* **F om.**)
*que (n'en* **F** *l'on) apele (* **F** *ad. à Romme) la semblance Jhesu-
Crist* **C** *Ensinc fu aportée la samblance de Jhesu-Crist à Rome,
que l'an claimme la Veronnicle* **MBP** *Ensi avint et fu aportés
la samblance de Jhesu-Crist à Roume que on i clame encore
Veronique* **R 1746,7** *Ainsi la semblance aporterent;* On *l'apele
la Veronique* **HDCA 350** *et nostres sires li tent le vaissiel* **R 880**
*veissel que Diex tenoit* **F** hat hierfür keine Parallele.

    Auch **D** gegenüber steht **H** unabhängig, denn oft zeigt **D**
Lücken, welche **H** mit derselben Lesart der übrigen Hss. aus-
füllt, z. B. **HCFMB 104** *Et lors moustra examples, que je ne
puis ne ne doi (toz* **H om.**) *(recraire* **C** *retraire* **F** *raconter ne
dire)* **R 321—3** *ses deciples enseignoit Les essemples et leur disoit
(Ne vous doi pas trestout retreire, Meis de ce ne me weil je teire);*
das Ganze lässt **D** aus. Ferner übergeht **D**, was **HCF 396** Var.
berichten: *auchune (amis* **CF** *amour) avoit il en lui. Et quant
Joseph fu ensi perdus à la veue dou siecle, (si* **F** *d' auchuns y
eut qui) l'oïrent bien dire de teus en i ot, mais il n'en osoient
parler de lui, car ils ne mirent onques riens en (auctorité* **F**
*escript) de chose, qu'il n'eussent oï et veu; si ne vaurrent pas
metre le siecle en doutance de la foi (* **C** *ad. ne de sa creance);
ne drois n'estoit mie; et nostre sire meismes le dist (en .I. liu
où il parla* **C** *pour coi là où je oy parler* **F** *pour quoy j'ay ouy
parler) de la fausse gloire.* Ferner **HFCA 318** *mes amis est bons
avoc mes anemis* **R 809—11** *Avec mes amis Et aveques mes
ennemis Estoie* **D** *mes amis anemis.* **HF 385** *je ne t'en mentirai*

*nue* [für *mie*] *de chou,* (*que che* **F** *car il*) *n'est* (*mie* **F** *pas*) *raisons* **CA** *je ne t'en menrai pas de ci* **D** hat ebenfalls für diese Stelle keine Parallele.

Die eben angeführten Stellen, welche leicht vermehrt werden könnten, beweisen auch zugleich, dass **F** nicht abhängig sein kann von **D**, da **F** immer die Lesart von **H** gab, wie die Stellen, welche p. XVIII und XIX angeführt wurden zum Beweis, dass **D** unabhängig sei von **H**, auch zugleich ergeben, dass **F** von **H** unabhängig ist.

Obgleich wir so zu dem Resultate kommen, dass **D**, **F** und **H** von einander unabhängig sind, können sie doch nicht unmittelbar aus e i n e r Quelle geflossen sein. Dagegen sprechen einige Stellen, an welchen **H** gegen **DF** mit Hss. aus den andern Gruppen übereinstimmt, z. B. **H 853** *et fist les angles et les archangles* wie **R 2089,90** *Et fist et cria les archangles Et tout ensemble fist les angles* **CADF** *et (fist* **F** *crea) les angles;* **H 919** (*Lors commande*) *que il voisent isnelement la tour depecha*\*) [für *depechier*] genau entsprechend **R 2246** *Qu'il voisent la tour depechier* **DF** *alez la tor depecier* **CA** *que il (facent* **A** *aillent) la tor depecier;* **H 219** *et le recoucha en la pierre* **R 577** *Et en une pierre le mist* **CAMB** *et puis lou mist en une pierre* **DF** dgg. sprechen gar nicht von einem Steine; **H 206** [Nichodemus] *respont que il ne laiira nient pour eus* **R 544** *Et dist, ja pour eus nou leira* **MB** *que il nel lairoit (ja* **B** *om.) pour yaus* **CA** *qu'il n'en feroit riens pour els* **DF** *qu'il ne lesseroient (neient* **F** *pas) pour els.* — Diese Stellen setzen es ausser Zweifel, dass **H** nicht direkt mit **DF** auf eine gemeinsame Quelle zurückgehen kann, sondern dass **DF** von einem gemeinsamen Original (w) abstammen, welches seinerseits mit **H** ein und dieselbe Vorlage gehabt haben muss.

## CAV.

Da mir nur der Anfang der Hs. **V** bekannt geworden ist, so muss ich auch hier wieder **CA** allein betrachten und dann erst das Verhältniss von **V** zu seinen Schwesterhss., so weit es möglich ist, festzustellen versuchen.

Die Uebereinstimmung von **C** und **A** ist nicht so gross, als die, welche wir unter den Gliedern der vorigen Gruppe antrafen. Es liegt dies hauptsächlich an einer Eigenschaft der Hs. **C**, welche schon Hucher I, 25 richtig erkannt hat.

---

\*) Hucher I, 357 hatte die Form *voisent* nicht erkannt und meinte daher, es sei wohl aus *fassent* verlesen!

An zahlreichen Stellen zeigt **C** Erweiterungen, uud zwar solche, die theilweise Erläuterungen sind, theilweise auf Benutzung mehrerer Quellen hinweisen, z. B. **C 220** *pierre qu'il avoit gardée longuement por lui metre quant il morroit. Et quant il li ot mis, si lou covri d'une pierre plate moult grant* **A** *pierre qu'il avoit achatée à son hues et le couvri bien* **MB** *pierre qu'il ot quise à son oes et il le covri* **DF om.** **H** *et le recoucha en la pierre et le couvri moult bien* **R 577—80** *Et en une pierre le mist Qu'il à son wes avoit eslist, Et d'une pierre le couvri, Que nous apelons tumbe ci;* **C 272** (*Einsinc fu Joseph amblez*) *et reposz que nus n'en pot oïr nouveles que il fust devenuz et si fu il moult quis et demandez* **A om. DF** *amblez et mis à la chartre,* **C 274** (*ami*) *entor soi ne nul si loial chevalier ne qui tant l'amast ne qui tant fust de boen servise ne meillor chevalier as armes avoit il onques eu en son tems* **ADFR om.**; **C 295** *por ce que par fame avoit esté perduz li siegles et par fame voloit que il fust recovrez; car li annemis qui ne fait se gaitier non lou pueple, por torner à mal par ce que il vit que fame estoit de foible corage l'angigna il avant et por ce que par fame estoit toz li siegles emprisonez, ce est es mains au deiable, qui toz les enportoit en anfer, autresin les boens com les mauveis, vost li sires, que par fame fussent tuit desprisoné et raent des painnes d'anfer où tuit s'en aloient* **A** *quar par fame avoit pourchacié les anemis, qu'il eust les hommes; tout ainsi et par la fame estoient en prison, couvenoit qu'il fussent delivré et raent par fame* **DHF** *por ce que par fame avoit porchacié li anemis qu'il eust les* (*hommes* **H** *armes*) *et tot ausi comme par* (*fame* **H** *fames*) (*estoit* **H** *estoient*) (*l'ama* **F** *la vie* **H** *les armes*) (*del home* **H** *om.*) *en prison, convenoit il* (*qu'ele fust delivrée par fame* **H** *qu'eles fuissent delivrées et rayenses par femme* **F** *qu'il fust delivrée et rachatée par fame*) **R 763—8** *Par fame estoit hons adirez Et par fame fu recouvrez; Fame la mort nous pourchaca, Fame la vie nous restora; Par fame estions emprisonné, Par fame fumes recouvré;* **C 360** *qui senefiera la croiz, et lou vaissel là ù l'an sacrefiera et saintefiera la pierre où tu meis mon cors, que li caalices senefiera où mes cors sera sacrez en semblance d'une oïste et la platainne qui sera dessus mise senefiera lou covercle de coi tu me covris, et li dras qui sera desus lou caalice qui sera clamez corporaux si senefiera lou suaire, c'est li dras, de quoi tu m'envelopas; et ensinc sera à toz jors mes aparissanz jusqu'en la fin do monde la senefiance de t'uevre aparissanz en la crestienté* **A** *qui senefiera la crois et senefiera la pierre où tu meis mon cors et le plateinne qui sera desus mis, senefiera le covercle de quoy tu me couvris et li dras qui sera clamez corporaux* *senefiera le drap, de quoy tu me envelopas et ainsi sera à tous jours mais juques à la fin du monde* **DF** *que senefiera la croiz et* (**F ad.** *le*) *veisseaux où l'en sacrefiera et sanctifiera, senefiera la pierre en quoi tu meis mon cors et la platene qui sera desus mise, senefiera le covercle de quoi tu me covris (et qui ert desore, clamez sera corporaux* **F** *et seront les draps qui estoyent desus, nommé corporaulx) et senefiera* (**F ad.** *ce*) *le suaire (où* **F** *en quoy) tu m'envelopas; et einsi sera jusqu'à la fin del monde la senefiance de t'evre conneue* **R 901—13** *Ce que tu de la crouiz m'ostras Et ou sepulchre me couchas C'est l'auteus, seur quoi me metrunt Cil qui me sacrefierunt. Li dras où fui envelopez Sera corporaus apelez. Cist veissiaus où men sanc meis, Quant de men cors le requeillis Calices apelez sera. La platine qui sus girra Sert la pierre senefiée, Qui fu desour moi seelée, Quant ou sepuchre m'eus mis.* — Das Beispiel zeigt zugleich, dass nicht immer diese vermeintlichen Erklärungen ihren Zweck erreichen, ja oft das Gegentheil, Unklarheit hervorbringen. — Viele solcher Erweiterungen und Erklärungen machen es wahrscheinlich, dass der Schreiber von **C** ein Gelehrter, vielleicht ein Geistlicher war. So fügt er z. B. bei der Erklärung der Fusswaschung einen Vergleich hinzu zu *nuire* **126**], welchen alle übrigen Hss. auslassen: *sauf seront autresinc come li pié blanchirent en l'orde eive où ge les lavai et i devindrent net.* Einen andern Vergleich giebt **C 258** allein bei der Erwähnung des Gefängnisses, in welches Joseph geworfen wird: *car la chartre estoit autresinc graisles, com est li tuyaus d'une cheminée.* Dass der Copist von **C** die biblische Geschichte kennt, beweist der Zusatz **537** zu *deciples: qui puis s'en pandie de duel à un sau;* oder wenn er von Jesus **894** sagt (*Ce fu cil que juif ocistrent an croiz de fust) après ce que il ot esté bauptiziez .V. ans et demi* oder **1177** *nasquites] au jor de noel* oder **305** *fust] .III. ans après ce que je fusse baupteziez ou plus.* — Oft nennt **C** Eigennamen, welche die übrigen Hss. unterdrücken, so **135** *A cui m'en prendrei ge, si messires (Titus li amperes de Rome* die übr. Hss. **om.**) *me demande rien.* Ebenso **239** *et distrent que se il lor estoit demendez (de l'ampereeur Tytus de Rome* **A** *de leur mestre,* auch **MBPDF** nennen den Namen des Titus nicht. — Auffallend sind mehrere Uebereinstimmungen zwischen **C** und der Version des grossen Gral. So giebt **C** zweimal die Zahl der Jahre, 42, an, welche Joseph im Kerker gesessen hat. **1073** *Ele vient de celui qui sauva Joseph en la prison (.XLII. ans* **om.** die übrigen Hss.) **und 1295** *prison (et coment tu i fus .XLII. ans* **C alle**in). Man vergleiche darüber die Version des grossen Gral (Hucher II, 72): *tant qu'il demoura*

*.XLII. ans . . . Il i demourra .XLII. ans que onques n'en issi.*
Ferner erzählt **C** allein von einer Taufe Josephs: **967** *Crist*]
*et lors se bauptiza Joseph et sa maisnice de la main saint*
*Climant et Vaspasians refist autretel.* Im grossen Gral
(s. Hucher II, 121) wird berichtet: *Et lors si recut* [Joseph]
*crestientet de la main saint Philippe.* Auf die verschiedene
Ueberlieferung, wonach einmal *Clemens*, nach der andern
*Philipp* die Taufe Joseph's vollzieht, kommt hierbei nichts an.
Es soll nur darauf hingewiesen werden, dass **C** mit der Version
des grossen Grales Berührungspunkte haben muss, da die
übrigen Hss. **ADHFR** von einer Taufe Joseph's nichts berichten.
Ebensowenig erwähnen sie eine Taufe Vespasians, dgg. der
grosse Gral liest (Hucher II, 121) *Vaspasians . . . se fist*
*bauptisier.* Wie der grosse Gral nennt auch **C** das Gefängniss,
in welches Joseph geworfeu wird: *chartre Cayphas*, so **269**
*l'avalent en la chartre* (*Cayphas* lassen die übrigen Hss. aus). Der
grosse Gral bietet folgende Parallelstelle (Hucher II, 69) (*puis*
*l'en menerent*) . . . *en une fort maison qui estoit l'envesques Caifas.*
Auch später wiederholt sich in **C** dieser Anklang an den grossen
Gral, **1180** *vos me sauvates en la prison* (*l'evesque Cayphas*
**ADFR** om.). Ebenso stimmt in **C 270** *si la scelerent en tel*
*maniere que nus qui cele tor veist, ne cuidast que ce fust fors*
*que uns pilers de pierre* die Erwähnung eines *piler* mit dem
Bericht des grossen Gral (Hucher II, 69): *i ot .II. pilers tous*
*creus, si sambloit estre* (*marchies* Ms. **F** *massis*). Die Erwähnung
von Gross-Britannien in **C** ist ein weiterer Berührungspunkt
zwischen **C** und dem grossen Gral. **C 1473** *si s'an ala li riches*
*peschierres . . . en la grant Bretaigne* **ADFR** om.); **1494** (*laissier*);
*mais ancois me convendra à conter d'une ligniee de Bretaigne*
und **C 1262** *eglise*] (*Mais ancor estoit la crestientez moult tenue*
*et moult novele en ce pais que l'an apeloit la bloe Bretagne*
*que Joseph avoit novelement convertie à la creance de Jhesu-*
*Crist* **ADHFR** om.) Der grosse Gral, in welchem Gross-Britannien
einen Hauptschauplatz der Erzählung bildet, spricht natürlich
sehr oft davon. Ich citire nur Hucher II, 49 *Ichil Joseph*
*passa le lyngnage son pere* (die **Bonner Hs.** ad. *et s'en ala*) *jusques*
*en* (*la bloie Bretagne qui ore a non* die Bonner Hs. om.) *Engletere.*
Aus allen diesen Stellen ergiebt sich, dass zwischen **C** und dem
grossen Gral ein Verhältniss, und, wie es scheint, ein ziemlich
euges Verhältniss bestehen muss. Welches dies sei, muss einer
andern Untersuchung aufbewahrt bleiben. Zu bemerken ist
hier nur noch, dass sich diese Berührungspunkte zwischen **C**
und dem grossen Gral nur an Stellen finden, wo die Hss. **MBP**
die Version des grossen Gral geben.

C ist unabhängig von **A**; das beweisen Stellen, an welchen **A** gegen **C** und die übrigen Hss. ändert, z. B. **316** *A* (*quar je cuidoie*) *que vous ne me cogneussiez pas* **CDF** *que vos ne me creussiez* (*pas* **D** om.) **R 805** *Que vous ne m'en creussiez pas;* **A 861** *et mettent* (*les hommes*) *en voie de pechié* **CHDF** *et* (**D** *ad. lor*) *mostrent la voie de pechier* **R 2113** *Et li angle leur unt moustré, Qui sont en terre demouré* [fehlt ein Object] — ferner Stellen, an welchen offenbar in **A** Verderbniss vorliegt, z. B. **C 198** *et quant les gardes as juis virent Nichodemus, qui aportoit les tenailles et lou martel, si vindrent tuit cele part* **R 526,7** *Quant ce virent li chien puant, Si se sunt de cele part treit* **A** *et quant il i furent, Nichodemus qui aportoit les tenailles et le martel, si vindrent tuit cele part;* **A 496** *que il avoit .I. homme estrange en prison* **CMBP**, *que il avoit mis l'ome estrange en prison* **DF** (*qu'il avoit fest* **F** *qu'avoyt fayt*) *metre* (*le pelerin*) *en prison* **R 1199,1200** *que li estranges hon Estoit ja mis en la prison;* **A 847** *et se tu le vieus croire, il t'aprendra* **CDF** *et se tu lou* (*voloies* **DF** *veus*) (*croire* **DF** *savoir et croire*) *ge* (*lou t'aprendroie* **D** *teprendroi* **F** *t'aprendray* **R 2073—78** *Se voloies savoir son non, Par foi, bien le diroit on. Il couvendroit qu'en lui creisses. Et ses commandemenz feisses, Et je mout bien les te diroie Et la creance t'apenroie;* **A 972** *Une mult grant piece de terre a leur afaire mult bien* **CDF** *Une moult grant piece ala lor affeires moult bien* **R 2371,2** *Si ala leur afaires bien Grant tens.* Nicht selten sind endlich auch Lücken in **A** zu beobachten, welche in **C** uud den übrigen Hss. nicht erscheinen, z. B. **CDF 422** *qui mestier li* (*poist avoir* **DF** *eust*), (*si li* **D** *que li il* **F** *qu'il le luy*) *deist* **MBP** *que mestier li eust, qu'il li aidast* **R 1019,20** *Qui Vaspasien boenne fust N'à lui curer mestier eust* — **A** *qui mestier li poist avoir;* **C 470** *C* que *si preuzdom, ne si vaillanz, com il est, issi boen mire laissast ocirre* **D** om. **FH** *que si prodomme ne si* (*vaillant ne si bon* **H** *sage*) (*mire* **H** *nue*) *laissast* (*occire* **H** *ochirres*) *Pilates* **MBP** *que il laissat ocirre si preudoume ne si vaillant ne si boin mire* **R 1137—40** *Pilates est mout vaillanz hons Plus que dire ne pourrions; Pour rien faire ne le laissast Se il contredire l'osast* — **A** *que si preudons ne si vaillant laissast occire;* **CDHFMBP 622** *Et quant Pilates* (*ot bien apris* **D** *l'ot entendu et il ot apris* **F** *eut ce entendu et bien retenu*) *qui ele iere et coment ele avoit non; si l'enveia querre. Et ele i vint* — **A** lässt das Ganze aus, wodurch natürlich der Zusammenhang vollständig gestört wird; **C 508** *qu'il li feroit comparer* **MBP** *qu'il s'en prendroit à lui* **R 1234** *Granz maus avenir l'en pourra* — **A** om.; **CDHF 861** *et metent en escrit les pechiez que* (*il font* **H** *on fait*) **R 2115** *Et si les* *mestent en escrist* — **A om.** — Auch Stellen, an welchen **C**, sei es im Ausdruck, sei es im Sinne, mit **R** übereinstimmt gegen **A** und die übrigen Hss., sind dafür beweisend, dass **C** unabhängig ist von **A**, wenn man nicht annehmen will, dass **C** neben seiner eigenen Vorlage auch noch das Gedicht gekannt habe. So liest **C 811** *Oceites lou vos ancois que vos lou meissiez an cel tor?* **R 1985,6** *Et se vous avant l'oceistes Et puis en la tour le meistes?* **ADF** *aincois que vos le meissiez en (la* **F** *ceste) chartre?* **C 827** *Lors demanda (Vespasian) .I. corde grosse* **R 2623** *Une grant corde ha demandée* **ADF** geben blos *corde;* **C 325** *et il t'a sosfert à feire bon servise à Pilate* **R 821** *Que pcus Pilate servir* **DF om.** *à Pilate* **A** ersetzt es durch *pour moi;* **C 309** *(por ce que je l'avoie osté de la croiz et) mis dedanz lou sepulchre* **R 787** *Que j'en la sepouture mis* **CADF om.**; wie **R** macht auch **C** die Zulassung des Volkes bei der «grace» von der Erfüllung der Gebote Gottes abhängig: **C 1039** *si apele ton pueple et si lor di que]* *se il ont bien creu lou pere ... vaignent avant si s'asieent à sa grace* **R 2539—51** *si il bien creu unt Dieu, le pere ... Viegnent sooir* **ADF** dagegen unterdrücken die Bedingung und berichten affirmativ: *et leur di que bien ont creu ... et viengnent et s'asient;* endlich sind es auch nur **R** und **C**, welche von einem fünften Theile sprechen, welcher erzählt werden soll: **C 1493** *me convendra à conter d'une ligniée de Bretaigne, c'est la ciquoisme ... Car se la cinquoisme n'i estoit meslée ...* **R 3504,5** *Ausi couvenra il conter La quinte* **A** *Et si couvendra conter ce meismes* **DHF** *et covendra à conter de la ceine meismes.*

Umgekehrt kann auch **A** nicht von **C** abhängig sein, denn auch in **C** finden sich Aenderungen, Verderbnisse und Lücken **A** und den andern Hss. gegenüber, z. B. **C 220** *pierre] qu'il avoit gardée moult longuement* **A** *que il avoit achatée à son hues* **MB** *que il ot quise à son oes* **R 578** *Qu'il à son wes avoit eslist.* **C 250** *qu'il les prandront]* *en medeus la nuit* **A** *la nuit* **MBP** *anuit* **D** *par nuit* **R om.**; **C 259** *si li demenderent]* *que il avoit feit de Jhesu* **ADF** *Que as tu fait de Jhesu (DF ad. Christ)* **R 680** *Que il avoit feit de Jhesu;* **C 234** *Et lors dient li juif]* *que par Joseph l'ont il perdu* **ADF** *Par luy l'avon nous perdu* **R 635** *Car il l'unt par Joseph perdu;* **C 240** *Et lor consaus si fu tex* **ADF** *Lors s'acorderent ensemble* **R om.** Offenbare Verderbniss liegt in **C** vor an folgenden Stellen: **C 486** *tant que li messages] remaigne* **A** liest richtig: *revienge* wie **PFM** *revenra* **D** *soit venuz,* **C 876** *chose] com hom estoit, cume de limon de l'iave, iroit là dont il estoit venuz* **A** *iroit à la gloire* **DF** *estoit montez en gloire* **R om.** Auch einige Lücken finden sich **A** und den übrigen Hss. gegenüber in **C**, so **ADF 311** *et si comm tu l'as dit,* *(je l'otroi* **DF** *si le croi) et com tu l'as veu et si seras* **DF ad.** *sauvez et auras joie pardurable* **R 792—4** *Croi le, si auras sauvement; Croi le et si n'en doute mie, Si auras pardurable vie* **C** hat keine Parallele; **ADFMB 211** *pierre ot osté fendue]* du *sanc* **DFMB** *pour l'autre sanc* **H** *pour la goutc de sanc* **R 560,1** *quant li sans raïa De sen costé* **C** om.; **AD 212** (*Et quant il virent ce* **D** om.), *si en furent mult irez* **F** *Dont moult furent desplaisans* **R 671—3** *Quant il voient que perdu l'unt, En la meison Joseph s'en vunt Mout tristoié* **C** om. — Endlich sind auch die zahlreichen Erweiterungen und Anklänge an den grossen Gral ein indirekter Beweis, dass **A** von **C** unabhängig ist, denn es wäre unmöglich zu denken, dass **A**, wenn es **C** als Vorlage gehabt habe, gerade diese Stellen als Erweiterungen erkannt und ausgeschieden habe.

So weit es die wenigen Varianten, die ich von **V** besitze, gestatten, lässt sich auch das Verhältniss von **V** zu **C** bestimmen. Leider fehlt in **A** das erste Blatt, also das, was mir von **V** bekannt ist, so dass das Verhältniss zwischen **V** und **A** unerörtert bleiben muss.

**V** kann nicht abhängig sein von **C**; das geht aus folgenden Stellen hervor: **VDFMB 16** *toutes chez* **C** *ices* **R 95** *Cil troi;* **V 19** *qui deigna venir* **MBCDF** *qui il plot à venir* **R 103** *quant il venir Daigna;* **V 20** *pour morir et* **MB** om. **CDF** *morir* **R 104** *pour morir;* **V 21** *et Evain pecha* **C** *et Adans et Eve pechierent* **D** *donc Eve et Adan pecha* **F** *et pecherent* **MB** *puis peca Eve* **R 107,8** *l'ennemi Qui nous eut par Eve trahi;* **V 22** *et quant ele ot pechié, si pourchaca que Adans pecha* **DFMB** (*et quant* **M** *com* **B** *et puis qu'*) (*ele* **F** *Eve*) *ot* (**F ad.** *premier pechié, si* (*porchaca* **MB** *fist tant*), *qu' Adan pechast* **R 109—11** *Quant ele vit qu'ele eut pechié, Si ha tant quis et pourchacié, Que Adans ses mariz pecha* **C** om.; **V 25** *Einsi engerrerent et conchurent,* ebenso **DFMB R 131,2** *Eve eut concut si enfanta A grant doleur ce que porta* **C** *Einsinc amenderent et crurent;* **V 23** (*il se vit*) *tot nus* **R 119** *Car il vit sa char toute nue* **CDFMB** om.; **V 26** *et de leur oirz* **wie MBC** *et dès lors en cà* **DF** *et de lor* **R 133** *Et li et toute sa meisnie.*

Hingegen kann auch **V** nicht die Vorlage von **C** gewesen sein, denn **V** zeigt **C** und den andern Texten gegenüber Aenderungen, Lücken und Erweiterungen, so **CDFMB 13** *Et einsinc* (*lou* **F** om.) *covenoit* (**BF ad.** *il*) (*estre* **BCF** *à estre*) **R 81—3** *Le pueple... couvenoit Raieimbre* **V** *Ainsi voloit;* **CDFMB 14** *Ore entendez* **R 89** *Entendez* **V** *Or esauez;* **CDFMB 15** *il* (*lo* **D** *o* **B** *les*) *raent* **R** *Nous racheta Diex nostres peres* **V** *il raienste*

*home*; **CDFMB 16** *troies parties* **R 95** *Cil troi* **V** *ches .III. choses,*
**CDFMB 25** *chaitive vie* **R 129** *chetivoison* **V** *divine vie.* **CDFM 18**
*et prist humaine (char terrestre* **M** *fourme en lui)* **B** *et prist*
*forme en lui humaine* **R** (entspr.) **101,2** *(sires) qui humanité*
*Prist en la virge* — om. **V**; ebenso **CDFMB 20** *l'uevre de*;
**CDFMB 34** *Si lou bauptisa sains Johans Bauptistes* lässt **V**
ebenfalls aus. **V** erweitert in folgenden Fällen: **CDMB 7** *mult*
*angigniez* **F** *trompé et deceu* **R 24** *mout se fioit* **V** *moult malement*
*engigniées*; **MB 9** *mais li dous Jhesu-Crist vint qui les delivra*
**RC** om. **DF 9** (*Et* **F** om.) *nostre (sires* **F** *seigneur) vit ce* — **V**
*Et quant nostre sires vit que chascune aloit en enfer ne ne*
*remanoit pour bu²[?] fait que il fist, si l'en prist pitiez*;
**CDFMB 11** *dous* **R 33** *douce* (in anderem Zusammenhange) **V**
*dous et prieus*; **CDFMB 12** *d'anfer* **R** om. — **V** *des painez d'enfer*;
**CDFMB 17** *de la virge Marie* **R 98** *De la virge* — **V** *des flans*
*à le Vierge Marie*; **CDFMB 41** *sor les homes* **R** om. **V** *sor home*
*et sor feme.* Man sieht, dass Erweiterungen, trotzdem nur so
wenig von **V** bekannt ist, in diesem Texte sehr zahlreich sein
müssen. Da sie durch keine andere Hss. gedeckt sind, haben
sie auch keinen Werth, sondern sind als blosse Zuthaten des
Copisten von **V** zu betrachten. Für die Textkritik hat daher
auch **V** keinen grossen Werth. Nur einer merkwürdigen Uebereinstimmung muss hier noch Erwähnung geschehen: **FD 44 ad.**
zu *baptoisme*: *ce fut confession* und **V** berichtet auch: *che ai* [?]
*confessione.* Von diesem Zusatz wissen die übrigen Hss. nichts.

Es ist wohl anzunehmen, dass auch **V** und **A** untereinander
nicht in einem Verhältniss der Abhängigkeit stehen. Dass **A**
nicht von **V** abhängig sein wird, machen schon die Erweiterungen in **V** wahrscheinlich. In **A** fanden wir keine und
sind deshalb wohl auch berechtigt, das Gefundene auf das
verloren gegangene erste Blatt in **A** zu übertragen. Ist nun
aber auch **A** von **V** unabhängig und umgekehrt **V** von **A**, so
müssen **C**, **A** und **V**, da sie zu einer Gruppe gehören, auf eine
gemeinschaftliche Vorlage, welche wir **y** nennen wollen, zurückgehen.

## MBP.

Wie bei der Gruppe **z** (**DHF**) finden wir auch bei diesen
3 Hss. eine genaue, fast wörtliche Uebereinstimmung unter
einander. Die Belegstellen für die Unabhängigkeit dieser Hss.
unter einander beschränken sich daher meistens auf kleine
Aenderungen, Verderbnisse oder Lücken in einer oder der
andern dieser Hss.

Einige **B** eigenthümliche Aenderungen beweisen, dass **M**
nicht aus **B** entstanden sein kann, z. B. **574 MP** *pais*], *(se l'on*

*peust* **M om.**) *riens* (*trover* **M om.**) *Ki eust esté* (*de* **P om.**) *Jhesu*
**CA** *s'ils porroient rien trover qui* (*eust esté* **A** *fust*) (*à* **A** *de*)
*Jhesu* **D** *s'il porroit avoir chose à qui Jhesu-Crist eust atouchié*
**F** *si il pourroyt auchune chose trouver là où Jhesu-Crist eust*
*atouchié* **R 1403,4** *S'on pourroit riens avoir trouvé, Qui au*
*prophete eust esté —* **B** *que eust riens de Jhesu ne qui en peust*
*riens recouver;* **MPCADF 240** *que il l'ont baillé* **C** *baillierent*
**R 647** *Nous le vous laissames —* **B** *l'avoient laissié;* **MPCADF 249**
*si boin conseil* **R 663,4** *Cist consauz est donnez par sens, Car*
*boens est —* **B** *tel conseil.* Eine kleine Verderbniss liegt vor
**B 463** *lor avoit conté —* **MPADF** lesen richtig *li avoit contet* **C**
*ot conté* **R 1125** *dist avoit.* Kleinere Lücken machen sich mehrfach in **B** bemerkbar, z. B. **MPDF 408** *qu'il avoient ochis*] *en*
*la crois* **R 983** *Le firent il en crouiz morir —* **B om. MPC 417**
*à une pele* **R 1000** *Où on mettoit une escuele —* **B(DF) om.**;
**MPCADF 577** *onques riens n'en porent trouver* **R 1405** *Meis il*
*ne peurent trouver rien —* **B om.**; **MPCADF 225** *si comme* (*Diex*
**A** *sire*) **R 594** *Comme sires —* **B om.**; **MP 412** *Et par* (**P ad.** *la*)
*force de la puour que nus* (**P ad.** *hons*) *ne pooit* (*durer* **P**
*endurer*) **C** *et par la force de ce que l'an ne pooit sosfrir ne*
*son cuivre ne son vivre ne son estre* **A** *et par force et par pooir*
*de ce que on ne pooit souffrir son estre* **D** *et par force et par*
*poer que n'en ne poit son estre* **H** *et par forche pour chou que*
*on ne le pooit souffrir* **R 995,6** *Si vil* (*lepre*) *estoit et si puanz*)
*Que nus o lui n'iert habitanz* **B om. MP 485** *Sachiés que s'il*
*me livre mes despens* (*tant* **P** *dessi*) *que li messages revenra et*
*il n'est voirs que jou* (*n'aie voir* **P** *vous ai ci*) *dit, que il me*
*face* (*la teste colper* **P** *couper la teste* **CA** *Ge voil, se il me done*
*ma despanse tant que li messages* (*remaigne* **A** *revienge, se il*
*n'est voirs ce que je* (*ai* **A om.**) *dit que il me face colper la teste*
**DF** (*L'en* **F** *On*) *me dorra,* (*dist il* **F** *fayt il*), *mon despans*
*jusqu'à tant que li message* (*soit venuz* **F** *revienne*), *et quant il*
*sera revenu et il dye* (*que* **D** *et se*) *ce* (*n'est* **F** *ne soyt*) *voirs*
(**F ad.** *que je vous ay cy conté*) (*j'otroi* **F** *je vieulx*) *que l'en me*
*cope la teste* **R 1170—78** *Il dist: Mes despens donnez moi, Et*
*si me metez en prison… Se ce n'est voirs que dist vous ei,*
*Je vueil et si l'otroierei Que la teste me soit coupée Ou à coustel*
*ou d'une espée —* **B** *Se che n'est voir que je ai dit, je voeil*
*que on me caupe la teste.*

Da in diesen Stellen durchweg **P** sich zu **M** stellte, so ist
in ihnen zugleich der Beweis enthalten, dass auch **P** unabhängig ist von **B**.

**B** ist hingegen auch unabhängig von **M**, denn auch in **M**
finden sich einige Male verschiedene Lesarten, Unrichtigkeiten

und Lücken, wo **B** mit den übrigen Hss. übereinstimmend das Richtige bietet. So **BPCADF 477** *terre que Pylate gardoit* **R 1152** *Là où Pilates povoir avoit* **M** *tere Pylate qu'il avoit à garder;* **BPCADF 244** *prenons* **R 650** *penrunt* **M** *prendes.* **BPCADF 731** *qui m'a gari* **R 1767** *qui ma gari* **M** *qui me gari;* **BCVDF 3** *anoncier* **R 5** *anuncier* — **M** *avanchier;* **BCVDF 32** *sens et mimoire* **R 152** *santé et povoir* **M** *force et memoire.* Verderbt ist **M** an folgenden Stellen: **M 236** *le passa* **BP** *le posa* **CF** *l'avoit mis* **DR (633)** *le mist.* **M 209** *et si lava le trois moult bielement* **B** *et si lava le cors mout belement* **CADF** *et si (atorna* **DF** *acocha) lou cors moult belement (si* **D** *et* **F** *et si) lou lava* **H** om. **R 553,4** *Le cors atourna belement Et le lava mout nestement.* Kleine Lücken zeigt **M 421** *qui ainsi estoit pierdus* **BPDF** *qui ensi estoit et par tel maladie perduz* **R 1010** *Quel duel et quel deshonneur ha;* **BPCDF 439** *(puis* **CDF** *si) le crucheficrent* **R 1061** *Si le firent crucefier* **M** om.; **BPCADF 525** *Lors (s'en* **B** *en) vint avec les messages* **R 1275** *O les messagiers vint arriere* **M** om. Die meisten der soeben citirten Stellen, nämlich die, wo **P** mit **B** und den übrigen Hss. gegen **M** übereinstimmt, liefern zu gleicher Zeit den Beweis, dass auch **P** unabhängig ist von **M**.

**M** ist unabhängig von **P**, wie folgende Stellen beweisen **MBC 463** *estranges hom* **A** *home estrange* **DFR (1125)** *pelerins* — **P** *pelerins;* **MB 504** *pour (tout* **B** om.) *cest afaire savoir et encerchier* **C** *por tost feire savoir cest affeire et ancerchier* **A** *pour cest affaire savoir* **DF** *por ceste chose savoir* (**F** ad. *et enscrcher*) **R 1223,4** *Qu'il voloit la chose savoir Et enquerre trestout le voir* — **P** *por savoir la verité de tout cest afaire.* Verderbniss liegt vor in **P 493** *car vous saurez miex que nus comment il a esté* **MBCF** *car je le saurai* (**B** ad. *i) miex que nus comment (il* **C** *ce) a estet* (**F** ad. *fayt)* **D** om. **A** ändert: *Vos i envoierez aucun où vos vos puissiez bien fier qu'il raporte le mesage et que ce ne soit pas à vos* **R** om.; **MBCDF 519** *et s'entr'encontrerent* (**D** ad. *li messages à l'empereor)* (en **DF** *à) Arimachie* **R 1263**—5 *L'une compaigne l'autre voit Ee* [*En*] *Arimathye tout droit; Et quant il Pilate encontrerent* — **P** om.

Die eben angeführten Stellen beweisen auch zugleich, dass **B** unabhängig ist von **P**, da wir **B** immer in Uebereinstimmung fanden mit **M**. Es ergiebt sich also, dass auch die Hss. der Gruppe **MBP** unter einander unabhängig sind. Sie müssen also gemeinsam aus einer uns verloren gegangenen Hs. geschöpft haben. Wegen ihrer grossen Uebereinstimmung unter einander werden wir zunächst dabei stehen bleiben müssen, sie direkt auf eine gemeinsame Vorlage zurückzuführen, welche wir **X** nennen wollen.

## R

repräsentirt, wie wir früher sahen, eine Gruppe für sich. Wir bezeichnen nun auch die von ihm repräsentirte Gruppe mit dem Zeichen, welches wir für die uns allein erhaltene Hs. anwandten, mit **R**.

## Die Gruppen x (MBP), y (CAV), z (DHF) und R unter einander*).

Es ist selbstverständlich, dass **R**, **y** und **z** nicht aus **x** geflossen sein können, da **x** nur aus Fragmenten besteht, während **R**, **y** und **z** die vollständige Version des kleinen Gral geben.

Dass **z** nicht die Vorlage von **y** gewesen sein kann, beweisen Stellen, an welchen **y** mit den übrigen Gruppen übereingestimmt haben muss, während **z** abwich, z. B. **CA 385** *Je ne t'en menrai ore pas de ci*, **R 950** *De ci mie ne t'emmenrei* — **HF** *Je ne t'en mentirai pas de chou;* **CA 458** *et quant il vint devant l'ampereor, si li conta tot ainsi (l'errement moult bien* **A om.**) *comme il avoit (conté à* **A** *fait) son oste* **R 1114—16** *Et après li ha tout conté Quanque son hoste conté ot Et la chose tout mot à mot* **MBP** *Et quant il vint devant l'emperaour, se li conta tout l'errement moult bien ainsi com il avoit contet son oste.* — **DHF** dagegen führen die ganze Rede in direkter Rede weiter aus: *Lors s'en alerent devant l'empereor, et quant il furent devant lui, si dit li pelerins: «Sire, vos m'avez mandé?» Et li empereor respont: «C'est voirs, je t'ai mandé por dire ce que tu as dit à ton oste.» Et li pelerins li conte mot à mot ausi comme il avoit dit et conté à son oste;* **CA 576** *s'ils porroient rien trover qui (eust esté* **A** *fust) à Jhesu* **R 1404** *Qui au prophete eust esté* **MBP** *Ki eust esté de Jhesu* — **DF** *à qui Jhesus-Criz eust atouchié;* **CA 802** *Por ce qu'il nos toli lou cors (de la* **A** *du) prophete et lou mist en tel leu que nos ne lou poimes t r o v e r* **R 1959—62** (*conterent*) *Comment il le cors leur toli Dou prophete, quant il transi, Et en tel liu repus l'avoit Où nus t r o u v e r ne le pourroit* — **DF** *et le mist en tel leu où nos ne le poismes a v o i r;* **CA 894** *Ce fu cil qui faisoit les beles miracles et les boennes oevres), ne onques n'en fist une mauveise* **R 2193** *Unques n'ouvra mauveisement* — **DF** *mauveise (oevres* **D om.**) *que onques*

---

*) Da wo eine Hs. in den folgenden Beispielen nicht citirt ist, ist sie entweder lückenhaft oder weicht ab.

*nul homme n'en fist nulles semblables;* **CA 929** *Randez moi Jhesu,*
*que veez ci Joseph* **R 2264,5** *Rendez moi tantost Jhesu-Crist,*
*Que vez ci Joseph en present* — **DF** *Rendes moi Jhesu et je vos*
*rendroi Joseph;* **DF 1045 ad.** hinter *Deu*] *Atant s'en parti la*
*voiz* — weder in **CA** noch in **R** findet sich hierzu eine Parallele.

Andererseits stimmen nun auch oft **MBP** und **R** oder die
eine dieser beiden Gruppen mit **DHF** überein, wo **CA** abweicht,
ein Beweis, dass auch **z (DHF)** nicht aus **y (CA)** geflossen sein
kann. So **DHF 1334** *que il atende le fiz Alein* **R 3128** *Le fil*
*Alein atendera* — **CA** *le filz du filz Alcin;* **DF 326** *ne dites*
*mie que* **R 825,6** *Hay ,sire,) ne dites mie Que* — **CA** *ne dites*
*mie tel chose;* **DHF 489** berichten wie **R 1182** und **MBP** von
einer *chambre*, in welcher man den fremden Pilger gefangen
hielt — **CA** von einer *chartre;* **DF 490** *et s'en l'en porroit rien*
*trover où le prophete eust atouchié, par quoi son fiz peust garir*
**R 1192—4** *Et se nous poviammes avoir Aucune chose qui men*
*fil Curast et ostast dou peril* — **CA** (auch **MBP**) erwähnen die
«Sache» gar nicht noch einmal, sondern lesen blos: *ne se ja*
*ses filz en pouroit garir.*

Auch **R** kann nicht die Vorlage von **y** gewesen sein, wie
aus Stellen hervorgeht, an welchen **R** entweder eine schlechte
Ueberlieferung giebt oder so unklar ist, dass **y**, welches die
richtige Lesart hat, unmöglich daraus geschöpft haben kann,
z. B. **CADHF 274** *Ensinc fu Joseph perduz une* (**C ad.** *moult*)
*grant (piece* **H** *piethe) (au siegle* **DHF om.**) — **R 711,2** *Au siecle*
*fu bien adirez Et vileinnement ostelez. adirez* giebt gar keinen
Sinn; sicher liegt in diesem Vers eine Corruption vor; **CAD 745**
(*Sire* **D** *Joseph* **A** *om.*) *voudras tu point sauver de ceste gent?*
**F** *si il vouloyt nulz saulver de toute celle gent* — **R 2293,4** *Li*
*rois à Joseph demanda), Comment ce juis sauvera* [ist vielleicht
*Comment ce* verschrieben für ein *Combien des?*]; **CADF 1004** *que*
*toutes les foies que je* (*voldroie avoir secors* **DF** *auroie mestier*)
*de vos* — **R 2451** *Toutes les foiz que je vourroie Secrez de*
*vous. Secrez* liesse sich an unserer Stelle zwar recht gut vertheidigen, da es einen ganz passenden Sinn ergeben würde;
aber es kann doch nicht das Ursprüngliche sein. Wir haben
hier eine Berufung auf das, was Christus früher im Kerker
gesagt hat. Dort heisst es aber **v. 939,40** *Joseph, quant vouras*
*Et tu mestier en averas.* Von Geheimnissen ist also hier
gar keine Rede. **CADF 1083** *car nos anseignez que nos dirons*
*où nos vos avons laissiez* — **R 2641—4** *Meis, s'il vous pleist,*
*nous aprenez … Pour quoi vous avuns leissié cà.* Es ist hier
von den Ungetreuen die Rede, welche aus der Genossenschaft
des Grales ausgestossen werden. Sie fragen die Zurück-

bleibenden: Wie sollen wir sagen, wo ihr zurückgeblieben seid? Dass so die Frage gelautet haben muss, zeigt deutlich die darauf folgende Antwort in **R 2645—52** *Or escoutez que respondrez, Quant de ce oposé serez. Et si repondrez verité Qu'à la grace sunt demouré De Dieu no pere, Jhesu-Crist, Et ensemble dou saint esprit, Tout confermé en la creance Joseph et en sa pourvenance.* Entsprechendes berichtet die Prosa. *Pour quoi* (**v. 2644**) giebt übrigens auch an sich keinen Sinn, denn die Ungetreuen wissen selbst gar wohl, dass es ihre Sünden sind, welche sie aus der Nähe des hlg. Grales vertrieben haben. — **CADHF 859** berichten: *et les trois qui chaïrent en (terre* C *l'eive et en la terre avoc lou pueple) (les angignent* A *si angignent les hommes* DF *tormentent les homes (et les fames* F **om.***)) et (*D **ad.** *lor*) (*mostrent la* A *mettent en*) *voie de (pechier* A *pechié) et metent en escrit les pechiez que (il font* H *on fait*) — Die **v. 2106—16,** welche diesem Bericht entsprechen, sind so confus, dass sie unmöglich unserer Prosa können vorgelegen haben. Sie lauten: *Li autre tormentent les femmes Et les hommes (qui sus la terre Cheïrent) et mestent en guerre Trop grant envers leur createur. Honte li funt et deshonneur En ce qu'il pechent trop griement Contre lui et vileinnement. Et li angle leur unt moustré, Qui sunt en terre demouré, Et si les mestent en escrist: Ne vuelent pas c'on les oblist.* Einmal ist hier die Beziehung des *qui* (**v. 2107**), welches direkt hinter *hommes* steht, sich aber auf *autre* beziehen muss, sehr unklar; dann aber erwartet man **v. 2108** vor *mestent* ein *les.* Nach **v. 2114** müssen wir sicher eine Lücke von wenigstens zwei Versen annehmen. So wie der **v. 2114** überliefert ist, giebt er gar keinen Sinn, während die Prosahss. ganz verständlich lesen, **CDF 861** *et (*D **ad.** *lor*) mostrent la voie de pechier* A *et metent (les hommes) en voie de pechié.* — Weitere Beispiele s. unter «Verhältniss zwischen **R** und **p.**»

In allen diesen Beispielen fanden wir die Gruppe **z** (**DHF**) in Uebereinstimmung mit **y.** Die angezogenen Fälle liefern also auch zu gleicher Zeit den Beweis, dass **z** unabhängig ist von **R.**

Umgekehrt muss **R** sowohl von **y** als auch **z** unabhängig sein. Abgesehen von der Unwahrscheinlichkeit, dass das Gedicht aus der Prosa herausversificirt worden sei, lässt sich dies auch durch Lesarten bestätigen. Ich führe nur eine Stelle an, da ich später hierauf zurückkommen werde. **C 358** *respont*]: *Tu m'ostas de la croiz et meis en ta pierre après ce que j'oi sis à la cienne chiés Symon et que je dis que seroie traïz; et ensinc con ge lou dis à la table, seront pluseurs tables*

*establies à moi sacrefier qui senefiera la croiz et lou vaissel là*
*où l'an sacrefiera et saintefiera la pierre où tu meis mon cors*
*que li caalices senefiera où mes cors sera sacrez en samblance*
*d'une oïste et la plataïnne qui sera dessus mise, senefiera lou*
*covercle de coi tu me covris, et li dras qui sera desus lou caalice*
*qui sera clamez corporaux si senefiera lou suaire, c'est li dras*
*de quoi tu m'envelopas* **A** *Tu m'ostas de la crois et soe que je*
*fuy à la cene chiés Symon et que je dis que je estoie traït et*
*ainsi que je leur dis à la table seront pluseurs des tables establies*
*à moy sacrefier qui senefiera la crois et senefiera la pierre où*
*tu meis mon cors et le plateinne qui sera desus mis, senefiera*
*le covercle de quoy tu me couvris et li dras qui sera clamez*
*corporaux senefiera le drap de quoy tu me envelopas* **DHF** *Joseph,*
*tu m'otas de la croiz et* (**F ad.** *tu*) *ses bien que* (**F ad.** *je*) *fui*
*à la cene chiés Symon* (**F ad.** *le*) (*leprous* **H om.**) *et que je dis*
*que je* (*estoi* **H** *t'avoie*) *traïz;* (**F ad.** *et* **H** für das übrige keine*
Var.) *einsi comme je le dis à la table, seront plusors tables*
*establies à moi sacrefier* (*que* **F** *qui*) *senefiera la croiz et* (*le*
**D om.**) *veisseaux, où l'en sacrifiera et sanctifiera, senefiera la*
*pierre en quoi tu meis mon cors; et la platene qui sera desus*
*mise, senefiera le covercle de quoi tu me covris;* (*et ce qui ert*
*desore clamez sera* **F** *et seront les draps, qui estoyent dessus,*
*nommé*) *corporaux et senefiera* (**F ad.** *ce*) *le suaire* (*où* **F** *en*
*quoy*) *tu m'envelopas.* — Sicherlich hat diese Prosa nicht den
**v. 893—913** in **R** vorgelegen, welche ganz einfach erzählen:
*Joseph, bien sez que chiés Symon Menjei et tout mi compeignon*
*A la cene le juesdi Le pein, le vin y benei. Et leur dis que*
*ma char menjoient Ou pin, ou vin mon sanc buvoient. Ausi*
*sera representée Cele taule en mainte contrée. Ce que tu de la*
*crouiz m'ostas Et ou sepulchre me couchas C'est l'auteus seur*
*quoi me metrunt Cil qui me sacrefierunt. Li dras où fui enve-*
*lopez ˋSera corporaus apelez Cist veissiaus, où men sanc meis,*
*Quant de mon cors le requeillis Calices apelez sera. La platine*
*qui sus girra Iert la pierre senefiée Qui fu desour moi seelée*
*Quant ou sepuchre m'eus mis.*

x (**MBP**) erweist sich ebenfalls als unabhängig, sowohl
von **R** als auch von **y** und **z**. Dass es von **R** nicht abhängig
ist, zeigt folgende Stelle: **MB 84** *Et il* (*leur dist* **B** *dist li*) *ù*
*et pour coi il estoient là venu. Et quant cil oïrent que il*
*enfragnoit la loi, si en furent moult lié* **CDHF** *Et il leur* (*dist*
**DF** *noma*) (*le* **C om.**) *leu où* (*il savoit que* **DHF om.**) (*il estoit*
*et pour quoi il* **D om.**) (*estoit* **D** *estoient*) (*à elz* **DHF** *là venuz*
(*iqui* **DHF om.**). *Et quant cil oïrent que il anfrenoit* (*sa* **DHF** *la*)
*loi, si...* **R 283—6** ist vollständig verderbt: *Et il* (*Joseph*)

3

*leur dist où il estoit, Pour quoi là venir ne voloit. La loi
enseigne. Com l'oïrent, En leur cuers tout s'en esjoïrent.* Enseigne
**v. 285** scheint durch dasselbe Wort **v. 287** veranlasst zu sein;
was in **v. 283** für eine Verderbniss vorliegt, ist schwieriger
zu sagen. Wenn auch die Lesart von **MB** *et pour coi il estoient
là venu* nicht das Richtige zu sein scheint, obgleich sich ein
guter Sinn damit verbindet, so beweist doch *enfragnoit,* dass
**x (MB)** von **R** unabhängig gewesen sein muss.

Von **y** ist **x** unabhängig wegen folgender Stelle: **MB 206**
*dist) que il nel lairoit ja pour els* **R 544** *ja pour eus nou leira*
— **CA** sind verderbt (*que il lavroit et* **C** om.) *que il n'en feroit
rien por els.* Auch **DHF** geben an dieser Stelle sicher nicht
das Ursprüngliche. Sie lesen: *que il ne* (*lesseroient* **H** *l'aura*
**F** *lesseroyt*) (*neient* **F** *pas*) *pour els.*

Es ergiebt sich also, dass auch die vier Gruppen, welche
wir aufstellen mussten, von einander unabhängig sind. Sie
müssen also schliesslich auf eine gemeinsame Vorlage zurückgehen. Dass sie nicht direkt aus dieser Quelle geflossen sind,
beweist die nahe Verwandtschaft von **x (MBP)** und **y (CA)**,
welche an mehreren Stellen mit einander gegen **R** und **z**
stimmen, ohne eine bessere Lesart zu geben, z. B. **DHF 126**
(*Tout* **F** *dont) aussi ne porroit nus* (**H** *ad. de nous) savoir (lequel
de vous je laveroi* **H** *qui me chraira) se (l'en* **H** *on) ne li avoit
dit, (ne nus menistres ne poroit savoir le pechié de l'ome, se il
ne li avoit dit* **H** *fors cil meismes qui l'a em pensé* **R 367—72**
*Si c'um connoistre ne pouroit Le lavé s'on ne li disoit. Ausi
les pechiez ne set mie De nului devant c'on li die, N'il des
menistres ne sarunt Devant ce que il les dirunt* — **MBCA om.**
**DF 132** *si s'effreerent,* ebenso **R 380** — **MBC** (**A** verwischt) **om.**
**DHF 169** *povre* (*don* **H** *non*) **R 458** *petit don* — **MBCA poi.**
**DF 529** *de ce que il* (*ot reconeu* **F** *reconnissoyt* **R 1281** *De ce
que il reconnissoit* — **MBPCA om. DF 582** *volent savoir* **R 1419**
*Savoir welent* — **MBPCA** *sunt venu savoir.* **MP 595** *ne jou ne
poi mie avoir bataille contr'aus* **B** *et je ne me poi pas combatre
contre iaus* **CA** *ne ge n'oi pas lou pooir de combatre à es* — **DF**
*je n'ai pas (la ballie ne le poveir* **F** *le povair ne la seigneurie)
vers euz touz* **R 1444,5** *Ne sui si puissanz ne si sages, Que je
eusse seur eus povoir.* **DF 628** *que vos la me mostrez* **R 1510**
*Je vous pri que la nous moustrez* — **MBPCA** *que jou la voie.*
**DF 643** *je m'en irai avesque vos* **R 1547** *Et je avec vous m'en
irei* — **MBPCA** *je m'en iroie avoc vous.* **DFH 649** *ele s'en ala
(en* **H** *à) sa maison (**H** ad. et vint à sa huge)* **R 1566** *Tantost
s'en va en sa meison* — **MBPCA om. en sa maison.* **DF 651** *si
vint* **F** *et s'en revint) as messages* (**F** ad. *qui la actendoient*)

**R 1572** *As messagiers est retournée.* — **MBPCA** (*si* B *et s'en* C *et lors s'en*) (*revint* **MBA** *vint ariere*). **DF 659** *si le portoie* **R 1594** *Et entre mes braz le portoie* — **MBPCA** *l'emportoie.* **D 663** *si l'on ters son vis* F *et luy en essue son visaige* **R 1604** *Et li torchei mout bien sen vis* — **MBPCA** *se li essuai.* **DF 675** *dient,* ebenso **R 1634** — **MBPCA** *distrent.* **DFR 681** (1645) *Oïl, Sire* — **MBP** *et il* (*disent* P *dient*): *Oïl* **CA** *Et il respondent: Oïl.* **DF 682** *coment troverent la fame* **R 1648** *Comment il la femme trouverent* — **MBPCA** (*l'afaire* C *l'errement*) *de la fame.* **DF 721** *Biaux fiz* **R 1740** *Biaus fiuz* — **MBPC** om. **DHF 724** (*n'en* H *on* F *l'on*) *apele* **R 1747** *On l'apele* — **MBPC** (*on* C *l'an i*) *clame.* **DF** *Et Vaspasiens respont.* **730 R 1765** *Vaspasyens dist* — **MBPC** *et il dist.* **D 731** *moult grant paor* F *grant paours* **R 1769** *mout grant peeur* — **MBPC** blos *paour.* **DF 732** *qu'il fust* **R 1774** *Que fust* — **MBPC** *estre.* Diese Uebereinstimmungen weisen darauf hin, dass x und y direkt aus einer Quelle geflossen sind, welche wir q nennen wollen. Gegen dieses Verhältniss können Stellen, an welchen y mit z geht, während R und x andere Lesarten geben, nichts beweisen. **MB 205** *et il s'escrient tuit ensemble, que il doit resusciter) et* (*qui* B *qu'il*) *ne l'aront pas* **CADF** *et que il n'en* (*bailleront* D *bailleroient*) *point* **R 541** *Et qu'il mie nou bailleroient;* **MB 26** *kanques d'iaus issi et de lor hoirs* **R 133,4** *Et li et toute sa maisnie Eut li diables en baillie* **CDF** *et quancque issi d'els et* (*des* **DF** *de*) *lors* (*en cà* **DF** om.); **MB 74** *si pourquist au plus tost qu'il peut comment il eust restorés ces .XXX. deniers* **R 259,60** *Commenca soi à pourpenser Comment les pourra recouver* **CDF** *Au plus tost que il pot porchaca vers les anemis* (*Dex* **C** *Dame* F *de nostre seygneur*) (*l'acoison par coi et coment il poist icels .XXX. deniers recovrer* **D** *que ices .XXX. deniers restorroit* F *qu'il peust recouvrir ses trente deniers*); **MB 79** (*Joseph*) *estoit moult dolans de ce que il ooit* **R 270** *N'est pas liez de la compeignie* **CDF** (*et esgardoit en son cuer* F *en son cuer disoyt*) (*qu'il disoient et voloient faire pechié* **D** *que il fesoit pechié* F *que il faisoint grant pechié*). Unter allen diesen Stellen findet sich kein einziger Fall, an welchem x (**MBP**) und R gemeinsam y z (**CADHF**) gegenüberständen. x hat also an diesen Fällen seine mit y gemeinsame Vorlage geändert.

Wir erhalten demnach drei Gruppen, **R**, **q** (**MBPCA**) und **z** (**DHF**). Auch diese können nicht direkt eine Vorlage gehabt haben, denn wie wir früher (p. VII—X) gezeigt haben, steht an zahlreichen Stellen, die Version von **R** der der Prosa sämmtlicher Hss. gegenüber, ein Beweis, dass die Gruppen **q** und **z** in einem näheren Verhältniss zu einander stehen als zu **R**, dass sie also einer gemeinsamen Quelle entstammen. Ihre Vorlage bezeichnen wir mit p und wir wenden uns nun dazu, das gegenseitige Verhältniss zwischen R und p zu untersuchen.

## Das Verhältniss zwischen R und p.

Dieses Verhältniss ist, wie wir früher sagten, schon mehrfach der Gegenstand von Untersuchungen gewesen und von den Einen (*P. Paris, Zarncke* und *Birch-Hirschfeld*) dahin gelöst worden, dass R die Vorlage von p gewesen sei, während *Hucher* das Gegentheil behauptete, der Joseph von Arimathia sei von Robert de Borron in Prosa geschrieben und diese Prosa sei dann versificirt worden. *Hucher* I, 73 ff. stützte seine Beweisführung zunächst darauf, dass uns das Gedicht nur in einer Hs. überliefert sei, während die Prosa in fünf Abschriften vorliege. Dass dies kein stichhaltiger Grund ist, bedarf kaum der Erwähnung. Ferner meint *Hucher*, die Hs. des Gedichtes stamme aus dem Ende des XIII. Jh. und die Abfassung des Gedichtes falle in dieselbe Zeit, denn es enthielte «des repentirs de poëte», welche daran denken liessen, dass der Schreiber der Verfasser selbst wäre. Es steht fest, dass die Hs. nicht lange vor 1300 geschrieben ist, aber woraus *Hucher* schliessen will, dass der Copist der Verfasser selbst sei, und welches die «repentirs de poëte» sind, lässt sich nicht erkennen. Hucher will p. 82—129 nachweisen, dass R Unrichtigkeiten, Inconsequenzen und Widersprüche enthalte. Würde sich damit vertragen, dass der Schreiber von R zugleich der Verfasser gewesen sei? Sodann stützt sich *Hucher* I, 74 auf eine Note, welche sich in der Hs. von R findet und die wahrscheinlich vom Präsidenten Fauchet (XVII. Jh.) herrührt, welchem die Hs. zugehörte. Sie lautet: *Le second* (das zweite Werk der Hs., voran geht **L'Image du monde**) *contient l'histoire de la Veronique et du Saint Graal par un anonyme mis en vers d'après un auteur nommé Robert de Bouron qui les avoit composés en prose.* — Ich kann nicht entscheiden, welches Gewicht *Hucher* dieser Notiz beigelegt hat. Darüber wird wohl kein Zweifel sein, dass sie eigentlich gar keinen Werth hat. Ebenso wenig beweisend ist, was *Hucher* I, 77 vorbringt. Die Persönlichkeit Robert's de Borron sei in den Prosahss. besser beglaubigt (mieux accusée) und der Name Montbeliard correcter geschrieben als im Gedichte; dort sei er zu Montbelyal geworden. — Was das erstere anlangt, so bezieht sich *Hucher* auf die näheren Angaben, welche C allein macht, da wo Robert de Borron genannt wird. Wir haben früher gesehen, wie **C** fortwährend erweitert, indem es zu erklären sucht. Da aber **C** allein steht, ist diesen Erweiterungen, zumal da wir wissen, dass auch noch andere Quellen **C** vorgelegen haben müssen, kein grosses Gewicht beizumessen. Was die Schreibung des Namens Montbelyal betrifft, so wäre daraus höchstens ein Schluss auf die Sprache des Schreibers zu ziehen gewesen.

p. 82—133 hat *Hucher* viele Stellen des Gedichtes mit den Prosahss. verglichen, welche er für seine Untersuchung ausgewählt hatte. Hierbei glaubt er sichere Beweise zu finden, dass **R** nicht ursprünglich sei, sondern dass wir in den Prosahss., namentlich **C**, nicht nur die Gedanken Robert de Borron's wiederfinden, sondern auch seinen Ausdruck und dass das Gedicht von einem Anonymus aus der Prosa herausversificirt worden sei. Seine Gründe, welche zum Theil schon *Birch-Hirschfeld* angriff, sind aber zum allergrössten Theile hinfällig.

Zunächst macht *Hucher* auf einige Eigennamen aufmerksam, welche in **R** immer in der jüngsten Gestalt auftreten. So citirt er I, 82 und 83 *Bethleem* (**R**), **M** *Biauliant* **C** *Belleam;* *Rome*, **R** *Romme*. I, 89 *Jhesu*, **M** *Jhesum*, welches Wort in **R** immer die jüngere Form Jhesu gebe, nur einmal (v. 239) im Reime *Jhesum*, I, 97 **R 1407** *Beremathye* **M(BP** *Arimacie)* **C(DF)** *Barimathie* (**A** *Barimacie)*, I, 108 **R 2310** *Hebrons* **Prosa** *Brons* und I, 100,1 **R 1493** *Verrine* **MD(PD)** *Veroine* **CH** *Verone* (**A** *Verrone)*. Schon *Birch-Hirschfeld* I, 46 hat dagegen mit Recht eingewandt, dass die Schreibung nur in Betracht kommt bei der Frage, welche von zwei Hss. die ältere ist, nicht aber wenn es sich darum handelt, die Abfassungszeit der Werke selbst zu bestimmen. Dabei behauptet *Hucher* zum Beispiel: *Biauliant* sei die älteste Form, welche zu *Belleam* geworden sei und das habe dann erst *Bethléem* ergeben! Auch *Hebrons* ist jedenfalls die ältere Form, welche freilich auch in **R** mit *Brons* abwechselt. Dass beide neben einander gebräuchlich waren, beweist die richtige Silbenzahl der Verse, in welchen der Name vorkommt.

Sodann glaubt *Hucher* mehrere Male moderne Formen und Wörter in **R** zu entdecken, was allerdings ein beweisender Grund sein kann, wenn nämlich diese modernen Ausdrücke im Reime stehen und, durch ältere ersetzt, einen falschen oder gar keinen Reim ergeben würden. Eine Stelle citirt *Hucher*, wo der betreffende Ausdruck nicht im Reime steht, so dass also nur die Modernisirung dem Copisten von **R** zugeschrieben zu werden braucht, z. B. **R 1507—9** *une semblance Avez d'omme en grant remembrance En meison*. Statt *meison* geben

**MBPADHF 628** *huce*. Das beweist natürlich gar nichts. In
den Versen **569,70** *A son veissel ha bien torchies Les plaies*
erkennt *Hucher* I, 88 *torchies* als eine modernisirte Form
gegenüber den Prosahss. **M(B) 215** *Lors si rest le costet entour
la plaie* **C** *si li tert anz la plaie* **D(F)** *si le (veissel) mist desouz
les goutes entour les plaies*. *s i r e s t*, meint *Hucher*, scheine
sehr alt, *t e r t* weniger alt und *t o r c h i e s* sowie die Wendung
in **D(F)** seien modern. — *sirest* (*Hucher* weist auf *cireticus*
hin) ist eine Unform, welche nie existirt hat. Sicher liegt in
**M(B)** eine Verschreibung vor für *li tert. Hucher* scheint selbst
später an der Form *sirest* Zweifel bekommen zu haben, denn I,
533 unter «Errata et Addenda» findet sich: *Le mot «Sirest»
serait - il mis pour si tert? C'est possible*. So stehen uns nur
die beiden Verba *torchier* und *terdre* gegenüber; beide aber
sind Gemeingut der französischen Sprache von Anfang an. —
Aehnlich verhält es sich mit folgenden Beispielen (*Hucher*
I, 88) **R 577,8** *Et en une pierre le mist Qu'il à son wes avoit
eslist* **M(B) 219** *et puis le mist en une*) *pierre qu'il ot q u i s e
à son oes* **C** *pierre qu'il avoit gardée moult longuement por lui
metre quant il morroit* (**A** *pierre qu'il avoit achatée à son hues*);
*Hucher* I, 102,3: **R 1602** *Au prophete son vis torchasse* — die
Prosatexte **MBCDHF 663** lesen *esuiasse et tergisse*; *Hucher* I, 86:
**R 402** *De quant qu'il peurent l'encouperent* **MB 143** geben *escopir*
**C** *ancorperent*. *Hucher* I, 106 citirt **R 1833,4** *Que ce fust pour
leur avantage, Pylates y eust damage*. Für *damage* geben
**MBP 758** *dampnation* **C** *domage* **D** *damage*. *Hucher* macht nun
darauf aufmerksam, dass es die jüngste Hss. **D** ist, welche das
*d a m a g e* in **R** reproduzire. — Sollte *Hucher* übersehen haben,
dass *d o m a g e* in **C** dasselbe Wort ist? *Hucher* hebt sodann
I, 96 hervor, dass **MCD 560** (*taillier* **D** *faire*) *à son oes* —
**R 1365 om.** *à son oes* — älter sei als **R**. In Wirklichkeit liegt
hier nur eine Rückerinnerung vor in der Prosa an die Stelle,
wo auch **R 578** *à son wes* angewandt hatte. — Sodann sagt
*Hucher* I, 106,7 von dem Bericht in **R 1893—5** über die Bestrafung der Juden durch Vespasian (s. p. VII), der Urtext sei
vollständig daraus geschwunden, welcher sich in der Prosa
noch erkennen liesse. In der That aber geben hier die
verschiedenen Gruppen eine verschiedene Lesart, die bei jeder
einen guten Sinn giebt. Es sollte schwer sein, mit Bestimmt-
heit zu sagen, die eine oder die andere habe das Ursprüngliche. Aus keinem dieser Beispiele lässt sich der Schluss
ziehen, dass **R** jüngere Formen und Worte anwende, am
wenigsten, dass **R** die Fassung der Prosa modernisirt habe.
    Nun fand aber *Hucher* auch, dass sich in **R** *alte* Formen,

Ausdrücke und Wendungen finden. Um seine Hypothese nicht fallen zu lassen, griff er zu der Erklärung (p. 86, 89 und 104), diese alterthümlichen Worte und Ausdrücke seien nur Interpolationen aus einem alten Texte, dessen sich der Dichter bedient habe, Archaismen, welche der Dichter zugelassen habe, wenn Vers und Reim es gestattet hätten. So erklärt er die Uebereinstimmung von **R 365,6** *si que rien Ne leur nuist* mit **C 125** *ne pourra rien) nuire;* **MD(BF)** geben *grever;* **R 578** *à son wes* wie **M(BA)**; die Form *Jhesum* entsprechend **M(BP)**; ferner **R 1795** *Avez vous feit que traiteur* — **CDM(BPA) 741** *Vos (avez fait* **C** *feites tuit) (que* **MBP** *com) traiteurs;* **R 1798,9** *Que Pylates ... se tenoit devers li* — **CDHM(BPAF) 743** *qui se tenoit devers lui;* **R 1823,4** *Et pour quoi en si grant haine Le queillites n'en teu cuerine* — **CDM(BPAF) 754** *et por quoi vos lou (cuillites* **D** *acuillistes* **F** *pristes) (en* **B** *à (si grant* **MBPC** om.) *haine;* **R 1925** *Car, se il fust resurrexiz* — **DM(BPA) 789** *qu'il surrexi* **D** *resurrexi* **F** *resuscité* **C** *resuscites de mort a vie;* **R 2959,60** *Fors c'un qui avant escorchier Se leiroit* — **CDH(AF) 1264** wenden ebenfalls Formen desselben Verbums an; **R 2993** *Biaus, douz nies, cheveteins serez* — **CDH(AF) 1279** *Biax, dous nies, vos seroiz chevetainnes* [Bei *chevetein* bemerkt *Hucher* I, 120, es stehe für *chevecier,* welches von *Capitiarius* oder *Capicerius* herkomme!]. **R 3067** *Que il enhorbetez ne soit* — **CD(AF) 1310** *(que il ne soit* **D** *qui) ... ne (enorbetés* **C** *ensinc grant orbeté* **A** *orbés* **F** *aveugle).* — Wir werden später sehen, wie diese keineswegs auffälligen Uebereinstimmungen zu erklären sind. *Hucher's* Erklärung bricht schon dadurch in sich zusammen, dass man gar nicht sieht, welches die Archaismen sein sollen und welches das Muster gewesen sein soll, welches der Dichter zu Hülfe genommen hätte; einmal müsste es **M** gewesen sein, dann **C** oder **D** u. s. w.

Einige Male wirft *Hucher* dem Gedichte vor, es sei schwächer im Ausdrucke, als die Prosa an den betreffenden Stellen. Er citirt **R 1317,8** *Qu'il estoient genz moult puissant De richesces comblé et mennant* — **CMD(BPAF) 541** *Et il furent (moult* **DF** om.) *grant (gent* **F** *compaignye de gent) et (gaignart et riche* **MBP** *rice et gaignart* **D** *felon et rice* **F** *felons et riche* **A** om.) *et puissant. Hucher* I, 95 meint nun, die Worte *gaignart* und *felon* seien an Kraft dem Ausdrucke in R überlegen. Aber einmal ist *felon* nur aus der Gruppe **DF** belegt, und andererseits ist es auch denkbar, dass *gaignart* eine Zuthat des Prosaauflösers wäre. Sodann zieht *Hucher* I, 98 **R 1430** an: *Ce fu voirs* (dass wir, die Juden, Christus getödtet haben) — **M(BP) 589** *Voirs est que nous l'ocesismes,* **CDH(AF)** ebenfalls *oceismes.*

Dass deshalb **R** viel weniger kräftig und viel weniger dramatisch sei als die Prosa, ist unrichtig, da im Zusammenhange **R** unmöglich missverstanden werden kann. Die Wiederholung des *l'oceïmes* in der Prosa aus dem kurz vorhergehenden *l'oceïtes* (583) ist gewiss nicht so wichtig und beweisend, dem Gedichte deshalb Originalität abzusprechen. Eben so gut lassen sich auch die **v. 1717,8** *Jameis n'arei bien ne honneur Desi que l'arunt comparé*, welche *Hucher* I, 103,4 angreift, vertheidigen. Die Prosa **713** giebt statt *bien et honneur — joie.* Die Wendung in **R** sei unpassend, meint *Hucher*, weil nicht das Wohlbefinden und die Ehre des Vespasian bei dieser Frage auf dem Spiele ständen. Mir scheint umgekehrt **R** das Aeltere und Bessere zu haben, es gemahnt uns an die Rachbegierde der alten Ritter, welche ihr Wohl und ihre Ehre erst durch die Befriedigung ihres Rachedurstes wieder erlangen. — Einen ähnlichen Vorwurf macht *Hucher* I,. 102 dem Gedichte an der Stelle, wo berichtet wird, dass Verone zu den Gesandten mit dem Bilde Christi zurückkehrt. Er vermisst zu dem, was die Prosatexte **652** berichten **CDHM(BPA)** *si lor dist:* «*Or vos seez* (**C** ad. *tuit ci devant moi*).» *Et il (s'asistrent* **ADHF** *e s'asient)* die Parallele in **R**. *Hucher* sagt, **R** allein habe diesen unentbehrlichen Satz ausgelassen, «*car elle va contribuer à l'effet*». Er glaubt, **R** berichte nur bei der Ankunft der Verone, dass sich die Gesandten erhoben hätten. Das thut allerdings **R 1573,4** *Il se sunt contre li levé Et grant honneur li unt porté;* es fährt aber sogleich fort, **1575—8** *Ele leur dist:* «*Or vous seez Et puis le suaire verrez Où Diex essua sen visage, Cui li juif firent outrage*». Die ganze Stelle ist vollständig von *Hucher* übersehen worden.

Auch einige unnöthige Erweiterungen glaubt *Hucher* in **R** gefunden zu haben, z. B. I, 95 **1300** *Ribaut souduiant l'apeloient;* **3078** *Qu'il ne se tiegne pour musart;* **3155** *Meistres Robers dist de Bouron*, dem nur **CA 1345** *Et cil qui fist cest livre* zur Seite steht; **45—80** (*Hucher* I. 82), welche von der Abstammung der hlg. Jungfrau und ihren Eltern, Joachim und Anna, erzählen. Von ihnen sagt *Hucher*, sie hätten keinen wirklichen Zweck und benachtheiligten den regelrechten Fortgang des Gedichtes. — Es wird Niemand zweifeln, dass wir in den **v. 45—80** eine Episode vor uns haben, welche zum Verständniss des Ganzen nichts beiträgt. Damit ist jedoch noch keineswegs gesagt, dass solche Verse Zuthaten des anonymen Versificators seien. *Hucher* hätte leicht die Zahl solcher Stellen, von denen ich einige p. VIII zusammengestellt habe, vermehren können und von anderen, z. B. **R 2,** mit grösserem Rechte behaupten können, sie seien überflüssig. Trotzdem lässt sich aus ihnen kein Schluss mit Gewissheit bilden. Es kommt dabei immer darauf hinaus, dass die Erweiterung eben so gut poetischer Ausschmuck sein kann, den blos die Prosaauflösung weggelassen, als dass die kürzere Prosa durch den Versificator poetischer Zwecke, vielleicht auch äusserer, des Reimes wegen z. B., hinzugefügt worden ist. Sicherlich wird man einige Erweiterungen, welche sich im Gedichte finden, nur ungern dem Original absprechen, wie z. B. v. **37—40** *Ele* (die hlg. Jungfrau) *est fleiranz comme esglentiers; Ele est ausi com li rosiers, Qu'ele porta la douce rose Qui fu dedenz sen ventre enclose.* Ganz unberechtigt ist es aber, wenn *Hucher* an solchen Stellen daraus, dass die Prosahss. keine Parallele geben, schliesst, **R** habe die betreffenden Stellen eingeschoben.

Zahlreich sind die Stellen, an welchen *Hucher* dem Gedichte Lücken nachweisen will. So glaubt er I, 83 und 84, dass in **R 171,2** *Ainsi fu luxure lavée D'omme, de femme et espurée* den Zusatz auslasse, welchen **C 39** giebt: *Ensinc lava nostres sires luxure d'ome et de fame) de pere et de mere par mariage.* P. Paris, *Rom. de Table Ronde* I, 119 hatte aus dieser Stelle umgekehrt geschlossen, dass hier in **C** ein Irrthum des Prosaikers vorliege, welcher vielleicht *espurée* für *espousée* verlesen habe. Denn die Ehe sei vor dem Sündenfall Adam's eingesetzt worden, nicht erst durch Christus. Dem hält *Hucher* entgegen, dass es sich hier nicht um das Naturgesetz, sondern um die Gebote und Sakramente der Kirche handle, und dass Robert de Borron nur die Werke der Ehe durch die Einsetzung des Sakraments der Ehe durch Christus auf diesen zurückführen wolle. *Birch-Hirschfeld* p. 147 hält *par mariage* für einen ganz unverständigen Zusatz des Bearbeiters. — Befragen wir die andern Hss., so findet sich der Zusatz *par mariage* in keiner einzigen und auch nur **DF** geben *de pere et de mere.* Daraus lässt sich nun leicht der Gang erkennen, wie der Zusatz entstanden ist. Er muss erst in der Gruppe **q** hinzugekommen sein, während seinerseits der gelehrte Schreiber von **C** noch hinzufügte *par mariage. de pere et de mere* giebt sich leicht als ein Zusatz eines Prosaauflösers zu *d'omme, de femme* zu erkennen; nach diesem Zusatz war dann der weitere *par mariage,* der keineswegs so unverständlich ist wie *Birch-Hirschfeld* meint, leicht zu machen; zumal da vorher von *luxure* die Rede war. Dieses Wort scheint mir die Hs. **C** falsch verstanden zu haben. Im Gedicht kann es nicht in seiner eigentlichen Bedeutung =

3*

XLII

Wollust gebraucht sein, sondern es muss dort allgemein ‚Sünde‘ bezeichnen. In *espurée* (**v. 172**) mit *Hucher* eine Anspielung auf *par mariage* zu erblicken, geht gewiss nicht an. — Als die römischen Gesandten zu den Juden gesprochen haben, berichten **CADFMBP 612** *Ensin fu departiz li parlemenz et Pilates* (**DF ad.** *fu*) *delivrés de la haine as messages* (**MP ad.** *qui liet en furent*). **R** lässt das Ganze aus. Dies kommt aber daher, dass hier überhaupt **R** anders berichtet als die Prosa. *Hucher* I, 99 citirt nur einen Theil von dem, was die Prosa mehr giebt. Sie berichtet weiter **CDF(A) 475** (*Une piece* **C** *Une grant piece* **F** *Ung pou*) *après* (**C ad.** *ce que ce ot esté*) *avint que uns hom vint as messages...* (*Tant que* (*chil hom* **F** *qu'il*) *lor dist* **D** *et lor dit* **MBP** *Une piece après vint uns hom.* Auch dieses fehlt in **R** (nach **v. 1482**), so dass hier ein ganz anderer Zusammenhang entsteht. In **R** ist es Einer aus der Versammlung, welcher von Verone weiss. Die Prosa dagegen berichtet: Die Versammlung wurde aufgelöst, und einige Zeit nachher kam ein Mann zu den Gesandten, welcher ihnen sagte, dass er eine Frau kenne, welche ein Bild des Heilandes besitze. Hier stehen wir also zwei Versionen gegenüber und es wird auch hier schwer sein, zu behaupten, die eine oder die andere habe das Ursprüngliche. Denn auch nach **R** kann man sich ganz gut in die geschilderte Situation versetzen. — **686** berichten **CAMBP** *Et il dient:* «*Nous ne quidons pas, que nus* (*hom se* **M om.**) *deust seoir, qui la* (*semblance*) *veist*». In **R** findet sich davon (nach **v. 1656**) nichts. Auch diese Stelle berechtigt keineswegs zu dem Schlusse, **R** habe hier eine Lücke (*Hucher* I, 103), denn einen näheren Zusammenhang mit dem Vorhergehenden oder Folgenden hat sie durchaus nicht. — I, 108 citirt *Hucher* eine Stelle aus **CD(AF) 816** *Et Vaspasiens* (*respont que* **D** *dit*) *cil lou* (*puet* **D** *peust*) *avoir sauvé* (**D ad.** *et gueri*), *qui* (*m'a* **DF** *me*) *gari de ma maladie* (*ce que nus hom ne pot faire se il non* **D om.** **F** *et fist chose qu'il estoyt nully qui le peust faire si non luy*); (*et moi* **C** *car moi* **A** *et je*) *qui onques ne lou vi ne ne fis por lui* (*nule* **A om.**) (*rien* **D** *chose*) *a il gari* (*et sené* **F om.** **D** *et sauvé*) *de la plus* (*vil* **F** *vilainne*) *maladie que* (*onques* **F** *jamais*) (*nus* **DF om.**) *hons eust.* **R** unterdrückt allerdings nach **2004**: *et moi.* Aber auch dies giebt uns noch keine Berechtigung, in **R** hier eine Lücke zu constatiren. — In den **v. 2815—23** *De lui plus ne pallera on, Ne en fable ne en chancon Devant ce que cil revenra, Qui le liu vuit raemplira. Cil meismes le doit trouver. Meis de lui plus [n'estuet] plus paller. Qui recreirunt ma compeignie Et la teue, ne doute mie, De Moyses se clamerunt* hat *Hucher* I, 115 eine Anspielung

erkannt auf die Abenteuer Lancelot's und Galaad's in der
grossen Queste du Saint Graal. Und wohl mit Recht. Seinen
folgenden Angaben und Schlüssen liegt aber eine Unrichtigkeit
zu Grunde. Er behauptet nämlich, diese Anspielung habe
auch **D**, aber nicht **C**, und schliesst daraus, dass **R** und **D**
unter dem Einflusse der grossen Queste stehe, **C** nicht. — In
der That aber findet sich die betreffende Stelle ebensowohl
in **C**, als auch in **D**(**F**). *Hucher* hat nur einen Theil der Lesart
von **C** gegeben, merkwürdiger Weise hat er aber auch beim
Text von **C** I, 262 und I, 268 in Anmerkungen zu dieser
Stelle darauf hingewiesen, dass hier eine Anspielung auf Galaad
und Lancelot zu erkennen sei und I, 199 hat er fast wörtlich die
ganze Stelle von **C** mit dieser Anspielung übersetzt. **CADF 1202**
lesen: *ne de lui n'iert plus* (*parlé* C *parole* DF *parole tenue*)
*devant ce que cil qui* (*cest lieu ramplira* C *ramplira cest siege*
**DF** *l'amplira*) *lou troist.* **C** *ad. et il iert tex que des deliz*
*terriens n'aura cure, ne de cestui qui perduz est, ne doit estre*
*parole plus longuement tenue* **A ad.** *et là u on ne trouvera, si*
*en priera Deu des siens terriens; ne de cestui ne doit estre plus*
*parlé* **DF** *ad. et là ù il le trovera, si* (*s'en* F *se*) *rapantira des*
*deliz terriens et de cestui ne doit estre plus loncement pallé,*
(*que* F *car il vivra encor sanz puissance;* das Folgende stimmt
überein *Et cil qui...* Man sieht, dass nicht allein alle Hss.
die Anspielung berichten, sondern auch dass, was in der Prosa
mehr steht, entweder vollständig unklar ist oder eben Gesagtes
wiederholt. *Hucher*'s Beweis ist auch an dieser Stelle hinfällig.
— Wir haben schon früher gesehen, dass **C** Berührungspunkte
mit der Version des grossen Grals hat. Namentlich zeigt
sich dies an Stellen, wo **C** uns nach Gross-Britannien versetzt.
Weil dies auch der grosse Gral thut, schliesst *Hucher* I, 119,
dass es auch im Original unseres Denkmals so gewesen sein
müsse. Dies ist nun schon an und für sich kein Grund,
zumal, da keine der übrigen Hss. des kleinen Gral Joseph
nach Britannien gehen lässt. Es lässt sich aber auch aus
Widersprüchen, welche **C** an solchen Stellen begeht, darlegen,
dass, wenn **C** von Britannien spricht, die betreffenden Stellen
Interpolationen sind, dadurch veranlasst, dass **C** ausser. seiner
eigentlichen Vorlage noch die Version des grossen Gral nebenbei
benutzt hat. *Hucher* I, 118 citirt die **v. 2944—2952** und
giebt dazu die Parallelstellen aus **C** und **D**. **C 1262 ad.** zu *eglise*):
*Mais ancor estoit la crestientez moult tenue et moult novele en*
*ce pais que l'an apeloit la bloe Bretaigne que Joseph avoit*
*novelement convertie à la creance de Jhesu-Crist.* Die ganze
Stelle, welche in **RD**(**AF**) keine Parallele hat, steht aber in

doppeltem Widerspruch mit einer früheren Stelle in **C**, an
welcher diese Hs. zum ersten Male von Britannien spricht.
Sie findet sich *Hucher* I, 262 und würde in **R** hinter **2843** zu
suchen sein. Dort heisst es: *Ensinc furent ansamble un grant
tens en cele region, puis que Joseph ot preeschié par la terre
de la grant Bretaigne, dont il se furent crestienné tuit li haut
home et la menue gent; et maintes granz miracles i fist nostres
sires por lui et puis s'en vint converser en ces diverses parties
d'ocidant, si com vos avez oï el conte, mais totes les aventures
qui lor avint, ne vos puis ge retraire, autre part me covient à
guanchir. Si dirons que tant furent en ces deserz Joseph et sa
compaignie que Brons et Hanysgeus orent .XII. anfanz.* Nach
dieser Stelle berichtet also **C**, Joseph predige in Britannien,
dann ging er fort nach verschiedenen Gegenden des Abend-
landes (?) und blieb in diesen Wüsten (?) solange... An der
oben citirten Stelle aber erzählt **C**, Bron also auch Joseph
seien in Britannien, ohne dass uns von einer zweiten Reise
nach Britannien etwas berichtet würde. Ein zweiter Widerspruch liegt darin, dass **C** einmal sagt von Britannien, *dont
il se furent crestienné tuit li haut home et la menue gent*,
während es an der anderen Stelle berichtet: *Mais ancor estoit la
crestientez moult tenue et moult novele en ce pais*, was *Hucher*
I, 201 übersetzt: *La chrestienté était encore peu vivace dans ce
pays.* Uebrigens hat der Zusatz in **C 1030**, besonders der letzte
eben citirte Satz, absolut keine Beziehung zum Zusammenhange. So ergeben sich diese Stellen leicht als Interpolationen
eines gelehrten Schreibers und geben also auch keine Berechtigung, Lücken dem Gedichte nachzuweisen. — I, 133,4 citirt
*Hucher* den Schluss des Joseph von Arimathia. **C 1495** *Et se
ges* (die 4 Theile der Erzählung) *laissoie atant et la cinquoisme
ligniee n'i estoit meslée.* In der That finden sich die Worte
*et la cinquoisme* weder in **DH** noch **R**; auch **A** und **F** haben
keine Parallele. Aber betrachten wir **C** genauer, so zeigt sich,
dass **C** hier nur etwas eben Gesagtes reproduzirt. **1494** lesen
wir **C** *mais ancois me convendra à conter d'une ligniee de
Bretaigne, c'est la ciquoisme* und dem entsprechend **R̄ 3503,4**
*Ausi couvenra il conter La quinte* **DHF** scheinen verderbt: *Et
covendra à conter de la ceine meismes.* Die von *Hucher* an-
geführte Stelle ist also weiter nichts als eine ganz unnöthige
Wiederholung, welche nur unsere Ansicht über solche Stellen
in **C** bestätigen kann.

Auch Unklarheiten, Inconsequenzen, Flüchtigkeiten und
Stellen, an welchen das Gedicht die Prosa falsch verstanden
habe, glaubt *Hucher* in **R** gefunden zu haben. Aber auch hier

lässt sich fast keiner seiner Gründe halten. **v. 951—4** *De ci mie ne t'emmenrei, Car ce ne seroit pas reison; Ainz demourras en la prison. La chartre sanz clarté sera Si comme estoit quant je ving cà* stehen nach *Hucher* I, 91,2 im Widerspruch mit **v. 2031,2** *En un clotest esgarde (Vespasian) et voit une clarté qui là estoit.* C allein löst die scheinbare Inconsequenz, indem es liest **387**: *A cele hore que tu en seras gitez et jusqu' alors te durra ceste clartez que tu as ores.* In **D** fehlt dies ebenfalls und *Hucher* ist deshalb gezwungen, für **D** einen gleichen Lapsus anzunehmen, und er hätte ihn auch für **A** und **F** gelten lassen müssen, wenn er diese Hss. gekannt hätte. *Hucher* übersieht aber völlig, dass **C** mit diesem Satz sofort in Widerspruch geräth mit dem unmittelbar vorhergehenden. Es liest nämlich entsprechend den Hss. **ADF** *Et je ne t'en menrai ore pas de ci, car il n'est pas raisons; ainz remaindras en·itel prison et einsinc oscure com ele estoit quant tu i fu mis.* Für uns ist der Zusatz weiter nichts als eine Interpolation des gelehrten Schreibers, welcher hier eine Inconsequenz mit den **v. 2031,2** entdeckt zu haben glaubte. Liegt aber wirklich eine solche vor? Ich glaube nicht. **v. 2031,2** und in den bez. Stellen der Prosa erfahren wir nicht, dass diese Helle, welche übrigens Vespasian auch nur in einer Ecke sieht, immer dagewesen sei. Es lässt sich auch wohl denken, dass die Helle erst bei dem Erscheinen Vespasians eintritt. — Als Pilates den Gesandten die Gefangennahme Joseph's durch die Juden berichtet, sagt er **1373,4** *Ne que je vers vous povoir ai, N'avoit il vers eus, bien le sai.* Dies findet *Hucher* I, 96 banal gegenüber **M(BP) 562** *or esgardés, sel blasmes en est miens* **CA** *or esgardez, se ge oi la force* (**A ad.** *ne le pooir*) (*vers els toz* **A** *contre tant de gent* **DF(H)** *or regardez, (se je ai (eu* **H** om.) *tor* **F** *se j'ay mal fayt).* Wir sehen hier· die Prosa einer ganz andern Version folgen als das Gedicht. Wenn auch die Prosa einen guten Sinn giebt, so scheinen doch die **v. 1373,4** besser in den Zusammenhang zu passen. Endgültig wird man kaum über diese Stelle entscheiden können. — In den **v. 2524—6** *Lors si verras trestout de plein Que Brons ariere se treira Tant comme uns hons de liu tenra* findet *Hucher* I, 109 sehr wenig klar. Abgesehen davon, dass der Vers zu Missverständnissen keineswegs Anlass giebt, ist es wieder nur **C**, welches noch verständlicher schreibt **1036** *tant que le leux à un homme tient d'espace* **ADF** kennen nichts von dem Zusatze *d'espace.* — **R v. 3339—42** *Qu'il le (vaissel) gart dès or en avant; N'i mespreigne ne tant ne quant: Toute la mesproison seroit Seur lui et chier le comparroit.* Dieser Befehl der göttlichen Stimme, welcher für

Brou bestimmt ist, kann nichts Anderes heissen als: Er hüte das Gefäss gut und thue keinen Fehl, sonst sei der Fehl auf ihm, d. h. werde sich an ihm rächen. **C 1426** liest *Et dès lors en avant sera la mesprison sor lui et tuit cil qui orront de lui parler lou clameront lou riche pecheor* **ADF** stimmen mit **C** überein; nur **DF** setzen statt *mesproison* das unverständliche *prison*. *Hucher* I, 123 bezieht *mesproison* auf das Folgende: *et tuit cil...* und glaubt nun, *«riche pesheor»* sei ein Spitzname Bron's gewesen, welchen er erhalten habe, weil er nur e i n e n Fisch gefangen habe. Er stützt sich dabei auf Crestien von Troies, welcher **v. 4697** *li rois Pesciere* in ironischem Sinne anwendet. Das beweist natürlich gar nichts. Die Erklärung *Hucher*'s ist ausserordentlich gekünstelt und trifft sicher nicht das Richtige. Veranlasst wird sie dadurch sein, dass er *mesproison* als «Spott, Verachtung» auffasste, eine Bedeutung, welche es erst später erhielt. Hier ist es wohl in seiner gewöhnlichen Bedeutung = Fehl, Irrthum zu fassen. — Die Dunkelheit der **v. 3375,6** *Dou tierz, ce te di ge pour voir, F'era Jhesu-Criz sen vouloir* (s. *Hucher* I, 122) ist nicht weniger gross in **CADF 1437** *Lors sera dou tierz au plaisir (de* **DF om.**) (*Jhesu* **A** ad. *Crist*). Solche Prophezeiungen, Vorhererwähnung von etwas Zukünftigen, werden absichtlich dunkel gehalten. — Vollständig unbeweisend sind natürlich die Stellen, an welchen *Hucher* daraus, dass die Prosahss. gemeinsam lesen, während **R** abweicht, schliesst, die Prosa sei Original. Er bedient sich dabei gewöhnlich des Argumentes: Wenn **R** Original wäre, so würde sich doch wohl in einer Prosahs. seine Lesart wiederfinden. *Hucher* scheint also zu glauben, dass die Prosatexte sämmtlich unter einander unabhängig sind. I, 98 citirt er **v. 1448,9** *Encor n'avions oï touchier A la force de la besoigne;* **MBPA 596** *Encore (n'ai* **BPA** *n'oï) jou mie la force de la parole* **C** *Encor n'ai je pas oïe la force de la parole* **DHF** (*Encor* **H** *Nous) ne savons pas* (**H** ad. *encore*) *la force de la parole.* Eben so wenig beweisend ist die Stelle, welche *Hucher* I, 99 anzieht. **R v. 1452** gebraucht das Verbum *veer, Se Pilates vous voust veer*, welches in den Prosahss. **599** durch Formen von *juger* wiedergegeben ist.

Noch auf eine Stelle in *Hucher*'s Untersuchung möchte ich aufmerksam machen. I, 114 citirt er **v. 2775,6** *Joseph, or est à ta venue La senefiance avenue.* **CDH 1187** sagt er, sind conform. **A**· gebe eine Neuerung: *Or est venuz le tems que tu auras ce que je t'ay dit du siege.* Hier führt *Hucher* zum ersten Male eine Lesart von **A** an, hat sich aber dabei vergriffen. Die Stelle, welche er citirt, entspricht nicht obigen Versen,

sondern bezieht sich auf eine Stelle in **R**, welche uns nicht
erhalten ist, da sie auf den Blättern stehen müsste, welche
nach **v. 2752** ausgefallen sind.

Trotzdem so fast alle Gründe *Hucher's* fallen, lässt sich
doch beweisen, dass R in der Gestalt, wie es uns überliefert ist,
nicht die Vorlage von **p** gewesen sein kann (auch unter *Hucher's*
Gründen sind, wie wir sehen werden, einige, welche sich nicht
ohne Weiteres von der Hand weisen lassen) und dass es eine Umar-
beitung eines älteren Textes ist. An mehreren Stellen, an welchen
**R** verderbt ist, sind die Verse vollkommen correct, so dass man
nicht einwenden kann, die Verderbniss rühre vom Schreiber
der Hs. her; an andern verderbten Stellen sind die Reime
correct geblieben. Offenbare Verderbniss liegt vor an folgenden
Stellen: **R 2979** *Il respondent*, obgleich nur von Bron die Rede
ist. Veranlasst ist der Irrthum jedenfalls durch **v. 2977** *Se vous
et ma sereur volez.* **CAD 1273** geben *respont*; nur F hat denselben Fehler wie R. — Ganz sinnlos sind von den Versen
**2997—3000** *La puissance de Jhesu-Crist Le nostre sauveeur
eslist, S'il li pleist qu'il parout à moi. Si fera il si com je croi*
die beiden ersten. Vollständig verständlich dgg. ist die betreffende Stelle in **CADF 1281** *et si (orroiz* **DF** *oiez* **F** *ad. et
entendez) la (vertu* **C** *verité) (de* **D** *que)* *(Jhesu-Crist* **C om.)**
*(nostre* **A** *vostre) sauveor, (s'il* **C** *et se* **D** *si) li plaist (C* **ad.** *si
voirement com il est Dex et sires) (que il (parost* **A** *parole) à
(moi* **C** *nos)* **F** *de parler à moy).* — Das Gegentheil von dem,
was es jedenfalls berichten wollte, sagt **R 3406** in den Versen
**3403—6** *Et cil qui ce dire sarunt Plus amé et chieri serunt,
De toutes genz plus hennouré Et de preudommes plus douté*
**C 1448** ersetzt *douté* durch *chier tenu,* **A** giebt *plus amez* **DF**
*plus amez et chier tenuz.* — **R 2726,7** lesen wir: *Li plus grans
feis de nostre gent S'en sunt alé* — **CADF 1116** *li plus (des
genz* **A** *de cil).* — Ferner liegt auch eine entschiedene Verderbniss in dem eigentlichen Schlusse unseres Denkmals vor,
**3459,60** *En la terre lau il fu nez, Et Joseph si est demourez.*
Wenn die Verse so ursprünglich wären, würden sie nur eine
Wiederholung des **v. 3455** *Ainsi Joseph se demoura* sein. Auch
hier können nur die Prosatexte das Ursprüngliche **CADF 1473**
berichten: *(Et ensinc (remest* **F** *demeure) Joseph et fina* **D** *et
Joseph s'en ala) en la terre et au pais (où il fu nez* **A om.** **C**
*où il fu envoiez de par Jhesu-Crist* **D ad.** *et ampris la terre).*
Vielleicht ist **v. 3460** zu ändern in: *Joseph remest s'i est finez.*
— Auch **v. 3377** *(Jhesu-Criz) Qui sires est de ceste chose*
scheint in **CADF 1438** *qui est sires de toutes choses* eine
bessere Parallelstelle zu haben. — **R 2450,1** *Toutes les foiz que*

*je vourroie Secres de vous* giebt zwar einen vortrefflichen Sinn, ist aber doch vielleicht nicht original. **C** liest **1004** *que je voldroie avoir secors de vos* **DF** *que je auroie mestier de vous* **A** *que je seroie encombrez*. Die Verse des Gedichtes beziehen sich auf eine frühere Stelle; dort aber finden wir eine Lesart, welche an unserer Stelle die der Prosahss. unterstützt, **v. 939,40** *Joseph, quant vouras Et tu mestier en averas.* — Dass auch die **v. 1380,1** eine schlechtere Lesart bieten, als die Prosa an der betreffenden Stelle, hat bereits *Hucher* I, 97 erwähnt. Sie lauten: *Et se tu vieus, bien te porras Devant no seigneur descouper.* **MBP** lesen **566** *se chou estoit voirs et nous l'oïmes dire d'autrui que de vous* etc. **CADF** *se il est einsi.* Mir scheint: *se chou estoit voirs* in **MBP** dem Ursprünglichen am nächsten zu stehen und es ist wohl in **R** statt *se tu vieus* einzusetzen *se c'est voirs.* Auch *ocis* im **v. 1981,2** *C'est ce pour quoi il fu ocis Et dedenz ceste chartre mis* scheint dem *prismes* der Prosahss. **810** gegenüber nicht original zu sein, da die darauf folgende Frage Vespasians, **1983—6** *Vaspasyens leur demanda: Fu il morz aincois qu'il fust là, Et se vous avant l'oceistes Et puis en la tour le meistes?* nicht gut dazu passt.

Auch von Lücken ist **R** nicht frei. Die **v. 929 ff.** *Ge n'ose conter ne retreire* sind bereits mehrfach angezogen worden; hauptsächlich deshalb, weil man in den **v. 932—6** eine Anspielung auf die Quelle unseres Denkmals erkannt zu haben glaubte. Diese Frage beschäftigt uns jetzt nicht, wohl aber die, ob hier mit *Hucher* I, 90 eine Lücke anzunehmen ist oder nicht (*Birch-Hirschfeld* 159,60). *Hucher* geht zunächst auf die **v. 921 ff.** zurück: *Cil qui ces paroles pourrunt Apenre* etc. **CADF 368** lesen *aprande* (**CA ad.** *et savoir*). Den Vorwurf der Dunkelheit verdienen diese Verse nicht. *Hucher* wendet sich dann besonders gegen **v. 929.** Er bezieht sie auf das Folgende und findet sie deshalb ausser Zusammenhang; denn ein Object zu *conter* und *retreire* fehlt in der That. Die Prosa sei logischer, wenn sie sage **CADHF 372** (*Ensi aprist* **CA** *Lors li aprant* **DF** *lors* (**F ad.** *adoncq*) *aprant*) (**DF ad.** *à Joseph*) (*ces* **C** *tex*) *paroles* (**H ad.** *à Joseph*) *que je vous ai retraites.* *Birch-Hirschfeld* a. a. O. fasst die Verse als eine Selbstunterbrechung des Dichters auf und bezieht sie auf das Vorhergehende, auf die Geheimnisse des Gral, welche Christus soeben Joseph mitgetheilt habe. Das ist wohl richtig, wenn man interpretirt: «Ich wage nicht m e h r d a v o n zu erzählen und zu berichten». Davon steht aber nichts in **R** und die Verbindung würde bei dieser Erklärung immer noch sehr kühn bleiben. Wir werden wohl *Hucher* beistimmen und vor **929** eine Lücke constatiren

müssen, welche etwas der Prosa entsprechendes enthalten
haben wird. — Viel deutlicher giebt sich eine Lücke nach
**v. 1954** zu erkennen. **1952,3** lauten: *Lo[r]s demanda Vaspay-*
*syens, Combien povoit avoir de tens.* Die Antwort darauf fehlt,
**CADF 799** aber geben sie *Et cil respont: (Au C Dès lou) tierz*
*jor que le prophete fu (mis en (la D om.) croiz CA ocis).* —
Ebenso fehlt, wie bereits *Hucher* I, 110 erkannt hat, nach
**v. 2635** eine Antwort\*). Die Frage **2633—5** lautet: *(dites)*
*quel talent ne queu volenté Vous eutes ne quel pensé Quant on*
*vous dist: Venez sooir?* Nur **C 1080** giebt darauf eine vollständige Antwort, **A** fragmentarisch. **C** *Et cil li dient qu'il*
*ne santirent onques point d'icele grace; n'a rien ne lor en fu,*
*ne à la table ne porent aprochier, ensorquetot nos la veimes si*
*plainne de gent que nus ne s'i poist seoir entr'els fors que*
*seulement lez Joseph o nus ne puet ataindre* **A** *Et quant cil*
*dient qu'il ne porent.* — Eine der auffälligsten Lücken ist nach
**v. 2971—3.** Dort lesen wir: *Li unze enfant sunt marié, Le*
*douzime ha Brons ramené A Joseph sen oncle, et li dist.* Was
er sagte, erfahren wir nicht, denn der folgende Vers lautet:
*Quant Joseph l'oï, si s'en rist.* In **CADF 1270** finden wir die
jedenfalls ursprüngliche Antwort: *(Sires* **A** *om.) vez ci vostre*
*neveu qui por moi ne por sa mere (F* **ad.** *nullement) (ne volt* **F**
*n'a voulu) fame prendre.* Hierbei ist zu beachten, dass die
Lücke gerade zwischen die **v. 2973** und **2974** fällt, welche
durch die Reimworte *dist: rist* gebunden sind. — Vielleicht
sind auch die von *Hucher* I, 97 und I, 114 vermutheten Lücken
als solche anzuerkennen.

Die **v. 1885,6** enthalten eine Erweiterung, welche nicht
nur nicht nöthig, sondern sogar ganz unpassend ist. *Pylate*
*ester devant lui vist, Commanda et si li dist.* Die unmittelbar
vorhergehenden Verse zeigen uns Pilates in einer Unterredung
mit Vespasian, sodass die citirten Verse vollständig überflüssig
sind. In der Prosa haben sie keine Parallele.

Auch Unklarheiten lassen sich dem Gedichte nicht absprechen. So **3068—70** *Maubailliz est qui bien ne voit; La*
*chose tres bien court tenra. C'est ce qui mieux le gitera Et plus*
*tost de mauveis pensez, D'estre tristoiez ne irez.* **CADHF 1310**
berichten klarer: *que il ne voie (F* **ad.** *tousjours) cler et qu'il*
*(H* **ad.** *ne F ne point) taigne entor soi la chose qui plus (tost*

---

\* \*) *Fr. Michel* interpunktirt bei **v. 2631** falsch. Von **2627—35**
reden dieselben Personen.

4

# L

**ADHF om.**) (*lou gitera* **DHF** *l'ostera*) *de* (*mauveis* **H om.**) (*panser* **H** *peché* **CDF** *pansé*) *et d'ire* (**DF ad.** *et qu'il n'ait riens chiere encontre ces choses*). — Von Moses berichtet **R 2705**, dass er jeden Vorübergehenden bat *Que pour lui devant Joseph fust*, d. h. für ihn zu Joseph gehe. — Auf die Unklarheit der **v. 1151—4** hat bereits *Hucher* I, 92 aufmerksam gemacht, ebenso der **v. 3479,80**. — Auch die Inconsequenz in **R**, indem es **1221,2** berichtet *L'empereres y envoia Le plus sage homme qu'il trouva* und später doch immer von mehreren Gesandten spricht, z. B. **1235,6** *Ainsi departirent... Et s'en vunt*, hat *Hucher* I, 94 erwähnt. — Die **v. 509—18** (*Pilates*) *Joseph apele, si li donne* (*le vaissel*) *Et dist*: «*Mout amiez cel homme*». *Joseph respont*: «*Voir dist avez*». *Et d'ilec est tantost sevrez. A la crouiz errant s'en ala O Nychodemus qu'il mena. Pour ce Pilates li avoit Donné, qu'il o soi ne vouloit Riens retenir qui Jhesu fust, Dont acusez estre peust* scheinen so nicht die rechte Stellung zu einander zu haben. Man erwartet **v. 515—18** hinter **511**, damit das zu *donné* zu ergänzende Object *veissel* (**507**) nicht zu weit von *donné* getrennt wird durch die **v. 512—14**, welche etwas ganz Anderes berichten. Auch der Anschluss an **519** *Ainsi com andui s'en aloient* würde dadurch enger werden. Diese logischere Stellung finden wir nun wirklich in der Prosa **190** (*Pilates*) *si apela Joseph et li dist*: «*Vos amiez cele prophete?*» *Et Joseph li respont*: «*Vous dites voir*». «*Et je ai, fait Pilates, son vaissel, que uns juis me dona qui fu là où il fu pris, et je le vos doig, car je ne voel retenir chose qui soe fust. Lors li donne et cil l'ancline qui moult en fu liez. — Atant s'en vint entre Joseph et Nichodemus.* Uebrigens hat auch **R** keine Parallele zu: *que uns juis* etc. der Prosa und der ungenaue Reim **509,10** *donne*: *homme* lässt vermuthen, dass hinter **509** etwas ausgefallen ist. — Ebenso haben die **v. 2243,4** *De ce se sunt mout merveillié; li juif n'en serunt pas lié* keine richtige Stellung. In ihrer Stellung in **R** würden sie den Sinn ergeben: Die Juden wundern sich sehr, dass Vespasian aus dem Kerker heraufruft. Das kann nicht das Ursprüngliche sein. Die Prosa **924** berichtet Entsprechendes, nachdem erzählt worden ist, dass Joseph mit Vespasian aus dem Kerker gestiegen sind, indem sie hinzufügt: *Et quant cil dehors lo virent*, (*si s'en merveillierent moult*). Nur so kann der logische Zusammenhang sein. In **R** ist die Stellung sicher nicht ursprünglich.

Eine Beweisführung dafür, dass **p** eine Auflösung von **R** sei, unternahm zuerst *P. Paris, Rom. de la Table Ronde* 117 ff. und später *Birch-Hirschfeld* a. a. O. 146—150. *P. Paris* zog einige

Stellen aus dem Gedichte aus und verglich sie mit den Parallelen in C, so **v. 165—70** *A sainte eglise a Diex donné Tel vertu et tel poesté. Saint Pierres son commendement Redona tout comunalment As menistres de sainte eglise. Seur eus en a la cure mise.* **C 38** *Cest pooir dona nostres sires à sainte eglise et les commandemenz des menistres dona messires sains Peres* (die übrigen Hss. übereinstimmend). *P. Paris* wirft dieser Fassung vor, sie habe **R** nicht verstanden. Das ist aber unmöglich aus dieser Stelle zu schliessen; auf ein Missverständniss deutet nichts. Dass *redona* in **R** nicht seine volle Bedeutung in *dona* wiederfindet, ist dabei nicht wesentlich. Der Gedanke ist in **R** wie in **C** derselbe und in beiden gleich klar ausgedrückt. — In den **v. 479—81** *Pilates m'a cest cors donné Et si m'a dist et commandé que je l'oste de cest despit* habe, meint *P. Paris* a. a. O. 118, der Prosaiker sich eingebildet, *despit* heisse «Kreuz», wie dies aus der Stelle hervorgeht **C 175** *Lors s'en torna Joseph et vint droit à la croiz que il apeloient despit*; entsprechend **v. 481** gebraucht dann **C** wiederum, ebenso **187** *que il alast avoc Joseph au despist* dasselbe Wort. Auch die übrigen Hss. wenden, entsprechend **v. 481**, das Wort *despist* an. *Hucher* I, 87 hat diesen Vorwurf bereits von **C** abzuwenden gesucht, indem er ausführte, dass *despit* im Mittelalter besonders zur Bezeichnung der Todesstrafe Jesus' gebraucht worden sei. Es bedeute dann auch «l'action d'outrager» und dann «le lieu, où se commet l'outrage» und könne dann im weitern Verlauf als Synonymon von «croiz» gelten. *Hucher*'s Erklärung muss so lange bezweifelt werden, bis afr. Belegstellen beigebracht werden, aus denen hervorgeht, dass *despit* wirklich Kreuz bedeuten konnte. Aber *P. Paris'* Meinung lässt sich aus unserem Handschriftenverhältniss als unbegründet erweisen. Den Zusatz *que il apeloient despit* in **C** kennt keine der Hss. **MBDHF**. Trifft also auch vielleicht der Vorwurf *P. Paris'* zu, so trifft er den gelehrten Schreiber von **C**, nicht aber den Prosatext **p**, den wir einer Vergleichung zwischen **R** und **p** zu Grunde zu legen haben. — Ueber die **v. 171,2**, welche *P. Paris*, p. 119 citirt, s. p. XLI. — Ein anderes Missverständniss des Prosaikers erblickt *P. Paris* 119 darin, dass **C 1487** dem Gautier den Titel beilege *lou preu conte de Montbeliard*, da nicht Gautier, sondern sein älterer Bruder (Richard) mit dieser Grafschaft belehnt war. *Hucher* I, 80 giebt dies Factum zu, meint aber, Robert de Borron habe ganz gut die Würde und den Titel Richard's auf dessen Bruder Gautier übertragen können. Wir brauchen aber diese Aushilfe gar nicht. Es ist wiederum ganz allein **C**, welche Gautier *lou preu conte* nennt;

also ist auch dies als eine Interpolation des gelehrten Copisten
von **C** anzusehen, welche wie so viele andere keine glückliche
zu nennen ist. Für die Abhängigkeit der Prosa von **R** beweist
sie natürlich gar nichts.

*Birch-Hirschfeld*'s Gründe sind zum grossen Theil ästhe-
tischer Natur. Nicht immer sind dieselben beweisend. Bei
den Belegstellen, welche er anführt, verfällt er in denselben
Fehler wie *P. Paris*, auch er citirt nur Stellen aus der Hs. **C**,
z. B. die den **v. 171,2** entsprechende Stelle (s. p. XLI) und
**v. 760** *en son demeinne, en son pooir*, welchem in **C 293** *en
sa cordele* entsprechen würde. *En sa cordele* fehlt in allen
übrigen Hss. und so werden wir es wohl für eine Erweiterung
in **C** zu halten haben, auf welche der Schreiber von **C** unabhängig von **R** kam. P. 149 und 150 stellt *Birch-Hirschfeld*
einige Stellen aus der Prosa den betreffenden des Gedichtes
gegenüber und glaubt in ihnen die Art und Weise wieder-
zuerkennen, wie der Prosaiker bei seiner Auflösung verfahren
sei; er habe weiter nichts gethan, als dass er die poetische
Wortstellung mit der prosaischen vertauscht und die Reime
dadurch fortgeräumt habe, dass er den Inhalt jeder zweiten
Zeile in etwas freierer Weise wiedergebe.

Auch diese Beweisführung kann nicht Anspruch darauf
machen, die Frage endgültig entschieden zu haben. **R** muss
nicht nur mit einem einzigen der uns überlieferten Texte verglichen werden, sondern mit allen, d. h. mit dem ihnen zu
Grunde liegenden Originalprosatexte.

**R** ist unabhängig von **p**. Das beweisen Stellen, an welchen
**R** eine bessere Lesart giebt als **p**, oder wo **p** so unklar ist,
dass es unmöglich **R** als Vorlage gedient haben kann. Einige
dieser Stellen sind p. XXXVII ff. erwähnt worden. Ich füge
hinzu: **v. 2087,8** wo es heisst, Gott schuf alle Dinge und *les
elemens Fist il et touz les quatre venz*. Von den Winden spricht
**p 852** gar nicht, wohl aber von 4 Elementen. Dass diese Zahl
in der mittelalterlichen Anschauung begründet ist, ist bekannt.
**1365** berichten **CADF** (*Sire*, **ADF** om.), *ge (ne cuidoie mie* **CA**
*n'oseroie pas) estre tex que il meist son message sor moi s a n z
c o n m e n d e m e n t*. Der letzte Zusatz hat keinen passenden
Sinn, findet auch in **R 3205—8** keine Parallele. — **MBCADF 224**
können so, wie sie uns überliefert sind, **R** n i c h t vorgelegen
haben: *Nostres sires si comme Diex entre ces entrefaites, ala
en anfer si lou brisa et en gita Adam et Eve et des autres tant
come lui plot* **MB** *si comme chiaus (quil avoit* **B** *qu'il les eut)
racatez de son cors (de B* om.*) livrer à torment de mort* **CA**
*come (cels* **A** *ce) que il avoit achatez (de sa char et de son sanc*

**A** *de son sanc et de sa char)* livrer à martire de mort et à toz
*autres tormenz* **DF om.** R dagegen berichtet vollständig klar
**593—602** *Li vrais Diex... en ha hors gitez... Touz ceus
qu'il avoit rachetez, Pour qui il fu à mort livrez.* — Auch den
**v. 1702—10** kann unsere Prosa nicht vorgelegen haben, wir
haben hier 2 Versionen, von denen die, welche **R** giebt, die
ursprüngliche sein wird. Als man Vespasian das Wunder
erzählt hat, wodurch er geheilt worden ist, berichtet **R 1701 ff.**,
wurde der Pilger aus dem Gefängniss, in welchem er zur Bürg-
schaft für seine früher über Jesus gemachten Aussagen sass,
geholt, und nun fragt er, ähnlich wie später Pilates Vespasian
fragt (**1879—82**), ob das was er berichtet habe, wahr sei.
Die Römer erwidern: ja. In der Prosa wird gar nicht berichtet, dass der Pilger befreit wird; die Frage stellt der eben
geheilte Vespasian **709** *Est (il* **MBPD** *cou) dont voirs (qu'il* **CF**
*que li juif) (aient* **M** *avoient) (ensi mort* **F** *occis et mys à mort
ce) preudome (come cil estoit* **F om.**) Die Antwort ist dieselbe
wie in **R**. Mir scheint hier **R** das Ursprünglichere zu haben,
wie namentlich aus dem Folgenden und auch **v. 1701,2** hervorgeht. Der Pilger tritt nämlich in **p** gar nicht mehr auf,
ebenso wie auch Verone aus der Erzählung vollständig ver-
schwindet. **R** im Gegentheil berichtet **1707—10** *Au pelerin
unt tant donné Que riches fu tout son aé; Et Verrine pas
n'oublierent, Mais granz richesces li donnerent.* Davon findet
sich keine Spur in **p**; aber sicher sind **v. 1707—10** original,
etwas Derartiges muss im Original gestanden haben nach den
grossen Versprechungen, welche die Gesandten der Verone
gemacht haben, und gewiss wird auch etwas davon berichtet
worden sein, dass der Pilger, welcher doch eigentlich unschuldig
eingekerkert war, wieder daraus befreit wurde, nachdem seine
Aussage für wahr befunden worden war. — Aehnlich verhält
es sich mit den **v. 2131—42**. Der Gedankengang in Joseph's
Bericht ist folgender: neun Generationen fielen vom Himmel,
drei auf die Erde, drei in die Hölle und drei in die Luft.
Das sind die bösen Engel. Die übrigen blieben im Himmel
und sündigten nicht. So erzählt es ganz klar **R**. Sie hüteten
sich vor Schuld, welche die andern dadurch begingen, dass
sie selbst im Himmel sündigten, und vor der Schande und
Verachtung, die ihnen (den bösen Engeln) Gott anthat wegen
ihres Stolzes. Vollständig logisch wird dann weiter erzählt:
Als so die Engel gefallen waren, schuf Gott den Menschen,
ihnen (den Engeln) zum Trotz. — In allen Prosatexten ist
ein Irrthum eingeschlichen. **CADHF 867** *Li autre qui (remestrent*
**A** *demourerent* **D** *remés sunt* **F** *demeurent) ((ou* **CF** *en) (ciel* **H om.**))

*conferment les homes et (les* **D** **om.**) *gardent de pechier.* Wie
können sie aber das, da sie im Himmel, die Menschen aber
auf der Erde sind?

Unsere Behauptung, dass **R** und **p** aus einer gemeinschaft-
lichen Quelle geschöpft haben, unterstützen zwei Stellen, von
denen die eine in allen Prosahss. verderbt vorliegt und in **R**
fehlt, die andere sowohl im Gedicht als in der Prosa verderbt
ist. Die erstere heisst in **C 301** *et orroiz lou torment et la
painne que li filz Deu encharja et vos avez oï comment fu anfraint
l'obedience et li commendemenz dou pere et se tu croiz que
autresinc come li fuz charja la pome qui de l'arbre issi par le
miracle de Deu mon pere, par quoi li premiers hom pecha par
l'amonestement de la fame cui li deiables avoit angignée covenoit
que li filz Deu morist en fust pour sauver l'uevre de mon pere*
**A** *et entre autre torment de la pomme que li fruit charga et fu
enfrainte l'obedience du pere et si tu crois que autresi comme
li fruit charga la pomme, couvenoit que li filz mourist et fust
pour sauver de son pere* **D** *et orras le tormant que il soffri et
la paine que li fruit charga; en la poine covenist que li fiuz
morust et fust venuz pour sauver l'evre de son pere* **F** *et oiras
le tourment qu'il souffrit* (ausgestrichen: *pour avoyr transgieté
le commandement de Dieu le pere*) *et la peine que li fruyt
chargea, qui fut enfrainte par l'obedience du pere; et si tu crois
od me par le fruyt prohibé il couvenist que nostre seygneur
souffrist mort en l'arbre de la croiz pour saulver l'oevre de son
pere* **R** **om.** Offenbar hat hier keine der Prosahss. uns den
ursprünglichen Text überliefert. Im Original mag ein Wort-
spiel vorgelegen haben zwischen *fruit* und *fuz,* Holz, Baum,
welches die Confusion in die Hss. gebracht hat. Durch die
Anspielung auf die Frucht las man dann statt *pome — poine*
und brachte dadurch noch mehr Verwirrung in die Sache, so
dass die Lesart von **C** ganz unverständlich wird. Am nächsten
steht dem ursprünglichen Sinne **D**; *en la poine* in dieser Hs.
wird dadurch verschrieben sein, dass der Schreiber wieder in
die vorige Zeile kam. Nahe steht auch **F** dem Sinne; *qui fut
enfrainte par l'obedience du pere* giebt zwar auch keinen Sinn,
vielleicht aber müssen wir umstellen zu: *par qui fu enfrainte
l'obedience du pere,* worauf auch **A** hinzuweisen scheint. **CA**
fügen dann noch hinzu: *si tu crois que...,* wo dann wieder
die Confusion von vorne angeht. Daraus aber, dass **R** zu der
ganzen Stelle keine Parallele hat, kann man doch wohl
schliessen, dass **R** wie **p** etwas in ihrer gemeinsamen Vorlage
fanden, das nicht sehr klar war und **R** daher veranlasste, die
Stelle auszulassen, während **p** sie in der verderbten Gestalt

aufnahm. — Nicht minder beweisend ist die andere Stelle:
**429 MBP** *qu'il ne voloit nului garir qu'il ne garisist* **C** *qu'il ne vouloit nelui garir de sa maladie que il ne garist bien* **A** *que il ne vouloit guerir* **DF** *que il ne voloit (qui ne* **F** *qu'il) garesist* **R 1037,8** *Meis il ne garissoit neent Ne garessist entierement.* Was zunächst den Zusammenhang betrifft, so findet sich die Stelle in der Rede des Pilgers an seinen Wirth, als er von der Heilkunde Jesus' spricht. Die Prosahss. ausser **C** geben gewiss nicht das Ursprüngliche, und man sieht leicht, dass auch **C** sowie **R** nur eine Aushilfe bieten für die ursprüngliche Version, welche uns keiner unserer Texte überliefert hat. Das Ursprüngliche erhalten wir durch eine kleine Umstellung in **MBPDF**: *qu'il ne garisist, qu'il ne voloit garir.* Dass dies der ursprüngliche Sinn ist, beweist auch **v. 1064** *se il voussist* (ebenso **MBPCDF 441**). Auch in diesem Beispiel werden wir einen Fehler zu erblicken haben, welchen **R** und **p** aus einer gemeinsamen Vorlage überkommen haben. — Aber nichts zeigt deutlicher, dass **p** von **p** unabhängig ist, als der Umstand, dass **p** unzweifelhaft die Prosaauflösung eines Gedichtes ist. *Birch-Hirschfeld* erkannte, dass **p** meistens den ersten Vers eines Reimpaares in **R** enthalte, dann aber den zweiten in etwas freier Weise wiedergab oder ausliess. Es ist klar, dass dies kein Beweis ist für die Abhängigkeit des **p** von **R**, sondern nur dafür, dass **p** nicht von vornherein in Prosa abgefasst war. Hierfür geben einen noch sicheren Beweis Stellen, an welchen **p** die zwei Reimwörter eines Verspaares bewahrt hat. Dabei zeigt sich nun, dass eine grosse Anzahl solcher Reimpaare die Verse des uns überlieferten Gedichtes reconstruiren lassen würden, eine eben so grosse Anzahl aber andere Reimpaare ergeben würde. Eine Zusammenstellung dieser Stellen wird das Gesagte bestätigen.

Als Reimwörter des Gedichtes finden sich: **16,17** *naquit: prist* — **R 97,8**; **19,20** *venir: morir* — **R 103,4**; **89** *volentiers: deniers* — **R 291,2**; **102** *departirent: attendirent* — **R 317,8**; **153** *demanda: lava* — **R 427,8**; **163,4** *m'as: as* — **R 447,8**; **179** *despit: tout (tuit)* — **R 481,2**; **207,8** *monterent: osterent* — **R 549,50**; **208** *prist: mist* — **R 551,2**; **213** *cherroient* (**C** om.) **MBDF** *caoient): seroient* — **R 565,6** *seroient: cherroient*; **239** *ot* (**DF** om.): *plot* (**DF** om.) — **R 603,4** *eut: pleut*; **234** *assez* (**MB** om.): *resuscitez* — **R 629,30** *resuscitez: assez*; **252** *s'an foist: fist* — **R 667,8**; **268,9** *batent: l'abatent* (**MB** om.) — **R 699,700** *rebatent: l'abatent*; **277** *vit: esjoï* — **R 721,2**; **309** *mis* (**A** om.): *juis* (**A** ü) — **R 787,8**; **318** *amis: anemis* — **R 809,10**; **323—5** *m'auroies* (**DF** *avoies): m'aideroies* — **R 817,8**; **324,5**

*doné: volenté* — R 819,20; 381 *voldras: auras* — R 939,40
*vouras: averas;* 386 *raisons: prison* — R 951,2 *reison: prison;*
417,8 *Rome: preudomme* (**MBCDF** *home*) — R 989,90; 431 *haoient:*
*pooient* — R 1039,40; 433,4 *preudons: non* — R 1045,6 *preudon:*
*non;* 496,7 *l'ome* (**DF** *pelerin*): *prison* — R 1199,1200 *hon: prison;*
497,8 *l'oï: esjoï* — R 1197,8; 517 *monter* (**F** *preparer*): *aler* —
R 1255,6; 519,21 *entrecontrerent: oserent* — R 1265,6; 521,2
*savoient: l'en menroient* — R 1267,8; 534 *sot* (**D** *sunt*): *ot* —
R 1297,8 *seut: eut;* 536 *garis soit: voloit* — R 1301,2; 539
*l'amenerent: l'acoisonerent* — R 1309,10; 548 *pesoit: estoit* —
R 1341,2; 549,50 *demandai: lavai* R 1345,6; 559 *despit* (**F** *croiz*):
*mist* — R 1363,4; 581,2 *Seignor* (**B** om.): *l'ampereor* — R 1417,8;
583,4 *sires: mires* — R 1421,2; 615,6 *trouver* (**CAF** *n'avoient*
*trouvé* **D** om.): *porter* (**C** *n'an portoient* **A** *portoient* **F** *porteroyent*)
— R 1481,2 *porter: trouver* an nicht ganz entsprechender Stelle;
638,9 *vendroie* (**DHF** *vodroie*): *donroie* (**CADF** *donneiez*) — R 1539,40;
641 *menroiz* (**M** *m'en menries*): *toldroiz* (**F** *ousterez*) — R 1545,6
*menrez: tourrez;* 644,5 *en menrons: jurerons* — R 1551,2; 657
*dites: preites* — R 1589,90; 659,60 *avoie* ᵇⁱˢ: *portoie* (**MBPCA**)
*l'emportoie*) — R 1593,4; 664,5 *pris: vis* (**MBPCA** om.) —
R 1603,4; 668,9 *irai: l'en porterai* (**CA** *porterai*) — R 1619,20;
682 *conterent* (**A** *content*): *troverent* (**MBPA** ändern) — R 1647,8;
683 *aloit* (**CA** om. **DF** ändern): *aportoit* (**CA** *aporte* **DF** ändern)
— R 1649,50 *aportoit: aloit;* 693 *l'enclina* (**M** äudert **C** *ala*
*incliner* **D** *a incliné*): *merveilla* (**C** *mervoille* **F** *fut esmerveillé*) —
R 1669,70; 694,5 *dist: veist* (**MBP** *eust veue*) — R 1671,2; 695,6
*l'a* (*prise*) (**MBPDF** *le prist*): *porta* (**C** *porte* **D** *en porta*) —
R 1675,6; 702,3 *depiciez: haitié* (**F** *joyeux*) — R 1693,4 *depecié:*
*hettié;* 707 *l'avoit* (**DF** äudern): *povoit* (**BCH** *pot*) — R 1697,8;
717 *fust* (**MBPDHF** ändern): *poist* (**MBP** *poroit* **D** *puissez* **H** *peustes*
**F** *povoyt*) — R 1729,30; 733,4 *mort* (**MBPC** om.): *tort* — R 1777,8
*tort: mort;* 737,8 *fist: dist* (**MDF** ändern) — R 1785,6; 765,66
*jugier: baillier* — R 1855,6; 771 *oï: entendi* (**DF** *ot entendu*)
— R 1871,2; 774 *tort: mort* — R 1881,2; 786,7 *respont: lui*
(**DF** *nos*) — R 1911,2 *respondi: lui;* 798,9 *Vaspasians: temps*
— R 1953,4 *Vaspasyens: tens;* 815,6 *vis: mis* — R 1997,8;
831,2 *commanda: ala* — R 2033,4; 832,3 *vit: dist* R 2035,6;
839,40 *s'entracolerent* (**F** *s'entreacolent*): *s'entrebaisierent* (**AD**
*baisent* **F** *s'entrebaisent*) — R 2053,4; 848 *t'aprendroie* (**A**
*t'aprendra* **F** *t'aprendre* **D** *t'eprandroi*): *diroie* (**A** om.) — R 2077,8
*diroie* — *t'apenroie;* 853 *angles: archangles* (**CADF** om.) —
R 2089,90 *archangles: angles;* 859,60 *ames: fames* (**HF** om.)
— R 2105,6; 904 *gari: ci* — R 2209,10; 914,5 *resucitez* (**D**
*resurrexi*): *alez* — R 2231,2; 923,4 *issi* (**A** *issirent*): *lui* (**A** om.)

— R 2253,4; 961,2 *volez: demorrez* (C *remenroiz* A *remaindrez*)
— R 2345,6; 965,6 *gent: mautalent* — R 2353,4; 970 *là:*
*mostra* (DF *dit*) — R 2365,6; 997,8 *saurai: dirai* — R 2429,30;
1009,10 *esprit: dist* — R 2459,60 *dist: esprist*; 1011 *pechié:*
*pitié* — R 2463,4 *pitié: pechié*; 1018,9 *fait: traist* — R 2481,2;
1047,8 *partie: mie* (D om.) — R 2559,60; 1074,5 *veu: fu* —
R 2623,4; 1121,2 *proions: avons* — R 2733,4; 1191,2 *rampliroies*
(F *ampliroys*): *raporteroies* — R 2785,6 *l'empliroies: raporteroies;*
1195 *istra: ramplira* (CAHF *acomplira*) — R 2795,6 *istra:*
*emplira;* 1223,4 *volons: avons* — R 2865,6; 1243 *ala: demoura*
(CAD *remest*) — R 2913,4; 1274,5 *prist: dist* — R 2981,2; 1294
*pris* (D om.): *mis* (F *livré*) — R 3031,2; 1312,13 *auront: garde-*
*ront* — R 3073,4; 1319 *parlera: trovera* — R 3089,90; 1327
*assemblez* (CD *ansamble*): *clarté* — R 3107,8 *assemblé: clarté;*
1341 *Alains* (ADF om.): *plains* — R 3147,8; 1357 *croiront:*
*ameront* — R 3187,8; 1380 *dist: tuit* — R 3237,8; 1411 *va:*
*verra* (C *aura veu*) — R 3303,4; 1430 *gent: Occidant* — R 3353,4;
1447,8 *sauront: seront* — R 3403,4; 1482,3 *mener: aler* —
R 3479,80 *ramener: aler.*

Andere Reime, als das Gedicht an den betreffenden Stellen
hat, würden ergeben: 13 *covenoit* (V *voloit*): *estoit* — R 81
*avoit: couvenoit;* 21,2 *peca* (CF *pechierent*): *porchaca* (MB *fist*) —
R 111,2 *pecha: donna;* 35,6 *bauptizié-gité* — R 161,2 *sauvé: gité;*
70 *correca* (F *fut courrocé*): *conta* (F om.) — R 253,4 *merveilla:*
*courouca;* 71,2 *valoit: voloit* — R 255,6 *valoit: avoit;* 81 *doutoient*
(MB om.): *cuidoient* — R ändert; 83 *demanda: là* (CDH ci) —
R 279,80 ändert; 94,5 *fuissent* (C *furent*): *puissent* (CDF om.)
— R 302 ändert; 104 *parla: moustra* (D om.) — R 321,2
*enseignoit: disoit;* 114 *avez* (F ändert): *lavez* — R 339,40 *lavas:*
*l'as;* 151,2 *anfanz: sans* — R 423,4 ändert; 165 *donrai: deverai*
(CDF *porrai*) A om. — R 449,50 ändert; 167 *cors: dehors* (B om.
M *fors* D *hors* F *ainsi*) — R 455,6 ändert; 150,1 *m'avez* (*demendé*):
*l'aurez* R 463,4 *demandez: l'arez;* 189,90 *commendé: donné* —
R (508) om.; 203 *doné: comendé* — R 533,4 *donné: demandé;*
209 *atorna* (DF *acocha*): *lava* — R 553,4 ändert; 214,5 *prist*
(MB om.): *mist* (BA *recheut*) — R 569 ff. ändert; 239,40 *porroient*
(C *porront*): *demandoient* (CADF *estoit demendez*) — R 641,2
*demandez: acordez;* 244,5 *poons: prenons* — R 649 ändert;
278,9 *esperit: dist* — R 725 ändert; 302 *fust: morust* (DF ändert)
— R om.; 304 *nasqui: sosfri* — R om.; 335 *auras: commen-*
*deras* — R 847 ff. ändert; 355 *porra: saura* — R 889,90 *verra:*
*savera;* 408 *pris: ocis* (DF ändert) — R om.; 438,9 *orent:*
*porent* — R 1059,60 ändert; 441 *vossist: garessist* — R 1063,4

4*

*veschist: vousist;* **450,1** *mot: ot* — R 1091,2 ändert; **473,4** *contez:*
*avez* R **1143,4** (*avez* nicht im Reim), *contez;* **495** *parla* (**C** *ala*
*parler*): *conta* — R om.; **499,500** *vouloit* (**M** *voit* **BP** *veut*):
*porroit* (**M** *porra* **BP** *puet*) — R **1207,8** ändert; **500,1** *prist: fist*
(**ADF** *fait* **MBP** *carja*) — R **1211,2** ändert; **501,2** *diroient* (**A** om.
**M** *diront*): *demanderoient* (**MB** *demanderont* **DF** om.) — R **1217,8**
ändert; **506** *preudome: garison* (**MBP** ändert) — R **1231,2** ändert;
**511** *enveia* (**D** *envoierent*): *manda* — R **1240** ändert; **511,2** *mer-*
*veilloit* (**D** *merveilloient* **MBPF** *esmervilloit*); (*sosfert*) *avoit* —
R **1243,4** *merveilloit: pendu avoit;* **523** *raconté* (**CA** *conté*): *conté*
— R **1271,2** ändert; **526** *fist* (**D** *fait*): *dist* — R **1276,7** ändert;
**530** *aves* (**CA** *avoit*): *savez* (**CA** *sait*) — R **1284,5** ändert; **532**
*fermer* (**MBPCA** om.): *garder* (**DF** om.) — R **1290,1** ändert; **536,7**
*l'acuserent* (**D** om.): *achaterent* (**D** om.) — R **1303,4** *l'achaterent:*
*delivrerent;* **545** *anfanz: sans* — R **1329**—31 ändert; **580,1**
*orrez* (**CA** om.): *dires* (**DF** *faites* **M** *sera contet*) — R om.; **583**
*estoit* (**DF** *est*): *faisoit* (**D** om. **F** *est*) — R **1419,20** *estoit: apeloit;*
**589,90** *disoit: estoit* — R **1431,2** *feisoit: estoit;* **608,9** *estoient:*
*savoient* (**CA** *sevent*) — R om.; **614** *avint* (**MBP** om.): *vint* —
R om.; **623** *estoit: avoit* — R **1495,6** *mennoit: avoit;* **646,7** *serez:*
*mostrez* — R **1559,60** ändert; **666,7** *regardai* (**DF** *regarde*):
*trovai* — R **1612,3** *regardei: hei* (*trouvée*); **697** *apela* (**MBPC** *apiele*):
*moustra* (**MB** *a moustrée*) — R om.; **731** *gari: l'oï* — R **1767,8** *gari:*
*entendi;* **740,1** *faisoit* (**D** om. **F** *disoyt*): *estoit* (**MBP** om. **F** *faisoit*)
— R **1793,4** ändert; **743,4** *faisoit* (**M** *fist*): *tenoit* — R **1797**—9
*renoi: soustenoit* (!): *li:* (*ainsi*); **759,60** *liement: comment* — R **1835,6**
*commencement: comment;* **763,4** *conterent: l'en menerent* — R om.;
**808,9** *feimes: oïmes* — R **1977** ändert; **810** *prismes* (**DCA** om.):
*mismes* (**CA** *feimes*) — R **1981,2** *ocis: mis;* **821** *enmurez: donez*
— R **2005,6** *veritez: enmurez;* **876,7** *montez* (**CA** *iroit*): *iries*
(**F** *courrocé*) — R **2162** ändert; **882,3** *angignié* (**F** *deceuz et*
*trompez*): *pechié* — R **2169,70** ändert; **718** *essaucier: garder* —
R **2215,6** ändert; **927** *delivra: l'amena* (**AD** *le mena* **F** *l'en en*
*mena*) — R om.; **932** *fis* (**DF** *a fait*): *mis* — R **2271,2** *juis:*
*mis;* **933** *sachiez: resuscitez* — R **2277,8** *resuscitez: crez;* **936,7**
*mist: fist* (**A** om.) — R **2289** ändert; **959,60** *torment: durement*
— R **2241,2** *mort: fort;* **963** *vendroiz: guerpiroiz* — R **2249,50**
*iruns: feruns;* **993** *sachiez* (**D** ändert **A** *sache* **F** *saches*): *pechiez*
— R **2419,20** ändert; **994,5** *pri* (*1. pers.*) *nasqui* (*III. pers.*)
— R om.; **1013,4** *feras: metras* — R **2469,70** *p.nras: meteras;*
**1017,8** *menjoit: traïroit* (**D** *traïssoit*) — R **2479,80** *menjoit:*
(*trahir*) *doit;* **1056,7** *oïrent* (**D** *oï*): *issirent* — R **2585,6** ändert;
**1067** *avis: assis* — R **2605** ändert; **1084** *dirons: avons* —
R **2643,4** ändert; **1089,90** *voldront: clameront* — R **2658** ändert;

**1119,20** *durement : tenrement* — **R 2729,30** *tenrement : marre-ment;* **1186** *esperit : dist* — **R 2773,4** *s'apparu : respondu;* **1199,1200** *estoient;* (**C om.**): *avoient* — **R 2809,10** *demouroient: avoient;* **1206** *recrairont : clameront* — **R 2821—3** ändert; **1208,9** *parla: anseigna* — **R 2829,30** (*ha*) *pallé:* (*ha*) *moustré;* **1269** *maria* (**F** *marie*): *remena* (**CAF** *amena*) — **R 2971.2** (*sunt*) *marié:* (*ha*) *ramené;* **1295** *confortai: donai* — **R 3033,4** *confortei: trouvei;* **1317** *amera: cuidera* (**A** *cuide*) — **R 3085,6** *saura: connoistra;* **1324,5** *trovera: vendra* — **R 1301,2** *pourra: venra;* **1355** *vendra* (**C** *avendra* **A** *cuvendra*): *prendra* — **R 3179,80** *venra: sourdera;* **1361,2** *prist: dist* — **R 3197,8** *apela:* (*dist*) *ha;* **1379** *alerent: parlerent* — **R 3235,6** *alerent: apelerent;* **1387** *seroiz: iroiz* (**A** *alez* **D** *conseilliez* **F** *ailliez*) — **R 3251,2** ändert; **1388** *adrecera* (**D** *drecera* **F** *adroissera*): *donnera* (**CAD om.**) — **R 3253,4** *conseillera: pourra;* **1404,5** (*esgardé*) *avoit: devoit* — **R 3289,90** *savoit: devoit;* **1427** *orront: clameront* — **R 3343,4** (*nummer*) *vourrunt: l'apelerunt;* **1447** *istra: sera* — **R 3401,2** *neistra: estera;* **1475,6** *voldra: couvendra* (**H** *couverroit*) — **R 3463,4** *couvena: ala;* **1479** *alez: troves* — **R 3471,2** *recouvrez; retrouvez.* — Hier sind auch die Stellen zu erwähnen, aus welchen sich Verse ergeben würden, welche den für uns ver-loren gegangenen **v.** nach **2752** entsprechen würden, z. B. **1129** *doncs* (**D** *lessez* **F** *faictes*): *poez* **A om.** **1133,4** *coucha* (**A** *mist* **F** *gitta*): *pria* **1137** *esperit: dist* **1142** *samblant* (**DHF** ändert): *avant* und **1152** *soie: doie.*

Deutlich lässt sich noch erkennen, wie der Prosabearbeiter bei der Auflösung seiner Vorlage verfuhr. So wendet er, um die Spuren des Reimes zu verwischen, das einfache Mittel an, dass er eins der Reimwörter in ein anderes Tempus setzt, als es der Vers gab, z. B. **168,9** *merveilla: avoit demandé* — **R 457,8** *merveilla: demanda;* **206** *correca* (**DHF om.**): *lairoit* (**CA** *l'avoit* **D** *lesseroient* **H** *laura* **F** *lesseroyt*) — **R 543,4** *courouca: leira;* **273,4** *pesa* (**F** ändert): *n'avoit* — **R 709.10** *pesoit: n'avoit;* **424,5** *eut* (**M** *ot* **CAD om.**): *estoit* — **R 1025,6** *avoit: estoit;* **432,3** *demanda: avoit hesbergié* — **R 1043 4** *demanda: hesberra;* **538** *firent: l'orent pris* (**A om.**) — **R 1307,8** *firent: prirent;* **654,5** *demanda: levé* — **R 1583,4** (*ha*) *demandé: levé;* **701** *escria: Depreciez* — **R 1689.90** (*s'est*) *escriez: depeciez;* **725,6** *ator-nerent: Judée* — **R 1751,2** (*ont*) *atournée: Judée;* **739** *assemblé: demanda* — **R 1789,90** *assemblé:* (*ha*) *demandé;* **749,50** (*avoit*) *ovré: l'amoit* — **R 1813,4** *ouvré:* (*l'avoit*) *amé;* **751,2** *pesa: faisoit* — **R 1817,8** *pesoit: feisoit;* **796** *mena: enmurez* — **R 1947,8** (*a*) *mené:* (*eurent*) *enfermé;* **827,8** *demenda:* (*ha*) *aportée* — **R 2023,4** (*ha*) *demandée: aportée;* **1004,5** *voldroie: venisse* —

**R 2449,50** *vourroie*: *venroie*. Eben so gern ersetzt der Prosabearbeiter eines der beiden Reimwörter durch ein anderes oder mehrere andere, um den Reim unkenntlich zu machen, z. B. **175** *s'en torna*: *vint* — **R 473,4** *se tourna*: *s'en ala*; **424** *dire*: *mer* — **R 1023,4** *affermer*: *mer*; **666** *fu*: *regardai* — **R 1611.2** *entrei*: *regardei*; **672** *revinrent*: *passerent* — **R 1627,8** *passerent*: *ralerent*; **1098,9** *vint*: *s'agenoilla* — **R 2431,2** *va*: *s'agenouilla*; **1283** *vint*: *pria* — **R 3001,2** *ala*: *pria*; **591,2** *venjance*: *samblant* [*semblance*] — **R 1435,6** *vengement*: *samblement*; **716** *donné*: *pooir* — **R 1725,6** *donné*: *poesté*; **758** *preu*: *domage* — **R 1833,4** *avantage*: *domage*; **233** *l'oïrent dire*: *s'asamblerent* — **R 623,4** *escouterent*: *assemblerent*; **756,7** *oïrent*: *furent moult lié* — **R 1829,30** *entendirent*: *esjoïrent*. Oder der Prosaiker verändert einfach die Formen eines Reimwortes, z. B. **334,5** *nuisable* (*nuisablement*): *mescreanz* **R 845,6** *nuisanz*: *mescreanz*. — Dass der Prosaiker durch Auslassungen des Reimwortes oder einer ganzen Zeile die Reime umgeht, hat schon *Birch-Hirschfeld* erwähnt, z. B. **929** *dist*: *Jhesu* — **R 2263,4** *dist*: *Jhesu-Crist*; **333** *Tu m'as amé celeement et ge toi* — **R 842 ad.** *tout certainnement*; **337** *avant*: *precieu* — **R 851,2** *avant*: (*precieus*) *et grant* u. s. ö. Bei allen diesen Mitteln ist es also doch nicht immer dem Bearbeiter gelungen, alle Merkmale der poetischen Version zu umgehen; so sind in der Prosa eine Reihe von achtsilbigen Versen theils ganz unversehrt stehen geblieben, theils durch eine kleine Aenderung in der Wortstellung sofort wieder als solche zu erkennen, z. B. **318** *mes amis*) (*est boens avec* **D** *om.*) *mes anemis* — **R 809**; **42** *Mais nostres sires* [*qui*] *savoit* — **R 179** *Et nostres sires qui savoit*; **102** *et attendirent tresc'au juesdi* — **R 318** *Dusqu'au juesdi attendirent* (fehlt eine Silbe); **277** *Et quant Joseph vit la clarté, si* (*se* **CA** *li*) *esjoï moult* (*en son cuer* **CA** *li cuers*) — **R 721,2** *Et quant Joseph la clarté vit, En son cuer mout s'en esjoïst*; **333** *tu m'as amé celeement* — **R 841 id.**; **510** *Et quant il furent arrivé* — **R 1239 id.** u. s. ö.

Aus allen diesen Stellen geht hervor, dass **R** und **p** auf eine gemeinsame Quelle zurückgehen, welche in achtsilbigen Reimpaaren abgefasst war.

*Koschwitz* hat in der *Zeitschrift für rom. Phil.* II, 618 ff. nachgewiesen, dass sich in **R** Reime verschiedener Mundarten mischen und dass aller Wahrscheinlichkeit nach in **R** eine anglonormannische Bearbeitung eines continental französischen Gedichtes vorliege. Die gleiche Mischung von Reimen wurde von ihm auch bereits für die Vorlage von **CD** erwiesen. Die oben angeführten Reimwörter, welche wir in **p** vorfinden, stimmen vollkommen zu dem von *Koschwitz* Angegebenen.

Die Reimwörter, welche mit den betreffenden in **R** überein-
stimmen, sowohl wie die, welche **p** allein bewahrt hat, zeigen
dieselben Eigenthümlichkeiten. Für die Zeitbestimmung der
Vorlage von **R** und **p** ist beweisend das Verstummen des aus-
lautenden *t*: **904** *gari*: *ci* (**R 2209** id.); **970** *là*: *mostra* (**R 2365** id.);
d3 *demanda*: *là* (**R 279,80** ändert); ferner das Verstummen
8es *s* vor *t*: **17,8** *naquist*: *prist* (**R 97,8** id.); **559** *despit*: *mist*
(**R 1363,4** id.); **832,3** *vit*: *dist* (**R 2035,6** id.); **1009,10** *esperit*:
*dist* (**R 2459,60** id.); **1018,9** *fait*: *traist* (**R 2481,2** id.); **1137**
*esperit*: *dist* (**R om.**); sodann der Reim *i*: *ui*, welcher beweist,
dass der Diphthong *ui* bereits ein anschwellender war: **179**
*despit*: *tout* (*tuit*) (**R 481,2** id.); **1380** *dist*: *tuit* (**R 3237,8** id.).
Aus diesen Reimen geht hervor, dass die Vorlage von **R** und
**p** nicht vor der Mitte des XII. Jh. entstanden sein kann.
Anglonormannische Eigenthümlichkeiten zeigt die Vorlage von
**Rp** darin, dass *ent* und *ant* nur mit sich selbst reimen, während
*e* und *ie* sich mischen, z. B. **950,6** *torment*: *durement* (**R 2241,2**
ändert); **1119,20** *durement*: *tendrement* (**R 2729,30** ändert);
**R 2729,30** *tenrement*: *marrement* (**p** s. vorher); **151,2** *anfanz*:
*sans* (**R 423** ändert), **545** (**R 1329** ändert); **839** *s'entracolerent*:
*s'entrebaisierent* (**R 2053,4** id.); **907** *essaucier*: *garder* (**R 2215**
ändert); **933** *sachiez*: *resuscitez* (**R 2277,8** ändert). Für die
Vorlage von **Rp** ergibt sich aber ferner die Mischung von Imperfecten der a-Conjugation mit Imperfecten anderer Conju-
gationen, z. B. **448** *pesoit*: *estoit* (**R 1341,2** id.); **659,60**
*avoic* [bis]: *portoie* (**R 1593,4** id.); **512** *merveilloit*: *avoit* (**R 1243,4**
id.); **R 2809,10** *demouroient*: *avoient* (**p 1199** ändert); **1817,8**
*pesoit*: *feisoit* (**p 751,2** *pesa*: *faisoit*); **R 321,2** *enseignoit*: *disoit*
(**p 104** ändert). Hierher gehören auch die Reimwörter **239,40**
*porroient*: *demandoient* (**R 641** ändert) und **1017,8** *menjoit*:
*traïroit* (**R 2479,80** ändert). Wir gelangen damit zu dem
Resultat, dass diese Vorlage von **Rp**, welche wir **r** nennen
wollen, keine originale agn. Dichtung war, sondern bereits eine
Umdichtung eines Anglonormannen, welche nach der Mitte des
XII. Jh. entstand.

Hierzu stimmt eine weitere Beobachtung. Bei den Reimen,
welche sich in der Prosa wiederfinden, zeigt sich nämlich die
eigenthümliche Erscheinung, dass sich vielfach mehr als zwei
gleiche Reimwörter hintereinander finden. Dies ist um so
auffallender, als sich an solchen Stellen gewöhnlich die übrigen
Reimwörter auch in **R** ausserhalb des Reimes wiederfinden, z. B.
**4—8** *aloient* [bis]: *avoient* (**CF** *avoit*): *quidoient* (**MCVF** *quidoit*):
*estoient* (**CVF** *estoit*): *confortoient*: *tourmentoient* (**CVDF om.**) —

5

**R 19—26** *departoient: aloient — (avoit)\*) — quidoit: fioit — avoient: attendoient.* Die Verse **21—24** scheinen eine Modernisation des Bearbeiters zu sein. **R** spricht consequent von dem Teufel im Singular; in fast allen Prosahss. wird der Singular mit dem Plural vermengt. Der Plural aber scheint die ältere, ursprüngliche Version zu repräsentiren. **23,4** *vit: santi* (**B** om.): *delit* — **R 119—26** (*vit*) — *vist: dist* — (*delist*) — (*mist*). **26,7** *hoir(s): avoir: mennoir* (**MBCVD** om.) — **R 135,6** *avoir: mennoir.* **33,4** *ala: bauptisa: commenda* — **R 153—6** *ala: bauptisa: lava: commanda.* Hier sind, was sonst nicht häufig bei Reimpaaren ist, zwei Reimpaare mit gleichem Reim hinter einander stehen geblieben. In unserem Denkmal ist dies nicht selten; es findet sich **431—4**; **485—8**; **939—43**; **1483—6**; **1509—12**; **1521—24**; **1763—66**; **2153—6**; **2589—92**; **2993—6**; **3045—8**; **3479—82** und **3711—14**. **38,39** *dona: dona* (**R** *redona*, nicht im Reim): *lava* — **R 167—71** ändert. **42,3** *savoit: estoit* (**MB** *iert*): *covendroit* — **R 179—83** *savoit: estoit* — (*couvenroit*). **45—47** *repantir: (guerpir* **MB** *laissier* **F** *gemir): tenir: revenir* (**CF** *parvenir* **VD** *venir*) — **R 189,90** *guerpir: tenir.* Es ist sonderbar, dass *Hucher* I, 370,1 gerade auch diese Stelle citirt als Beleg für seine Hypothese, dass **R** aus der Prosa herausversificirt sei, während sich ganz deutlich zeigt, dass dem Prosabearbeiter noch Verse in den Ohren klangen, als er seine Prosa schrieb. **58—60** *savoit* (**M** om.): *amoit* (**M** om.): *apeloit* (**M** om. **DF** *apele*): *estoit* (**M** om.) — **R 217,8** *amoit: apeloit.* **77** *estoient: porpalloient* (**MB** *parloient* **F** *parlementoyent): porroient* — **R 263** ff. ändert. **109,10** *moustra* (**DF** *fist): lava: demenda* — **R 331—4** (*vout*) *moustrer: (daigna) laver, lava: conseilla;* **117,8** *seront* (**A** *seroit): seront: porront* — **R 346—50** (*serunt): demourrunt: pourrunt: sunt: leisserunt.* **123,4** *seront* (**C** ändert): *laveront: voudront* (**C** *voldra*) — **R 361—3** *ordoierunt: laverunt* — (*vouront*). **187,8** *alast* (**MB** om.): *ostast: baillast* — **R 502—6** ändert. **225,6** *ala: brisa: gita* — **R 395,6** ändert. **239—41** *porroient* (**C** *porront): demandoient* (**CADF** *estoit demendez): diroient* (**MB** *disent): l'avoient* (**M** *l'ont*) — **R 639** ff. ändert. **245—7** *faisons: dirons: baillerons* — **R 656** ff. ändert. **304,5** *nasqui: sosfri: recui* (**DF** om.): *issi* — **R 772** ändert. **315—7** *n'osai* (**AD** om. **F** *n'ose): cuidoie* (**C** *dotoie): parloie: tenoie* — **R 800** *osoie: quidoie.* **367—70** *verront: serunt: auront: porront: seront: porront* — **R 917** ff. *verrunt: serunt* — (*l'arunt*) — *pourrunt: retenrunt.* — (*serunt*)

---

(*pourrunt*). **427,8** *ralumoit*: *mondoit* (**CADF om.**): *faisoit* —
R **1032 ff.** ändert. **449,50** *ala*: *l'apela* (**MBPA** *traist*): *conta* —
R **1087—90** *alez*: *entrez*; *ha*: *conta*. **480—2** *celeroit* (**B om.**
**DHF** *celera*): *trouvoit*: *gariroit*: *avoit* — R ändert v. 1157, aber
vorher gehen zwei Reimpaare auf *oit*, welche nur durch die
verderbten v. **1153,4** von einander getrennt werden. **617—9**
*savoit* (**C** *sai*): *aouroit* (**C** *soloit aourer* **D** *avoit trouvé*: *savoit*
(**C** *cai*): *l'avoit* (**C** *prist*): *savoit* (**C** ändert **ADF om.**) — R **1483—6**
*savoit*: *avoit*: *aouroit*: *savoit*. **623—5** *l'enveia*: *la*: *leva* (**AD** *dreca*
**F** *ala*): *l'acola* — R **1501—4** ändert. **946—8** *avoit* ter: *amoit*:
*estoit* — R **2307 ff.** *avoit*: *l'apeloit* — (*droit*) — (*apeloit*) —
*amoit*: *estoit* — (*vivoit*) — (*estoit*). **983—5** *avons* (**F** *suymes*):
*volons*: *avons* (**DF** *soffron*): *menjons* (**AD** *mourons*) — R **2391 ff.**
*suns*: *avuns* — (*soufruns*) — *vouluns* — *moruns*: *n'enragons*.
**1069,70** *somes* (**ADF om.**): *avons* (**C om.**): *seons*: *somes* — R **2611,2**
*avuns*: *suns*. **1095,6** *nommerent*: *alerent* (**A om.**): *demourerent*
(**A om. CD** *remestrent*) — R **2675—7** *alerent*: *demourerent*: *unt*
*nummé*. **1097** *venoient* (**C** ändert): *disoient* (**C** *respondoient*):
*aloient* — R **2681,2** *iroient*: *l'apelcroient*. **1100—2** *avoit*: *estoit*:
*finoit*: *faisoit* — R **2689,90** *avoit*: *sembloit* und **2693,4** *finoit*:
*feisoit*. **1177—81** *preites*: *nasquites*: *venites*: *soffristes*: *deites* —
R fehlt. **1296,7** *estoient*: *sauroient*: *porroient* — R **3037,8** ändert.
**1132—8** *dira*: *ira*: *s'arrestera*: *porra*: *lira*: *anseignera*: *dira*:
*venra*: *dira*: *aura*: *trespassera*: *venra* — R **3122 ff.** *ira*: *demourra*
— *s'arrestera*: *atendera* — (*pourra*) — *ara*: *lira* — (*Enseignera*)
— (*Dira*) — (*ara*) — *trespassera*: *venra*. **1393—5** *venoit*: *trovoit*:
*preeschoit*: *retraioit*: *anoncoit*: *avoit*: *pooit* — R **3265 ff.** *venoit*:
*trouvoit* — (*anuncoit*) — *preeschoit*: *avoit*. **1431—44** *sera*:
*convenra*: *là*: *dira*: *s'arestera*: *covendra*: *sera*: *devra*: *sera*: *fera*:
*ira*: *porra*: *aura*: *aura*: *ira*: *sera*: *ira*: *gardera* — R **3355 ff.**
*sera*: *l'ara* — *vourra*: *treira* — (*scra*) — (*vourà*) — (*atendra*)
— (*sera*) — *dira*... (*Fera*)... *pourra*: *aura*... *mouvra*: *ira*
— (*L'avera*). **1445,6** *auras*: *prandras*: *venras* — R **3395—7** *aras*:
*departiras* — (*venras*). **1451—4** *esperit*: *dit*: *aprist*: *aprist* bis:
*l'escrit* — R **3413—6** *Crist*: *dist* — (*Aprist*). Durch kleine
Veränderungen würden sich noch mehrere solcher Tiraden
ergeben, z. B. v. **193—203** würden mit Hülfe der Prosa etwa
so lauten (Prosa **48**): *Au tens que Diex par terre aloit Et sa*
*creance preeschoit, La terre de Judée estoit Souz Rome et à li*
*respondoit Et Rome un baillif i avoit Qui à non Pilates avoit.*
*A lui uns soudoiers servoit. Cil Jhesu en mcint liu veoit Si*
*l'en moult en son cuer amoit, Mais faire semblant n'en osoit.*
Solche Stellen machen es wahrscheinlich, dass die Vorlage
unseres Gedichtes und der Prosa ein in Tiraden mit Vollreim

abgefasstes Gedicht gewesen ist. Es darf dagegen nicht ein-
gewendet werden, dass unsere Belegstellen in ihren Reimen
nur Verba enthalten und sogar gewöhnlich dieselben Tempora.
Was den ersteren Einwand betrifft, so ist daran zu erinnern,
dass wir auch die in Reimpaaren abgefasste Vorlage fast nur
noch aus Reimwörtern erkennen konnten, welche aus Verben
bestanden, und dass der grösste Theil der Reimpaare des
Gedichtes durch Formen von Verben gebildet werden. Es ist
natürlich, dass sich in der Prosa Reimwörter, welche aus
Substantiven bestehen, nicht so leicht finden werden als solche,
welche aus Verben, namentlich den vielgebrauchten Hülfs-
verben, bestehen. Substantiva können leicht durch Synonyma
oder Umschreibungen ersetzt werden, Verba nicht so gut.
Dass sich in unseren Tiraden nur gleiche Tempora begegnen,
ist ebenfalls nicht auffallend; wenn wir andere in Tiraden mit
Vollreim abgefasste Epen lesen, so findet sich ganz dieselbe
Erscheinung, dass z. B. eine Tirade in ihren Reimen nur
Perfecta auf *a* oder Imperfecta auf *oit* enthält u. s. w.

Unsere für das Tiradengedicht aufgestellten Reime lassen
auch Schlüsse zu auf das Alter und den Entstehungsort desselben. Auch hier muss schon *s* vor *t* verstummt sein, wie
aus den Reimen hervorgeht **1451—4** *esperit*: *dit*: *aprist* bis:
*l'escrit* (**R 3463**—6 *Crist*: *dist* — (*Aprist*). Festes *t* wird mit
isolirtem gebunden **23,4** *vit*: *senti*: *delit* (**R 119—26** id.). Der
Diphthong *ui* war bereits = *ui*, wie **304,5** beweist *nasqui*:
*sosfri*: *recui*: *issi* (**R 772** ändert). Daraus geht hervor, dass
das Tiradengedicht frühestens der 2. Hälfte des XII. Jh. an-
gehört. Für die Heimath desselben ist die Mischung von
Imperfecten der a-Conjugation mit denen der übrigen beweisend, z. B. **4—8** *aloient* bis: *avoient*: *quidoient*: *estoient*:
*confortoient*: *tourmentoient* (**R 19—26** ebenfalls gemischt); **58—60**
*savoit*: *amoit*: *apeloit*: *estoit* (**R 217,8** ebenfalls gemischt);
**239—41** *porroient*: *demandoient*: *diroient*: *l'avoient* (**R 639 ff.**
ändert) u. s. ö. Diese Mischung weist ebenso auf einen
continentalfranzösischen Ursprung des Tiradengedichtes, wie
der Umstand, dass sich keine Mischung von *e* und *ie* findet,
die Annahme ausschliesst, dass das Tiradengedicht der anglo-
normannischen Mundart angehöre.

Was unsere Altersbestimmung betrifft, so stimmen *P. Paris*,
*Hucher* und *Birch-Hirschfeld* darin überein, dass Robert de
Borron in der zweiten Hälfte des XII. Jh. schrieb. *Birch-
Hirschfeld* p. 240 bestimmte die Zeit genauer und bewies,
dass die Abfassungszeit des Gedichtes zwischen den Jahren
1170 und 1189 liegen muss. — Ueber die Heimath des Dichters

sind zwei Ansichten aufgestellt worden. *P. Paris, Rom. de la Table Ronde* I, 191 glaubt, Robert de Borron stamme aus Boron bei Delle in Lothringen (Haut-Rhin). Dieser Ansicht ist u. A. auch *ten Brink, Geschichte der englischen Litteratur,* I, 215 beigetreten. *Hucher* I, 34 verlegt dagegen die Heimath Robert de Borron's nach Bouron am südlichen Ende des Waldes von Fontainebleau im Gâtinais. *Birch-Hirschfeld* hat sich nicht bestimmt für eine dieser Ansichten entschieden, hält aber die Ansicht *Hucher's* für möglich. Auch wir fanden im Laufe der Untersuchung keinen zuverlässigen Anhalt zu einer Entscheidung; nur die auch für das angenommene Tiradengedicht gesicherte Bindung von festem und isolirtem, auslautendem *t* scheint für die Abfassung dieses ursprünglichen Gedichtes in einer ostfranzösischen Mundart (vgl. *G. Paris, La vie de Saint Alexis,* p. 271 ff.), also für die Annahme von *P. Paris* und *ten Brink,* zu sprechen.

Fassen wir nun am Schlusse unserer Betrachtung die gewonnenen Resultate zusammen und veranschaulichen wir sie uns durch eine Figur, so ergibt sich die folgende:

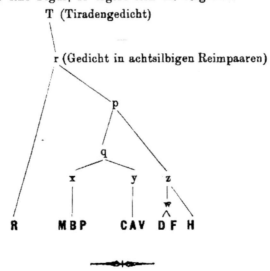

Breslau. F. W. Jungfer's Buchdruckerei.

Google

Ce doivent savoir tuit pecheor, que devant ce que nostres
sires venist en terre, que il fist parler les prophetes en son
non et auoncier sa venue en terre.

En icel tens dont je vos parol, aloient tuit en anfer;
nes les prophetes i aloient. Et quant deiables les i avoient 5
menez, si quidoient avoir moult bien esploitié. Et il i estoient

---

1. *In A und H fehlt je das erste Blatt. A beginnt* p. 12
Z. 101: à cui. *H beginnt* p. 10 Z. 81 fust. *P* p. 26 Z. 222 meist
*R hat die Ueberschrift:* Ci commence li R[o]manz de l'esto[i]re dou
Graal. *D hat die Ueberschrift:* Ci comence le romanz des prophecies
Merlin || Ce— pecheor] *R v. 1* Savoir doivent tout pecheeur *F* Touz
pecheurs doibvent savoir || Ce] *C* Be || tuit] *CV ad.* li || pecheor]
*MB* boin crestien || ce] *F om.* || nostres sires] *R v. 3* Jhesus - Criz
*F* nostre seigneur || 2. que il—terre] *R v. 4—6* par les diz Fist des
prophetes anuncier Sa venue en terre || que] *F om.* || fist] *CVDF*
faisoit || 3. auoncier] *M* avanchier || terre] *R ad. v. 6—10* et huchier
Que Diex son fil envoieroit Cà jus aval, et soufferoit Mout de
tourmenz, mout de doleurs, Mout de froiz et mout de sueurs ||
4. En—parol] *R 11* A icel tens que je vous conte || En] *MB* Et en
|| icel] *D* ce || dont—parol] *F om.* || dont] *D* donc || aloient—aloient]
*R 11—20* Et roi et prince et duc et conte, Nostres premiers peres
Adam, Eve no mere et Abraham, Ysaac, Jacob, Yheremyes Et li pro-
phete Ysayes, Tout prophete, tout autre gent, Boen et mauveis com-
munement, Quant de cest siecle departoient, Tout droit en enfer s'en
aloient || 5. nes] *V* ais [?] *F* et meismement || les] *D* et || i aloient]
*F om.* || Et quant— menez] *R 21,2* Quant li Deables, li maufez, Les
avoit en enfer boutez || deiables] *BF* li dyables || i] *D om.* || avoient]
*MCF* avoit || 6. si— esploitié] *R 23* Gaaigniez avoir les quidoit || si] *F*

1

mult angigniez. Et quant cil se confortoient entr'aus pour la
venue Jhesu-Crist qui les devoit secourre, si les tourmentoient
cil plus aigrement; mais li dous Jhesu-Crist qui les delivra
10 plout que il venist en terre, et s'aombra en la virge Marie.
Mout fu nostres sires simples et douz qui por rachater les
pecheeurs d'anfer li plot que il feist de sa fille sa mere. Et
ensinc lou covenoit estre por raambre lou pueple qui estoit

---

il ‖ quidoient] *MCVF* quidoit ‖ avoir — bien] *V* moult bien avoir *D*
moult dieu avoir *F* y avoir beaucop ‖ esploitié] *F* proffité ‖ Et —
angigniez] *R 24* Et en ce ades mout se fioit ‖ Et] *F ad.* en ce ‖ i]
*VDF om. MB* si ‖ estoient] *CVF* estoit ‖ 7. mult] *MBF om. V ad.*
malement ‖ angigniez] *F* trompé et deceu ‖ Et — Crist] *R 25,6*
Les boennes genz confort avoient Ou fil Dieu, que il attendoient ‖
Et quant] *VDF* car *C* que ‖ cil] *CVDF* il ‖ entr'aus] *CVD om. F*
en eulx meismes ‖ pour] *CVDF* en ‖ 9. mais — delivra] *RC om. DF*
(et *D om.*) nostre (sires *F* seigneur) vit ce *V* et quant nostre sirez
vit que chascune aloit en enfer ne ne remanoit pour bu' [?] fait
que il fesist, si l'en prist pitiez ‖ Crist] *M ad.* vint ‖ 10. plout —
Marie] *R 27—31* Lors si plut à nostre seigneur, Qu'il nous feist
trestouz honneur Et qu'il en terre descendist Et nostre humeinne
char preist; Dedenz la virge s'aumbra ‖ plout] *MBD* se li plot *C*
à nostre seigneur plot *V* Et ‘il li plot *F* et pour tant il luy pleut
‖ que — Marie] *MB* à descendre el ventre de la virge Marie et lui
à esconser et à manoir tresc'au jour de sa nativitet ‖ que il venist]
*F* à ‖ que il] *V* et ‖ s'aombra] *F* soy umbrer ‖ 11. Mout — mere]
*R 32—44* Tele com la [la virge] voust la fourma, Simple, douce,
mout bien aprise, Toute la fist à sa devise. Pleinne fu de toutes
bontez, En li assist toutes biantez: Ele est fleiranz comme esglentiers; Ele est aus̄i com li rosiers, Qu'ele porta la douce rose Qui
fu dedenz son ventre enclose. Ele fu Marie apelée, De touz biens
est enluminée; Marie est dite mer amere; Fille Deu est, si est sa
mere ‖ douz] *V ad.* et prieus ‖ por — d'anfer] *M* pour les peceours
d'infer oster *B* por les pecheors rachater d'infer ‖ rachater] *CVD*
raambre ‖ les] *D* ses ‖ 12. d'anfer] *V* des painez d'enfer ‖ que il feist]
*F* fayre ‖ sa] *C om.* ‖ mere] *R ad. 45—80 die Genealogie und Geburt der
hlg. Jungfrau* ‖ Et ensinc — d'Adan] *R 81—88* Le peuple qu'il feit avoit
D'Evein et d'Adan couvenoit Raieimbre et giter hors d'enfer, Que tenoit
enclos Lucifer Pour le pechié d'Adam no pere, Que li fist feire Eve
no mere Par la pomme qu'ele menja Et qu'ele son mari donna ‖
13. lou — estre] *V* voloit que il fist ‖ lou] *F om.* ‖ covenoit] *BF ad.*
il ‖ estre] *BCF* à estre ‖ raambre lou pueple] *F* repaire le peché ‖
qui — d'Adan] *MB* qui par Evain et Adan estoient perdu ‖ qui —

perdu par le pechié d'Eve et d'Adan. Ore entendez en quantes
manieres il lo raent: par lou pere, par lou fil et par lou saint 15
esperit; toutes ces trois parties sont une meisme chose en
Deu. Et à Deu li pere plot que li filz Deu nasquist de la virge
Marie sans pechié et sans ordure et prist humainne char
terrestre. Moult fu plains d'umilité cil sires qui daigna à venir
en terre par mori et por sauver l'uevre de son pere. Car 20
li pere fist Adan et Eve; puis peca Eve par l'angin de l'annemi,
et quant ele ot pechié, si porchaca que Adans pechast. Et

---

pechié] *CVDF om.* || 14. Ore — raent] *R 89,90* Entendez en quantes
mennieres Nous racheta Diex nostres peres || entendez] *V* esauez ||
15. il] *D* i || lo raent] *V* rainste home; il le raainst *C ad.* Il lou raent
|| lo] *MB* les || par lou pere — esperit] *R 91—3* Li peres la raencon fist
Par lui, par son fil Jhesu - Crist, Par le saint esprit tout ensemble
*F* par la vertu du pere et du filz et du sainct esprit || par lou fil]
*BD* et par le fil *V* et le fil || et par] *M* par *V* et || 16. toutes —
Deu] *R 94—6* Bien os dire, si con moi semble, Cil troi sunt une
seule chose, L'une persone en l'autre enclose || toutes ces] *C* ices ||
toutes] *VFM* et toutes || parties] *V* chosez || chose] *V* personne ||
en Deu] *MB om.* || 17. Et à — ordure] *R 97,8* Diex voust que ses
fiuz char preist De la virge et que de li naschist || Et à — li] *C* et
au *VF* au *D* à || filz Deu] *CVDF* filz *C ad.* venist en terre et || de
la] *V* des flans à le || 18. et prist — terrestre] *V om. M* et prist
humaine fourme en lui *B* et prist forme en lui humaine *R om.*
*doch entsprechen die folgenden Verse 101,2* (sires) qui humanité Prist
en la virge || 19. terrestre] *R ad. 99,100* Et il si fist puis que lui plust;
Pour rien contredist ne l'eust || 19. Moult — sires] *R 101—3* Cil
sires... humilité Nous moustra grant *F* Dont fut il moult plein
de humilité pour tant || qui — pere] *R 103—8* quant il venir
Daigna en terre pour morir, Pour ce que il vouloit sauver L'uevre
son pere et delivrer De la puissance l'ennemi, Qui nous eut par
Eve trahi || qui daigna] *MBCD* qui il plot *F* qu'il luy pleut || à]
*F om.* || 20. en — morir] *F* venir mourir en terre || pour morir et]
*MB om. C* morir *D* morir là || et] *CF om.* || l'uevre de] *V om.* || Car
— et Eve] *R om.* || 21. li pere] *MB* il || fist] *D om.* || Adan] *M* et
Adan *C ad.* et Adans || puis — l'annemi] *R s. v. 108* || puis] *CVF* et *B*
et puis *D* donc || peca Eve] *V* Evain pecha *C* Eve pechierent *D* Eve
et Adan pecha *F* pecherent || l'angin] *F* la temptacion || 22. et quant
— pechast] *C om. R 109—11* Quant ele vit qu'ele eut pechié, Si ha
tant quis et pourchacié Que Adans ses mariz pecha || et quant] *M*
com *B* et puis qu' || ele] *F* Eve || ot] *F ad.* premier || porchaca] *MB*
fist tant || pechast] *R 112—16 ad.* Car une pomme li donna Que

quant Adanz ot pechié, si se vit tot nus et ot honte si santi
luxure; et tantost fu gitez de grand delit en grant chaitiveté
25 entre les tourmenz de ceste chaitive vie. Ensinc engendrerent
et concurent, et quanc que issi d'els et de lor hoirs vost avoir
anemis et mennoir en enfer. Si les tint tant que li filz vint
sauver l'uevre de son pere. Por cel besoig vint Jhesus-Crist
en terre et nasqui de la virge Marie en Bethleem. Ici a moult
30 à dire; quar sa fontainne ne puet estre espuisiée de biens.

Diex leur avoit deveé Et trestout l'autre abandonné; Meis il tantost
la mist au dent Et en menja isnelement. || Et quant — luxure]
R 117—22 Et tantost comme en eut mengié, Pourpensa soi qu'il ot
pechié; Car il vit sa char toute nue, Dont il ha mout grant honte
eue. Sa fame nue veue ha, A luxure s'abandonna F Puys Adam
se reprint et fut honteux de son peché, avecque ce fut consentans au
peché de la chair || 23. Adanz] MB il || si se] V il se || tot nus]
MBCD om. || tot] B om. || et ot] MB si ot V et si ot D et en ot
|| si santi luxure] B om. || 24. luxure] R 123—7 ad. Après ce coteles
se firent De fueilles, qu'ensemble acousirent. Et quant nostres sires
ce vist, Adan apele, et si li dist: Adan, où ies tu? — Je suis cà
|| et tantost — vie] R 128—30 Tantost de delist les gita, Si les mist
en chetivoison Et en peinne pour tel reison || et tantost] F pour
quoy incontinent || de] M del || grand delit] MBF grans delis || chai-
tiveté] MB caitivités F povreté || 25. tourmenz] CVDF tumultes
|| chaitive] V divine || Ensinc — concurent || R 131,2 Eve eut concut,
si enfanta A grant doleur ce que porta || engendrerent] M engererent
C amenderent || 26. concurent] C crurent || et quanc que — enfer]
R 133—6 Et li et toute sa meisnie Eut li diables en baillie, A la
mort les vout touz avoir; En enfer les covint mennoir || MBF d'iaus
issi || d'els] V dont || de lor hoirs] C des lors en ca || hoirs] DF om.
|| vost avoir] F fait C les vost avoir || 27. anemis et mennoir]
F menoyer les deables || et — enfer] MBD om. C en son lieu || Si
— pere] RF om. || tint] CVD ot V ad. tous || filz] CV ad. Dieu
|| vint] CV ad. en terre || 28. sauver] V por sauver || de son]
MBCD del || pere] MB ad. et del fil et del saint esperit || Por —
Bethleem] R 141—4 Pour ce besoing prist il no vie Ou ventre la
virge Marie, Et puis en Bethleem nasqui De la Virge, si cum je
di || Por cel besoig] MB Pour chou F Et pour ce || Jhesus-
Crist] C nostres sires F nostre seigneur Jhesus-Crist || 29. terre]
F ad. pour saulver l'oeuvre de son pere || nasqui] F voult naistre
|| de] V des flans à || Bethleem] MB Biauliant C Belleam V Betleem
|| Ici — biens] R 146—8 Ceste chose seroit greveinne A dire, car
ceste fontaine Ne pourroit pas estre espuisie Des biens qu'a la virge
Marie || 30. quar] M qu'onques B onques C que || sa] MD

Por ce me couvient à guanchir seur la moie oevre, dont il
me preste sens et memoire.

Voirs est que nostres sires ala par terre et fu bauptizié.
Si lou bauptisa sainz Johanz Bauptistes. Et il commenda
que tuit cil qui seroient bauptizié en eive el non dou pere et 35
dou fil et dou saint esperit, seroient gité de toz les pooirs à
l'annemi, tant que il meesmes ne s'i remetoient par lor meffais.
Itel pooir dona nostres sires à sainte eglise, et les commandemenz des menistres dona messires sainz Peres. Ensinc lava
nostres sires luxure d'ome et de fame, et ensinc perdi deiables 40

---

la || ne puet estre] *VDF* ne sera ja espuicie || biens] *VDF* toz biens
*C* tant i a de toz biens || 31. Por—oevre] *R 149,50* Dès or meis
me couvient guenchir, A ma matere revenir *F* pour quoy luy supply
que soyt son benoist plaisir || ce]' *C* c || à guanchir] *MB* estre aguen-
chis || à] *V om.* || seur] *D* soit || dont — memoire] *R 151,2* De ce
que me rememberrai Tant cum santé et povoir ei *F* de me donner
sens et memoyre pour conduyre ceste matere à fin || 32. preste] *CVD*
*ad.* soe merci || sens] *M* force *C* san || memoire] *C ad.* que je la face
|| 33. est] *V* fu || sires] *F* seygneur || et fu—Bauptistes] *R 154—6*
et si le baptisa Et ou floun Jourdein le lava Sainz Jehans || 34.
Si — Bauptistes] *V om.* || Si] *DF* Et || Et il — esperit] *R 157—60*
qu'il li commanda Et dist: Cil qui en moi creirunt En eve se
baptiserunt Ou non dou Pere et dou Fil Crist Et ensemble dou
saint Esprist || il] *F om. C* li || commenda] *CF ad.* et dist || 35. que]
*V* à || qui] *D* que || seroient] *C* seront || en eive] *V om.* || el] *C* en
|| 36. et dou saint esperit] *V om.* || seroient—l'annemi] *R 161,2* serunt
Dou povoir l'anemi gité || gité] *V* hors *F* mys hors || de—pooirs] *M*
del las *B* des las || de toz les] *VF* du pooir || pooirs] *D* paours || 37.
l'annemi] *C ad.* hors à toz jors || tant—meffais] *R 163,4* Tant que il
s'i remeterunt Par les pechiez que il ferunt || tant que] *MBCV* se ||
meesmes] *MB om.* || ne] *D om.* || s'i] *V om. MB* se || remetoient] *B*
remeteroint *DF* remeissent *V* revenoient || meffais] *CVDF* mauveises
oevres || 38. Itel—eglise] *R 165,6* A sainte eglise ha Diex donné Tel
vertu et tel poesté || Itel] *B* Et tel *CVDF* cest || nostres] *C* nostre ||
à] *C om.* || sainte] *V* la nostre || et—Peres] *R 167—70* Saint Pierres
son commendement Redona tout comunalment As menistres de sainte
eglise. Seur eus en ha la cure mise. || 39. menistres] *V ad.* de sainte
eglisse || messires sainz Peres] *B* mesire sains Pieres *D* à miseres saint
Peres *F* monseigneur sainct Pierre || Ensinc — fame] *R 171,2* Ainsi
fu luxure lavée D'omme, de femme et espurée || 40. luxure] *F*
*darüber* le peché || fame] *C ad.* de pere et de mere par mariage

sa vertu que il avoit sor les homes tant que il meesmes
repechassent. Mais nostres sires savoit que la fragilitet d'ome
estoit si mauveise que pechier lou covendroit, si commanda
messire saint Pierre une autre maniere de baptoisme, et il dist
45 que tantes feiees que il se voldroient repantir et lor pechiez
guerpir et tenir les conmendemenz de sainte eglise, ensinc
porroient revenir à la garde de lor pere.

En icel tens que nostres sires ala par terre, respondoit
la terre de Judée, une grant partie, à Rome; et cil de Rome
50 i avoient lor baillie. Et li baillis avoit à non Pilates. Icil

---

*DF ad.* et de pere et de mere || et — homes] *R 173,4* Et li diables
sa vertu Perdi que tant avoit eu || et] *MBV om.* || ensinc] *C ad.* i ||
deiables] *MBVDF* li dyables || 41. sa] *VF* la || les homes] *V* home
et sor feme || tant — repechassent] *D om. R 178* tant que il s'i re-
mirent || meesmes] *MB om.* || 42. repechassent] *F* recheussent en peché
|| Mais] *RCVDF* Et || sires] *F* seygneur *C* sire || *C* qui savoit || que
— mauveise] *R 180,1* Que fragilez d'omme estoit Trop mauveise
*MB* que li cuers del homme iert si frailes || 43. que — covendroit]
*R 183* Car il couvenroit qu'il pechast *MB om.* || que] *D* qu'à || co-
vendroit] *CV* covenoit || si — eglise] *R 184—91* Vout que sainz
Pierres commandast De baptesme une autre menniere, Que tantes
fois venist arriere A confesse quant pecheroit, Li hons quant se
repentiroit Et vouroit son pechié guerpir Et les commandemenz tenir
De sainte eglise || si] *CVDF* por ce si || 44. messire saint Pierre]
*MB* saint Pierre *C* messires sainz Peres *DV* miseres saint Peres *F*
monseygneur sainct Pers || baptoisme] *DF ad.* (et *F om.*) ce fust
confessions *V ad.* che ai [?] confescione || et il dist] *CVD* et si con-
menda || il] *F om. MB* li || 45. tantes] *M* tant de *CD* par tantes
*V* toutez les *F* toutes || que] *CD* com *F* quantes || voldroient] *MBC*
vauroit || et lor—guerpir] *MB* et laissier les pechiés || lor] *CV* son
|| pechiez] *C* pechié || 46. guerpir] *F* gemir et plourer || ensinc —
pere] *R 191,2* ainsi pourroit Grace à Dieu querre || ensinc] *F* que
ainsi *M* tant de fies *B* tantes fois || 47. porroient] *MB* porront
il || revenir à la garde] *C* parvenir en la gloire *VDF* venir (*F* par-
venir) à le creanche || pere] *Von hier an fehlen mir die weiteren
Varianten von V* || 48. En — à Rome] *R 193—7* Au tens que
Diex par terre ala Et sa creance preescha, La terre de Judée
estoit Souz Romme et à li respondoit, Non toute, meis une partie
|| sires ala] *F* seigneur aloyt || respondoit — Rome] *MB* estoit la tere
de Judée tribulaire à Roume *D* repondeit à Rome une grant partie
de la terre de Judée || 49. et cil — Pilates] *R 198* Où Pilates avoit
baillie || et cil — avoient] *CDF* et en icele terre où nostres (sires
*F* seigneur) estoit, (avoient *DF* tenoient) cil de Rome || 50. i] *M*

baillis avoit un suen chevalier soudoier et icel soudoier en avoit .V. aultres avecques lui. Icil Joseph vit nostre segnor en maint lieu si l'aama moult en son cuer, mais il n'en osoit faire samblant pour les autres juis. Jhesu - Crist avoit moult d'anemis et aversaires encontre lui et avoit poi deciples, et de cels que il avoit ert li uns pires que mestiers ne li fust. En maintes manieres fu porparlée la morz de Jhesu-Crist et li tormenz. Et il savoit tot come Dex. Et Judas, ses deciples,

55

---

si i || baillie] *MB* prevost *F* bailliaige et seigneurie || li baillis] *MB om. D ad.* qui estoit *F ad.* qui pour lors y estoyt || à non] *DF* nom || Icil — soudoier] *R 199* A lui servoit uns soudoiers || Icil baillis] *MB* et || 51. baillis] *DF* Pilates || chevalier soudoier] *F* serviteur || chevalier] *B om.* || soudoier] *C* qui avoit à non Joseph d'Abarimathie *D om. F ad.* lequel avoyt moult chier. *Hier fügen MB ein Stück der Version des grossen Gral ein.* || et icel — lui] *CD om. R 200* Qui souz lui eut .V. chevaliers || icel soudoier] *F* iceluy serviteur || 52. Icil Joseph — lieu] *R 201* Jhesu-Crist vit || Icil Joseph] *D* et cil || Joseph] *F* Pilates *MB ad.* dont je vous ai dit *C ad.* dont ge vos di || vit] *C* si vit *D* si voit || nostre segnor] *C* Jhesu *D* Jhesu-Crist *F ad.* Jhesu-Christ || 53. maint lieu] *CDF* pluseurs leux || si — cuer] *R 201,2* et en son cuer L'aama mout || si] *F* et || l'aama] *MB* l'en ama *F* l'amoyt || en son cuer] *MB om.* || mais — juis] *R 202—4* mais à nul fuer N'en osast faire semblant Pour les juis qu'il doutoit tant || mais il] *CD* et si || osoit] *C* osa || 54. faire] *F* moustrer || 54. pour les] *F* pour le danger des || Jhesu — lui] *R 205,6* Car tout estoient adversaire A Jhesu la gent de pute eire || Jhesu - Crist] *C* nostres sires *DF* nostre seygnor || 55. d'anemis] *CD* anemis || et aversaires] *MB om.* || encontre] *D* contre || et avoit — fust] *R 209—11* Jhesus peu deciples avoit Et de ceus l'uns mauveis estoit Pires plus que mestiers ne fust || poi] *F* pou de || *C* deciples poi || 56. ert — pires] *M* en ert li uns à l'autre, ert li uns pires || ert] *C* en i avoit *F* y en avoyt *D* ravoir || li] *D om.* || plus pires] *F* plus pejor *CD* pejor || 57. En — tormenz] *R 213—16* Meintes foiz tinrent pallement Li juif queu peinne ou tourment Notre seigneur soufrir feroient Et comment le tourmenteroient || maintes manieres] *MBD* mainte maniere || porparlée] *F* parlé et machiné || de] *MBD om.* || Jhesu] *F* nostre seygneur Jhesus-Crist || et li tormenz] *MB om. D* et les tormenz que il soffri pour nos picheors raïmbre des paines d'enfer *F* et souffrit tormens innumbrables pour nous rachater des peines d'enfer || 58. Et il — Crist] *M om.* || Et il — Dex] *R om.* || il] *B* si || Et Judas — Crist] *R 217—20* Et Judas, que Diex mout amoit Une rente eut c'on apeloit Disme,

qu'il amoit moult, avoit une rente que l'en apeloit disme, et
60 seneschaux estoit des deciples Jhesu-Crist. Et por ce qu'il
n'estoit mie si gracieux as deciples comme il estoient li uns
vers les autres, si se conmenca moult à estrangier par eovre
et en conmenca moult à messervir et à estre plus cruieux
qu'il ne soloit; si lou doutoient moult. Et nostres sires savoit
65 tot comme sires et Dex. Et Judas enquelli vers lui moult
grant haine par un oingement par tel afaire con je vos dirai.
   Il ert en icel tens en coustume que li chambelain avoient
le disme de ce qui venoit à lor seignor. Et madame sainte

---

et avec seneschauz fu Entre les deciples Jhesu || 59. une] *C* .I.
|| l'en] *B* on || apeloit] *DF* apelle || *BF* (si *F* et) estoit senescaus ||
60. des desciples] *B om.* || Et — autres] *R 221—4* Et pour ce
devint envieus Qu'il n'estoit meis si gracieus As deciples come il
estoient Li uns vers l'autre et s'entr'amoient || 61. *F* aux disciples
si gracieux || as deciples] *D om.* || as] *C om.* || il estoient] *F* estoyt
ung chacun des aultres disciples || il] *C* li autre || uns] *C* un || 62.
les autres] *D* l'autre || si se — estrangier] *R 225* Se commenca à
estrangier || se] *F om.* *M* l'en *B* s'en || estrangier] *F* estre leur
estrangier || par eovre] *C* de jor en jor et à correcier vers els *F* et
à mal executer son offlce || 63. et en — messervir] *R 226* Et treire
à la foïe arrier *F* et estre maulvais serviteur || et] *C* si || conmenca]
*B* commencoit || moult] *B om.* || messervir] *C* meserrer || et à — soloit]
*R 227* Plus crueus fu qu'il ne soloit *F om.* || à *D om.* || cruieux]
*CD ad.* as deciples || 64. qu'il] *D* que || si — moult] *R 228* Si que
chacuns le redoutoit *MB om.* || si] *F* pour quoy || moult] *F* tousjours
les deciples || Et — Dex] *R 229,30* Nostres sires savoit tout bien,
Car on ne li puet embler rien || 65. sires] *F* seygneur || savoit —
Dex] *F* veoyt et cognissoyt bien || Et — dirai] *R om.* || Et —
haine] *C* Et conmenca haine vers lui icil Judas à emprandre *F*
En son couraige vint que icil Judas print une hayne contre nostre
seygneur || vers lui] *D om.* || vers] *MB* envers || *D* haine moult grant
vers nostre seygnor || 66. par] *F* à cause d' || par tel — sainte] *F*
le quel || par tel afaire] *C* issi || par] *M* pour || tel afaire] *D* raison
|| je vos] *B* jel || 67. Il — seignor] *R 231—4* A ce tens teu coustume
avoient Li chambrelein que il prenoient La disme de quanque on
donnoit A leur seigneurs; et leur estoit || Il — avoient] *C* A icel
jor avoient li chambelain || Il — coustume] *D om.* || ert] *B* estoit || en
icel tens] *B om.* || en] *B* à || chambelain] *MB* senecal || 68. le disme] *C* les
dimes || qui] *MB* que il || à] *CD* es bourses (à *D om.*) || seignor] *D*
seygnors || Et — Crist] *R 236—49* Marie... commenca... Les piez nostre
seigneur laver De ses larmes et les torchoit De ses chevous que biaus

Marie la Madaleinne avoit espandu un oignement sor lou chief
et les pies Jhesu-Crist. Si s'en correca Judas et conta en 70
son corage que li oignemenz valoit .III. .C. deniers et que il ne
voloit mie perdre la soe rante; si li fu avis que la soe disme
valoit bien .XXX. deniers. Si pourquist au plus tost qu'il pot
comment il poist icels .XXX. deniers recovrer. Set jorz devant les Pasques avint que li anemi Jhesu-Crist furent en- 75
semble, une grant partie, chies un homme qui avoit non
Cayphas. Là estoieut assamblé et porpalloient coment il po-
roieut estre saisi de Jhesu-Crist. A cest conseil estoit Joseph

---

avoit. Après les oint d'un oignement Qu'aporta, precieus et gent, Et le
chief Jhesu autresi ‖ 69. la Madaleinne] *C om.* ‖ la] *DF om.* ‖ avoit
espandu] *F* espandit ‖ un oignement] *F om.* ‖ sor] *M* sous ‖ lou chief
et] *MB om.* ‖ 70. et les pies] *CDF om.* ‖ Jhesu-Crist] *F* de nostre
seygneur ‖ Jhesu] *C* de Jhesu ‖ Si — .XXX. deniers] *R 254—8* Meis
Judas moult s'en courouca, Trois cenz deniers ou plus valoit; Sa
rente perdue en avoit. C'est en disme trente deniers, C'en devoit
estre ses louiers ‖ Si s'en correca] *F* ainsi en fut moult courrocé
‖ et conta] *F om.* ‖ 71. corage] *C* cuer *F ad.* et estima ‖ li] *F* icil
‖ valoit]¨ *B* varoit *CDF ad.* bien ‖ .III. .C.] *B* .CC. ‖ et que il] *F*
pour quoy ‖ ne] *C* n'en ‖ 72. voloit] *C* valoit ‖ mie] *C* pas *F* point
‖ si — deniers] *F* dont il luy en competoyt trente deniers; si li estoit
advis ‖ la soe] *CD* sa ‖ 73. valoit] *B* varoit *D* voloit ‖ bien] *B om.*
‖ Si — recovrer] *R 259,60* Commenca soi à pourpenser Comment les
pourra recouvrer ‖ Si — pot] *C* Au plus tost qu'il pot, porchaca
vers les anemis dame Deu l'acoison par coi et *DF* (Ains *D om.*) au
plus tot que il pot, porchaca vers les anemis (Dex *F* de nostre
seygneur) ‖ 74. comment il poist] *D* que ‖ comment il] *F* qu'il ‖
poist — recovrer] *D* ices .XXX. deniers restorroit ‖ icels — recovrer]
*F* recouvrir ses trente deniers ‖ Set — Cayphas] *R 261—65* Li anemi
nostre seigneur Qui li quierent sa deshonneur, Furent tout ensamble
assamblé En un hostel en la cité. Li hostes eut non Chayphas ‖ Set
— avint] *DF* la nuit (*verschrieben für* il avint) devant (la *F om.*)
Pasque (.I. jor *F* sept jours) ‖ 75. *C* avint devant la Pasques ‖
Jhesu-Crist] *D* Jhesu *BF* (de *B om.*) nostre signeur ‖ ensemble] *CF*
assamblé ‖ 76. une] *C* .I. ‖ partie] *M* piece ‖ non] *B* à non ‖ 77. Là
— Crist] *R om.* ‖ Là estoient assamblé] *F om.* ‖ assamblé] *CD* ansamble
‖ porpalloient] *MB* parloient *F* parlementoyent ‖ 78. estre saisi de] *MB*
sour ‖ Jhesu-Crist] *F* luy ‖ A — d'Arimathie] *R 269* Joseph i fu
d'Arymathie ‖ A cest conseil] *CA* cels paroles dire *D* à iceuz paroles

1*

d'Arimathie, et estoit moult dolans de ce que il ooit. Et
80 lors entra Judas laïens. Et quant il le virent, il se torent,
quar il lou doutoient et il cuidoient que il fust moult boens
deciples Jhesu-Crist. Et quant Judas les vit toz taire, si parla
et leur demanda, por quoi il estoient là assemblé? Et il
demandent: „Où est Jhesu?" Et il lor dist le leu où il estoit,
85 et pour quoi il estoit là venuz. Et quant cil oïrent qu'il
anfrenoit la loy, si en orent moult grant joie et li distrent:
„Car nos enseignez et conseillez comment nos lou prandrons."

---

*F* et là ‖ 79. d'Arimathie] *MB* d'Arimachie *D* d'Arimache *F*
de l'Arimathie ‖ et — ooit] *R 270* N'est pas liez de la compeignie
*CD* et esgardoit en son cuer qu'il (disoient et qu'il voloient
faire *D* fesoient) pechié *F* qui les escoutoyt parler, qui en son
cuer disoyt que ils faisoint grant pechié ‖ Et — laïens] *R 266*
Ez vous ilec venu Judas *CD* A ces paroles (dire *D om.*) vint Judas
*F* Sur ces parolles sourvint Judas ‖ 80. Et quant — doutoient]
*R 271—4* Et quant Judas ilec sentirent, Douterent le quant il le
virent Si que tantost con le connurent Pour la doute de lui se
turent ‖ il le] *B* cil le ‖ virent] *F* voyient ‖ il se torent] *MB* si s'en
tournerent ‖ il se] *CDF* si se ‖ torent] *C ad.* tuit quoi ‖ 81. quar
il le doutoient] *MB om.* ‖ quar il] *C* qu'il ‖ doutoient] *C ad.* mout
‖ et — Crist] *R 257,6* Il quidoient qu'il fust loiaus Vers son seigneur.
Et il iert faus ‖ et] *MBCD* car ‖ fust] *Mit diesem Worte beginnt H*
‖ moult] *MB* trop *DHF om.* ‖ 82. Jhesu-Christ] *MB om. F* de nostre
seygneur Jhesu-Crist ‖ Et — assemblé] *R 277—80* Et quant Judas...
les vit ainsi touz teire, Palla et demanda pour quoi Estoient si mu
et si quoi ‖ les] *D* le ‖ toz] *MB om.* ‖ taire] *MB* traire ariere (et
taire *B om.*) ‖ 83. parla et] *MB om.* ‖ parla] *F ad.* à eulx tout
haut ‖ et] *F ad.* si ‖ demanda] *CDH* dist ‖ il estoient là] *CD* (i *D om.*)
estes vos ci ‖ assemblé] *D* ensemble ‖ là] *F* icy ‖ 84. Et — Jhesu]
*R 281,2* Il li demandent de Jhesu: Où est il ore; sez le tu? ‖ il]
*D om.* ‖ demandent] *M* demanderent *DF* respondent *C* tornent lor
paroles en autre san, si li demandent ‖ Jhesu] *MB* vos sires *H ad.*
Crist ‖ Et — venuz] *R 283,4* Et il leur dist où il estoit, Pour quoi
là venir ne voloit ‖ Et] *D om.* ‖ lor] *B om.* ‖ dist] *DF* noma ‖ le — estoit]
*M* ù *B* liu ‖ 85. estoit] *C* savoit que il estoit et pour quoi il] *D* où ‖ *C*
lou por quoi il estoit] *MBD* estoient ‖ là] *C* à elz ‖ venuz] *C ad.* iqu ‖ Et
— joie] *R 285,6* La loi enseigne. — Com l'oïrent, En leur cuers tout
s'en esjoïrent ‖ cil] *DHF* li juif ‖ 86. oïrent] *H* entendirent ‖ qu'il]
*C* comment il ‖ la] *C* sa ‖ orent — joie] *MB* furent moult liés ‖
87. et li distrent] *R om.* ‖ et li — prandrons] *MB* et li demanderent
Enseigne nous comment l'aruns, Et comment nous le prenderons *F*

Et Judas dist: „Ge lo vos vendrai, se vos volez." Et cil
disent: „Oïl, volentiers!" Et il lor en demanda .XXX. derniers.
Et il en i avoit un qui les avoit; si les li dona.                90

    Ensinc restora Judas la disme des .III. .C. deniers que il
avoit perduz pour l'oingnement. Puis lor dit coment il lou
prandront. Si i misent le jor au juesdi. Et Judas leur fist
à savoir où il lou troveront, et qu'il fuissent si armez, qu'il
le puissent prandre et qu'il se gardassent bien de prendre 95

que il failloyt que il les conseillast comment ilz le pourroient
conseil comment il le prendroient ‖ Car — prandrons] *R 287,8*
prendre ‖ Car] *CH* (Sire Judas), car ‖ enseignez] *H* enseigne *C* aidiez
‖ et conseillez] *H om.* ‖ prandrons] *H* porrons prendre *C* prandrom ‖ 88.
Et—volez] *R 289,90* Judas leur dist: Se vous volez, Jel vous vendrei,
si le prenez ‖ Judas] *F* adoncq il leur ‖ dist] *CHD* respont ‖ Ge—volez]
*F* que il le leur vendroyt s'ilz vouloient ‖ lo vos] *M* vous le ‖ Et] *R om.*
‖ cil] *DF* il *F ad.* luy ‖ 89. disent] *R* dient *CDF* respondent ‖ Oïl]
*F* que ouy *C* que il l'acheteront ‖ volentiers] *CDF* moult volentiers
‖ Et — deniers] *R 292* Donnez moi donc trente deniers ‖ Et il lor]
*C* tant parlerent ensamble que il lor ‖ il] *F* adoncq ‖ en] *D om.* ‖ 90.
Et il—dona] *MB* et on li donna ‖ et il en avoit] *R 293* L'uns en sa
bourse pris les ha *F* et l'un d'entre eulx qui estoyt là present les
avoyt ‖ en] *C om.* ‖ un] *C* l'un de cels ‖ si—dona] *R 294* Et tantost
Judas les donna ‖ li] *D om.* ‖ dona] *CD* paia *F* bailla pour payement ‖
91. Ensinc—l'oingnement] *R 295,6* Ainsi eut son restorement De
sa perte de l'oignement ‖ restora] *D* estora ‖ des .III.—l'oignement
*MB om. C* des .III. .C. deniers à .XXX. deniers de l'oignement qui fu
espanduz sus lou chief Jhesu-Crist *D* de .XXX. deniers de l'oignement
‖ que] *F* lesquelx ‖ 92. Puis lor dit] *R 297* Après li ont cil demandé
*C* Lors lor devise Judas *DF* (lors *F* et lors) devisent ‖ coment
— prandront] *R 298* Comment il leur aura livré ‖ 93. Si — juesdi]
*R 299* Judas leur mist le jour, por voir ‖ i] *CD* en ‖ misent] *CD*
pristrent ‖ le] *CD om.* ‖ au juesdi] *MB* et ce fut au joesdi *DF* à
matin ‖ Et — troveront] *R 300,1* Comment il le pourront avoir Et
en quel liu le trouverunt *MB* Et Judas leur devoit livrer entr'aus
*C* Par tel que Judas lor feroit savoir où il lou troveroient ‖
94. troveront] *D* trouverent ‖ et — armez] *R 302* Il dist que mout
bien s'armerunt *MB* et il fuissent si garni *C* et il furent atorné,
armé et desarmé *D* et il fussent armé ou desarmé *F* qu'ilz fussent
bien acoustrez et armez ‖ qu'il -- prendre] *R 303* Comme pour leur
vies sauver ‖ qu'il — puissent] *CDF* (comme *F om.*) por lui ‖ 95. et
qu'il—Jacque] *R 304,5* Et si se doivent bien garder De Jake penre
tout ensemble *MB* Et si ne prendés pas Jaquemon *C* Et Judas lor

Jacque; car à merveilles lou resambloit. Et il estoit droiz
qu'il lou resamblast, car il estoit ses cosins germains. Et il
li demanderent: „Coment le conoistrons nous?" Et il lor dist:
„Celui que ge baiserai, prenez." Ensinc ont lor affaire acordé.
100    A ces paroles et à tot cest afaire fu Joseph d'Arimathie
à cui moult en pesa et anuia, mes il n'en osoit plus faire.
Ensinc se departirent d'une part et d'autre et atendirent
tresc'au juesdi. Et le juesdi au soir fu nostres sires chies
Symon lou liepreux et parla à ses deciples et lor mostra

---

dist que il se gardassent bien que il ne preissent se lui non et que
il ne preissent Jaque en leu de lui *DH* et (*H ad.* si) gardassent
bien que il ne (preissent *H* passissent) Jaque ‖ 96. car—resambloit]
*R 306* Car merveilles bien le resemble *MB* que (*B* car) il le re-
samble moult bien *C* qui à mervoilles lou sambloit *D* celui qui li
semblast et à merveilles resembloit bien Jhesu-Crist *F* car il semboyt
fort à Jhesu-Christ ‖ Et — germains] *MB om. R 307—9* De ce ne
vous merveilliez mie, Car andui sunt d'une lignie. Il sunt cousin
germain andui ‖ 97. qu'il—resamblast] *D om.* ‖ germains] *C ad.* en humanité ‖ Et—demanderent] *R om. C* et lors demanderent cil à Judas ‖
Et il li] *F* adonq ‖ 98. li] *D om.* ‖ demanderent] *F ad.* les juifz ‖ Coment
—nous] *R 310* Comment connoistruns donc celui? ‖ Coment] *C* Judas,
coment ‖ le] *CDF om.* ‖ conoistrons] *F* cognoistrez ‖ nous] *CDF ad.* Jhesu
‖ Et illor dist] *R 311* Moult volentiers le vous direi *DHF* Et Judas
(respont *HF* respondit) ‖ 99. Celui — prenez] *R 312* Prenez celui
que beiserai ‖ que] *C* cui ‖ prenez] *F* si prenez *D ad.* tot *H* premiers ‖ Ensinc — acordé] *R 313* Ainsi acordent leur affaire *F* Et
ainsi ont appoincté comment ilz le prendroient ‖ lor affeire] *D* l'afaire
‖ acordé] *CD* atorné ‖ 100. A—d'Arimathie] *R 314,5* A trestoutes ces
choses feire Estoit Joseph d'Arimathye ‖ paroles] *C ad.* dire ‖ tot
cest afaire] *CB* toz ces affeires *H* tout che fait faire ‖ d'Arimathie]
*MBD* d'Arimacie *C* d'Abarimathie *F* de Barimathye *H* de l'Arimathie
‖ 101. à cui — anuia] *R 316* Cui en poise mout et ennuie ‖ à cui]
*D om. Hier setzt A ein. Die Vorderseite des zweiten Blattes ist theil-
weise verwischt* ‖ pesa et] *MB om.* ‖ et anuia] *CADHF om.* ‖ mes
— faire] *R om.* ‖ mes] *H* qis ‖ osoit] *CD* osa ‖ faire] *C* dire ne plus
faire ‖ 102. Ensinc—d'autre] *R 317* Ainsi d'ilec se departirent *MB*
Ensi departirent leur conseil et s'en ala cascuns à son ostel ‖ se]
*C om.* ‖ d'une] *D* de l'un ‖ part] *DF* partie ‖ d'autre] *D* de l'autre ‖ et
atendirent—juesdi] *R 318* Dusqu'au juesdi attendirent *D* et entendirent
entr'els ‖ 103. tresc'au juesdi] *D om.* ‖ *C* en tresc'au ‖ Et—liepreux]
*R 319,20* Et ce juedi chies Simon Estoit Jhesus dans sa meison ‖ Et le
juesdi] *MB* Et en cel jour *CAH* lou mescredi ‖ au] *CH* à *A* er ‖ 104.

essamples que je ne puis ne ne doi toz retraire, et lor dist 105
que o lui menjoit et bevoit qui lou traïroit. Cele parole dist
Jhesu-Crist; et quant Judas l'oï, se li demanda: „Dites lou
vos por moi seulement?" Et lors respondi Jhesu - Criz: „Tu
lo diz!" Et autres essamples lor moustra il, quant il lava
à toz les apostres les piez en une eive. Et lors li demanda 110
priveement messires sainz Johanz l'evangelistes: „Sire, plaist
vous que je sache une cose, oserai je la vous demander?" Et

lou] *D om.* ‖ et parla — essamples] *R 321,2* Où ses deciples enseignoit Les
essemples ‖ et lor — retraire] *D om.* ‖ 105. que — retraire] *A om. R 323,4*
(Ne vous doi pas trestout retraire, Meis de ce ne me weil je teire)
‖ toz retraire] *F* raconter ne dire ‖ retraire] *H* recraire ‖ et lor dist
— traïroit] *R 322—6* et leur disoit, ... Que cius menjut o moi et
boit Qui mon cors à mort trahir doit ‖ et lor] *M* et sist à la chaine
et si *BA* et *C* que il *HF* (mais *H om.*) tant (*F ad.* en) (vous
*F om.*) puis je bien (dire *F* declarer que il) ‖ 106. o] *CD* avoc ‖ Cele
— Crist] *A om. R 327* Quant Jhesus ainsi pallé ha ‖ Cele parole] *M*
itel parole *B* iteus paroles ‖ 107. Jhesu-Crist] *C* nostres sires *CDF ad.*
entre ses desciples ‖ et quant — demanda] *C* si en orent paor tex i
ot, et si en demenderent noveles. Et à cels qui n'i avoient corpes
lou dist Jhesu - Crist. Et quant Judas li demanda *A* si en orent
paour et demanda chacun nouveles. soy. Et quant Judas li demanda
*D* si en orent paou teux i ot, et si en demanderent novelles, ja sei
ot ceux qui n'i avoient coupes. Et quant Judas le demanda *H* et
si en demanderent noveles la soir que il n'i avoient coupes; et si
dist Jhesu - Crist *F* et si eurent paours tex i ot, por ce qu'ilz n'y
eussent point de coulpe. Ainsi Judas luy demanda *R 328* Judas
errant li demanda ‖ li] *B om.* ‖ demanda] *B* dist ‖ Dites — seulement]
*R 329* Pour moi le dites seulement? *F* Le dictes vous point pour
moy? ‖ 108. seulement] *D om. CA* tout seulement ‖ Et — Criz] *R om.*
‖ *C* li respondi ‖ Tu — diz] *R 330* Judas, tu le diz ensement ‖ 109. Et
autres — il] *R 331* Autres choses leur vout moustrer ‖ moustrail] *C* lor
fist et mostra Jhesu-Crist *A* fist il *DF* lor fist Jhesu *MB ad.* asses
‖ quant — eive] *R 332* Quant il daigna leur piez laver ‖ quant il] *M* et
si *B* et en *CD* que il *A* et ‖ 110. les apostres] *D om. F* ses disciples
‖ une] *C om.* ‖ Et lors — l'evangelistes] *R 334* Et sainz Jehans li conseilla
‖ li] *CADF* à Jhesu-Crist ‖ 111. messires] *D om.* ‖ evangelistes] *CAF*
bauptistes ‖ *D ad.* à Jhesu-Crist ‖ Sire — demander] *R 335,6* Sire, une
chose Demanderoie, meis je n'ose ‖ Sire] *A om.* ‖ plaist vous] *C* se il te
plaist *A* que il li plaise *D* ploieroit il vous *F* vous plairoyt il ‖ 112. que

nostre sires l'en doue congié. Et il li demanda: „Sire, donc
me dites, por quoi vos avez à nous tous les piez lavez en
115 une eive.“ Et Jhesu-Criz dist: „Cist essamples est Perron; car
autresinc come l'eive fu orde des premiers piez que je oi lavez,
ne puet nus estre sanz pechié; et tant com il seront em pechiet,
si seront il ort et nequedent si porront il les autres pecheors
laver ensinc com j'ai lavez les autres piez en l'eive, quant ele
120 fu orde des premiers, et si samble que cil qui en serunt

---

je sache] *DF* à (*F ad.* me) dire ‖ oserai—demander] *A om. C* oserai la
te ge demender *D* l'oseroi je demander *F* si je la vous demande? ‖ Et
—congié] *R 337* Jhesus l'en ha congié donné *MB* Et Jhesus dit: Oïl
*A om.* ‖ 113. nostre sires] *C* il ‖ nostre] *H verschrieben* sire ‖ sires]
*F* seygneur ‖ l'en] *F* luy ‖ *C* lou congié ‖ Et—demanda] *A om. R 338*
Et il ha tantost demandé ‖ il] *C* si ‖ demanda] *CDF* dist ‖ Sire—dites]
*RA om.* ‖ 114. donc me dites] *C* or me dites donc *DF* (donc *F om.*),
sire, dites moi ‖ por—eive] *R 338,9* Sire, à nous tous les piez lavas
D'une iave. Tu pour quoi fait l'as? ‖ vos — lavez] *C* vos nos avez
les piez lavez *A* il leur lava les piez *D* vos nos avez à touz lavez
les piez ‖ les piez lavez] *F* lavé les piez ‖ 115. Et — dist] *R 340*
Diex dist ‖ Jhesu-Criz] *MB* il ‖ Criz] *A om.* ‖ dist] *CADF* respont ‖
Cist — Perron] *R 341* Cest essemple en Perrum penrei *MB* Jehan,
cou est essample (Pieron *B om.*) *DH* ce est li essemples Porron *F*
c'est pour exemple *A* c'est li essample ‖ car — pechié] *A* par
coi vous devez la... les piez de pechié ‖ car — orde] *R 342* Aussi
l'iaue ordoiu ‖ car] *M* que ‖ 116. autresinc] *B* tout ensi ‖ des—lavez]
*R 343* des premiers piez c'on i lava *A om.* ‖ des premiers piez] *D*
des premieres *F* du premier ‖ premiers] *B om.* ‖ que — lavez] *D* que
oi lavez les piez *F* quant j'eu lavé vos piez ‖ je oi] *B* j'euc ‖ 117. puet]
*CD* porroit ‖ nus] *C ad.* hom mortex ‖ et—pechiet] *R 345,6* Et tant...
Com esorz pechiez demourrunt ‖ com il] *B* qu'il ‖ séront] *A* seroit ‖ em
pechiet] *CDF* pecheor *A* plus pecheour ‖ 118. si — ort] *A om.*
*R 345* serunt il ordoié ‖ si] *MC om.* ‖ il] *CDF om.* ‖ ort] *F* tousjours
vilz et ors ‖ et — laver] *R 347—52* Meis les autres laver pourront;
Car s'il un peu ordoié sunt, Jà pour ice nou leisserunt Que il les
ordoiez ne puissent Laver, en quel lieu que les truissent *CD* et en
ces autres pecheors se porront les autres (gens *D* pecheor) laver
(qui seront ort *D om.*) *F* et ainsi si pourront les pecheurs laver
l'un l'autre *A* si porroit il bien les autres laver ‖ 119. ensinc —
premiers] *R 353,4* Ausi con d'orde iaue ei lavé L'autre ordure qu'ele
ha trouvé *A om.* ‖ les] *C* toz les ‖ quant ele] *C* qui ‖ 120. des pre-
miers] *CDF om.* ‖ et si samble] *R 355* Et semble *A om.* ‖ et si] *CD*
si *F* pour ce ‖ que — premier] *A om. R 356,7* que li darrein soient Aussi

daareinement lavet, soient aussi net comme li premier.   Cist
essamples est Perron et as menistres de sainte eglise.   Cil
seront ort et en lor ordure laveront les pecheeurs qui à lour
commandement voudront obeir, chou est al pere et au fil et
et au saint esperit et à sainte eglise.   Ensi ne lor porra lor 125
ordure riens nuire. Tout aussi ne pourroit nus savoir le quel
de vous je laveroi, se l'en ne li avoit dit, ne nus menistres
ne pourroit savoir le pechié de l'ome se il ne li avoit dit.
Ensinc mostra nostres sires Jhesu‑Criz cest essample mon‑
seignor saint Johan evangeliste.   Et ensinc furent ensamble 130
chies Simon tant que cil vindrent cui Judas l'eut fait savoir.

---

com li premier estoient C que tot autresinc fussient tuit li pié net,
autresinc li darreain come li premier D que autresint fussent li darrein
pié nait comme li premier F que li darrain pié soyt aussi neict que
le premier ‖ 121. Cist — eglise] A om. R 357—9 Cest essemple à
Pierre leirons Et as menistres le donnons De sainte eglise voirement
‖ 122. Perron] H Piercoi ‖ as] MB tous les DHF (as F les) autres
‖ de sainte eglise] MB ad. qui après lui seront et qu'il i metra
DHF qui sunt en sainte eglise et en son (commendement H nom)
‖ Cil — ort] R 361 Par leur pechiez ordoierunt C dont il aura moult
des orz A comment que il soient orz ‖ 123. et — pecheeurs] R 362
Et les pecheurs laverunt ‖ laveront] C ad. il ‖ les C ad. autres ‖ peche‑
eurs] DF ad. touz ceus ‖ qui — eglise] R 363—5 Qui à Dieu vourront
obeir Et au fil et au saint espir, A sainte eglise ‖ qui — pere] CA qui par
icest (conmendement A amendement) voldra (A voudront) obeir au pere
DF qui par (son F celuy) commandement voudront obeir au pere ‖
125. Ensi — nuire] R 365,6 si que rien Ne leur nuist, ainz leur
eide bien C que lor ordure ne porra rien nuire as autres genz;
sauf seront autresinc come li pié blanchirent en l'orde eive où ge les
lavai et i devindrent net, ne pourra rien nuire as pecheors l'ordure
des menistres qui les laveront par confession A que leur ordure
ne leur pourra riens nuire DF que l'ordure ne lor en porra riens
grever tant comme il (F ad. y) voudront obeir ‖ 126. Tout — se
il ne li avoit dit] MBCA om. R 367—72 Si c'um connoistre ne
pourroit Le lavé s'on ne li disoit; Ausi les pechiez ne set mie De
nului devant c'on li die.   Nil des menistres ne sarunt Devant ce
que il les dirunt ‖ nus] H ad. de nous ‖ le quel — laveroi] H qui me
chraira fors cil meismes qui l'a em pensé ‖ 129. Ensinc — evangeliste]
R 373,4 Ainsi saint Jehan enseigna Diex par ce que il li moustra ‖
nostres sires] MBA om. ‖ Jhesu‑Criz] CD om. ‖ D à monseygnor ‖ 130.
D l'evangeliste ‖ Et — Simon] R 375,6 Diex fu en la meison Simon
Et il et tuit si compeiguon ‖ 131. Simon] CADF ad. (le D om.)

Et quant ce virent li deciple, si s'effreerent et si orent
moult grant paor; et quant la mesons fu amplie et que
Judas vit qu'il orent la force, si se traist avant et baisa
135 Jhesu. Et il lou prannent de totes parz et Judas lor crie:
„Tenez lou bien", car il lou savoit à moult fort houme. Ensi
en menerent Jhesu et moult remestrent li deciple esgaré et
plain de grant dolor. Et cil firent partie de lor volenté
de Jhesu.

---

liepreux ‖ tant — savoir] *R* 377—9 Judas eut les juis mandez; Et
l'un après l'autre assemblez. En la meison Symon entrerent ‖ cui]
*M* qui *B* que *DF* à qui *A verwischt* ‖ l'eut fait] *CDF* lou fist à
*A verwischt* ‖ 132. Et—paor] *R* 380—2 Quant ce virent, si s'effre-
erent Li deciple nostre seigneur, Car il eurent mout grant peeur
*A unleserlich* ‖ ce — deciple] *DF* li deciples (le *F* les) virent ‖ si
s'effreerent] *MBC om.* ‖ et] *MBC om.* ‖ si] *MB ad.* en ‖ moult grant]
*C om.* ‖ moult] *DF om.* ‖ 133. paor] *F* paours ‖ et quant—Jhesu]
*R* 383—6 Et quant la meison vit emplie Judas si ne se tarja mie.
En la bouche Jhesu beisa Et par le beisier l'enseigna ‖ quant] *C ad.*
Judas vit que ‖ fu amplie] *C* ampli ‖ emplie] *MB* plaine d'yaus *H* e phe
*für* emplie ‖ que Judas vit] *C om.* ‖ 134. qu'il] *MC* que kil *MB ad.* ‖
la force] *DF ad.* et le poer ‖ se traist avant] *MB* vint à Jhesu ‖ baisa
Jhesu] *BM* le baisa ‖ Jhesu] *DF ad.* Crist; et quant li juif le virent ‖ Et
—parz] *R* 387 Jhesu prannent de touz costez *A unleserlich* ‖ Et—pran-
nent] *MB* et lors fu (Jhesus saisi *B* saisi Jhesus) *D* si le preignent *F*
si le prindrent ‖ 135. et — crie] *R* 388 Judas crie ‖ crie] *M* cria
*BD* escrie *A* dist ‖ Tenez lou bien] *R* 388 Bien le tenez *MB* que
il le (tenissent bien *B* tiegnent fort) ‖ bien] *C ad.* et ce lor dist il ‖
136. car—houme] *D om. CA* por ce que il (lou *A om.* savoit moult
à (fort *A* force) *F* pour ce qu'il le scavoit estre mult fort *R* 389
Car il est merveilles forz hom ‖ houme] *MB ad.* de bras. Et il le
tinrent (moult *M om.*) fort ‖ Ensi—Jhesu] *B om.* Ensi en menerent]
*A* En menerent ainsi ‖ Jhesu] *R* 390 Jhesum *MB ad.* et tele (en
*B om.*) fu sa volentés ‖ 137. et — dolor] *R* 393,4 Or sunt li deciple
esgaré Et sunt de cuer mout adolé ‖ et — remestrent] *MB* Moult
(*B ad.* i) remesent *D* et lors remeistrent *F* et demourerent ‖ re-
mestrent] *A* demourerent ‖ li] *D* ses ‖ esgaré] *DF* moult esgarez ‖ de]
*M om.* ‖ *M* dolour grant ‖ grant] *B om.* ‖ 138. Et — Jhesu]
*R* 391,2 Partie font de leur voloir Qu'il ont Jhesu en leur
pooir ‖ Et cil] *CA* Et ensinc *DHF* Einsint ‖ *CADHF* grant (partie
*H verschrieben* pitié) ‖ firent] *DHF ad.* li juif ‖ Jhesu] *DFA ad.*
Crist ‖ 139. Là — sacrefioit] *R* 395,6 Leenz eut un veissel mout

Là où Jhesuz - Criz fu pris chiés Symon, si estoit li 140
vaissiaus où Jhesus sacrefioit. A la prise ot un jui qui lou
trova, si lou pris et le garda tresc'à l'endemain que Jhesuz
fut amenez devant Pilate. Et quant il i fu venus, si l'ancorperent de quanqu'il porent; mais lor pooirs fust moult
petiz; car il ne porent eu lui trover nul droit achoison par 145
coi il deust recoivre mort. Mais la feblelé de la justice et ce
qu'il ne voloit pas mostrer sa force, si li covint soffrir cou
c'om vout faire de lui. Et tant dit Pilates come prevot: „A

---

gent, Où Criz faisoit son sacrement ‖ Symon] *C ad.* le lepreux ‖ si
— sacrefioit] *CA* si estoit ses vaissiaus remex (en coi *A* là où) il
sacrefioit *DF* si (*F ad.* y) estoit (ses *F* li) vaissiaus (là où *F* o
lequel) il sacrefioit ‖ 141. A — Pilate] *R 397—401* Uns juis le vaissel
trouva Chiés Symon, sel prist et garda; Car Jhesus fu d'ilec menez
Et devant Pilate livrez. A Pilate Jhesu menerent *A verwischt* ‖
A — pris] *MB* Et uns juis i vint, quant on le prist, si le trouva
‖ prise] *C ad.* de Jhesu ‖ lou trova] *DF* trova ce vessel ‖ 142. si lou
pris] *MB om.* ‖ le] *BC om.* ‖ tresc'à] *C* tant que *B* tresc'al *M* desc'au
*DF* jusqu'au ‖ Jhesuz] *F ad.* Crist ‖ 143. Et — porent] *R 402* De quant
qu'il peurent, l'encouperent *CA* Et quant il vint devant lui, si i ot
moult paroles et l'ancorperent (li juif *A om.*) au mielz qu'il poren-
*DF* et quant il fut devant lui, si (*F ad.* y) ont moult de paroles
dites et (l'encoupereurent *F* le chargerent) (les juifz au plus qu'il
peurent *D om.*) ‖ l'ancorperent] *MB* le (commencent *B* commencierent
si anemi) à escopir ‖ 144. mais — petiz] *MB om.* *R 403* Meis petit
furent leur povoir *C ad.* se il vossist ‖ 145. car — mort] *R 404—8*
Qu'il ne peurent droiture avoir Ne droiture ne achaison Par quoi
fust en dampnation. Ne il ne l'avoit deservi, S'il s'en voussist partir
ainsi ‖ car il] *MB* mais onques ‖ porent] *C* pooient ‖ en lui] *B om.*
‖ nul droit achoison] *MB* cause *CA* nule droiture ‖ 146. deust] *C ad.*
par aus ‖ recoivre mort] *MB* nul mal avoir ‖ Mais — lui] *R 409—12*
Mais trop feule fu la justice Dont mout de seigneur sunt en vice,
Et force n'i voust mestre mie, Ainz voust soufrir leur enreidie *C*
mais la justise li covint à soffrir issi con il le jugierent, et itel juise à
recevoir; ne il ne lor vost ouques mostrer sa force ‖ et ce — force] *MB*
et cou qu'il n'avoit pas la force *DF* et ce (que *F* qu'il) n'avoit (mie *F*
pas la) force contre le juif *H* et chou qu'il ne voloit pas aler contre ses
juis de lor volenté faire ‖ 147. li — soffrir] *H* le souffri ensi ‖ covint]
*AF ad.* à ‖ cou — lui] *CADHF om.* ‖ 148. vout] *MB* vaut ‖ Et —
prevot] *R 413* Toutes voies Pilates dist *A verwischt* ‖ Et — Pilates]
*C* Et Pilates lor dist itant *DF* (et tant *F* pour tant leur dit il)

2

cui m'en prandrei ge, si messires m'en demande rien, car je
150 ne voi en lui cause par quoi il doive recevoir mort." Et il
s'escrient tuit ensamble: „Sor nos et sor noz aufanz soit
espanduz li sans de lui!" Lors le pristrent et l'en menerent
veiant Pilate. Et Pilates demenda de l'eive et lava ses maius
et dist que ausi netes com ses mains estoient pour con qu'il
155 les avoit lavées de l'eive, ausi nez ert ses cors de la mort à
cel home. Li juis qui avoit lou vaissel pris chiés Symon vint
à Pilates, et si li donua. Et quant Pilates lou tint, si le mist

---

*H* Et Pilate dist as juis || prevot] *H ad.* qu'il estoit || A — rien]
*R 414—8* S'on ainsi cest prophete ocist, Et mesires riens m'en
demande, Je vueil savoir et sel commande, As queus de vous touz
m'en tenrai Et à cui ju en revenrei *A verwischt* || 149. messires]
*C ad.* Titus li ampereres de Rome || m'en] *C* me || rien] *MB* noient
D nul rien *C ad.* de la mort Jhesu || car — mort] *R 419* Qu'en lui
ne voi cause de mort || car] *F* pour cause que || 150. cause] *CD om.*
|| doive] *C* doie || recevoir mort] *MB* mort recevoir *D* perdre vie *F*
mourir ne recepvoir mort || mort] *R 420 ad.* Ainz le volez ocirre à
tort || Et — ensamble] *R 421,2* A hautes vouiz tout s'escrierent, Et
riche et povre qui là ierent || 151. s'escrient] *H verschrieben* restrient
|| tuit] *H* trestout || tuit ensamble] *MB om. F ad.* et distrent || Sor
— lui] *R 423,4* Seur nous soit ses sans espanduz, Seur nos enfanz,
granz et menuz || 152. Lors — Pilate] *MB om. R 425,6* Lors le
preunent, sel rout mené Devant Pilate et l'ont dampné *A verwischt*
*DF* Lors le pristrent li juif, si (le menerent *F* l'en menerent); et
Pilate (remest *F* demeure) || 153. Et — mains] *R 427,8* Pilates l'iaue
demanda Et devant eus ses mains lava *A verwischt* || Et] *MB* dont
*D* si || *MB* demanda Pylates || demenda] *DF* demende || et lava — dist]
*C* et dist quant il lava ses mains || 154. que — home] *R 429—32*
qu'ausi com nestoiées Estoient ses meins et lavées, Qu'ausi quites et
nez estoit Del juste c'on à tort jugoit || que — ert] *C* que si netes
come ses mains estoient de l'eive dont il les lavoit, einsinc nez fust
*DF* (que einsi comme ses mains estoient netes de l'eive *F* que aussi
neictes estoient de l'eaue) où il les avoit lavées, (autresi estoit *F*
que il estoit neit) || 155. ses cors] *DF om.* || 156. Li — donna]
*R 433—5* Li juis [qui] le veissel tenoit, Qu' en l'ostel Simon pris
avoit, Vint à Pilate et li donna *A verwischt* || Li] *MB* Icil *C* Et
icil || avoit — pris] *MB* le vaissel ot || *F* avoyt prins le vaissel || avoit]
*D* ot || pris] *C ad.* que je vos ai dit || chiés Symon] *MB om.* || chiés]
*C* en chiés || 157. et si li] *MBD* se li *F* et le luy || Et quant —
Jhesu] *R 336—8* Et Pilate en sauf mis l'a Dusqu'à tant que conté

en sauf liu tant que noveles furent venues que li juif avoient mort Jhesu. Et quant Joseph l'oï, si en fu moult tristes et iriez et vint à Pilate et dist: „Sire, ge t'ai servi longement, 160 et ge et mi .V. chevalier, que onques rien ne me donas; ne ge n'en vos onques rien prandre por lou grant guerredon que tu m'as toz jors promis. Sire, or te pri ge, que tu lou me doinses, car tu en as le pooir." Et Pilates li dist: „Or demendez, et ge vos donrai quanc que ge doner vous deverai, sauve la 165 feauté mon seignor." Et Joseph respont: „Granz merciz, sire, et ge demant lou cors du prophete que il ont là dehors mor-

---

li fu, Qu'il avoient deffeit Jhesu ‖ Et quant — venues A *verwischt* ‖ si le — liu] CDF si l'estoia ‖ 158. DF les noveles ‖ furent venues] DF vindrent ‖ 159. mort] F mys à mort ‖ Jhesu] ADF ad. Crist ‖ Et — l'oï] R 439 Et quant Joseph l'a oï dire ‖ si — iriez] R 440 Plains fu de mautalent et d'ire ‖ et iriez] MB om. ‖ 160. iriez] H *verschrieben* mes F dolant C moult iriez ‖ et vint à Pilate] R 441 Vint à Pilate isnelement ‖ et] C ad. lors ‖ vint] CDF s'en vint ‖ et dist] C si li dist DF et li dist ‖ Sire — chevalier] R 442,3 Servi t'ei longement, Et je et mi .V. chevalier ‖ ge — longement] MB je t'ai lonc tens servi ‖ longement] CAH moult longuement ‖ 161. et ge] MB om. ‖ et] ADF om. ‖ ge] F moy ‖ et mi] B comme ‖ .V.] MBCDF om. ‖ chevalier] F gent ‖ que — promis] R 444 — 7 Ne n'ei eu point de louier, Ne ja si n'en arei guerredon Fors tant que me donras un don De ce que touz jors prommis m'as ‖ donas] DF ad. de mon servise ‖ ne ge — pooir] DF om. ‖ 162. n'en] C ne ‖ vos] MB voel ‖ prandre] C ad. del tuen ‖ guerredon] C ad. avoir ‖ 163. Sire — pooir] R 448 Donne le moi: povoir en has ‖ or] MB om. ‖ MB jou te pri ‖ lou] MB om. ‖ 164. doinses] CA randes ‖ le] C grant ‖ Et — dist] R 449 Pilates dist ‖ Et] ADF lors ‖ Pilates li dist] A dist Pilates DF respondi Pilate à Joseph et li dist ‖ li] B om. ‖ Or — seignor] R 449 — 51 Or demandez. Je vous donrei ce que vourez Sanz la foiauté mon seigneur ‖ Or] MBA om. DF Joseph C Joseph, or ‖ demendez] F ad. ce qu'il vous playra ‖ 165. donrai] A ad. pour vos soudées CD à devise ‖ quanc que — seignor] A om. ‖ quanc que] F tout ce que ‖ doner vous deverai] C porrai tant que vostres grez sera DF' vos porrai doner ‖ 166. feauté F l'amour et la feaulté ‖ mon] C à mon F de mon ‖ seignor] CDF ad. por voz sodées ‖ Et — respont] R 454 dist Joseph ‖ Joseph] MB chil CA il B ad. li ‖ respont] MB dist ‖ Granz — tort] R 454 — 6 Sire ... grans merciz! Je demant le cors de Jhesu Qu'il ont à tort en crouiz pendu ‖ merciz] H m chis, *fehlt also über m das Abkürzungszeichen für er* ‖ 167. et] MB om. ‖ demant] MB vous demant ‖ cors] D om. ‖ du]

drit à tort." Et Pìlates se merveilla moult de ce que il ļi
avoit si povre don demendé, se li dist: „Ge quidoie que vos
170 me deussiés gregnor cose demander, et puisque vos m'avez
ce demendé por voz sodées, vos l'aurez." Et chil dist: „.V. .C.
merciz, or comendez donc, que ge l'aie." Et Pilates respont:
„Alez, si lou prenez!" — „Sire", fist il, „il sont unes grauz
genz et unes forz, si nel me lairoient mie prendre." Et Pi-
175 lates respont: „Si feront." Lors s'en torna Joseph et vint droit
à la croiz, et quant il vit Jhesu, si en ot moult grant pitié si

---

M d'icel M de cel BC à la F de celuy || il] DHF li juif (|| là dehors]
MH là fors D là hors A là BC om. F ainsi || mordrit] C murtri ||
168. Et — demendé] R 457,8 Pilates mout se merveilla, Quant si
petit don demanda || se merveilla] BH s'esmerveilla F se esmervilla
|| se] M s'en || 169. avoit] C a || povre don] MBCA poi || don]
H verschrieben non || demendé] MB ad. cou li sambloit || se li dist]
R 459 Et dist Pilates || se] CADF et || li] C om. || Ge — demander]
R 459—62 Je quidoie Et dedenz mon cuer pensoie, Que greigneur
chose vous vousissiez || 170. me] C om. || deussiés — demander] CA
demandesiez plus grant chose DF (deussez F deussiez) (greignor F
ung plus grant) don demander || et — l'aurez] R 463,4 Pour ce
que son cors demandez Pour vos soudées, vous l'aurez || puisque]
CADF quant || 171. ce demendé] MB cou requis C cesti demendée
A cestui don demandé || por voz sodées] MB om. || sodées] F
sallayres || l'aurez] C ad. moult volentiers || Et — l'aie] R 465,6 Sire,
granz merciz en aiez, Commandez qu'il me soit bailliez || Et chil
dist] C Et il li dist A De ce don fut Joseph moult lié et dist D
Lors respondi Joseph F Et Joseph respont || .V. .C.] CF Sire! cent
mile D .C. || 172. C donc comendez || donc] A om. || Et — prenez]
R 467,8 Dist Pilates delivrement: Alez le penre isnelement || Et —
respont] MB Et il (li B om.) dist || Pilates] CA il || 173. Sire —
prendre] R 469,70 Sire, unes granz genz et forz sunt, Bien sai,
penre nou me leirunt || Sire, fist il] MBA Et il respondi: (Sire A biau
sire) C Et Joseph li dist: Sire || il] M i || il sont — forz] A il sont
une mult grant gent et mult grant tropel DF li juif sont une grant
(genz F compagnie qui le gardent) || C moult granz || 174. unes forz]
M bues fors || mie] B om. F pas || prendre] CA om. || Et — respont]
R om. || 175. respont] MB dist || feront] H seront || Lors — croiz]
R 473,4 D'ileques Joseph se tourna, Errant à la crouiz s'en ala ||
Lors] F Et lors || s'en torna] F s'en alla || et vint] A om. || droit]
B tot droit || 176. croiz] C ad. que il apeloient despit || et — Jhesu]
R 475,6 Jhesus vit. Quant si vilment le vit pendant || Jhesu] C
lou cors Jhesu mort DF ad. Crist H ad. en la crois || si en —

plora, quar il l'amoit moult de bonne amor. et vint as gardes
et dist: „Pilates m'a donné lou cors de cest home por oster
de cest despit." Et il respondirent tout ensamble: „Vos ne
l'aurés mie, car si deciple ont dit que il resuscitera, ne jà 180
par tantes foiées ne resuscitera que nous ne l'ocions." Et
Joseph dist: „Laissiez lou moi, quar il lo m'a doné." Et il
respouent: „Nos vos ocirrons ancois!" Lors s'en parti Joseph
et vint à Pilate et li couta coument il avoient respondu. Et
quant Pilates l'oï, si l'en pesa molt et moult s'en correca. 185
Il vit un home qui là ert presens, qui avoit uon Nychode-

---

plora] *R 477* De pitié commence à plourer ‖ si plora] *B om.* ‖ si]
*A* et ‖ 177. plora] *CD ad.* moult tenrement (des iauz *D om.*) *F ad.*
des oeilz moult tendrement ‖ quar — amor] *R om.* ‖ quar — moult]
*C* come cil qui moult l'amoit ‖ moult] *B om.* ‖ bonne] *B* moult
bonne *CA* grant ‖ et vint — dist] *R 478* Dist as gueites qu'il vit
ester *C* Et lors vint as juis qui lou gardoient, si lor dist *ADF* et
vint là où (l'en *D* la) (le *D om.*) gardoit et dist *DF ad.* (à ses *F*
aux) juis ‖ 178. Pilates — despit] *R 479—81* Pilates m'a cest cors
donné, Et si m'a dist et commandé, Que je l'oste de cest despit ‖
Pilates] *C* Seignor, Pilates ‖ 179. Et — ensamble] *R 482* Ensamble
respondirent tuit ‖ il] *DF* (les *D om.* juis) ‖ respondirent] *MF*
respondent *B* ont dit *C* dient ‖ Vos — mie] *R 483* Ne l'osterez ‖ ne
l'aurés] *DF* n'en aurez ‖ 180. aurés] *CA* auroiz ‖ mie] *DF* point ‖
car — resuscitera] *R 483,4* car il dist ha Qu'au tierz jour resuscitera
‖ car] *A* que ‖ ont dit] *DF* dient ‖ ne — l'ocions] *R 485,6* Ja tant
ne sara susciter, Que le feruns à mort livrer *CDF* par tantes foiees
(com *DF* que) il resuscitera, par tantes foies (l'ocirrons nos *F* nous
l'occiron) ‖ 18¹. Et—dist] *R 487* Dist Joseph ‖ 182. Joseph *MBCA*
il ‖ Laissiez — doné] *R 487,8* Leissiez le m'oster, Car il le m'a
feit delivrer ‖ il] *DF* Pilates ‖ Et] *R om.* ‖ il] *MB* cil *DC* li juis
*C ad.* li ‖ 183. responent] *MB* dient *CA* distrent ‖ Nos — ancois]
*R 489* Ainz t'ocirruns ‖ ocirrons] *C* ocirrsiens *A* ocirions ‖ Lors —
Joseph] *R 491* Atant s'est Joseph departiz ‖ Lors] *CA* Et lors ‖ parti
Joseph et] *B om.* ‖ 184. et li conta] *B* se li conta *D* et conta
*CA* si li dist *R 493* Et li conte ‖ coument — respondu] *R 493,4*
comment avoient Respondu ‖ il] *A ad.* li *B* cil *CDF* li jui li ‖ Et
— correca] *R 498,9* Pilates l'ot; n'en ha pas joie, Ainz se courouca
durement ‖ 185. Pilates] *B* il ‖ l'oï] *B ad.* ce ‖ si — molt] *DF om.*
*MB* se li anuia (moult *B om.*) ‖ et moult — correca] *MB om. DF*
si s'en corrouca moult ‖ moult] *A om.* ‖ 186. Il — Nychodemus]
*R 500,1* Ilec vist un homme en present, Qui avoit non Nichodemus ‖
Il] *ADF* Et *C* Et lors ‖ home] *MB* haut home ‖ qui — presens] *CADF*

mus; et li commenda que il alast avoc Joseph et que il
meisme ostast lou cors Jhesu et le baillast à Joseph.    Quant
Pilates li ot ce commendé, si li sovint dou vaissel que li juis
190 li avoit duné, si apela Joseph et li dist: ,,Vos amiez moult
cele prophete?"   Et Joseph li respont: ,,Vous dites voir."   ,,Et
je ai", fait Pilates, ,,son vaissel, que uns juis me dona, qui fu
là où il fu pris; et ge lo vos doig, car je ne voel retenir
chose qui soe fust." Lors li donne et cil l'ancline qui moult
195 en fu liez.

---

devant lui || qui avoit — Nychodemus] *MB om.* || 187. ct li com-
menda] *R om.* C si l'apela et li commenda *MB* se li envoia avocc
Joseph et (*B ad.* se) li commanda || que il alast — à Joseph]
*R 502—6* Alez, dist il, errant là-jus Avec Joseph d'Arymathye,
Ostez Jhesu de sa haschie, Qù li encrimé l'ont posé Et l'eit Joseph tout
delivré || que — avoc Joseph] *MB om.* || et que — Joseph] *C* au despit
et lou cors Jhesu en ostast et à Joseph le baillast *DHF* et (*FH ad.*
que) il meismes oustat le prophete de la croiz (si *F* et que il) le
baillast à Joseph *MB* que il li fesist avoir le cors (d'icel *B* du)
prophete || 188. ostast — Jhesu] *A om.* || Joseph] *MB ad.* et cbil ala
o lui moult volentiers || Quant — commendé] *R om.* || Quant] *MBCA*
Et quant || 189. Pilates] *CA* il || li] *ADF om.* || commendé] *DF ad.*
(à *D om.*) Nichodemus || si — vaissel] *R 507,8* veissel; Quant l'en
souvint || que — doné] *R om.* || li juis] *F* l'un des juifz || 190. avoit]
*BD* eut || si apela Joseph] *R 509* Joseph apele || et li dist] *R 510*
Et dist *AD om.* || dist] *MB* et li demanda || Vos — prophete] *R 510*
Mout amiez cel homme? *MB* se il amoit moult le prophete || Vos] *A*
Joseph, fait Pilates *C* Joseph, vos || amiez] *ADF* amez *H verschrieben*
mavez || 191. Et — respont] *R 511* Joseph respont || Joseph] *A* cil || li]
*ABD om.* || respont] *MB* dist || Vous — voir] *C* Certes, sire, voire
moult *DF* (Yoire *F* Voire), sire *MB* que oïl *R 511* Voir dit avez
|| Et — pris] *R om.* || Et — Pilates] *MB* Et Pylates dist, qu'il avoit ||
192. fait Pilates] *A om.* || son] *ADF* un sien || que — dona] *MB* et
que uns de chiaus li avoit douné || uns juis] *A* un de cel juis *D*
.I. de[s] juis *F* l'un des juifz || dona] *A* bailla || qui fu là] *C* que
il prist en la maison Simon *F* qu'ou trouva || 193. là] *B om.* || et
ge — fust] *R 516,7* qu'il o soi ne vouloit Riens retenir qui Jhesu
fust, Dont acusez estre peust || et — doig] *DF om.* || car] *DF* et ||
retenir chose] *C* rien avoir de chose || 194. chose] *MB* del sien || qui
soe fust] *F* quiconquez à luy fif fust || Lors li donne] *R 509* si li
donne || li] *DF* le || donne] *CDF* dona *DF ad.* à Joseph || et cil —
liez] *R om.* || cil] *DF* Joseph || l'ancline] *D* l'en encline *F* le remercya
grandement || moult — liez] *F* en fut moult joyeulx || 195. en —

Ensinc s'en vout entre Joseph et Nichodemus. Si entra
Nichodemus chiés un fevre et prist unes tenailles et un martel;
et vindrent jusqu' à la croiz, et quant les gardes as juis
virent Nichodemus qui aportoit les tenailles et lou martel, si
vindrent tuit cele part. Et Nichodemus lor dist: „Vos avez 200
fait de cel home ce qu'il vos plaist et ce que vous demen-
dates à Pilate, et ge voi bien que il est morz; et Pilates
l'a doné à Joseph et m'a comendé que je l'ost et que ge
le li bail." Et il s'escrient tuit ansamble que il doit resusciter et qu'il n'an bailleront point. Et quant Nichodemus 205

---

liez] *D* liez en fust ‖ 196. Ensinc] *F schickt folgende Kapitelüber-*
*schrift voraus* Icy parle le conte ensuyvant comment Joseph et
Nichodemus ousterent Jhesus-Crist de la croiz ‖ Ensinc — Nichodemus]
*R 519,20* Ainsi con andui s'en aloient Plus hisnelement qu'il
povoient *DF* Ainsi vindrent (Nichodemus et Joseph *F* Joseph et
Nichodemus) *MB* et puis (s'en *B* en vait) et Nicodemus o lui ‖ s'en]
*C* en ‖ Si — fevre] *R 521* Nychodemus si s'en entra Chiés un fevre
‖ Si entra Nichodemus] *D om. F* lesquels entrerent *MB* Et (cil
*B om.*) Nicodemus (vint *B* en vint) ‖ entra] *C* entre ‖ 197. chiés]
*MB* à ‖ et prist — martel] *R 523* Tenailles prist et un martel ‖
prist] *F* prindrent ‖ 198. et vindrent — croiz] *R 525* Et vinrent à
la crouiz errant *MB* et vinrent (tout droit *B om.*) cele part ù on
gaitoit le cors Jhesu-Crist *DF* (si vint *F* puys vindrent) cele part
où Jhesu-Crist estoit en la croiz ‖ vindrent] *A* s'en vindrent ‖ et
quant — part] *MBDF om. R 526,7* Quant ce virent li chien puant,
Si se sunt de cele part treit ‖ les — virent] *A* il i furent ‖ 200.
part] *C ad.* encontre lui ‖ Et — dist] *R 529* Nichodemus dist ‖ lor
dist] *MB* dist à chiaus qui là ierent D voit as juis, si lor dit *F*
dist aux juifz ‖ Vos — Pilate] *R 529—31* Vous avez Feit de Jhesu
quanque voulez, Tout ce que vous en demandastes ‖ Vos] *DHF*
Vos avez tort si ‖ 201. de cel home] *CA om.* ‖ qu'il] *A* que ‖ plaist]
*CD* plot *F* a pleu ‖ et ce — Pilate] *MB om.* ‖ et] *C* de ‖ que — demen-
dates] *D* vos demandates congié ‖ 202. Pilate] *C ad.* jugement de Jhesu
et vos l'avez, sanz lui, jugié, et mis el despit, et tant en avez fait que ‖
et ge — morz] *RD om.* ‖ et ge] *F* je ‖ et Pilates — bail] *R 533* Si l'a à
ceste homme donné *und 538* Et que je à Joseph le donnasse ‖ 203. l'a
doné] *CADHF* (a *C* en a) doné lou cors ‖ à] *MB om.* ‖ que je l'ost
et] *H om.* ‖ l'ost] *C ad.* dou despit ‖ et que — bail] *MB om.* ‖ 204.
le li] *H* lui le ‖ li] *AD om.* ‖ Et — resusciter] *R 539,40* Adonc
commencent à crier Que il devoit resusciter ‖ s'escrient] *D* respon-

l'oï, si se correca et dist qu'il nel lairoit ja por els. Et
cil s'en vont clamer à Pilate. Et cil monterent en haut et
osterent Jhesu; puis lou prist Joseph entre ses braz et lou mist
à terre et atorna lou cors moult belement si lou lava; et
210 quant il lou lavoit, si vit les plaies qui seignoient. Se li
membra de la pierre qui ot esté fendue au pié de la croiz
pour l'autre sauc qui sus espandi. Lors li sovint de son
vaissel, si se pausa que les gotes qui cherroient, seroient

---

dirent *F* respondent || 205. et qu'il — point] *R 541,2* Et qu'il mie
nou bailleroient *A* Joseph n'à homme qu'il voient *MB* et (qui *B* qu'il)
ne l'auront pas || Et — correca] *R 543* Nychodemus se courouca ||
206. si se correca] *DH om.* || se] *C* s'en || correca] *C ad.* moult || et
dist] *DF* si lor dist *H* si respont || qu'il — els] *R 544* ja pour eus
nou leira *CA* que il l'avroit (et *C om.*) que il n'en feroit rien por
els *DH* que il ne (lesseroient *H* laura) noient pour els *F* que il
ne lesseroyt pas pour eulx || Et — Pilate] *R 548* A Pilate s'en vont
clamer || Et] *ADF om.* || 207. cil] *CADF* lors || vont] *CADF ad.*
tuit (*F ad.* les juifs) ensamble || clamer] *MB* faire clamour || Et cil
— Jhesu] *R 549,50* Et cil andui en haut munterent Et Jhesu de
la crouiz osterent || Et — haut] *MB* Et Nicodemus monta en haut
et Joseph o li || Et — monterent] *DF* Et (entre *F* cependant) Joseph
et Nichodemus || 208. puis — braz] *R 551* Joseph entre ses braz le
prist || puis] *CA* Et lors *DF* Lors || et — terre] *R 552* Tout souef à
terre le mist || 209. terre] *H ad.* l'en porta à son hostel et le
mist en une pierre moult doucement || et atorna — belement] *MB om.*
*R 553* Le cors atourna belement *DF* et si acocha le cors moult
(docement *F* bellement) || si lou lava] *R 554* Et le lava mout
nestement || si] *D* et si *F* et || lava] *MB ad.* (le cors *M verschrieben*
letrois) moult belement || et quant — lavoit] *MB om. R 555* Endre-
mentier qu'il le lavoit || 210. il — si] *A om.* || si — seignoient]
*R 556,7* Vist le cler sanc qui decouroit De ses plaies qui seinnoient
|| si] *B* et || seignoient] *CADF ad.* si (ot *A* orent) (moult grant
*A om.*) paor (*A ad.* du sanc) (quant il vit lou sanc raïer *DF om.*)
|| Se li — espandi] *R 559—61* De la pierre adonc li membra, Qui
fendi quant li sans raïa De sen costé où fu feruz || Se] *CA* car il
|| 211. ot esté] *C* en ot esté *H* estoit *F* s'estoyt *M* avoit esté || ot] *C*
en ot || fendue] *A ad.* du sanc || 212. pour — espandi] *CA om.* ||
l'autre] *H* la goute de [ qui — espandi] *DF om.* || sus] *H* sur li ||
espandi] *H* chaï || Lors — vaissel *R 562,3* errant courruz *A* son
veissel || Lors] *LB* si || 213. vaissel] *F ad.* qu'on luy avoyt donné

miauz en son vaissel qu'aillors. Lors prist lou vaissel, si le
mist desouz les goutes eutor les plaies, si tert la plaie du 215
costet et receut le sanc des plaies et des piez et des mains
et dou costé dedanz le vaissel. Et quant li sans fu receuz
eu ce vaissel, si lou mist lez lui et puis prist lou cors, si
l'envelopa en .I. sidone qu'il avoit acheté et puis lou mist en
une pierre que il eut quise à son oes et lou covri. Et lors 220
repairierent li jui qui avoient esté à Pilate et orent congié

---

si — qu'aillors] *R 565—7* Qu'avis li fu que mieuz seroient Les
goutes qui dedenz cherroient Qu'en liu où mestre les peust || se
pansa] *MB* sapensa || les] *MBA* ces *C* cels || qui cherroient] *C om.*
|| cherroient] *MBDF* (en *DF om.*) caoient || seroient] *B ad.* mises
en son vaissiel et seroient illueques || 214. qu'aillors] *C* que en
autre leu || Lors — vaissel] *MB om. R 563* et si l'a pris || Lors] *A*
Et lor || prist] *DF ad.* Joseph || si — les plaies] *R 564* Et lau li
sans couloit, l'a mis *MBCA om.* || 215. si — vaissel] *R 569—72*
A son veissel ha bien torchies Les plaies et bien nestoies Celes des
meins et dou costé, Des piez environ et (et) en lé *MB* Lors (sirest
*B* rest) le costet entour la plaie et le sanc qui en degoutoit (mist
*B* recheut) en son vaisiel et des mains et des piés *C* si li tert
auz la plaie dou costé et recoilli auz lou sanc des plaies et des
mains et dou costé *A* et receut le sanc de son costé et de ses
plaies *DF* et (*F ad.* les) plaies des mains et (*F ad.* icelles) des
piez degoutoient dedanz le vaissel || 217. Et — vaissel] *R 573,4* Or
fu li sanz touz receuz Et ou veissel touz requeilluz || 218. en ce
vaissel] *D om.* || en ce] *H* dedens le || si — lui] *R om.* || lou]
*ADHF om.* || mist] *CDHF ad.* Joseph *ADHF ad.* le vaisel || lez]
*F* emprès || lui] *D* soi *H ad.* en la pierre || et — cors] *R om.* || puis]
*DF om. A* lor *C ad.* si || cors] *C ad.* Jhesu || si l'envelopa — acheté]
*R 575,6* Joseph le cors envelopa En un sydoine qu'acheta || en .I.]
*H* d'un || 219. sidone] *ADF* drap *C* moult riche drap *H* riche
drap || qu'il — acheté] *DH om. F' ad.* à son huys *MB ad.* moult
biel et moult rice || et puis — oes] *R 577,8* Et en une pierre le
mist, Qu'il a son wes avoit eslist *DF om. H* et le recoucha en la
pierre || 220. que — oes] *C* qu'il avoit gardée moult longuement, por lui
metre quant il morroit. Et quant il l'i ot mis || et lou covri] *R 579* Et
d'une pierre le couvri *MB* et il le couvri *C* si lou covri d'une pierre
plate moult grant *A* et le couvri bien *H* et le couvri moult bien || Et
—Pilate] *R 581,2* Li juif si sunt retourné, Si ont à Pilate pallé ||
221. li jui] *MBAD* cil || repairierent] *F* revindrent || avoient esté] *MB*
orent esté *F* estoient allez || à Pilate et] *F* devers Pilate lesquelx || et

2*

que en quelque leu que Joseph lou meist, que il lou feissent
gaitier que il ne resuscitast. Et il firent armer une partie
d'aux; et Joseph s'en ala et cil remetrent. Nostres sires, si
225 comme Diex, entre ces entrefaites, ala 'en anfer et si lou brisa
et en gita Adam et Eve et des autres tant come lui plot
come cels que il avoit rachatez de son cors, por qui [il li
covint soi] livrer à torment de mort.

Quant nostres sires ot fait ce que lui plot, si resucita
230 sanz lou seu et sanz la veue de cels qui lou gardoient; si s'en

---

orent—resuscitast] *R 583—8* Pylates commanda et dist, En quel liu
que on le meist, Par nuit et par jour le gueitassent, Que si deciple ne
l'emblassent, Car Jhesus à eus dist avoit Qu'au tierz jour resusci-
teroit ‖ 222. que en — gaitier] *MB* de lui gaitier ù (ques *B* que)
Josephs le meist ‖ que en] *D* qui en ‖ lou] *D om.* ‖ feissent] *C*
feroient ‖ que il ne] *MBP* pour cou qu'il ne. *Mit diesen Worten
beginnt P f. 12. 1°, dem* meist (*MB*) *entsprechend liest man noch
die Silbe* ist ‖ 223. Et — d'aux] *MBP om. R 589,90* Cil ont leur
gueites assemblées Tout entour le sepulchre armées *C* Et il si firent
de genz armées une partie *A* Et il i ont une gent armée ‖ armer]
*H verschrieben* aorin ‖ 224. d'aux] *H ad.* et le firent gaitier là où
Joseph le mist ‖ et — remetrent] *P om. R 591,2* Et Joseph d'ileo se
tourna Et en sa maison s'en aia ‖ ala] *MB ad.* quant il eut fait ‖
remetrent] *F* demourerent pour le garder ‖ Nostres — anfer] *R 593—5*
Li vrais Diex, en ces entrefeites, Comme sires, comme prophetes,
En enfer est errant alez ‖ Nostres — entrefaites] *C* Entre ces entrefaites s'en ala nostres sires *D* Et nostre sires s'en ala *F* Et nostre
seygneur cependant descendit ‖ 225. entrefaites] *MBP* afaires ‖ ala]
*MPA* fu ‖ et — brisa] *R om. C* si lou brisa *A* ù leur brisa *D* et
bruisa le portes *F* et le brisa ‖ 226. et en — plot] *R 596—600* Ses
amis en ha hors gitez, Eve et Adam, leur progenie, Qu'ennemis
eut en sa baillie, Seinz, saintes, toute boenne gent, Car des boens
n'i leissa neent ‖ tant — plot] *MBP* qu'il vausist ‖ tant] *D om.* ‖
come] *F* qu'il ‖ 227. come — mort] *DF om. R 601,2* Touz ceus
qu'il avoit rachetez, Pour qui il fu à mort livrez ‖ come] *MBP* si
comme ‖ que il — mort] *MBP* (qu'il avoit *B* qui les eut) racatez
de son cors (de *BP om.*) livrer à torment de mort *CA* que il avoit
achatez (de sa char et de son sanc *A* de son sanc et de sa char)
livrer à martire de mort et à toz autres tormenz ‖ 229. Quant —
plot] *DF om. R 603,4* Quant nostres sires ce feit eut, Quanqu'il
li sist et il li pleut ‖ si — gardoient] *R 605,6* Resuscita, c'onques
nou seurent Li juif ne vooir nou peurent ‖ si] *D* et si se ‖ 230.
seu] *C* sau ‖ et — veue] *MBP om.* ‖ la — gardoient] *F* qu'ilz eussent

ala et s'aparut à madame sainte Marie de Magdelainne et à ses autres deciples là ù il lui plot. Et quant il fu resuscitez, si l'oïrent dire li jui, si s'asamblerent et tindrent parlement et distrent li uns à l'autre: „Cist hom nos fera aincore assez mal, se c'est voirs que il soit resuscitez." Et chil qui le garderent disent qu'il n'estoit pas là où Joseph l'avoit mis. Dont dient entre eulx: „Par Joseph l'avon nous perdu, et se nus maus nos en vient, tot ice nos a il fait entre lui et Nichodemus." Lors pristrent consoil qu'il porroient respondre se lor maistre

---

coignoissance auchunement ‖ gardoient] *MBP* gaitoient ‖ si — ala] *R om.* ‖ si] *F* puys ‖ 231. et — Magdelainne] *R 607,8* A Marie la Madaleinne S'apparust ‖ s'aparut] *BP* aparut ‖ à — Magdelainne] *C* à la Magdelainne *A* à madame faite Marie Magdalaine *D* à madame sainte Marie Magdalaine *F* à Marie Magdalaine ‖ et — plot] *R 609* A ses apostres, à sa gent ‖ 232. autres] *D om.* ‖ là ù] *CA* si com *F* auxquelx ‖ il] *C om.* ‖ Et — jui] *R 611—23* Quant eut ce fait, la renummée Ala par toute la contrée, Relevez est de mort à vie Jhesus li fiuz sainte Marie... Quant li juif ice escouterent *DF* Et quant li juis oïrent dire qu'il fust resuscitez ‖ 233. si — parlement] *R 624,5* En la synagogue assemblerent Et si tinrent leur parlement ‖ si] *C* et ‖ tindrent] *C* en tindrent ‖ et distrent — l'autre] *R 627* Et li uns as autres disoient ‖ 233. distrent] *C* dist ‖ li — autre] *MBP om.* ‖ Cist — resuscitez] *R 630* Qu'encor aroient mal assez ‖ aincore] *C om.* ‖ assez] *MBP om. DF* moult de ‖ 235. voirs] *H verschrieben* vous ‖ Et — mis] *R 631—3* Et cil qui l'avoient gardé Disoient bien par verité Qu'il n'estoit pas là ù on le mist ‖ Et — disent] *C* Et cil en parolent moult, qui l'avoient gardé, et distrent que il savoient bien *A* Et cil en parolent moult, qui le gardoient et dient qu'il scevent bien *DF* (Et cil parolent *F* Ainsi parlent et disent eulx) qui le guardoient (qu'il scevent bien *F om.*) ‖ 236. qu'il] *C* que li cors de Jhesu ‖ n'estoit] *ADF* n'est ‖ l'avoit mis] *D* le mist *A* le repost *M* le passa *BP* le posa ‖ Dont — eulx] *R om.* ‖ Dont] *C* Et lors *ADF* Et ‖ dient] *MBP* disent *C ad.* li juif ‖ 237. entre eulx] *C om.* ‖ Par — perdu] *R 635* Car il l'unt par Joseph perdu ‖ Par] *C* que par ‖ Joseph] *ADF* luy ‖ l'avon nous] *C* l'ont il ‖ perdu] *MBP ad.* et par Nicodemus ‖ et se — Nichodemus] *MBP om. R 637,8* Et se damages y ha nus C'a il feit et Nychodemus ‖ nus] *ADF om.* ‖ 238. tot — entre] *F* ce sera par luy ‖ tot] *D om.* ‖ 239. Lors — demandoient] *R 639—41* Adonques tost pourpensé ont Qu'à leur meistres responderont, Se il leur estoit demandez ‖ Lors] *F* Adoncques *C* Et lors ‖ consoil —

240 lour demandoient. Lors s'acorderent que il diroient que il
l'avoient baillié à Joseph par lou commendement de Nichodemus. Et se il dient: „Vos le feites gaitier là où nos lou
meismes, demendez lou à voz gardes"? Et li uns d'els respont:
„De ce nos poons nos moult bien garder: prenons Joseph et
245 Nichodemus anuit si que nus nel sache, et si les faisons
morir de male mort; et s'on nos demende Jhesu, nous dirons
que nos lou baillerons se il nos randent Joseph et Nichode-

---

demandoient] *C* consoil et distrent que se il lor estoit demendez de
l'ampereeur Tytus de Rome, qui lor sires et lor maistres estoit et
en cui subjection il sont, que il porront respondre *ADF* conseil se
il leur estoit demandé de leur mestre (en quel subjecon il estoient
*F* à qui ilz estoient subjectz) que il porroient respondre ‖ respondre]
*MBP* dire ‖ 240. Lors — diroient] *R 642—4* Et chaucuns s'i est
acordez Comment il en pourrant respondre, Quant on les en voura
semundre ‖ Lors s'acorderent] *MBP* Dont disent *C* et lor consaus si
fu tex ‖ s'acorderent] *AF ad.* ensemble ‖ diroient] *C* diront ‖ que il —
Nichodemus] *R 645,6* Nychodemus de crouiz l'osta Et à Joseph le
commanda ‖ 241. l'avoient baillié] *C* lou baillierent ‖ l'avoient]
*MP* l'ont ‖ baillié] *B* laissié ‖ à] *P om. M* et ‖ par — Nichodemus]
*MBP om.* ‖ de] *C* à ‖ 242. Et — gardes] *R 647,8* S'il dient: Nous
le vous leissames, Et puis errant nous en alames? ‖ dient] *MP* dist
‖ Vous — gardes] *MBP* (Nous *P* que nous) le (feismes gaitier *BP*
gaitasmes) là ù il fu mis (*B ad.* si le) demendés (loy *B om. P* lai)
à chiaus qui gaeder le durent *H* Nous le fesime gaitier là où nous
la mesimes, demandés à nos gaites ‖ gaitier] *D* guarder et gaitier
‖ 243. gardes] *DF* gaites *C ad.* que dirons nos? ‖ Et — garder] *R 649*
Li juif pensent qu'il ferunt ‖ li uns d'els] *MBP* un de ceulx ‖ d'els]
*F* des juifz *C* des ‖ 244. moult] *DF om.* ‖ garder] *C* garnir ‖ prenons
— sache] *R 650,1* Joseph, Nychodemus penrunt Si coiement c'om
nou sara ‖ prenons] *M* prendés *DF ad.* fait celui ‖ 245. anuit]
*DF om. CA* encore ennuit ‖ si — nel] *F* sans que nul riens eu ‖ nel]
*D* ne ‖ et si — mort] *an späterer Stelle R 655,6* Tantost com les
pourruns seisir, De mort les couverra morir ‖ 246. et s'on —
baillames] *R 653,4* Et s'il nus welent acuser Qu'il le nous vueillent
demander *und 657—60* Chaucuns de nous respondera Que on à
Joseph le bailla. Se vous Joseph ci nous rendez, Par Joseph
Jhesu raverez ‖ et s'on] *DF* se l'en *CA* et quant il seront mort et
(*A ad.* si) en (*A* l'en) ‖ s'on] *B* s'il ‖ demende] *B* demandent ‖ Jhesu]
*M* de Jhesum ‖ nous] *C* si ‖ 247. que — baillames] *A* lour le baillames
à garder et que il nos rendront Joseph *MP* que nous lour baillerons se

.

mus à cui nos baillames. A cest consoil s'acordent tuit et
dient que moult est icil sages qui si boen consoil lor a doné,
et si dient qu'il les prandront la nuit. 250

A cest consoil ot Nichodemus amis qui li firent à savoir
que il s'an foist; et il si fist. Et quant li juis vindrent, si ne
le troverent mie, car il s'en estoit foy; et quant il virent ce,
si furent moult irez et viudrent à la maison Joseph, si la
brisierent et lou pristrent tot nu en son lit. Lors lou firent 255
véstir, si l'en menereut chiés un des plus riches homes de la
vile et de la terre. Et cil riches hom avoit une tor où il

---

il nous rendent Joseph (à *P om.*) qui nous le baillames et nos renderons
Jhesum *BDF* que nous lor renderons s'il nous rendent Josep à qui nous
le baillames ‖ 248. baillames] *C ad.* lou cors Jhesu ‖ A—tuit] *R 661,2*
A ce conseil sunt acordé Tout li josne et tout li barbé ‖ s'acordent]
*MBP* se tinrent ‖ et dient—doné] *R 663,4* Cist consauz est donnez par
sens, Car boens est et de grant pourpens ‖ 249. et si—nuit] *RB om.* ‖
et si] *CADF* ensinc ‖ 250. dient] *M* disent ‖ si boen] *BF* tel ‖ lor]
*MBPA om.* ‖ la nuit] *MP* anuit *D* par nuit *C* en medeus la nuit
‖ 251. A — fist] *R 665—8* Nychodemus eut un ami A ce conseil,
qui l'en garni. Manda li que il s'en fuist, Ou il morroit. Et il si
fist ‖ amis] *F* auchuns amys ‖ li] *F* le luy ‖ à savoir] *A* savoir *H*
savour [!] ‖ 252. que il s'an foist] *DH* et il s'en foi (*H om.* se)
*F* par quoy il s'en fouyt ‖ et il si fist] *MBPDF om.* ‖ Et — foy]
*R 669,70* Et li juif s'en vunt là droit; Meis il ja fuiz s'en estoit
‖ Et] *D om.* ‖ li juis] *MBPCA* chil ‖ viudrent] *DF ad.* à sa maison
*C ad.* la nuit à son ostel ‖ ne le] *C* n'en ‖ 253. mie] *CF* point ‖
car — foy] *CDF om.* ‖ et quant — Joseph] *R 671—3* Quant il voient
que perdu l'unt En la meison Joseph s'en vunt, Mout tristoié,
mout irascu ‖ et — irez] *CF om.* ‖ et — ce] *D om.* ‖ 254. et] *A* si
*C* et lors *DF* puis ‖ si la — lit] *R 675—8* L'uis de l'ostel Joseph
brisierent, Si le pristrent et emmenerent; Mais aincois le firent
vestir, Car il estoit alez gesir ‖ si la brisierent] *DF om.* ‖ si la] *A*
et la ‖ 255. et] *D* si ‖ nu] *C ad.* et endormi ‖ en] *C* dedanz ‖ Lors]
*MBP geben von hier an mit den Worten*: et puis l'en menerent
louc de Jherusalem bien .VII. lines en une fort maison *wieder eine
Strecke die Version des grossen Gral* ‖ Lors — terre] *R vgl. 677 und
695* Chiés un riche homme l'ont mené ‖ 256. plus riches] *F* grans
*H* haus ‖ de la — terre] *C* qui fust en la vile ‖ homes] *F ad.* de
bien ‖ de la ville et] *DHF om.* ‖ et de la terre] *A om.* ‖ Et — prison]
*R 697,8* Leenz eut une tour roonde, Ki haute estoit et mout par-

avoit moult felonesse prison. Et quant il lou tindrent illuec
tot seul, si le batirent et li demenderent que il avoit fait de
260 Jhesu. Et il leur respondit: „Ce sevent cil qui lou gardoient,
que ge n'en fis onques chose que ge ne vossisse bien que l'en
seust." Et cil li dient: „Tu l'as amblé, car il n'est mie là
où nos lou te veimes metre et savons bien que tu l'as ousté
de là où tu l'avoies mis; or te metrons en cele chartre, et
265 t'i covendra morir si tu ne nos enseignes le cors Jhesu." Et
Joseph respont comme cil qui rien n'en savoit: „Se il plaist
au seignor que ge por lui muire, il me venra moult à gré."
Lors lou prannent li jui, si lou batent moult durement et puis

funde ‖ une] *C* un ‖ 258. moult felonesse] *F* bien vilaine ‖ Et —
Jhesu] *R 679,80* Demandent li, quant l'ont tenu, Que il avoit feit
de Jhesu ‖ quant] *F* comme ‖ 259. si le batirent] *C om.* ‖ et li] *C* si
li ‖ que — Jhesu] *ADF* que as tu fait de Jhesu-(Christ *DF om.*) ‖
260. Et — seust] *R 681—6* Joseph respont isnelement: Quant je l'eu
mis ou monument, A vos chevaliers lo leissei Et en ma meison
m'en alei; Ce sache Diex que puis nou vi, Ne meis puis paller n'en
oï ‖ leur] *AD om.* ‖ respondit] *C* dist ‖ Ce — gardoient] *F* ceulx
qui le gardoient le sceivent bien ‖ Ce] *C* que ce ‖ cil] *C ad.*
bien ‖ 261. que] *DF* quar ‖ n'en] *DF* ne ‖ que l'en] *C* qu'an ‖
262. seust] *CA ad.* et que il bien ne veissent *A* et que vous ne
veissiez ‖ Et — dient] *R 687* Cil li dient *A* Et cil dist *F* Et ilz luy
dirent *D* Et cil dient tuit ‖ Tu — Jhesu] *R 687—90* Tu l'as emblé!
— Non ai, en moie verité. — Enseigne le nous toutes voies ‖ Tu]
*C* Joseph, tu ‖ l'as amblé] *A* le veus embler ‖ l'as] *DF* le nos as ‖
mie] *C* pas ‖ 263. et savons — mis] *C om. A* et voulons que l'en
sache que tu l'ostas où nos meismes l'avons mis et quant tu le
demandas à Pilate ‖ 264. or te] *CA* nos (*A* ou nos) vos ‖ chartre]
*C ad.* distrent il ‖ si] *F* où ‖ 265. t'i] *C* vos *A* vous i ‖ *C* à
morir ‖ si — Jhesu] *A om. C* ou vos lou nos randroiz ‖ Et — gré]
*R 691—4* Je ne sai où est, s'il n'est là Où je le mis quatre jours
ha. Et se lui pleist que pour lui muire, Bien sai ce ne me puet
rien nuire ‖ 266. Joseph] *C* il *A* cil ‖ comme — savoit] *C om.* ‖ rien
— savoit] *A* n'en savoit rien ‖ n'en] *H* ne ‖ savoit] *A ad.* et dist
‖ Se — seignor] *C* Se à celui seignor plaist (que *Hs.* qu) ge ostai
de la croiz *A* que se il li plaist *DHF* Je voil (se il *H* si) plait
au seygnor pour (quoi *HF* qui) je (serai *H* sui) (enprisonez *H* en
prison) ‖ 267. por lui] *DHF* i ‖ muire] *A* morray *H ad.* et lo
croi ‖ il — gré] *DHF om.* ‖ 268. Lors — durement] *R 699* Lors le
reprennent et rebatent ‖ prannent] *DF* pristrent ‖ li jui] *A om.* ‖ et
puis — terre] *ADF om. R 700* Et tout plat à terre l'abatent ‖ terre]

si l'abatent contre terre et après l'avalent en la chartre et
par dessus la scelent en tel maniere que, si nus le venist 270
querre, que ou ne le peust trover.

Ensinc fu Joseph amblez. Et quant Pilates sot que il
fu perduz, si en fu moult iriez et moult l'an pesa, car il
n'avoit nul si boen ami. Ensinc fu Joseph perduz une grant
piece au siegle. Et cil por cui il avoit ce sosfert, ne l'oblia 275
mie et vint là où il estoit en la prison et li aporta son vaissel.

---

*C ad.* et moult lou laidirent forment ‖ 269. et après — chartre]
*R 701* Avalé l'ont eu la prisou ‖ et après] *ADF* puis si ‖ l'avalent]
*DF* l'avalerent *C ad.* aval ‖ chartre] *C ad.* Cayphas ‖ et par —
mauiere] *R 705,6* Forment l'ont fermée et serrée Et par dessus
bien seelée ‖ et par — scelent] *C* et puis si la scelerent *F* et si la
seglierent par dessus ‖ 270. dessus] *D* desor ‖ scelent] *D* scelerent
*A* saillent ‖ que — trover] *R om.* *C* que nus qui cele tor veist, ne
cuidast que ce fust fors que uns pilers de pierre, car la chartre
estoit autresinc graisle par desus com est li tuyaus d'une cheminée
et par dedanz terre, bien en parfont, estoit et granz et lée *D* que
se nus i venist pour lui que il ne le peust trover *F* que si
auchuns y venoient pour le cuyder quar que ilz ne le peussent
trover ‖ 271. trover] *F ad. eine Kapitelüberschrift zum Folgenden:*
Li Conte cy après ensuyvant parle comment Josepf fut emblé et
mys en la chartre ‖ 272. Ensinc — amblez] *R om.* ‖ amblez] *C ad.*
et reposz que nus u'en poit oïr nouveles que il fust devenuz, et si
fu il moult quis et demendez ‖ Et — iriez] *R 707,8* Mout fu Pilates
irascuz Quant set que Joseph fu perduz ‖ sot] *D* le sot ‖ il] *ADF* Joseph
‖ 273. fu] *C ad.* ensinc ‖ iriez] *F* courrocé et marry ‖ et — pesa] *F om.*
*R 709* Et en son cuer mout l'en pesoit ‖ car — ami] *R 710* Que nul
si boen ami n'avoit ‖ il] *D om.* ‖ 274. ami] *C ad.* entor soi, ne nul si
loial chevalier, ne qui tant l'amast, et ne qui tant li fust de boen
servise, ne meillor chevalier as armes n'avoit il onques eu en son
tens ‖ Ensinc — siegle] *R 711,2* Au siecle fu bien adirez Et
vileinnement ostelez ‖ une] *H om.* ‖ grant] *C* moult grant ‖ piece] *H*
piethe ‖ 275. au siegle] *DHF om.* ‖ Et — mie] *R 713—6* Meis Diex
nou mist pas en oubli, Cui on trueve au besoing ami; Car ce que
pour lui soufert ha, Mout tres bien li guerredona ‖ cui] *DF* (qui
*F* laquelle) amor ‖ sosfert] *C ad.* et sosfroit *DF ad.* (son *F* cel)
ennui ‖ 276. mie] *C* pas *CADF ad.* ainz lou regarda come (sires
*F ad.* vroy) (et come (dex *F* vroy dieu) *A om.* ‖ et vint — vaissel]
*R 717,8* A lui dedenz la prison vint Et son veissel porta, qu'il tint ‖ vint]
*C ad.* à lui ‖ estoit] *C* ert ‖ la] *F om.* ‖ prison] *CA ad.* et si souleva

Et quant Joseph vit la clarté, si se esjoï moult en son cuer
et fust replain de la grace dou saint esperit et se merveilla
et dist: „Dex puissanz de totes choses, dont puet venir cele
280 clartez, se ele ne vient de vos?" Et Jhesuz-Criz li respont:
„Joseph, ne t'esmaier tu mie, quar la vertuz de Dieu mon
pere te sauvera." Et Joseph demande: „Qui estes vos qui
à moi parlez, car vos estes si beaux que ge ne vos puis
veoir ne conoistre." Et Jhesu - Crist li dist: „Ore antant ce
285 que ge te dirai: „Je sui Jhesus - Criz, li filz Dieu, que il enveia en terre por sauver les pecheeurs. Ge vig en terre por
sosfrir mort et por l'uevre de mon pere sauver; car il fist
Adan, et de Adan fist il Evain; et anemis la engigna, si la

---

la tor par terre ǁ et li] *CA* et si li ǁ 277. Et — cuer] *R 721,2* Et quant
Joseph la clarté vist, En son cuer mout s'en esjoïst ǁ clarté] *D verschrieben* chartre ǁ si — cuer] *CA* si li esjoï moult li cuers ǁ en son
cuer] *D om.* ǁ 278. et fust — merveilla] *R 725,6* De la grace dou seint
esprist Fu touz pleins, quant le veissel vist ǁ et fust replain] *CA* et
raempli ǁ replain] *F* replex ǁ se] *C* s'en ǁ merveilla] *C ad.* moult ǁ
279. Dex — vos] *R 727 — 30* Sires Diex, tou-puissanz, Dont vient ceste
clartez si granz? Je croi si bien vous et vo non Qu'ele ne vient
se de vous non ǁ de] *F* en ǁ dont] *C* et dont ǁ 280. se] *A* quant ǁ
Et — respont] *R om.* ǁ Et] *AD om.* ǁ Jhesuz-Criz] *F* nostre seygneur
ǁ li] *A om.* ǁ respont] *D. ad.* et li dit ǁ 281. Joseph — sauvera]
*R 731 — 3* Joseph, or ne t'esmaie mie: La vertu Dieu has en aïe,
Saches qu'ele te sauvera ǁ Joseph] *D om. C ad.* Joseph ǁ quar] *C*
que ǁ de Dieu] *CA om.* ǁ 282. Et — demande] *R 735* Joseph
Jhesu-Crist demandoit ǁ Joseph] *A* cil ǁ demande] *C* li respont *A*
respont ǁ Qui — conoistre] *R 736 — 8* Qui il iert, qui si biaus estoit:
Je ne vous puis, sire, esgarder Ne connoistre ne aviser *A* Dites moi
qui vous estes, biau sire, quar je ne vous puis connoistre ne veoir ǁ
Qui] *C* Et qui ǁ 283. beaux] *C* clers ǁ 284. Et — dist] *R 739* dist
Diex ǁ Jhesu-Christ] *C* la voiz *A* il *F* nostre seygneur ǁ Ore —
dirai] *R 739,40* enten à moi, Ce que je te dirai si croi ǁ antant]
*CA ad.* bien ǁ ce] *ADF om.* ǁ 285. Je — pecheeurs] *D om. R 741 — 3*
Je sui li fiuz Dieu, qu'envoier Voust Diex en terre pour sauver
Les pecheours de dampnement ǁ que] *C* cil cui ǁ 286. pecheeurs]
*C ad.* si entan que ge te dirai ǁ Ge vig — sauver] *R 745 — 7* Je
vins en terre mort soufrir En la crouiz finer et morir Pour l'uevre
men pere sauver ǁ 287. mort] *DF ad.* par le coumendement de
mon pere ǁ car — Evain] *R om. A* qui fist Adam et Eve ǁ car il]
*DF* qui ǁ il] *DF om.* ǁ 288. et anemis — Adan] *R 748 — 52* Qu' Adans

fist pechier, et ele fist pechier Adan. Et quant il orent pechié,
Diex les gita hors de paradis et les mist en chaitivoisons. 290
Si concurent et orent anfanz et lignées et li et tuit cil qui
d'els issirent, par lou pechié que Adan ot fait, qui trespassé
avoit le commendement de mon pere, les vost avoir anemis.
Si les ot tant com il plot à mou pere que li filz venist en
terre; et nasqui de fame por ce que par fame avoit esté 295
perduz li siegles et par fame voloit que il fust recovrez et por
ce que par fame avoit pourchacié li anemis que il eust les
hommes et por ce que par fame estoit toz li siegles emprisonez,
vost li sires que par fame fussient tuit desprisoné et raent.

---

avoit feite dampner Par la pomme que il menja, Qu'Eve sa fame li
donna Par le conseil de l'ennemi Qu'ele plus tost que Dieu crei || la
fist] *C* le fist || et ele — Adan] *C om.* || 289. Et — chaitivoisons]
*R 753,4* Après ce Diex de paradis Les gita et les fist chetis || orent]
*C ad.* amedui || 290. Diex — chaitivoisons] *A D* si les gita en chaiti-
voisons || Diex] *C* si || 291. Si — lignées] *R 757* Eve concut, enfans
porta || Si concurent] *A* Si en issirent || lignées] *C ad.* quant il se furent
conneu, et laborerent en terre *A ad.* et avec eulx *H* de lignie || et li
— anemis] *A* et quanque de eulx issi estoit o les anemis *D H F* et
(*F ad.* puys) quant il (moroient *H F* morurent) si les (voloit *H* vaut
*F* volut) avoir (li *H om.*) anemis || et li] *C* il || 292. issirent] *C ad.*
des iqui en avant || 293. anemis] *C ad.* en sa cordele || 294. Si — pere]
*R 761* Si les eut tant cum plust au pere || Si les ot] *A D H F om.* ||
com] *A D H F* que || à mon] *A* au || que — de fame] *R 762* Que li
fiuz naschi de la mere || que li filz venist] *D* que je ving *A* si envoia
son filz || 295. et nasqui de fame] *C* et il si fist, si s'aombra en la virge
pucele Marie et an nasqui. Et ce fist li douz sires || et] *A* qui || de
fame] *A ad.* povre *H* de la vierge Marie || por ce — raent] *R 763—8*
Par fame estoit hons adirez Et par fame fu recouvrez. Fame la mort
nous pourchaca, Fame la vie nous restora. Par fame estions emprisonné, Par fame fumes recouvré *C* por ce que par fame avoit esté perduz li siegles et par fame voloit que il fust recovrez; car li annemis
qui ne fait se gaitier non lou pueple, por torner à mal par ce que il
vit que fame estoit de foible corage l'angigna il avant et por ce que
par fame estoit toz li siegles emprisonez, ce est es mains au deiable qui
toz les enportoit en anfer autresin les boens com les mauveis, vost li
sires que par fame fussient tuit desprisoné et raent des painnes d'anfer  ..
où tuit s'en aloient *A* quar par famme avoit porchacié li anemis qu'il
eust les hommes; tout ainsi et par la fame estoient en prison couvenoit
qu'il fussent delivré et raent par fame *D H F* por ce que par fame avoit
porchacié li anemis qu'il eust les (hommes *H* armes) et tout ausi comme

3

300 Or as oï coment li filz Deu vint en terre et la raison par quoi
il nasqui de la pucele virge, et orras lou torment que li fruit
charga; en le fust convenist que li fiuz morust por sauver
l'evre de son pere. Et ice sauvement vig ge faire en terre
et nasqui de la virge Marie et sosfri les tormanz terriens et
305 reciu mort en fust; et .V. foiz issi sans de mon cors. „Comment,
sire,“ dist Joseph, „estes vous donc Jhesu de Nazareth, li
filz Marie, l'espose Joseph, cil cui Judas vendi .XXX. deniers

par (fame H fames) (estoit H estoient) (l'ama F la vie H les armes) en
prison, convenoit (il H om.) (qu'ele H qu'eles F qu'il) (fust H fuissent)
(delivrée H delivrées HF ad. et rayenses (rachatée)) par fame || 300.
Or—terre] R 769—71 Joseph, or as oï comment Li fiuz Dieu tout cer-
teinnement Vint en terre || Or] A mais or || as oï] C A oïez || as] F ad.
tu || et la — virge] R 771,2 si has oï Pour quoi de la virge nasqui |
raison par] DF cause pour || 301. et orras — pere] R 773,4 Pour ce
qu'en la crouiz moreust Et li peres s'uevre réust C et orroiz lou torment
et la painne que le filz Deu encharja et vos avez oï comment fu anfraint
l'obedience et li commendemenz dou pere, et se tu croiz que autresinc
come li fuz charja la pome qui de l'arbre issi par le miracle de Deu
mon pere, par quoi li premiers hom pecha par l'amonestement de la
fame cui li deiables avoit angignée covenoit que li filz Deu morist en
fust pour sauver l'uevre de mon pere A et entre autre torment de la
pomme que li fruit charga et fu enfrainte l'obedience du pere, et si tu
crois que autresi comme li fruit charga la pomme, couvenoit que li filz
mourist et fust pour sauver de son pere F et oiras le tourment qu'il
souffrit (pour avoyr transgieté le commendement de Dieu le pere ausgestrichen) et la peine que li fruyt chargea, qui fut enfrainte par l'obedience du pere; et si tu crois od me par le fruyt prohibé il convenist
que nostre seygneur souffrist mort en l'arbre de la croiz pour saulver
l'oevre de son pere || 302. le fust] D la poine || morust] D ad. et fust
venuz || 303. Et — terre] R 775 Pour ce sui en terre venuz || ice]
A om. || 304. et nasqui — fust] R om. || et] CA si || et reciu — fust]
DF om. || 305. en] A au || fust] C ad. .III. anz après ce que je fusse
bauptiziez ou plus || et .V. — cors] R 776,7 Et li sans de mon cors
issuz, Qui en issi par .V. foïes || .V. foiz] C de .V. leux DF par (.I. F
cinq) leus || issi] DF en issi (fors F hors) || sans] DF li sans C ad. et
eive || de mon cors] CA (fors A om.) de moi (| Comment — Nazareth]
R 779,80 Comment, sire, Joseph li dist: Estes vous donc Jhesus ||
Comment] D ad. donc || 306. dist] DF fait || donc] AD om. || li —
Joseph] R 780—2 qui prist Char en la virge precieuse Ki fu Joseph
fame et espeuse || li filz] A ad. de et le filz DF (et F qui) fustes fiz ||
307. Marie] DF de la virge (F ad. Marie) || l'espose] A la fame || cil

et cui li juif pristrent et menerent devant Pilate, et qui fust
mis en croiz, et cil que je mis en une pierre et de qui li juis
distrent que je l'avoi emblé?" Et Jhesuz - Criz respont: „Ce 310
sui ge icil meismes; et einsi com tu l'as dit, si le croi; et
com tu l'as veu, si seras sauvez et auras joie pardurable."
— „Ha, sire," dit Joseph, „par votre pitié meisme, aiez pitié
de moi, car por vos sui je ici mis et je vos ai toz jors moult
amé, ne onques mes n'osai je à vos parler, car je cuidoie 315
que vous ne me creussiez pas por ce que ge parloie sovant
et tenoie compaignie à cels qui porchacoient vostre mort." —
Lors respont nostres sires: „Mes amis est boens avec mes

---

— deniers] R 783,4 Cil que Judas .XXX. deniers Vendi as juis pau-
tonniers || Judas] C ad. vostres deciples || 308. et cui — croiz] R 785,6
Et qu'il fusterent et batirent Et puis en la crouiz le pendirent || et
menerent] C et cui il menerent A et l'amenerent || et qui — croiz] CA
et (cui il A om.) (ocistrent A l'ocistrent) en croiz || 309. et cil—emblé]
R 787—90 Que j'en la sepouture mis Et de cui dirent li juis Que
j'avoie vo cors emblé Et dou sepuchre destourné? C et cui il distrent
que je avoie amblé por ce que je l'avoie osté de la croiz et mis dedanz
lou sepulchre en la pierre que je avoie si longuement gardée || pierre]
DF ad. et (ostai F oste) de la croiz || de qui] A que || li juis] A il ||
31). Et — respont] R om. || Criz] A om. || respont] DF ad. à Joseph
et (li F om.) dist || Ce — pardurable] R 791—4 Je sui icil tout vraie-
ment, Croi le, si auras sauvement, Croi le, si n'en doute mie, Si
auras pardurable vie || 311. icil] DF om. || et einsi — pardurable]
C om. || si le croi] A je l'otroi || 312. sauvez] A om. || 313. Ha — moi]
R 795,6 Sire, dist Joseph, je vous proi, Que vous aiez pitié de moi |
sire] C biax sire || dit] CA fait || par — meisme] R om. C par la vostre
saintisme grace || aiez — moi] C aiez merci de moi et pitié || 314.
car — mis] R 797 Pour vous sui je cileques mis || por] C par || sui ge]
F je suys || ici] DF en ceste chartre || et je — amé] R 801 Sire, touz
jours vous ei amé || 315. ne — parler] R 802—4 Meis n'en ei pas à
vous pallé Et pour ce dire ne l'osoie Certeinnement || n'osai je] AD
n'osai F n'ose || à vos parler] F parler à vous || à] A avec || car — pas]
R 804,5 que je quidoie Que vous ne m'en creussiez pas || cuidoie] C
dotoie F ad. sire || 316. creussiez] D creussez A cogneussiez || pas]
D om. || por — mort] R 806--8 Pour ce que j'en la compeignie Estoie
à ceus qui vous haoient Et qui vostre mort pourpalloient || por ce que]
DF pour ceus à qui || ge] A om. || 317. mort] CDF torment || 318.
Lors — sires] R 809 Lors dist Diex || sires] F seygneur DF ad. à
Joseph et li dist || Mes—anemis] R 809—11 Avec mes amis et aveques
mes ennemis Estoie || Mes] DHF Joseph, (mes F ung) || est — mes]

anemis et si le peus veoir à toi meismes; quant la chose est
320 aperte n'i a mestier senefience; tu estoies mes boens amis et
je te cognoissoie bien et por ce te laissoie ge devers els por
lou grant mestier que je savoie que tu m'auroies et que tu
eus paonr et dolor de mon torment, et je savoie bien que
tu m'aideroies por l'amor de mon pere qui t'avoit doné lou
325 cuer et volenté et lo pooir du servise faire à Pilate; pour
quoi je te fui donez." — „Ha, sire, ne dites mie que vos
seiez miens!" — „Si sui, Joseph, je sui à toz les boens et
tuit li boen sont mien. Sez tu quel guerredon tu auras de
ce que je te fui donez? Joie pardurable auras après la fin
330 de ceste mortel vie. Ge n'ai ci amenez nul de mes deciples

---

*D om.* || 319. et si — mesmes] *RA om.* || si le] *D om.* || peuz] *C* poez
|| à] *F* pour || toi] *C* vos || quant — senefience] *R 811—13* mais quant
avenue Est aucune descouvenue N'i ha mestier senefiance || quant] *C*
car || la] *DF om.* || chose] *H ad.* qui || 320. aperte] *F* clere et aperte
|| n'i — senefience] *C* bien est mostrée la senefience *F* il n'est point
mestier de experience || mes — amis] *F* bien mon amy || et je — bien]
*R om.* || 321. bien] *A om. C* miauz que tu meismes ne te conoissoies ]
et por — m'auroies] *R 816,7* Pou[r] ce estoies o le juis Et bien seu que
mestier m'aroies || devers els] *A* derroinement || 322. mestier] *DF*
amour || m'auroies] *DF* avoies à moi || et que — torment] *R om.* || et
que] *A* quar || 323. eus] *C* as eu || paour] *F* grant paours *C* pitie ||
et dolor] *A* de la douleur || et je — m'aideroies] *R 818* Et au besoing
que m'eideroies || 324. m'aideroies] *F ad.* et secoureroys *CA* me se-
corroies et aideroies *C ad.* là où mi deciple ne m'oseroient aidier; et ce
feis tu de pitié *A ad.* et je savoie que tu m'aideroies || por — pere]
*R om.* || 325. qui — Pilate] *R 819—21* Car Diex mes peres t'eut donné
Le povoir et la volenté Que peus Pilate servir || lo] *D om.* || du] *C* d'ice
*A* del || à Pilate] *DF om. A* pour moi *C* pour moi et il t'a sosfert à feire
lou service à Pilate || pour — donez] *R 822—4* Qui si te voust remerir:
De ten service te paia En ce que men cors te donna *C* dont li t'a tant
amé que je te fui donez et je sui tiens [| pour quoi] *A om.* || 326.
Ha — miens] *R 825,6* Hay, sire, ne dites mie Que miens soiez n'en ma
baillie || sire] *C ad.* fait Joseph *A ad.* merci *DHF* biaux (douz *HF om.*)
|| mie] *CA ad.* tel chose || 327. Si — mien] *R 827,8* Si sui, Joseph, jel
direi bien. Je sui as boens, li boen sunt mien || Si] *DF* Et nostre
(sires *F* seygneur) respont: Si || 328. li] *A om.* || Sez — donez] *R 830*
Sez tu que tu as deservi En ce que je donnez te fui? || Sez] *CA* Et
sez || 329. je] *D om.* || fui] *CADF* sui || Joie — vie] *R 831,2* La vie
pardurable aras Quant de cest siecle partiras || Joie — auras] *CA* (Tu
en auras *A om.*) joie pardurable || 330. Ge — deciples] *R 833,4* Nul

por ce qu'il n'en i a nul qui sache l'amor de moi et de toi;
et n'en has eu veinne gloire, ne nus ne set ton bon cuer
que ge; tu m'as amé celéement, et ge toi, et sache bien que
nostre amors revendra devant toz aparanz et sera mult nuisable as mescreanz; car tu auras la senefience de ma mort 335
en garde et cil cui tu la conmenderas; et voi la ci!" Et
nostre sires trait avant lou vaissel precieux à tot le saintisme sanc que Joseph avoit recoilli de son precieus cors quant
il lou lava. Quant Joseph vit lou vaissel, et conut que ce
estoit cil que il avoit en sa maison repost que nus hom 340
terriens nel savoit fors que il, si fu repleinz de sa grace et

---

de mes deciples o moi N'ei amené. Sez tu pour quoi || Ge — amenez]
A Ne je ne amene || de mes] D om. AF des || 331. por — toi] R 335,6
Car nus ne set la grant amour Que j'ai toi dès ice jour || en] DF om.
|| i a] A là || 332. et n'en — gloire] DF om. R 838 Ne veinne gloire
ai n'en has C et bien sai que tu n'as feit ce que feit as por moi; por
nulle vainne gloire || et — eu] A et ne croi pas que tu en aies || ne nus
— ge] DF om. R 839,40 Nus ne connoit ton cuer loial Fors toi et Dieu
l'esperital || ne nus ne set] A que face || 333. que ge] A fors tu meisme
|| ge] F moy || toi] R ad. tout certainnement || et sache — apert]
R 843,4 Nostre amour en apert venra Et chaucuns savoir la pourra ||
et sache] CA (et A mais) saches tu || 334. aparanz] DHF om. || et
sera — mescreanz] R 845,6 Mais ele sera mout nuisanz As mauveis juis
mescreanz || et sera] C qui sera || mult nuisable] A touz moult nui-
sablement || nuisable] F nuisible || 335. mescreanz] H verschrieben mesi-
rans || car — garde] R 847,8 En ten povoir l'enseigne aras De ma mort
et la garderas || car] H que || mort] D mor || 336. en garde] A si la
garde D garder F à garder || et cil — commenderas] DF om. R 849,50
Et cil l'averunt à garder, A cui tu la voudras donner A et ce que tu
commenderas sera || et voi la ci] R om. || ci] D om. || Et — precieus]
R 851,2 Nostres sires ha trait avant Le veissel precieus et grant || Et
— avant] C Et lors trait nostres sires avant F Et nostre seygneur tire
en avant H Et nostre sire traist à soi || 337. à tot — lava] R 853—6
Où li saintimes sans escot Que Joseph requeillu avoit, Quant il jus de
la crouiz l'osta Et il ses plaies li lava || à tot — precieus] H om. || à
tot] F avecques || saintisme] A saint || 338. recoilli] A receu || quant
— lava] A Et il s'en va || 339. Quant — creance] R 857—62 Et quant
Joseph viet le veissel Et le connut, mout l'en fu bel; Meis de ce mout
se merveilloit Que nus ne seut où mis l'avoit, Qu'en sa meison l'avoit
repus C'onques ne l'avoit veu nus || et] C si DF et il A il le || 340.
cil] A il C ad. meismes || en — repost] F laissé en sa maison C repost
en tel leu que || 341. terriens] A om. || nel[ DF ne A rien n'en || il] C ad.

---

de ferme creance. Et il s'agenoille et crie merci à nostre
sire et dist: „Sire, sui ge donques tex que ge si precieuse
chose et si sainte comme ton vaissel puisse ne ne doi garder?"
345 Et nostre sire dit: „Tu le doiz avoir et garder et cui tu lou
commenderas; mais en ceste garde n'en doit avoir que trois
et cil troi l'auront el non dou pere et dou fil et dou saint
esperit, et tu ainsin lou doiz croire et tuit cil qui l'auront en
garde, que ces trois vertuz sont une meismes chose." — Joseph
350 fu à genoiz et nostres sires li tent lou vaissel et cil lou
prant; et nostres sires li dist: „Tu tiens lou sanc au fil qui
receut mort pour le sauvement faire des pecheors; et sez tu

---

seulement ‖ fu] *C ad.* si maintenant ‖ repleinz] *A* rampli ‖ sa] *A* la
‖ grace] *DF ad.* Jhesu-Crist ‖ 342. de ferme] *DF* de sa ferme ‖ creance]
*C ad.* plains ‖ Et il — sire] *R 863,4* Et il tantost s'agenoilla, Nostre
seigneur en mercia ‖ Et il] *C* Lors ‖ nostre sire] *C* dame Deu *A om.*
‖ 343. et dist] *RA om. C* si li dist ‖ Sire — garder] *R 865—7* Sire
Diex, sui je donques teus Que le veissel si precieus Puisse ne ne doie
garder ‖ donques] *D om.* ‖ que — garder] *D* qui doie guarder si saintisme chose e tel veissel *F* que je si saincte chose doye garder et tel
vaisseau ‖ 344. comme — garder] *C* doie garder ne tel vaissel ‖ puisse
— garder] *A* et que je la puisse garder ‖ 345. Et — dist] *CA om.*
*R 869* Diex dist ‖ nostre sire] *D* Jhesu-Crist ‖ sire] *F* seygneur *ad.*
luy ‖ Tu — esperit] *R 871—5* Joseph, bien ce saras garder, Que tu ne
le doiz commander Qu'à trois persones qui l'arunt, Ou nou du Pere le
penrunt Et dou fil et dou saint esprist ‖ Tu — cui] *C* Tu lou doiz avoir
et garder, fait nostres sires, et tu et cil cui *A* Oïl, sanz faille, ce dit
nostre sire, et toi et cil cuy ‖ cui] *DF* à qui ‖ 346. mais] *DF om.* ‖
en ceste garde] *C* à cels qui le garderont ‖ n'en doit] *A* ne puet ‖ 347.
el] *A* en ‖ et dou fil] *A* du filz ‖ 348. et tu — choses] *R 876—8* Et se
doivent croire trestuit Que ces trois persones sunt une; Et persone
entiere est chaucune ‖ 349. en garde] *A om. DF ad.* sachent ‖ que] *C*
et ‖ choses] *C ad.* en Deu ‖ 350. Joseph — genoiz] *F om. R 879* Joseph
qui à genouz estoit ‖ Joseph] *A* Endementer que cil ‖ genoiz] *C* ge-
noillons ‖ et nostres — pecheors] *F om.* ‖ et nostres — prant] *R 880*
Prist le veissel que Diex tenoit ‖ cil] *D* il ‖ 351. et nostres sires li
dist] *R 881* dist Diex *C* et lors li dist nostres sires *A* et il li dist ‖
Tu — pecheors] *R 881—4* Joseph ... as pecheurs Est sauvemenz pour
leur labeurs. Qui en moi vraiement croirunt De leur maus repentance
arunt ‖ au fil — pecheors] *C* as trois persones en une deité qui degota
des plaies de la char au fil qui recut mort por sauver les ames des
pecheors *A* où ces vertuz furent et sont et receut mort sa char en sa
compagne pour le sauvement faire des pecheours *DH* où ces .III. virtuz
sunt (une meisme chose en Deu *H keine Variante*) ‖ 352. et sez —

que tu as gaaguié pour tes soudées? Tu as gaaigné que
james sacremenz ne sera faiz que la senefiance de t'uevre n'i
soit; qui connoistre la porra la saura." Et lors demanda 355
Joseph à Jhesu-Crist: „Se il vous plaist que je le sache que
je ai fait, si me dites, quar je ne le sai mie." — Et Jhesu-
Crist respont: „Joseph, tu m'ostas de la croiz; et ses bien que

---

sodées] *R 885,6* Tu meismes pour tes soudées Has mout de joies con-
questées ‖ sez tu] *DHF ad.* dist nostre (sires *F* seygneur) à Joseph
‖ 353. pour tes sodées] *DFH om. C* et quex sodées tu en auras *CA ad.*
gel te dirai ‖ Tu i — soit] *R 887—9* Saches que jameis sacremenz Feiz
n'iert que ramembremenz De toi n'i soit ‖ Tu i — que] *DF om.* ‖ i]
*A om.* ‖ 354. t'uevre] *A* ceste eovre *H* l'uevre ‖ 355. qui — saura]
*R 889,90* Tout ce verra qui bien garder i savera *C* dont tuit cil amen-
deront qui l'orront et plus gracieux en seront qui conoistre la porra ne
lire la saura; ne qui aprendre la porra en seront plus amé au siegle et
lor compaignie à avoir en iert plus desirée que d'autres genz d'ices qui
les livres en retendront et escriront de lor mains, et tot por l'amor de
la grace que ge t'ai donée par lou presant de ce vaissel *A* qui cognoistre
la porra ne saura ne qui ce en porra aprendre *DHF* qui (conoistre la
porra *H* le vaurra connoistre) (ne *H* et) saura à quoi (se *H* che) porra
atandre ‖ Et — Crist] *DF* Et lor li demanda Joseph *R eingeschoben 891*
dist Joseph ‖ demanda] *C* redemanda ‖ 356. Se — mie] *R 891,2* Par
foi . . . je nou sai, Dites le moi, si le sarai ‖ Se] *CA* Sire, se ‖ plaist]
*C ad.* et tu vels ‖ 357. ai fait] *A* leur fas ‖ ai] *D* l'a *C ad.* donques
‖ fait] *C ad.* dont j'ai si grant grace receue ‖ si me dites] *C* di moi *A*
si le me di ‖ quar] *F* et si ‖ quar — mie] *A om.* ‖ Et — respont] *R om.*
‖ 358. respont] *DF ad.* et dit (*F ad.* à Joseph) ‖ Joseph — croiz] *R om.*
‖ Joseph] *CA om.* ‖ et ses — m'envelopas] *R 893—913* Joseph, bien sez
que chiés Symon Menjei et tout mi compeignon, A la cene le juesdi Le
pein, le vin y benei. Et leur dis que ma char menjoient Ou pein, ou
vin mon sanc buvoient. Ausi sera representée Cele taulée en mainte
contrée. Ce que tu de la crouiz m'ostas Et ou sepulchre me couchas
C'est l'auteus seur quoi me metrunt Cil qui me sacrefierunt. Li dras
où fui envelopez Sera corporaus apelez. Cist veissiaus où meu sanc
meis Quant de men cors le requeillis Calices apelez sera. La platine
qui sus girra Iert la pierre senefiée, Qui fu desour moi seelée Quant ou
sepuchre m'eus mis *C* et meis en ta pierre après ce que j'oi sis à la
cienne chiés Symon et que je dis que je seroie traïz; et ensinc con ge
lou dis à la table seront pluseurs tables establies à moi sacrefier qui
senefiera la croiz, et lou vaissel là où l'an sacrefiera et saintefiera la
pierre où tu meis mon cors que li caalices senefiera où mes cors sera
sacrez en samblance d'une oïste, et la platainne qui sera dessus mise

---

je fui à la ceine chiés Simon; et comme je dis à la table,
360 ensinc seront pluseurs tables establies à moi sacrefier; et lou
vaissel où l'eu sacrifiera et sanctifiera senefiera la pierre en
quoi tu meis mon cors et sera clamez caalice; et la platainne
qui sera dessus mise seuefiera lou covercle de coi tu me covris, et ce qui sera desore clamez sera corporaux, si sene-
365 fiera lou suaire de quoi tu m'envelopas; et ensi sera jusqu'à
la fin del monde la seuefiance de t'evre conneue. Tuit cil
qui ce veissel verront, serunt en ma compaignie, auront joie
pardurable et acomplissement de lor cuers; et tuit cil qui
celes paroles porrout aprandre en seront plus gracieus et plus
370 plaisant au siegle et vers nostre seigneur, et si ne porront
estre forsjugié en cort ne vaincu de lor droit par bataille."

---

senefiera lou covercle de coi tu me covris, et li dras qui sera desus lou
caalice qui sera clamez corporaux si senefiera lou suaire, c'est li dras
de quoi tu m'envelopas *A* et soe que je fuy à la cenc chiés Symon et
que je dis que je estoie traït et ainsi que je leur dis à la table seront
pluseurs des tables establies à moy sacrefier qui seuefiera la crois et
senefiera la pierre où tu meis mon cors et le plateinne qui scra desus
mis, senefiera le couvercle de quoy tu me couvris et li dras qui sera
clamez corporaux senefiera le drap de quoy tu me envelopas [|| et ses]
*F* et tu ses || 359. je] *D om.* || Simon] *DF ad.* (le *D om.*) leprous [|| et
ensinc] *D* einsi || estoie] *H verschrieben* t'avoie || 365. de quoi] *D* où
*F* en quoi || et ensi — conneue] *R 914—16* Ice doiz tu savoir touz dis,
Ces choses sunt senefiance Qu'en fera de toi remembrance *C* et ensinc
sera à toz jois mes aparissanz jusqu'en la fin du monde la senefiance de
t'uevre aparissanz en la crestienté et iert veue en apert des pecheeurs
*A* et ainsi sera à touz jours mais juques à la fin du monde; la senefiance
est en apert aus pecheours || 366. t'evre] *H verschrieben* t'euste || Tuit
— compaignie] *R 917,8* Tuit cil qui ten veissel verrunt En ma compaignie serunt *CA* (Dont *A* Et) tuit et totes celes qui cest vaissel
verront (et seront *A om.*) en la compaignie (as creanz *A om.*) || 367.
serunt — compaignie] *D* verront en lor compagnie *F* verront et seront
en la compaignyo || auront — cuers] *R 919,20* De cuer arunt em-
plissement Et joie pardurablement || auront] *C* en auront || 368. acom-
plissement] *A* compassement || cuers] *DF* ames *C ad.* puisqu'il soient
verai confés et repentant do lor pechiez || et tuit — seigneur] *R 921—4*
Cil qui ces paroles pourront Apenre et qui les retenrunt, As genz serunt
vertueus, A Dieu assez plus gratieus || 369, aprandre] *CA ad.* et savoir
|| 370. siegle] *F* monde || et si — bataille] *R 925—8* Ne pourront estre
forjugié En court, ne de leur droit trichié, N'en court de bataille venchu,
Se bien ont leur droit retenu || et si] *D* si *F* et || 371. en cort] *DF* à

Ensi aprist Jhesu - Crist ces paroles à Joseph que je vous ai
retraites; ne ne porroi faire, si je n'avoie lou graut livre où
eles sont escriptes; et ce est li secrez que l'en tient au grant
sacre del Graal. Et ge pri à toz cels qui cest conte orront, 375
que il, por Deu, plus n'en enquierent ci endroit; car je en
porroi bien mentir; ne en la menconge ne gaaigneroient il
rien.

Ensinc bailla Jhesuz - Criz lou vaissel à Joseph et quant
Joseph lou tint, et nostres sires li ot aprises les secrées paroles, 380
si li dist: „Totes les foiz que tu voldras et tu auras besoig,
si requier as trois vertuz qui une meisme chose sunt et à la

---

cort] DF à tort || par bataille] DF om. CA ad. dont sairement (A ad.
que) soient fait sor moi || 372. Ensi — Graal] R 929—36 Ge n'ose
conter ne retreire, Ne je ne le pourroie feire, Neis, se je feire le voloie,
Se je le grant livre n'avoie Où les estoires sunt escrites, Par les granz
clers feites et dites: Là sunt li grant secré escrit Qu'en numme le
Graal et dit C Lors li aprant Jhesu - Criz tex paroles que jà nus conter
ne retraire porroit, se il bien faire lo voloit, se il n'avoit lou grant
livre où eles sont escriptes et ce est li secrez que l'en tient au grant
sacrement que l'en feit sor lou Graal, c'est à dire sor lou caalice A Lor
li aprent Jhesu-Crist ces paroles que je ne vous vueil conter ne retraire
ne ne le vueil faire à savoir, se je n'avoie le livre où el sont escriptes
et ce est li sacrez DF (Lors E Adoncq) aprant Jhesu - Crist (à Joseph
ces paroles F ces paroles à Joseph) que je ne vous (contera F conteray)
ne F et) retrairai, (ne F et) ne porrai, (si je le voloie faire F om.) si
(F ad. ce n'estoit que) je n'avoie F n'eusse) le haut livre où eles sont
escrites, ce est (li creanz F la creance) que l'en tient au grant sacré del
Graal || 375. Et ge — rien] R om. || Et ge — endroit] A et pour ce ne
quier je plus dire de ceste chose || pri] DF prierai || cest — orront] DF
orront cest conte || conte] C livre || 376. que — enquierent] DF (ne n'i
F qu'ilz ne m'en) requierent plus, (pour Deu F om.) || ci] DF de ci ||
endroit] C ad. de ceste chose || car — mentir] C car qui plus en voldroit
dire, bien en perroit mentier A quar l'en en porroit bien mentir || car]
D que || 377. gaaigneroient il rien] A ne porroit on rien gaigner ||
gaaigneroient] C gaaigneroit || 378. il] D om. || 379. Ensinc — à Joseph]
R 937 Adonc le veissel li bailla || à Joseph] C Joseph à garder || et
quant — tint] R 938 Et Joseph volentiers pris l'a || 380. et — paroles]
R om. || et] DF om. || aprises — paroles] DF appareilliés les paroles
secrées || paroles] A om. || 381. si li] R 939 Diex A et DF et li ||
Totes—besoig] R 939,40 Joseph, quant vouras Et tu mestier en averas
|| et tu] C ne que tu || 382. si — sunt] R 941,2 A ces trois vertuz gar-
deras, Qu'une chose ainsi creiras || as] DF les || et à — consoil] R 943- 6

3*

boenneeurée dame qui le filz Deu porta consoil si cum tes
cuers meesmes lou dira, et tu l'auras et tu orras la voiz del
385 saint esperit parler à toi. Et je ne t'enmenrai ore pas de ci;
car il n'est pas raisons; ains demourras en ceste prison et
ainsi oscure sera com ele estoit quant tu i fu mis. Et ne
t'esmaier mie; car moult sera tenue ta delivrance à grant
merveille as mescreanz; et à celui qui delivrer te vendra
390 parole des trois vertuz tot ensinc com au cuer te vendra et
li sainz esperiz iert en ta conpeignie qui t'apenra à parler de
ce dont tu ne sez rien."

Ainsi remest Joseph en la prison. Ne de ceste prison
ne parolent pas li apostre ne cil qui establirent les escriptures;
395 car il n'en sorent rien fors tant que nostres sires vost que

Et la dame boneeurée Qui est mere Dieu apelée, Ki le benooit fil Dieu
porta, Mout tres bien te conseillera || à la] *DF* la || 383. boenneeurée
dame] *DF* beneurée, glorieuse (*F ad.* madame sainte) (virge *F om.*)
Marie || Deu] *C* de || consoil] *DF* et li demande conseil || si cum — toi]
*C stellt um* et tu l'auras . . . si com || si — dira] *R om.* || 384. et tu —
toi] *R 947,8* Et tu orras, ainsi le croi, Le seint esprit paller à toi || et
tu l'auras — orras] *A* si verras (et diras *roth ausgestrichen*) *DF* si
sauras et orras || 385. Et je — raisons] *D om. R 949—51* Ore, Joseph,
je m'en irei, De ci mie ne t'emmenrei, Car ce ne seroit pas reison || Et]
*HF om.* || t'enmenrai] *HF* (t'en *F* te) mentirai || ore] *AHF om.* || ci]
*H* chou *F* ce || 386. car] *H* que || il] *H* che || pas] *H* mie || ainz]
*ADF om.* || demourras] *CAD* remaindras || ceste] *R 952* la *CA* itel *D*
cel || prison] *D* chartre *F* cnartre et en ceste prison || et ainsi — mis]
*R 953,4* La chartre sanz clarté sera, Si comme estoit quant je ving cà
*A* et si oscure com ele estoit quant tu i fu mis sera quant tu i seras
remés || et] *F om.* || 387. sera] *CDF om.* || mis] *C ad.* A cele hore que
tu en seras gitez et jusqu'alors te durra ceste clartez que tu as ores ||
Et ne — mescreanz] *R 955—8* Garde que tu n'aies peeur, Ne au cuer
fricon ne tristeur; Car ta delivrance tenrunt A merveille cil qui l'orrunt
|| 388. mie] *F om.* || delivrance] *DHF* venue (*H* benue) et ta delivrance
à grant merveille] *F* nuysible *H* à mirvilleuse et || 389. as] *H* à || et
à — vendra] *F* Ayez tousjours ton amour en celuy qui te viendra de-
livrer et *R om.* || vendra] *H* verra *CA ad.* (metras *A* met) en m'amor
et || 390. et li — rien] *R 959,60* Li seinz esprit o toi sera, Qui touz
jours te conseillera || 391. iert] *A* est *F* sera || qui] *A* et || 392. rien]
*C* nule rien || 393. Ainsi — prison] *R 961,2* Ainsis est Joseph demourez
En la prison bien enchartrez || Ainsi] *H* En endroit dist li contes
que || remest] *F* demeure || Ne—escriptures] *R 963,4* Ne de lui meis li
pallerent, Meis trestout ester le leissierent *und 966* Que de lui ne fu
pallement || 395. car] *H* que || sorent] *H* sevent || tant que] *A ad.* de

ses corps li fust donez; car aucune amour avoit il en lui.
Et quant il fu perduz à la veue del siegle, si l'oïrent bien
dïre tex i ot, mais il ne vostrent pas parler de lui, car il n'en
mistrent rien en escrit, qu'il neussent veu et oï, si ne voloient
pas metre lou siegle en dotance de la foi. Ne droiz estoit. 400
Et nostre sire meismes dist pour coi là où il parla de la
fausse gloire. Ensinc fu Joseph longuement en prison tant
que il avint que uns pelerins qui avoit esté an pelerinnage
en la terre de Judée au tens que nostres sires ala par terre
et que il faisoit les miracles et les vertuz des avugles et des 405
contraiz et des autres mesaaisiez. Iceles miracles vit li preuzdom et puis fu tant en la terre, que il lo vit et oï occoisouner

---

ce que || 396. donez] H delivrés et donez || car — droiz estoit] D om. ||
car] H om. C c' || amor] H amis, *verschrieben* || en] A o || il] H Joseph
|| 397. fu] HF ad. ensi || siegle] F ad. et du monde || si l'oïrent] A
oïrent || 398. tex] H de tex || mais il] A mais qui || ne] AH n'en ||
vostrent] A voudront H osoient || pas] H om. || de lui] A om. C de
celui || car] C om. || n'en] HF ne || 399. rien] CH om. || escrit] H
auctorité ad. de chose || veu et oï] H oï ne veu AF ad. et il ne vourent
rien mettre de ce qu'il n'orent veu || si] C ad. que || ne] A n'en || 400.
metre — lou siegle] C lou siegle metre || la] A sa || foi] C ad. ne de sa
creance || ne] C que || 401. Et nostre—gloire] C om. || pour coi] H en
.I. liu || il parla] AF je oy parler || fausse] A vaine || 402. Ensinc —
prison] R 965 Et demoura mout longuement || Ensinc] F icy || tant —
pelerins] R 967 Tant qu'il avint c'uns pelerins || 403. il avint]. *Mit
diesen Worten setzen MBP wieder ein* || qui — terre] R 969—72
En cele terre de Judée fist là mout longue demourée Au tens que
Jhesus-Criz ala Par terre et sen non preescha || 404. Judée] C ad. qui
chevaliers estoit assez || sires] F seygneur || ala] D aloit || par] C om.
|| 405. et que — mesaaisiez] R 973—9 Qui mout de miracles feisoit, Car
il bien feire les povoit. Les avugles vi cler veanz Et les contreiz touz
droiz alanz, Et autres miracles assez, Que n'aroie à lonc tens contez,
Car trois morz y resuscita || 406. autres] CAF om. || mesaaisiez] C ad.
que il garissoit toz cels cui il lo voloit faire et cui il lui plaisoit A ad.
ce que li plaisoit et il le voloit faire || Iceles — preuzdom] R 980 Li
pelerins tout ce vist là || Iceles] CA d'iceles P Et celes || 407. et puis
— seut bien] R om. || puis] MP om. || fu tant] P tant fu DF fu (il
F om.) || tant—Pilates] D tant que il vit et oï meintes feiz Jhesu-Crist
|| que — vit et] P om. || occoisouner — crois] C tesmoigner maintes foiz
por lou fil Dieu. Et quant il sot qu'il l'orent pris et batu et laidi et
ocis en croix A meinte fois achoisonner et tant qu'il sot qu'il l'avoient
ocis en la croiz F maintes fois achoisonner Jhesus-Crist et tant qu'il

et qu'il fu pris; et seut bien qu'il l'avoient ocis en la crois
el pooir et en la seignorie Pilates.  Icil preudons cercha
410 maintes terres et mainz pais et tant que après ce que ce ot
esté fait, vint à Rome, au tens que Vaspasians, li filz l'ampereor
de Rome, estoit malades d'une liepre si puant que nus, tant
l'amast, ne lou pooit sosfrir.  Moult en estoit l'ampereres
dolanz, et tuit cil qui l'amoient, et par force de la puour
415 que nus ne pooit endurer, fust il mis en une chambre de
pierre; et n'i avoit que une petite fenestre par où ou li donnoit
à mengier à une pele.  Icil preuzdom vint à Rome et her-

---

voyt qu'ilz l'avoient prins et puis le mistrent en la croiz ‖ 408. il
l'avoient — crois] *R 981—3* Meis li juif qui grant envie Eurent seur
lui par felonnie, Le firent il en crouiz morir ‖ 409. el—Pilates] *R om.*
‖ Icil — pais] *Rom. C* Si s'an ala fors de la terre et cercha puis mainz
pais et maintes terres ‖ Icil] *A* Dont cil *F* Et celuy *D* Et cil ‖ 410.
maintes terres] *M* maint terre ‖ *218* et tant — Rome] *R 987—9* Au
tens que je vous ei conté Que li pelerins eust este en Judée, si vint à
Romme *C* et tant que après ce avint que ce ot esté fait, grant piece
après, s'en vint à Rome *A* et quant il ot esté grant piece, s'en vint à
Rome ‖ 411. A — sosfrir] *R 991—6* Adonc li fiuz l'empereeur Estoit
en si tres grant doleur, Qu'il avoit une maladie, Car de liepre iert sa
char pourrie; Si vil estoit et si puanz Que nus o lui n'iert habitanz ‖
au tens que] *MBP* à cel tens (*P ad.* et) ‖ tens] *MBP ad.* que jou vous
dis (*P ad.* et) ‖ li] *F om.* ‖ l'ampereor] *D* à l'emperor *F* de l'empereur
‖ 412. de Rome] *A om.* ‖ estoit] *CADF* fu ‖ d'une] *D* du ‖ si puant] *F*
si infeicte et si puant ‖ que nus — sosfrir] *B* c'on ne le pooit soffrir ne
endurer *MP* que nus (*P ad.* hons) ne le pooit soufrir, tant l'amast ‖
nus] *A ad.* hons ‖ lou] *D om.* ‖ sosfrir] *DF* aprochier ‖ 413. Moult —
endurer] *RB om.* ‖ Moult] *F* dont moult ‖ en] *F om.* ‖ estoit] *P* estoient
‖ 414. et par — endurer] *C* et par la force de ce que l'an ne pooit sosfrir ne son cuivre ne son vivre ne son estre *A* et par la force et par
pooir de ce que on ne pooit souffrir son estre *D* et par force et par
poer que n'en ne pooit son estre *F* et pour ce que l'on ne le povoyt
soufrir ne endurer *H* et par forche pour chou que on le pooit souffrir ‖
415. endurer] *M* durer ‖ fust — reonde] *R 997* On l'avoit en une tour
mis ‖ fust il mis] *C* si le mist *A* quar *MBP* l'enclost (*P ad.* ou) ‖ 416.
pierre] *MBP ad.* faite (reondement *M* reonde) *CA ad.* qui estoit faite
tote reonde ‖ et n'i — fenestre] *R 998,9* Où n'avoit fenestre ne wis
C'une petite fenestrele ‖ n'i] *CMBPDF* si (*BC ad.* i) ‖ i] *A om.* ‖ que]
*MBPCADF om.* ‖ par — pele] *R 1000,1* Où on metoit une escuele,
Quant on li donnoit à mengier ‖ 417. à une pele] *BDF om.* ‖ à] *M* et
à ‖ Icil — home] *R 989,90* si vint à Romme et hesberja chiés un preu-

berja chiés un riche preudomme; et lou soir commencierent
à parler entr'els de pluseurs choses et tant que li preuzdom
de la maison dist à son hoste que moult estoit granz domages 420
del fil à l'ampereeur, qui ainsi estoit malades et perduz, si li
demanda se il savoit chose qui mestier li eust, si li deist.
Et li pelerins li respont: „Nenil ore, mais tant vos puis je
bien dire que outre la mer, en la terre de Judée, eut un
homme qui estoit moult bons prophetes; maintes fois fist Diex 425
por lui contraiz redrechier, qui ne pooient aler, et avugles

---

domme *und 1003,4* Li pelerins fu hostelez, Bien aeisiez et bien soupez
‖ herberja] *MBP* se herbierga ‖ 418. riche home] *P* preudomme moult
riche ‖ riche] *C* moult riche ‖ home] *CDF ad.* (de *DF* en) la vile ‖ et
lou — choses] *R 1005* L'ostes au pelerin palloit ‖ 419. parler] *Ç ad.*
ansamble ‖ entr'els] *MBP om. C* entre d'eus ‖ et tant — l'ampereeur]
*R 1006,7* Que mout granz damages estoit Dou fil à leur empereeur ‖
preuzdom] *P* sires ‖ 420. moult — granz] *F* c'estoyt ung bien grant ‖
estoit] *MB* ert ‖ 421. à l'ampereeur] *MBC* l'emperaor ‖ qui ainsi —
perduz] *R 1010* Quel duel et quel deshonneur ha ‖ malades et] *B om. C*
et par tel maladie ‖ si li — deist] *R 1017—20* Li hostes li ha demandé
S'il avoit nule rien trouvé Qui Vaspasien boenne fust N'à lui curer
mestier eust ‖ si li demanda] *MBP* si proia moult le pelerin *F om. CAD*
et *C ad.* pour Deu ‖ 422. eust] *CA* poist avoir ‖ si li deist] *A om. MBP*
qu'il li aidast ‖ si li] *D* que li il *F* qu'il le luy ‖ 423. Et — respont]
*R 1021* Li pelerins li respondi *MBPCA* Et (li *P om.*) preudons respont
‖ li] *D om.* ‖ Nenil — prophetes] *R 1022—6* Jo ne sai pas chose ore ci;
Meis ce puis je bien affermer Que là dont je vieng d'outre mer Jadis
un grant profete avoit Qui sanz doute preudons estoit ‖ Nenil] *C* Que
nenil *DF* Sire, nenil ‖ ore] *CAF om. P* quant à ore ‖ 424. que]
*CAD ad.* il ot (là *D om.*) ‖ outre la mer] *D om.* ‖ outre] *CP* d'outre ‖
eut] *CAD om.* ‖ 425. qui — prophetes] *C* que l'an apeloit la boenne
prophete ‖ estoit — bons] *A* moult estoit bons ‖ moult bons] *DF om.* ‖
maintes — retraire] *R 1027—36* Et meintes foiz fist Diex por lui. Je vi
malades qu'il gari De mout diverses maladies Qu'il avoient, viez et
anties. Je vi contraiz qu'il redreça Et avugles qu'il raluma, Hommes
qui tout pourri estoient, Qui de lui tout sein s'en aloient Et autres
miracles assez, Que n'aroie à lonc tens contez *CA* et maintes vertuz fist
li grant Dex por lui que je vi contraiz qui ne pooient aler et avugles
qui goute ne veoient que il ralumoit et (*A ad.* à cuy il) randoit la santé
et autres miracles assez et autres vertuz fist il que je ne sai pas toutes
retraire *DF* (qui *F* mais) maintes (granz *F om.*) vertuz fist li granz
Diex por lui, car (les *F* je voy) contraiz qui ne (poient *F* povoyent)
aler et (les *F om.*) aveugles (qui goute ne voient *F* qui ne veoient
goutte) (garisoit il *F* lesquelx il garit tout sains) et autres vertuz

qui goute ne veoient ralumoit et les liepreus mondoit et autres
miracles et vertuz faisoit il assez que je ne vous puis pas
totes retraire. Mais tant vous puis ge bien dire, qu'il ne
430 garesist nului qu'il ne voloit garir, si que li riche home et li
puissant de Judée lou haoient por ce qu'il ne povoient faire
ne dire ne nului garir ausi con il faisoit." Et li oste demanda
au pelerin qu'il avoit herbergié, qu'estoit cil preudons devenuz
et coment il avoit à non. Et cil li dist: „Gel vos dirai bien;
435 il lou clamoient Jhesu de Nazareth, lou fil Marie. Et cele
gent qui lou haoient donnerent tant et promistrent à ces qui
le povoir en avoient qu'il lou pristrent et baptirent et laiden-

---

(*F ad.* et miracles) fist que je ne (sai *F* scaroye) pas (toutes *F om.*)
(retraire *F* raconter ne dire) ‖ 427. ralumoit] *MP* qui *P* qu'il ralumoit
‖ 428. miracles et] *MB om.* ‖ et vertuz] *P om.* ‖ 429. Mais — garir]
*R 1037,8* Meis il ne garissoit neent, Ne garessit entierement *MBP*
qu'il ne voloit (nului *P* nus hons) garir qu'il ne garessist *C* que il
ne voloit nului garir, de sa maladie que il ne garist bien, jà si granz
ne fust *A* que il ne vouloit guerir *D* que il ne voloit qui ne garisist
*F* qu'il ne vouloyt rien garir qu'il ne garist ‖ 430. si que — faisoit]
*R 1039—42* Et li riche homme le haoient De Judée, qu'il ne povoient
Saner ausi comme il povoit Ne feire autel comme il feisoit ‖ et li
puissant] *D om. MBP hinter* Judée ‖ li puissant] *MB* li plus poissant
*A* li puissance *F* puissans *C ad.* home ‖ 431. faire ne dire] *DF* dire
ne faire de chose ‖ faire] *CA* rien faire ‖ 432. ausi com] *DF* que
‖ ausi] *CA* si ‖ faisoit] *DF* feist ‖ Et — herbergié] *R 1043,4* Et li
hostes si demanda Au pelerin qu'il hesberra ‖ oste] *CA* preuzdom de la
maison *DF* prodome ‖ demanda] *MBP* li demanda ‖ 433. au pelerin]
*DF om. CA* à son oste ‖ herbergié] *F* logé ‖ qu'estoit — devenuz]
*R 1045* Qu'estoit devenuz cil preudon *DF* que devint icil prodome
‖ qu'estoit] *MB* Qu'est *P* et qu'est ‖ 434. Et — dist] *R om. CA* Et il
(le *A om.*) dist *D* Et li pelerins dist ‖ Gel] *MBP* chou ‖ dirai] *MBP ad.*
je ‖ bien] *R 1047* que bien le sai ‖ 435. il — Marie] *R 1049,50* Jhesus
eut non li fiuz Marie, De Nazareth lez Bethanie ‖ lou fil] *MBP* fil ‖ Et
cele — moult] *R 1051—58* La pute gent qui le haïrent Tant donnerent
et tant prommirent A ceus qui le povoir avoient Et qui les joustices
tenoient, Tant le chacierent qu'il le prirent Et vilainnement le laidirent
Et le despouillierent tout nu, Tant qu'il l'eurent forment batu ‖ cele
gent] *MBP* chil ‖ 436. qui lou haoient] *DF om.* ‖ donnerent — pro-
mistrent] *MBP* fisent tant à Pilate ‖ tant] *A om.* ‖ ces] *D* cele *AC*
touz ceux ‖ qui le — avoient] *DF* qui le pooient faire *C* qu'il sorent
qu'il lor pooient aidier envers lui *A* qui le porront faire morir ‖ 437.
qu'il lou] *DF* por ce qu'il le (*F ad.* haoient qu'ilz le ‖ laidengierent

gierent moult. Et quant il li orent fait toz les anuiz que il
porent, si lou crucefierent et ocistrent; et je vos creant sor
m'ame et sor mon cors que, se il fust vis et on l'amenast au 440
fil l'empereeur et il lou vossist garir, que il le garessist bien.“
— „Et oïtes vos ouques dire por quoi il l'ocistrent?“ —
„Nenil autre cose fors pour ce qu'il le haoient.“ — „Et en
quel leu fu ce fait et en quel seignorie?“ Et cil respout:
„En la seignorie Pilate, lou baillif de l'empereeur de ceste 445
vile.“ — „Voire, fait cil, diriez lou vos einsin devant l'ampereeur?“ Et cil respont: „Il n'est nus hon devant cui ge nel
deisse por voir.“ Quant li preuzdom ot ce oï et entendu que

---

moult] *CDF* laidoierent en totes les manieres que il porent *A* laidengierent en toutes manieres ‖ 438. Et quant— porent] *DF om. R 1059*
Et quant pis ne li peurent feire ‖ Et] *A om.* ‖ li] *M* i ‖ 439. si —
occistrent] *R 1061,2* Si le firent crucefier En la crouiz et martirier
‖ si—crucefierent] *M om.* ‖ si] *BP* puis ‖ et je — bien] *R 1063—6* Et
sanz doute, se il veschist, Vaspasien, se il vonssist, Garessist de sa
maladie, Ne fust si granz ne si antie ‖ creant] *F* certiffie *DF ad.* dist
li pelerins ‖ sor m'ame] *D* sor ma vie *F* et croy sur mon ame ‖ 440.
on] *CDF* l'an ‖ l'amenast] *D* amenast ‖ 441. que—bien] *A* que bien le
guereist ‖ que] *CP om.* ‖ bien] *DF* moult bien *C ad.* Et li ostes li
dist *DF* Et cil qui l'avoit (herbergié *F* logé) li dist ‖ 442. Et oïtes —
occistrent] *R 1069,70* Leur oïstes vous unques dire Pour quoi le
mirent à martire ‖ l'ocistrent] *DF* le crucefierent *CA ad.* Et il respont
*DF ad.* Et li pelerins dit ‖ 443. Nenil — haoient] *R 1071,2* Pour ce
que il si le haoient Qu'il oïr paller n'en povoient ‖ Nenil] *MBP* non
*CF* que nenil *A* non pour *D* Je non ‖ autre — haoient] *C* fors que par
envie que il li portoient ‖ fors—haoient] *A om.* ‖ autre — fors] *D* mes
*F* si non ‖ ce] *MBP* tant *F* quoy ‖ Et en—seignorie] *R 1073,4* Dites
moi en queu seignourie Ce fu fait, n'en quele baillie ‖ 444. leu] *C ad.*
fait il ‖ Et—respont] *RA om.* ‖ Et cil] *MBP* Cil *F* Et il *D* Et le ‖ 445.
En — vile] *R 1075—8* Sire, ce fu feit en Judée Que Pilates ha gou-
vernée, Ki est desouz l'empereeur De Romme et est de sa teneur ‖
lou — l'empereeur] *A om.* ‖ de l'empereeur] *C om. DF* à l'empereeur ‖
de ceste vile] *MBP om.* ‖ 446. Voir—l'ampereeur] *R 1079—81* Oseriez
vous dire et retraire Devant l'empereeur Cesaire Ce que vous m'avez
ci conté? ‖ cil] *MBP* il ‖ diriez] *MPA* dirés ‖ vos] *M ad. hier* l'emperaour
‖ devant] *MB ad.* tous *F ad.* moy ‖ l'ampereeur] *BF* à l'ampereor ‖
447. Et — respont] *R 1082* Cil dist ‖ cil] *CA* il ‖ respont] *D ad.* et
dist ‖ Il — voir] *R 1082—4* Oïl, par verité, N'est hons devant cui
nel deisse Et que prouver ne le vousisse ‖ nel] *D* ne ‖ 448. deisse]
*D ad.* ce *MP* deusse conter *B* osaise conter ‖ pour voir] *DF om.* ‖

li pelerins li ot conté, si s'en ala el palais l'ampereeur, si
450 l'apela à une part si li conta tot mot à mot ce que ses ostes
li ot conté. Quant li empereres l'ot oï, si s'eu merveilla
moult et dist: „Porroit ce estre voirs que tu m'as dit?" Et
cil dist: „Je n'en sai rien se ce non que mes ostes m'a
conté, et ge lo ferai parler à vos, se vos volez." Et li em-
455 pereres respont: „Va lou querre!" Et li prodons ala querre
son oste et li dit: „Beaux ostes, venez oveuc moi devant
l'empereour et li contés ce que vos m'avez dist." Et li pelerins
dist: „Volentiers." Et quant li pelerins vint devant l'ampereor,

Quant — conté] R 1085 Quant hostes ce escouté eut ‖ Quant] C Et
quant ‖ preuzdom] DF ad. qui l'avoit (herbergié F logié) ‖ ce] DF om.
‖ entendu] DF ad. tout ce ‖ 449. pelerins] BP preudons pelerins ‖ si
— l'ampereeur] R 1086—9 Tout errant au plus tost qu'il peut Est à
l'empereur alez, Si s'en est au palais entrez ‖ ala] C va ‖ el palais]
CA à la cort ‖ si l'apela — conté] R 1090—2 L'empereur apelé ha,
Toute la chose li conta, Ce qu'eut oï dou pelerin, De chief en chief dusqu'en la fin ‖ si l'apela — part] MBP si le traist à conseil ‖ si] C et si
DF et ‖ 450. l'] D l'en ‖ l'apela] A le traÿ ‖ une] F om. ‖ si li] DF et
li ‖ tot — à mot] A mot à mot tout ‖ ce que] MBP (tout BP om.) si
com ‖ ses ostes] DF le pelerins ‖ 451. conté] D dit ‖ Quant — conté]
CA om. ‖ Quant — dist] R 1094,5 Quant l'empereres l'eut oï, Si s'en
merveilla mout ausi Et dist ‖ l'ot oï] BDF l'oÿ ‖ s'en] P se ‖ merveilla]
BF esmervilla ‖ 452. moult] MBP om. F grandement ‖ dist] F demanda DF ad. au prodome ‖ Porroit — dit] R 1095,6 Estre ce voir
pourroit Qu[e] tu m'as conté or endroit ‖ que] M con que ‖ dit] F
conté ‖ Et — dist] R om. ‖ 453. dist] F luy dist D respont ‖ Je — conté]
R 1097,8 Si m'ajust Diex, sire, ne sai, Tout ainsi de lui oï l'ai ‖ se ce non
que] PF si non (com F que) D ne mes comme ‖ mes] F ung ‖ m'a
conté] M me raconta ‖ 454. et ge — volez] R 1099 Querre l'irei, se vous
volez ‖ ferai] C fera ad. fait il H serai ‖ parler à vos] A à vous
parler ‖ Et — respont] A om. R 1101,2 L'empereres ha respondu ‖ 455.
respont] B li dist ‖ Va — querre] R 1102 Va le querre, que targes tu ?
‖ Va] H Alés ‖ lou] DHF lo (me F moy) ‖ querre] H guerre ‖ Et —
oste] R 1103 L'ostes en sa meison ala C Et li ostes i ala ‖ et li — Vo-
lentiers] MBPCA Et cil i vint moult volentiers ‖ et li — dist] R 1104—7
Le pelerin arreisonna Et dist: L'empereres vous mande Par moi, et si le
vous commande Que vous vigniez à lui parler ‖ 457. contés] DF con-
terez ‖ Et — Volentiers] R 1108,9 Li pelerins sanz demourer Ha dist:
Volentiers i irei ‖ 458. dist] DF respont ‖ Et quant — oste] R 1111—16
Li pelerins est là venuz, Qui ne fu fous ne esperduz; L'empereur a
salué, Et après li ha tout conté Quanque sen hoste conté ot Et la chose

si li conta tot l'errement moult bien, ausinc com il avoit
conté son oste. Lors dit li ampereres que, se ce est voirs, 460
que moult bien seroit venuz. Quant li ampereres a ce oï et
entendu, si manda son conseil; et quant il furent venu et
assemblez, si lor dist ce que li estranges pelerins li avoit
conté. Et quant il l'oïrent, si s'an merveillierent moult et
disoient que il quidoient moult Pilate à preudome et à sage 465
et que il ne sofrist pas si grant desraison souz son pooir.
Li empereres dist qu'il l'a sosfert sans faille, ,,mais mar lou
sosfri que sanz jugement soufri .I. home à tuer en leu où il

---

tout mot à mot *DHF* Lors (s'en alerent *H* s'en tornerent et alerent)
devant l'empereor et quant il furent devant lui, si dit li pelerins : (Sire
*H* Sur) vos m'avez mandé (*H ad.* ore me demandés chou qu'il vous
plaist).  (Et li eupereor respont *H om.*) : ((C'est *F* Il est) voirs, je t'ei
mandé por ·(*F ad.* me) dire *H* Je voel que tu me dies ce que tu as dit
à ton oste. (Et li pelerins li conte (*F ad.* tout) mot à mot *H* Et il dist :
Sire je le vous direi volentiers.  Et tant [i]l conte tout) ausi comme il
(avoit *H* l'avoit) dit (et conté *HF om.*) à son oste ‖ li pelerins] *MBPCA*
il ‖ 459. l'errement moult bien] *A om.* ‖ avoit] *C* l'avoit ‖ 460. conté]
*A* fait ‖ son] *C* à son ‖ Lors — venuz] *DHF om. R 1117—19* L'empereres
respont errant: Se c'est voirs que nous vas contant, Tu seras tres
bien venuz ‖ 461. que moult] *M* moult ‖ seroit] *M* sera *A* serez *P*
estoit ‖ Quant — conseil] *R 1121,2* L'empereres ha ce entendu; Ses
hommes mande ‖ a — entendu] *C* oï ce et entendi ‖ a] *BF* ot ‖ 462.
manda] *DF* apela ‖ et quant — assemblez] *D om. R 1122,3* il sunt
venu.  Et quant il furent assemblé ‖ furent] *B* fu ‖ venu et] *CAF om.*
‖ et assemblez] *MBP om.* ‖ 463. si — conté] *R 1124,5* Si leur ha tout
dist et conté Que li pelerins dist avoit ‖ si] *D* et ‖ dist] *B* conta ‖
estranges pelerins] *C* estranges hom *AMB* home estrange *PDF* pelerins
‖ 464. Et quant — preudome] *R 1126—8* Et chaucuns s'en esmerveilloit, Pilate à preudomme tenoient Tout cil qui là ensemble estoient
‖ il l'oïrent] *B* chil oïrent cou ‖ s'an] *MBP* se ‖ merveillerent] *F* esmer-
veillierent ‖ 465. disoient] *P* distrent ‖ moult — preudome] *DF* Pilate
à moult prodome ‖ sage] *D* moult sage ‖ 466. et que — pooir]
*R 1129—31* Et disoit chaucuns en son dist Que Pilates pas ne soufrist;
Car ce fust trop grant desraison ‖ pas] *DF* mie ‖ si] *F* ung si ‖ desraison]
*DF* outrage ‖ souz son pooir] *DF om.* ‖ souz] *ABP* sur ‖ 467. Li —
segnorie] *R 1132—4* Se il soufrist teu mesproison En lui ù seignourie
eust Puisque deffendre le peust ‖ Li empereres dist] *C* Et cil dist à
l'ampereeur ‖ faille] *F* doute ‖ 468. que—pooir] *C* quant il en leu où il
eust lou pooir li sosfri mort à recevoir, fait l'ampereres et · puis sanz
jugement *A* que sanz jugement preist mort *DF* que sanz jugement

---

eust pooir.» Pilates eut iluec un ami qui dist à l'ampereeur:
470 „Ge aim moult Pilate, ne je ne croiroi jà que il laissast ocirre
si preudoume ne si vaillant ne si boen mire, se il deffendre
le peust." Lors fu li preuzdom apelez cil qui les noveles ot
dites, si dist à lui li consaus l'emperaour: „Or nous contez
ce que vous avez conté à l'ampereor!" Et il lor conte les
475 beles miracles et les beles vertuz que Jhesu-Crist feisoit tant
qu'il fu en terre et si dist por voir qu'il l'avoient ocis en la
terre que Pilates gardoit; et voirs est; et se il fust ancor vis
qu'il garissist bien lou fil l'ampereor et plus encore: qui ce

---

(prist le prophe[te] ce mort *F* print le prophete mort) ‖ en — pooir]
*C om. MBP* (en *P* à) son pooir (et en ma segnorie qu'il avoit à garder
sor moi. Quant chil l'oïrent ainsi parler, si furent moult esbahi *BP om.*)
‖ 469. Pilates — peust] *D om.* ‖ Pilates — l'ampereeur] *R 1135,6* Là
eut Pilates un ami Qui dist ‖ Pilates — ami] *C* Et il ot iqui un ami
Pilate *A* Et iluec ot Pilate un amy *F* Et il y en eut ung ‖ 470. Ge aim
— Pilate] *R om.* ‖ ne je—peust] *R 1137—40* Pilates est mout vaillanz
hons, Plus que dire ne pourrions. Pour rien faire ne le leissast Se il
contredire l'osast *C* ne ge ne crerroie pas que si preuzdom ne si vaillanz
com il est, issi boen mire laissast ocirre, einsin faitement en nule
maniere si defandre l'an peust *AF* je ne croiroi jà que si prodomme
ne si vaillant ne si bon mire laissast ainsi occire Pilate en nule maniere
se deffendre (le *F* l'en poist *H* ne je ne q rrai [sic!] jà que si preudomme
ne si sage nue [mire] laissast ochirre(s) Pylate en nule maniere se des-
fendre l'en peut ‖ 472. Lors — apelez] *R 1141* Lors unt le preudomme
apelé ‖ apelez] *P* arrestez et apelez *CA* apareilliez ‖ cil—dites] *R om.* ‖
cil] *DF om.* ‖ ot] *M* li ot *P* en ot *F* avoyt ‖ 473. si — l'emperaour]
*R om.* ‖ si dit à lui] *C* Sires, fait *A* et dist *D* et lors dit ‖ l'emperaour]
*CD* à l'ampereor *F* de l'empereur ‖ Or — l'ampereor] *R 1143—5* Pelerin
frere, par amour, Ce qu'avez à l'empereour Conté, s'il vous plaist, nous
contez ‖ contez] *C* conte ‖ 474. ce que— conte] *D om.* ‖ à l'ampereor]
*MBA* l'emperaour ‖ Et—terre] *R 1149,50* Touz les miracles leur conta
Si cum les vit quant il fu là ‖ 475. et les beles vertuz] *MBP om.* ‖
Jhesu-Crist] *MBP* il *CA* Jhesu ‖ feisoit] *MBP* avoit fait ‖ *C* fist ‖ tant
qu'il] *CAP* (tant *A* et) com il *DF* quant il ‖ 476. fu] *DF* estoit ‖ et
si — terre] *R om.* ‖ por] *CDF* que por ‖ voir] *A* coi ‖ qu'il] *CDF* li jui
*A* il ‖ 477. que — gardoit] *R om.* *M* Pylate qu'il avoit à garder ‖ et
voirs est] *DF om. C* et voirs estoit et à tort *MBP* et que chou est voirs
‖ et se — l'ampereor] *R 1151—4* Et a dist que, quant il estoit Lau
Pilates povoir avoit, L'empereres force ne fist (?), Meis que son fil li
garissist ‖ ancor] *DF om.* ‖ 478. bien] *CA om.* ‖ l'ampereor] *DFP* à

ne voldroit croire que ce fust voirs, „je meteroie ma teste
en aventure, que Pilates nel celeroit jà; et si quide bien que, 480
se on trouvoit riens de la soe chose, que li fix l'ampereor en
gariroit, se il creance i avoit." Quant cil l'oïrent, si en furent
tout esbahi et ne seurent rescourre Pilate fors tant qu'il disent:
„Se messire i anvoie et ce ne soit voirs, que vels tu que on
face de toi?" — ‹Ge voil, que il me done mes despens tant 485
que li messages revienge; se il n'est voirs ce que je ai dit,

---

l'empereor *F ad.* se il voulsist | et plus encore] *RB om. C* et pejor maladie
assez *DF* et encore di ge plus ‖ qui — voirs] *R 1155* Et qui ce croire
ne vouroit *DF* qui voldroit dire que ce ne fust voirs ‖ qui] *P* car qui |
479. que — voirs] *A om.* ‖ fust] *C* soit ‖ je meteroie — jà] *R 1156,7* Que
il sa teste i meteroit, Jà Pilates nou celera ‖ je] *DF ad.* en ‖ meteroie]
*A* met ‖ ma teste] *H* mon cors et ma teste ‖ 480. aventure] *C* espison
*M ad.* et en ostages *MP ad.* et si vous di ‖ nel] *D* ne *H om.* ‖ celeroit]
*DHF* celera ‖ et si — avoit] *R 1159—62* Et qui de lui pourroit trouver
Aucune chose et aporter, Tost en pouroit estre sanez Vaspasiens et
repassez *C* quar qui troveroit rien de la soe chose et lui crerroit et il
l'atochast au fil l'ampereor qu'il garroit *A* et si cuide bien qu'il ne
trouverent rien de la soe chose *DHF* et si (qui *F* cuyde *H* cui crist)
bien que qui ((cuideroit *F* scauroyt) trover *H* troveroit) (rien de la soe
chose *F* auchune chose qui eust esté à lui) (et porroit savoir *F om.*) et
(l'en *F* qu'on l') aportast devant le fiz à l'empereor et il (i atouchast *F*
l'atouchast) qu'il en garroit (*F ad.* tout sain) ‖ 482. Quant — disent]
*R 1163—7* Quant les genz ont ce dire oï, Si en furent mout esbahi;
Ne seurent Pilate rescourre Ne à ce valoir ne secourre Fors tant qu'il
li unt demandé ‖ cil] *F* ilz ‖ l'oïrent] *AD* oïrent *F* ouyrent ce ‖
483. tout] *CDF* tuit ‖ ne seurent] *CADF* n'oserent ‖ rescourre] *F*
discharger ‖ fors — disent] *C* fors que itant distrent il *F* fors tant que
l'un d'eulx dist *D* ne mès tant que li uns dit *A durch Flecken unleser-*
*lich* ‖ 484. Se — anvoie] *R om.* ‖ et ce — toi] *R 1168,9* Que, se ce
n'estoit verité, Que vieus tu, c'on face de toi ‖ on] *C* l'an *DF* n'en ‖
485. toi] *H* ci ‖ Ge — teste] *R 1170—8* Mes despens donnez moi,
Et si me metez en prison, En une soufisant meison, Et si feites là envoier Enquerre bien et encerchier. Se ce n'est voirs que dist vous ci,
Je vueil et si l'otroieroi Que la teste me soit coupée Ou à coustel ou
d'une espée *CA* Ge voil (*A ad.* que) se il me done ma despanse tant
que li messages (remaigne *A* revienge), se il n'est voirs ce que ge ai
dit (*A ad.* je di) que il me face colper la teste *MP* Et chil respont:
Sachiés que s'il me livre mes dispens (tant *P* dessi là) que li messages
revenra, et il n'est voirs que jou (n'aie voir *P* vous ai ci) dit, que il
me face (la teste coper *P* couper la teste) *B* Et il respont: Se che n'est

---

je l'otroi que on me cope la teste." Lors dient tot que il
assez en dist. Lors lou firent prandre et metre dedanz une
chambre et bien garder. Lors parla l'empereres et dist qu'il
490 voloit là envoier por savoir se cele mervoille estoit voire, ne
se jà ses filz en pouroit garir; quar jamès nule plus granz
joie ne li porroit avenir. Lors dist uns amis Pilate: „Vos
m'i envoierez quar je saurai miauz que nus coment ce a esté."
Et l'amperetes respont: „Go i envoierai vos et autrui."

---

voir que je ai dit, je voeil que on me caupe la teste *DF* (L'en *F* On
me dorra, (dist *F* fayt) il, (mon *F* mes) dispens jusqu'à tant que
li message (soit venuz *F* revienne et quant il sera venuz il dye) (et se
*F* que) ce (n'est *F* ne soyt) voirs (*F ad.* que je vous ay cy conté) je
(otroi *F* vieulx) que l'en me coupe la teste ‖ 487. Lors — dist] *R 1179*
Tout dient qu'il ha dit assez ‖ dient] *DF* respondirent ‖ tot] *A om. F*
trestouz *C* cil ‖ que — dist] *CA* qu'il dist assez *B* assez en ha dit *D*
qu'assez en dit ‖ assez] *F om.* ‖ 488. Lors lou — garder] *R 1181—4*
Adonc l'unt de toutes parz pris Et en une chambre l'unt mis, Si le
firent là bien garder *A* Adoncq le prindrent et le mistrent en une
chambre et le firent bien garder ‖ Lors] *D* Einz ‖ et metre — chambre]
*CA* et mener (dedanz *A* en) une chartre ‖ dedanz] *D* en ‖ 489. Lors
parla — avenir] *R 1185—96* Escoutez moi, tout biau seigneur, Ce
leur ha dist l'empereeur. Boen est que nous envoions là Aucun message
qui saura Verité de ceste novele; Car mout seroit et boenne et bele, Se
cil miracle estoient voir, Et se nous poviammes avoir Aucune chose
qui men fil Curast et ostast dou peril. Avenu bien nous en seroit Et
no chose bien en iroit ‖ Lors parla — dist] *CA* Lors apela l'empereres
ses genz et dist *DF* et puis dist li empereor ‖ qu'il — voire] *MBP* qu'il
veut envoier en Judée por savoir cele merveille, se cou est voirs *DF*
que il voloit là envoier por savoir (se c'estoit voiers *F* si ce que le
pelerin avoyt conté povoit estre vroy) et (s'en *F* si) l'en porroit rien
trover (où *F* à quoy) le prophete eust atouchié (*F ad.* et si son filz
l'avoyt et atoucheoyt) ‖ 490. ne se — avenir] *DF* (par quoi son fiz
peust *F* et si il en pourroyt) guerir; quar oncques si grant joie ne li
peust avenir (comme *F* que) se il en guerisoit ‖ 492. Lors dist — en
prison] *R om.* ‖ uns] *DF . I . des* ‖ Pilate] *M* à Pilate *F* de Pylate
*MBP ad.* (à *B om.*) l'emperaour ‖ Vos — esté] *A* Vos i envoierez aucun
où vos vos puissiez bien fier que il raporte le message et que ce ne soit
pas à vous ‖ Vos] *DF* Sire, vos ‖ 493. quar — esté] *DF om.* ‖ quar]
*C* que ‖ je saurai] *P* vous saurez ‖ esté] *F ad.* fayt *C ad.* enquerre tote
la verité ‖ 494. Et] *MBP om.* ‖ Go — autrui] *A* Ce sera à vos qui là
envoierez et que il vos envoie si c'est voir *F* Je vous y envoyroy et

Lors parla l'ampereres à Vaspasian, son fiz, se li conta 495
tot l'afaire ensi con vos l'avez oï et que il avoit mis l'ome
estrange eu prison. Et quant Vaspasians l'oï, si rist et li
esjoï moult li cuers et assouaga moult de sa doulour. Adonc
pria son pere que, se il vouloit sa garison, au plus tost que
il porroit, i envoiast. Et l'ampereres prist ses messages et 500
fist ses lettres escrire que il soient creu de quanqu'il diroient
et demanderoient de la mort de cel home.

Ensinc envoia l'ampereres les plus sages homes qu'il ot

d'aultres avecques vous ‖ vos] *C* et vos ‖ 495. parla] *C* ala parler ‖
Vaspasian] *MBP om.* ‖ son fiz] *CA om.* ‖ 496. l'afaire — prison] *DF*
ce que (*F ad.* le pelerin luy avoyt conté et qu'il l') (il *F om.*) avoit
(fest *F* fait) metre en prison jusqu'à tant que (li message *F* les mes-
saigiers) (soient *F* fussent) revenuz por savoir si (*F ad.* ce qu'il dit)
(c'est *F* est) voir ou non ‖ 497. Et quant — doulour] *R 1197—1202*
Vaspasiens la chose oï, Et touz li cuers l'en esjoï; Quant seut que li
estranges hon Estoit jà mis en la prison, Sa douleur li assouaga Et ses
mauz touz li tresala ‖ si rist] *DF om.* ‖ et li—cuers] *M* si li esvanui
li cuers de la joie qu'il en ot *D* si s'en esjoï *H* si s'e[n] [es] goï moult
*F* si en fut moult joieulx ‖ 498. moult] *BP om.* ‖ et — doulour] *C* et
li asoagierent moult ses dolors *A* et assoaga mult de ce qu'il dist, de
sa douleur *D* et alega mult sa dolor *H* et en alega de ces dolours *F* et
des lors luy aligea de sa doleur ‖ Adonc— pere] *R 1203* Adonc ha son
pere proié ‖ Adonc] *DMBP* dont ‖ pria] *P ad.* moult si ‖ son] *B* à son
‖ 499. que — envoiast] *R 1205—8* Que il, pour la seue amistié,
Envoiast là en cele terre Et pour savoir et pour enquerre, Se il voloit
sa garison *C* que, se il voloit sa garison veoir, que au plus tost que il
porra i anvoit *A* se il veust sa guerison que au plus tost que il porra
que il i envoit *MBP* (que *M om.*) s'il (voit *B* veut *P* vouloit sa garison
qu'il au plus tost que il (porra *B* peut) (i *P* li) envoist *DF* que il
(*F ad.* y) envoiat au plus tout que il porroit ‖ 500. Et — messages]
*R om.* ‖ prist] *MBD* prent ‖ ses] *A* les ‖ messages] *MPC ad.* au plutot
qu'il (puet *CP* pot) *ADF ad.* si les (*F ad.* y) envoie ‖ et fist—escrire]
*R 1211* L'empereres feit ses briés feire *A* et fait les lettres *MBP* et
leur (carja *B* encharja) ses lettres *DF* et lor fait (lettres baillier *F*
baillier lectres) ‖ 501. escrire] *C ad.* et en fu tex li conmendemenz ‖
que il — home] *R 1217,8* que on les oie De tout quanqu'il dirunt, et
croie, De la mort Jhesu ‖ il] *C* tuit cil ‖ de quanqu' il—demanderoient]
*CAP* de quanque il demanderont *M* de canqu'il diront et de ce qu'il
demanderont *DF* de (*F ad.* tout) ce qu'il diroient ‖ 502. de cel home]
*C* de tel home *DF* (au *F* du) prophete ‖ home] *MBP ad.* et que on
leur en die la verité ‖ 503. Ensinc — ot] *R 1221,2* L'empereres y

por ceste affeire savoir et ancerchier et commenda que, se il
505 estoit morz, que on li aportast auchune chose de lui por ce
que on lou tenoit moult à preudome por la garison de son
fil; et menaca moult Pilate que, se ce estoit voirs que il avoit
oï dire de lui, que il s'en prendroit à lui.

Ensinc s'en departirent li message l'ampereor pour venir
510 en Judée et passerent la mer. Et quant il furent arrivé, li
amis Pilate li enveia unes letres et se li manda, qu'il se mer-
voilloit moult de sa folie et del grant desavenant qu'il avoit

---

envoia Le plus sage homme qu'il trova ‖ Ensinc] *B* Se i ‖ envoia] *C*
envoie ‖ les — homes] *P* le plus sage home ‖ le plus] *DF* des plus ‖
homes] *DF ad.* de sa court‖qu'il ot] *BP* qu'il pot (trouver *P om.*)‖ 504.
por — ancerchier] *R 1223,4* Qu'il voloit la chose savoir Et enquerre
trestout le voir ‖ *CA* por tost feire savoir cest affeire (et ancerchier
*A om.* *P* por savoir la verité de tout cest afaire et encerchier ‖ ceste]
*M* tout cest ‖ et ancerchier] *D om.* *F ad.* si il estoyt ainsi comme li
pelerin leur avoit conté ‖ et comenda — lui] *R 1225—30* Et si leur
mande à la parclose ; Se il est morz, qu' aucune chose Ki au preudomme
eust esté, Se il l'ont en leur poesté, Que tantost la li envoiassent Et
pour rien nule non leissassent ‖ et comenda — à preudome] *D om.* ‖
il] *F* le prophete ‖ 505. morz] *F om.* ‖ on] *CF* l'an ‖ de lui] *F* à quoy
il eust atouchié ‖ por — preudome] *R om.* ‖ por ce] *MBP om.* ‖
506. que] *P* car ‖ moult à] *B* à moult *C* à si ‖ por la — fil] *R 1231*
La garison sen fil querroit *MP* et (pour *P om.*) savoir se ses fix en
poroit (*P ad.* jà) garir *B* s'il avoit remés cose de lui par quoy ses fieus
peust garir ‖ de] *D om.* ‖ 507. et menaca — à lui] *DF om.* *R 1232—4*
Et Pilate mout menacoit Que, se c'est voirs qu'oï dire ha, Grans maus
avenir l'en pourra ‖ menaca] *CA* menace ‖ que se] *A* si ‖ avoit oï]
*MBP* ooit ‖ 508. que s'en — lui] *A om.* *C* il li feroit comparer ‖
509. Ensinc — l'ampereor] *R 1235* Ainsi departent li message ‖ s'en]
*MD* se *CA om.* ‖ departirent] *BPFD* partirent *A* departent ‖ l'ampe-
reor] *P om.* *A* de l'empereour *DF* à l'empereor *C ad.* de lui ‖ pour —
Judée] *R om.* ‖ venir] *CA* aler ‖ 510. et — mer] *R 1238* la mer passerent ‖ et] *A om.* ‖ arrivé] *C* passé *DF* outre ‖ li — manda] *R 1240,1*
S'a l'uns à Pilate mandé, Qui mout estoit ses boens amis ‖ li amis] *D*
li ami *F* l'un des amis ‖ 511. enveia] *D* envoierent ‖ unes letres] *D .I.*
message qui li apporterent unes lettres *F* ung mes lequel luy porta
unes lettres ‖ et se li manda] *R 1242* En sa lestre fist sen devis *CA* et
en tex paroles *D* et avoit contenues lettres *F* et ès lettres y avoyt
telles paroles ‖ et se] *B* et ‖ qu'il — desavenant] *R 1243* Que de ce
mout se merveilloit *und 1248* Grant desavenant li fist on ‖ merveilloit]
*D* merveilloient *MBF* esmerveilloit ‖ 512. et del grant desavenant]

sosfert à faire en son pooir de la mort celui qui fu ocis sanz
jugement. Et sache que li message l'ampereor sont arivé; et
viegne encontre aus; car il ne lor puet fuir. Quant Pilates 515
ot oïes les letres que ses amis li ot mandées, si ot paor et
conmenda ses genz à monter, car il voloit aler encontre les
messages l'ampereor. Li message chevauchent là ù il lou cuident
trover, et Pilates chevauche ausi encontre aux; si s'entrecontrerent en Arymathie. Et quant li message virent Pilate, 520

---

B *om.* ‖ desavenant] *MP* messeant *F* inconvenant ‖ qu'il — jugement]
*1244,5* Qu'il un homme pendu avoit Et n'avoit pas esté jugiez ‖
qu'il — faire] *D* qui avoit esté fait ‖ 513. à faire] *C* affeire ‖ en] *AP*
à ‖ pooir] *M ad.* et en sa justice *F ad.* et seigneurie ‖ de la] *MP* et de
la ‖ celui] *B* de celui *C* à celui Jhesu *DF* au prophete ‖ fu] *C* einsinc
fu ‖ ocis] *F ad.* et mys à mort ‖ 514. jugement] *A* jugier *C ad.* feire
‖ Et — arivé] *R 1249,50* Li messagier sont arrivé, Que l'emperere ha
envoié ‖ Et] *C ad.* si *A ad.* bien ‖ sache *DF ad.* bien *MPA* saches ‖
l'ampereor] *D* à l'empereor *F* de l'empereur ‖ arivé] *M ad.* que il a
envoié en la terre et peus pour savoir la veritet *F* venuz et arrivez ‖
et — aus] *R 1251* Encontre eus errament venez ‖ 515. viegne] *A*
vienent ‖ encontre] *A* contre ‖ aus] *A* toi ‖ car — fuir] *R 1252* Car
eschaper ne leur povez ‖ car] *CAF* que ‖ il] *A* tu ‖ lor puet fuir] *D*
mieuz faire ‖ puet} *A* pues ‖ Quant — mandées] *R 1253,4* Pilates les
nouveles oit Que ses accintes li mandoit ‖ 516. les] *B* ches ‖ letres]
*F ad.* et ce qu'elles disoient et ‖ que — mandées] *D om.* ‖ li] *F* les luy
‖ mandées] *MBPCF* envoiées ‖ si ot paor] *R om.* ‖ paor] *D* moult
grant paour *F* paours ‖ et — monter] *R 1256* Ses genz commanda à
munter ‖ et] *C ad.* lors ‖ 517. conmenda] *F ad.* incontinent ‖ ses genz}
*P* sa gent ‖ ses] *B* à ses ‖ monter] *F* soy preparer ‖ car — l'ampereor]
*R 1256,7* Car il voloit encontre aler Les messages à l'empereeur ‖ car
il voloit] *F* pour ‖ car] *CD* que ‖ aler] *C* ce dit, aler ‖ les] *F* des ‖
518. messages] *DF* genz ‖ l'ampereor] *BA* de l'empereor *MDF* à l'empereor *P* de son signour ‖ Li — trover] *R 1259,60* Li messagier errant
s'en vunt, Car Pilate trouver vourrunt ‖ chevauchent] *BF* chevauchie-
rent *D* chevauchoient ‖ là] *C* cele part ‖ lou] *A om.* ‖ cuident] *B* qui-
dierent *CD* cuidoient *F* penczoient ‖ 519. trover] *A ad.* Pilate ‖ et —
aus] *R 1261* Pilates ausi chevaucha ‖ Pilates] *BD* il ‖ chevauche]
*B om.* . *DF* chevauchoit ‖ ausi — aux] *C* encontre ax ausin ‖ encontre
aux] *D* contre aux *F* à l'encontre d'eulx ‖ si — Arymathie] *A om.*
*R 1263—5* L'une compaigne l'autre voit Ee [*für* en] Arimathye tout
droit, Et quant il Pilate encontrerent ‖ si] *MP* et ‖ s'entre contrerent]
*DF ad.* li messages à l'empereor ‖ 520. en] *DF* à ‖ Arymathie] *MBP*
Arimachie *CDF* Barimathie ‖ Et—joie] *R 1266* Joie feire ne li oserent

si ne li oserent faire joie; car il ne savoient encore se il
l'en menroient à Rome por destruire; si li baillierent les letres
l'ampereor, qui tot li ont raconté ce que li pelerins ot conté
à l'ampereor. Et quant Pilates l'oï, si sot bien que il disoit
525 voir et qu'il avoit eu boen message de conter. Lors s'en vint
avoc les messages, si lor fist moult bele chiere et dist: „Ces
letres me dient voir de quancque eles dient, et je conois bien
que il fu issi.“ Et quant li message l'oïrent, si s'en merveillierent moult de ce que il reconnoissoyt, et distrent: „Grant
530 folie avés conneue, se vous ne vous en savez descorper, morir

---

‖ Et] *DF om.* ‖ li] nessage] *A* il ‖ virent Pilate] *A* le virent ‖ 521. si]
*D om.* ‖ joie] *F* chiere ‖ car — destruire] *R 1267,8* Car certeinnement
ne savoient Se il à Romme l'emmenroient ‖ car] *CD* que *F* pour cause
que ‖ encore] *H om.* ‖ il] *DH om.* ‖ 522. *F* le destruyre ‖ si — l'am-
pereor] *H om. R 1269* Li uns les lestres li bailla ‖ si] *F* ainsi il ‖
baillierent] *F* presenterent ‖ 523. l'ampereor] *D* à l'empereor *F* de
l'empereur ‖ qui — l'ampereor] *MBP om. R 1271,2* Raconté li unt mot
à mot Ce que li pelerins dist ot ‖ raconté] *CA* conté ‖ ce] *F* tout ce ‖
ot conté] *D* avoit conté *A* dit et conté ‖ 524. à l'ampereor] *C* à Rome
l'ampereor *A* l'empereour à Rome ‖ Et — l'oï] *R 1273* Quant eut ce
Pylates escouté ‖ Et] *D om.* ‖ Pilates] *B* il ‖ l'oï] *MBP* les ot leues ‖
si — voir] *R 1274* Bien set que dient verité ‖ sot] *A* entent ‖ que —
voir] *MBP* que (ensi estoit *B* c'estoit *P ad.* il alé) de la mort Jhesu ‖
disoit] *A* disoient ‖ 525. et qu'il — conter] *R om.* ‖ qu'il] *DF* que
l'empereor ‖ boen] *F* ung bon ‖ de conter] *MA om.* ‖ de] *C* au *D* de ce
*F* pour ce luy ‖ Lors — messages] *M om. R 1275* O les messagiers vint
arriere ‖ Lors] *A ad.* leur coumence à conter et ‖ vint] *D* vet *F* va
Pilate *C ad.* Pilates ‖ 526. si — dist] *R 1276,7* Et leur ha feit mout
bele chiere Et dist ‖ lor] *MBCA om.* ‖ fist] *D* fait ‖ dist] *CF* lor dist ‖
Ces — issi] *R 1277—9* Les letres lutes ei, Bien reconnois ce qu'i trouvei.
La chose tout ainsi ala ‖ Ces] *C* Seignor, ces *DF* que ces ‖ 527. me]
*CDF om.* ‖ dient] *F* disoient ‖ de] *F ad.* tout ‖ dient] *F* disoient ‖ et
je — issi] *D om.* ‖ conois] *F* croy ‖ 527. il — issi] *MBP* ainsi fu il ‖
issi] *F ad.* comme les lectres le dyent ‖ Et quant — l'oïrent] *R om.* ‖ Et
quant] *D* Quant ce ‖ li — l'oïrent] *D* oïrent li message ‖ l'oïrent] *MBP*
l'oent ‖ si — moult] *R 1280* Et chaucuns d'eus se merveilla ‖ s'en] *B*
s' *DP* se *F* en ‖ merveillierent] *MP* merveillent *B* esmerveillent *F*
furent moult esbahiz ‖ 529. de ce — reconnoissoyt] *R id. 1281 MBPCA
om. D* de ce qu'il ot reconeu ‖ et distrent] *R om.* ‖ distrent] *MBP*
dient *F* luy distrent trestouz *D* dient tuit ‖ Grant — conneue] *R 1283*
*A* grant folie puet tourner ‖ Grant] *CA* que grant ‖ 530. avés] *CA*
avoit ‖ conneue] *DF* reconeue ‖ se — descorper] *R 1284* Se il ne s'en

vous en covendra." Lors apele Pilates les messages eu une chambre à conseil et fist moult bien les huis fermer et garder por les juis, qu'il ne les escoutassent. Si lor conmenca à conter totes les anfances de Jhesu-Crist, celes qu'il sot et qu'il ot oï dire, et pour quoi li riche hom de la terre lou haoient, 535 et coment il garissoit cels cui il voloit, et coment il l'acuseret, et coment il l'achaterent de l'un de ses mauveis deciples, et tout lou lait que il li firent quant il l'orent pris, et coment il l'amenereut devant lui et coment il l'acoisoneret et ,,me requistrent que je le lor jujasse à mort; mès je ne vi pas por quoi, 540

---

set descouper || se — savez] C car il ne s'en set A s'il ne sait D se ne vos en savez F et si ne vous en scavez || descorper] F' bien deschargier || morir — covendra] R 1285 Car il l'en couvenra morir || morir] CA à morir || 531. vous en] CA l'en || Lors — chambre] R 1287,8 Les messagiers ha apelé, En une chambre sunt alé und 1289 La chose à conseil leur dira || Lors] F Adoncq || apele] A appela C a parlé Pilates et appela || 532. à conseil] CADF om. || et — garder] R 1290,1 Les wis de la chambre ferma, Et si les fist mout bien garder || CA les huis moult bien || moult] F tres || fermer et] MBPCA om. || et garder] DF om. || 533. por— escoutassent] R 1292 Que les genz n'i puissent entrer || por — ne] M que nus juis n'i || qu'il ne les] C qui nes A que il ne l' F ne les BP qu'il n'i || escoutassent] MBP sorvenissent || Si — dire] R 1295—8 Les enfances de Jhesu - Crist Leur aconta toutes et dist Trestout ainsi comme il les seut Et que d'atrui oï en eut || 535. et pour — haoient] R 1299 Comment li juif le haoient || riche] M haut F ad. et puissans || de la terre] MDF om. || terre] A siecle || 536. et coment — voloit] D om. R 1301,2 Tout ainsi comme il garissoit Les malades quant il voloit || cels] MB tous chiaus || et coment il l'acuserent] DR om. || 537. et coment il l'achaterent — deciples] D om. R 1303—6 Confeitement il l'achaterent et paierent et delivrerent De Judas qui vendu l'avoit Et qui ses deciples estoit F et comment de l'un de ses maulvais disciples il fut vendu || de l'un] MBP à un || deciples] C ad. qui puis s'en pandie de duel à un sau || 538. et tout — firent] D om. || tout lou lait] P toute la laidure || lait] F tourment || il li] C cil li || quant — pris] DF om. R 1308 Et comment chiés Symon le prirent || pris] A om. || et coment — lui] R 1309 Comment devant lui l'amenerent F über der Zeile || et] D om. || 539. lui] MBP moi || et me — mort] R 1311,2 Requirent moi que leur jugasse et que je à la mort le dampnasse || et me] A et comment il me DF et conmant (F ad. ilz) le || 540. requistrent] C ad. fait il || je] DF il || le] CAD om. || lor] MBP om. || jujasse] A livrasse || mès — quoi] R 1314 Car reison nule n'i veoie || mès] DF et || pas]

si ne le vox jugier. Et il furent moult grant gent et gaignart
et riche et puissant et distrent toutes voies que il l'ociroient.
Ce pesa moi et dis: se mes sires m'en demendoit rien, sor
qui le meterai jou? Et il respondirent, que sor els et sor lor
545 anfanz fust espanduz li sans de lui. Ensinc lou pristrent et
l'en menerent et en firent ce que vos avez oï. Ge nel poi
rescorre, et por ce que je vos que l'an seust que je n'i avoie
corpes et que plus m'en pesoit que biau ne m'en estoit, et
por ce que ge voloie estre nez dou pechié, demandai ge de
550 l'eive et lavai mes mains et dis: ausinc nez soie ge de la mort

---

C om. F oncq DF ad. en lui chose || 541. si—jugier] R 1313 Je leur
dis, pas nou jugeroie || le] C lor || vox] PA voil || Et il — puissant]
R 1317 Qu'il estoient genz moult puissant De richesces comblé et
mennant || moult] DF om. || gent] F' compaignye de gent || MBP et
rice et gaignart || et gaignart] A om. D et felon F felons || 542. et
distrent — l'ociroient] R 1319 Et il distrent qu'il l'ocirroient || toutes
voies] DF om. tout pleinnement || voies] C voie || 543. Ce — dis]
R 1321,2 Ce pesoit moi certeinnement, Je dis à touz communement
| Ce pesa moi] D et puis à moi F qui me pesa moult || Ce] C Et
ce || et dis] P et je dis C et si lor dis que D et lor dis que F lor
leur dis que H et je lour dit que || se — rien] R 1323,4 Se mes sires
riens demander M'en vouloit ne achoisonner || demendoit] MBP de-
mande H demandois F si l'on m'en faisoyt question ne demande ||
sor — jou] R 1325 Respondre de ce que pourroie C et coment
m'en garantiroient il DH que il fust sor aux F que j'en meptroie
le feis sur eulx || 544. Et il respondirent] R om. || il] F touz || respon-
dirent] CAMBP distrent || que — lui] R 1329—31 Seur aus fust et
seur leur enfanz, Somes et vieuz, petiz et granz, Fust espanduz li
sans Jhesu || que] MBPA om. || 545. fust] MBPA soit || Ensinc —
l'en menerent] R 1333 Il le pristrent et l'emmenerent || DF pristrent
les juis || et l'en menerent] D om. || 546. et] CA si || et en — oï]
R 1334—9 Et le batirent et fraperent Et en l'estache fu loiez Et en
la crouiz crucefiez Et ce que vous avez oï Avant que vous venissiez
ci || et en] CA si en || Ge — rescorre] R om. || nel] D ne || rescorre]
F ad. ne ouster || 547. et por — pechié] R 1339—44 Pour ce que je
voil qu'il seussent Et que il bien l'aperceussent Vraiement que plus
m'en pesoit Asez que bel ne m'en estoit Et voloie estre nestoiez;
Car ce estoit trop grant pechiez || et por — m'en estoit] MBP om. ||
vos] DF voloie || l'an] D n'en || avoie] A eusse || 548. corpes] F
auchune coulpe || et que] D que || m'en] DF m' || 549. voloie] MBP
voil || demandai — mains] R 1345,6 Devant eus yaue demandei Et
errament mes meins lavei || demandai] C si demandai DF pris || ge]
B om. || de l'] M om. || de] A om. || 550. lavai] B lava || et dis—eive]

à cest home com mes mains sont neites de ceste eive. Quant
il fu morz, ge avoie un mien soudoier de ceste vile, qui avoit
non Joseph. Cil me servi à .V. chevaliers dès que je vig en
ceste terre. Onques de moi nul don ne vost praudre, et je
li prometoie la plus haute eschaoite de ma baillie; et quant 555
li prophetes fu morz, si lou me demanda et ne vout avoir
por toutes ses soudées fors le cors de ceste prophete; et ge
li donai; car je li quidoie greignor don doner; si l'avoit et
l'osta dou despit et le mist en une pierre qu'il ot faite
taillier à son hues; et puis qu'il l'ot là mis, ge ne lou vi 560
ne ne soi que il devint; mais ge quit bien qu'il l'ont ocis.

---

R 1347—50 Et dis qu'ausi nez fusse ju Dou mal et de la mort
Jhesu Comme mes meins nestes estoient, Qu'il d'yaue lavées veoient ‖
soie] DF sui ‖ 551. à] MF de D om. ‖ cest] C cel ‖ neites] MBPCA
om. ‖ de ceste] MBP par ceste ‖ Quant — vile] R 1351,2 J'avoie o
moi un soudoier, Preudomme et mout boen chevalier ‖ 552. mien]
DF om. ‖ un mien soudoier] C un chevalier qui estoit à moi et nez
d'Arimathie ‖ soudoier] F soudayre ‖ de ceste vile] C om. ‖ de]
MBP qui estoit (di BP de) ‖ qui — Joseph] R 1355 Li preudons
Joseph non avoit ‖ 553. MBP à non ‖ Cil — chevaliers] R 1356—8
Et sachiez qu'il me servoit Tout adès à .V. chevaliers A beles armes,
à destriers ‖ Cil] H Chis F lequel ‖ me servi] H fu à mi ‖ à] DH
à tot ‖ chevaliers] F ses chiers serviteurs ‖ dès — terre] R om. ‖ 554.
Onques — soudées] DF (ne F om.) onques autre loier ne vout avoir
por (F ad. touz) ses (soudées F gaiges fors le cors de ceste prophete
R 1359—62 Unques ne vost aveir dou mien Fors le cors dou prophete
rien. Grant eschaance eust eue Dou mien se me fust escheue und 1353
Quant fu morz sel me demanda ‖ Onques — prandre] B om. ‖ Onques]
MPC c'onques ‖ de moi nul don] A de mes dons ‖ nul don] M om. ‖
nul] P om. ‖ 555. eschaoite] MBPA cose ‖ 556. ne vout avoir]
MBPCA om. ‖ 557. fors — prophete] MBPCA om. ‖ et ge li donai]
R 1354 Donnei — li ‖ 558. li] F le luy ‖ car — doner] R om. ‖
li] D le ‖ MBP donner (plus B om.) (gregnour P grant) don
‖ doner] MBP ad. se il (BP ad. le) m'eut requis C ad. que ge ne li
donai ‖ si — hues] R 1363—6 Le prophete osta dou despist Et en
une pierre le mist Que il avoit feite taillier Por lui après sa mort
couchier ‖ l'avoit] MBPCA l'ot ‖ 560. taillier] DHF faire ‖ à son
hues] F por lui ‖ et puis — mis] R 1367 Et quant Joseph l'eut leenz
mis ‖ et] MDF om. ‖ qu'il] C ad. li ‖ A mis là ‖ ge — devint] R 1368,9
Ne vi ne seu et si l'enquis, Meis ne peu savoir qu'il devint ‖ C ne
lou vi gie ‖ D je ne sai ne ne vi ‖ lou] M om. ‖ 561. devint] MBP
fust devenus ‖ mais — ocis] R 1371,2 Espoir qu'il le nous unt ocis

Ensinc ai ovré; or esgardez se je oi la force ne le pooir vers
els.“

    Quant li message oïrent que Pilates n'avoit mie si grant
565 tort com il quidoient, si li distrent: „Nous ne savons se il
est ainsi com tu nos as dit, et se c'est voirs que nous t'oïmes
dire, bien te porras descorper devant l'ampereor.“ Et Pilates
respont: „Einsin cou ge lo vos ai dit, le vous ferai ge con-
nissant devant vos, et que il meismes lo vos connistront tout
570 ausi comme je le vos ai conté fors la prise de Joseph.“ Et
il respondirent: „Fai les mander que il soient en ceste vile

---

Ou noié ou en chartre mis || qu'il l'ont ocis] *C* que li juif l'ouront
ocis *A* qu'il soit surrexi |} 562. Ensinc — els] *R 1373,4* Ne que je
vers vous povoir ai N'avoit il vers eus, bien le sai || Ensinc—ovré]
*D om.* || *C* Et einsinc || ai] *MBP* en ai *A* ont *F ad.* ge || or] *C* con
ge vos ai dit, or || esgardez] *DF* regardez || se — els] *MBP* sel blasmes
en est miens *DH* se je ai (eu *H om.*) tor *F* se j'ay mal fayt || ne
le pooir] *C om.* || vers] *A* contre || 563. els] *C ad.* toz *A* tant de gent |
564. Quant — quidoient] *R 1375—7* Quant li message unt ce escouté,
N'unt pas en Pilate trouvé Si grant tort cum trouver quidoient ||
mie] *C* pas || 565. com il quidoient] *MBP* que on li mettoit sus ||
quidoient] *A* disoient || si li — l'ampereor] *R 1378—82* Nous ne savons,
ce li disoient, S'il fu ainsi cum dist nous has; Et, se tu veus, bien
te porras Devant no seigneur descouper Se c'est voirs que t'oons
conter || li] *D om.* || distrent] *MP* dient || Nous — descorper] *MBP* Se
chou estoit voirs et nous l'oïenmes dire d'autrui que de vous, nous
vous en desconperriemes bien || il est ainsi com] *CD* ce est voirs ou
non que *F* il est vroy ainsi comme *A* ce est voir || 566. c'est voirs]
*CDF* il est ensin || et se — dire] *A* mès || que — dire] *CDF om.* ||
567. bien] *F om. A* moult || te] *D* t'en *F* tu t'en || porras] *A ad.*
bien || descorper] *AF* deschargier || devant] *CAF* envers *D* vers || l'am-
pereor] *A ad.* si c'est voir que tu as dit || Et — respont] *R 1383*
Pilates lor ha respondu || Pilates] *MBPA* il || 568. respont] *A* dit
que || Einsin — Joseph] *R 1384—6* Tout ausi cum l'ei conneu Devant
vous le connoisterunt Et tout ainsi le conterunt || con — dit] *A om.*
|| le vous ferai] *A* leur fera || ge] *F om. A* il || connissant] *C* conoistre
as juis *A* recognoistre *DF* dire || 569. et que il meismes] *DF* si
qu'il || vos] *ADF om.* || connistront] *C* diront de lor boche || 570. ausi]
*CA* quanc que || comme] *CA om.* || le] *A om.* || conté] *AD* dit || la
prise de Joseph] *C* que de Joseph dont ge ne sai rien qu'il est de-
venuz || Et il respondirent] *R om.* || 571. il] *C ad.* li *D* messages *F*
les messaigiers || respondirent] *MBPCA* respondent || Fai — furent]
*R 1387—9* Or les nous fei donques mander Et dedenz un mois

dedens un mois tuit ensemble cil qui là furent." Et Pilates
prant ses messages, si les envoie par tot semondre et lor fait
dire que li message l'ampereor veulent à els parler. Ende-
mentres que li jorz vint del mois, fist Pilates querre par tot 575
lou pais, s'ils porroient rien trover qui eust esté à Jhesu;
onques rien n'en porent trover.

　　Ainsi assamblerent li jui en Arimathie; et Pilates dist as
messages: „Laissiez moi avant parler, si orrez que ge lor dirai
et que il diront moi, et selonc ce que vous orrez, si faites." 580

---

assembler Trestouz ensemble en ceste vile [| Fai] *M* Faites [| mander]
*DF ad.* si orron que il diron et lor fai dire || soient] *CA ad.* tuit |
572. dedens] *MB* en *CA* au chief d' *DF* d'ui en || tuit ensemble]
*CA om.* || ensemble] *MBP om.* || qui là furent] *D* qui furent au
prophete crucifier *F* qui furent crucifier le prophete [| là] *C* à ce ||
Et — parler] *R 1393—1400* Pylates ses messages prist, Si leur ha
commandé et dist, Que par toute Judée alassent Et à touz les juis
nuncassent Que sunt venu li messagier L'empereres dès avant-ier;
Volentiers à eus palleroient S'il ensemble avoir les povoient || 573.
prant — envoie] *F* envoya des messaigiers || si] *AD* et || envoie] *B*
mande || tot] *D om. DF ad.* la terre || semondre] *DF ad.* (pour querir
*D om.*) touz ceus qui furent à la mort Jhesu-Crist || fait dire] *MBP*
mande || 574. l'ampereor] *B om. DF* à l'empereor | veulent] *CA* vienent
|| Endementres — Jhesu] *R 1401—4* Il leissierent le mois passer; Et
Pilates ha feit garder S'on pourroit riens avoir trouvé, Qui au prophete
eust esté || Endementres] *D* En demander *F* actendant || 575. jorz]
*F* temps || *CAD* del mois vint || querre] *F* enquerir || 576. s'ils —
trover] *B om. M* riens *D* s'il porroit avoir chose *F* si il povoyt point
auchune chose trouver || s'ils porroient] *P* se l'on peust || eust esté]
*A* fust || à] *P om. MA* de || qui — Jhesu] *DF* (à qui *F* là où) Jhesu-
Crist eust atouchié || 577. onques — trover] *B om. R 1405* Meis il
ne peurent trouver rien || *C* n'onques *F* mais oncques || *DF* (ne *F* n'en)
peurent riens || trover] *DF ad.* (li *F* nulz des) message || 578. Ainsi
— Arimathie] *R 1407,8* Tout li giue de Beremathye S'assemblent à
grant compeignie || *C* Et li jui assamblerent || *F* s'asemblerent || li jui]
*MBPA om.* || en] *CADF* à || *MBP* Arimachie *A* Barimacie *CDF* Bari-
matie || dist] *R 1409* ha dist || 579. messages] *DF ad.* à (l'emperoroz
[sic!] *F* l'empereur) || Laissiez parler] *R 1411,2* Avant paller me lais-
serez As juis || Laissiez — moi] *C* Or me laissiez || avant parler] *F*
parler le premier à eulx || si — moi] *R 1412,3* si que vous orrez Ce
que direi et il dirunt || 580. diront moi] *AD* me dirunt *F* me respon-
dront *CA ad.* quant il seront tuit assemblé || et selonc — faites] *R om.*
| que vous orrez] *CA om.* || orrez] *D ad.* quant il seront tuit ensamble

Quant il furent tuit assemblé, parla Pilates et dist: „Seignor,
vez ci les messages l'ampereor, qui volent savoir quex hom
cil estoit, qui en cest pais se faisoit plus sires de la loi; car
il et li emperere ont oï que il estoit mult bons mires; si li
585 mandoit que il alast à lui, se il pooit estre trovez; et ge ai
dit as messages que il est morz et que vos meismes li plus
preudome de ceste terre et li plus riche l'oceites por ce qu'il
disoit qu'il estoit rois de vos. Dont ne fu ce voirs?" Et il
respondent: „Voirs est que nos l'oceimes por ce que il disoit

---

F ad. d'une part et d'aultre ‖ si faites] MP si sera contet l'emperaour
mon segnour B si dirés mon signor ‖ faites] CA feroiz ‖ 581. Quant
— assemblé] MBP om. ‖ parla — dist] R 1416 Pylates ha premiers
pallé D Pilates palla à aux einsi comme vous orrez ‖ parla] MBP lors
parla CA ensino parla ‖ et dist] C et si lor dist A si leur dist F
et leur dist ‖ Seignor — l'ampereor] R 1417,8 Vous veez ci, dist il,
seigneur, Les messages l'empereeur ‖ Seignor} B om. D ad. dit il ‖
582. ci] A om. D cil ‖ messages] A més ‖ DF à l'emperecr ‖ qui — loi]
R 1419—21 Savoir welent quex hons estoit Cius qui on Jhesu apeloit,
Qui de la loi se feisoit sires ‖ volent] MBPCA sunt venu ‖ quex —
estoit] DF qui est cil ‖ cil] C c' BP chou ‖ qui — loi] DF que vous
avez ocis (F ad. qui est soies [sic!] de la loy ‖ se] A om. ‖ loi] C ad. que
vous ‖ car — mires] R 1422,3 On leur ha dist qu'il estoit mires, C'on
ne pourroit meilleur trouver ‖ car] C que A si ‖ 584. il — emperere] DF
li empereers a in A ist die Schrift durch einen Riss verschwunden, man
erkennt nur noch ont ‖ et li emperere] MBP om. ‖ ont] MBP a ‖ mult] CF
om. ‖ mires] C ad. que nus F ad. et bon medicin ‖ si li — trovez] R 1424
L'empereres le feit mander ‖ si] F ainsi ‖ li] CD lou F il luy MP om.
‖ 585. mandoit] C ad. l'ampereors ‖ se — trovez] C si tost com cist
message qui ci sont l'auroient trové ‖ pooit estre] A estoit ‖ et ge —
morz] R 1426 Je leur ei dist que morz estoit ‖ 586. est] D om. F
estoyt ‖ et que — l'oceites] R 1427 Que vous deffeire le feistes ‖ meismes]
D om. ‖ li plus preudome] BDF om. ‖ 587. preudome] P des haulz
hommes M d'oume ‖ de — riche] B et li plus riche de ceste terre
DF et li puissant home de ceste terre ‖ por ce — vos] RMBPA om.
‖ 588. estoit — vos] C iere Dex et filz Dieu ‖ vos] DF ad. et si l'oceites
sanz le congié à (l'empeeor F l'empereur) ‖ Dont — voirs] DF om.
R 1429 Dites se ce fu voirs ou non ‖ Et il respondent] R om. ‖ il]
DHF li juis ‖ 589. respondent] F respondirent DHF ad. et (distrent
H dient) ‖ Voirs — seigneurs] DHF om. R 1430—2 Ce fu voirs, jà
nou celeron, Pour ce il roi se feisoit Et que nostres sires estoit
‖ Voirs — l'oceimes] C oïl, voirement l'oceimes nos sanz faille A
Aincore disons nous que nous l'oceimes ‖ Voirs] B que voirs ‖

que il estoit rois de nos et sires sor nos seigneurs; et tu fus 590
si mauveis, que tu n'en vausis prandre venjance, ainz t'en
pesa par samblant; ne nos ne souffririons mie que nus se
feist plus sires de nos seignors, que nos l'ocirriens se nos
poiens." Lors dist Pilates as messages: ,,Vos oez bien qu'il
dient et quex genz ce sont, ne ge n'oi pas la baillie ne lou 595
pooir seur eus." Et li plus sages des messages dist: ,,Encor
n'oï ge mie la force de la parole, mès ge lor demanderai."
Lors parlerent les messages as juis et lor distrent: ,,Dont ne
vos juja Pilates cel homme à mort qui se faisoit plus que

590. de — sor] P et sires de nous et de ‖ sor nos seigneurs] C desor
nostre ampereor ‖ et tu — venjance] R 1433—35 Tu fus si mauveis
que jugier Ne le voussis ne ce vengier, N'en voussis peure vengement
‖ et tu fus] C et endroit de toi fus ‖ et] DHF car ‖ 591. si] MBP om.
H li ‖ que] MBP quant ‖ vausis] CAH osas ‖ t'en] D te ‖ 592. pesa]
R 1436 pesoit ‖ samblant] DHF ad. (de ce H om.) que nos l'ochesimes
‖ ne nos — seignors] R 1437—40 Et nous ne pourrions soufrir Que
il ne autres seignourir Seur nous et seur les noz peust Fors que
Cesar, tant puissanz fust ‖ ne nos — mie] C mais nos ne vossimes
soffrir ‖ nus] MP ad. home ‖ 593. feist] MBP face ‖ sires] PF de nous
(et F ne) ‖ de nos] C sor nostre ‖ que — poiens] D om. R 1441 Ne
le meissians à la mort C ainz li deimes bien que nous l'occirions si
poiens A que nous ne l'oceissons se nous porrons F car nous l'occirions si nous povyons H Se nous pames [sic!] que nous l'ocheriemmes se
nous poviens ‖ 594. Vos — sont] R om. ‖ oez] CA avez oï ‖ 595. quex]
D om. ‖ ce sont] C l'ont ocis ‖ ne ge — eus] R 1444,5 Ne sui si
puissanz ne si sages Que eusse seur eus povoir ‖ ne] B et ADF om.
‖ n'oi — eus] MP ne poi mie avoir bataille contr'aus B ne me poi
pas combatre contre iaus CA n'oi pas lou pooir de combatre à es ‖
la — pooir] F le povair ne la seigneurie ‖ 596. seur] D vers ‖ eus]
DF ad. touz ‖ Et — dist] A om. R 1447 Adonc ont dist li messagier
‖ dist] D dient ‖ Encor — parole] R 1448,9 Encor n'aviens oï touchier
A la force de la besoigne ‖ 597. n'oï ge mie] M n'ai ge C n'ai
je pas oïe DHF ne savons nos pas H Nous ne savons pas encore
‖ mès — demanderai] DHF om. R 1450,1 Je weil c'om le voir m'en
tesmoigne... je vous weil demander ‖ lor] CA la ‖ 598. Lors —
distrent] R om. MBP Lors dist as juis ‖ C Lors parla cil as message
qui si conpaignon estoient: Or me laissiez, fait il, à els parler
A Lors parla as juis ‖ parlerent] D parolent ‖ Dont — ampereres]
R 1452--4 Se Pilates vous voust veer Cel homme qui roi se feisoit;
Dites le moi comment qu'il soit ‖ Dont] C Dites, font cil, seignor,
fait il as juis, dont H signour, dont il ne] F om. H ne le ‖ 599. vos

600 rois ne ampereres?" — „Par foi, nenil, ainz nos covint que,
se l'ampereres l'en demandoit rien, nos en respondissions et
nos et noz enfanz; ne autrement ne vost Pilate sa mort
soffrir."

Quant li message out oï et entendu que Pilates n'a mie
605 si grant tort com il quidoient, lors demanderent, qui fust cil
prophetes dont si grant parole a esté. Et il responnent qu'il
faisoit les greignors miracles del monde et disoient que c'estoit
uns anchanterres. Et li message dient, ceux qui là estoient,

---

— Pilate] *A* mis je ‖ vos] *M* nous ‖ cel] *H* tel ‖ se] *MBPF om.* ‖
plus] *H ad.* sires ‖ 600. rois ne] *MBPCA om.* ‖ nenil — soffrir]
*R 1455—64* Par foi, sire, aincois nous avint, Et sachiez que il nous
couvint, Que, se l'en demandoit rien Que nous l'en deliverriuns bién.
Se l'en voulez riens demander, Nous suns tenu au delivrer, Nous i
sumes engagié, voir, Et après nous trestout nostre oir. Pilates
autrement sa mort Ne voust soufrir ‖ Par foi] *MBPDF om.* ‖ nenil]
*DF om. C ad.* font il ‖ ainz] *F* il ‖ nos] *AD om.* ‖ covint] *C ad.*
firent il ‖ que — enfanz] *M* prendre sour nous et sour nous enfans
la mort de lui *BP* que nos presissiens la mort de lui sor nous et
sor nos enfans *C* que nos li creantissiens que, se l'ampereres l'an
demandoit rien, que sor nos et sor noz enfanz fust li sanz de lui
espanduz et la vengance prix *F* que vous en respondissiez et vous
et vos enfanz ‖ 601. se — rien] *DF om.* ‖ 602. ne — soffrir] *MBP om.*
‖ ne] *CA ad.* onques ‖ *C* ne vost autrement ‖ Pilate] *CA om.* ‖ 604.
Quant — quidoient] *R 1465—7* Li messagier unt entendu Que Pilates
n'a pas eu Si grant tort comme tuit quidoient ‖ Quant] *B* Et quant
‖ ont — entendu] *C* oïrent ‖ *MB* ont entendu et oï ‖ Pilates] *A* li
mesage ‖ a] *MP* ot *CF* avoit ‖ 605. il quidoient] *MBP* on (dist *P* disoit)
*A* leur disoit *D* n'en disoit *F* l'en disoyt ‖ lors — esté] *R 1469—71*
Il unt enquis et demandé, Qui estoit, de queu poesté Cil prophetes
dont on palloit ‖ lors] *M ad.* li *BPA ad.* si ‖ demanderent] *MBPA*
demandent *D ad.* as juis *F ad.* les messagiers aux juifz ‖ qui fust]
*CAMBP* quex (*C ad.* hom) estoit ‖ 606. a] *M* avoit ‖ Et — monde]
*R 1472,3* Il respondent que il feisoit Les plus granz miracles dou
munde ‖ Et il responnent] *A om.* ‖ responnent] *M* respondirent *DF*
dient ‖ qu'il] *MBPCA* il ‖ 607. greignors] *C* graignor *MP* plus fortes
*B* fortres *F* plus granz ‖ miracles] *MBPADF* merveilles ‖ et — an-
chanterres] *R 1472,3* Pour enchanteur le tenoient Cil el celes qui le
veoient ‖ disoient] *P* disions ‖ c'estoit] *C* ce iere ‖ 608. anchanterres]
*C ad.* tuit li haut home ‖ Et — ensegnassent] *R 1477—9* Adonc dient
li messagier: Saveriez vous enseignier Qui ha nule chose dou sien?
‖ dient] *B* disent *M* lor demanderent *C* lor demandent *D* demandent

et demandent, se il savoient nule chose qui eust esté à cel
anchanteor, que il leur dient et que il leur ensegnassent. Et 610
il responnent: „Nous n'en savons rien; car quancque il avoit,
fu tot gité hors; si ne savons qui lou prist." Ensin departi
li parlemenz; et Pilates fu delivrés de la haine as messages.

Une piece après avint que uns hom vint as messages qui
moult estoient iriez de ce qu'il ne pooient riens trouver de 615
Jhesu que il peussent lor segnour porter. Tant que chil hom
lor dist que il savoit une fame qui avoit un visage que ele
aouroit; mais il ne savoit où ele l'avoit pris. Lors fu apelez
Pilates, si li content ce que cil avoit dit. Et Pilates li de-

---

‖ ceux — estoient] *C om.* ‖ ceux] *ADF* touz ceulx *MPD* à chiaus
‖ 609. et demandent] *MBPCAD om.* ‖ savoient] *CA* sevent ‖ nule
chose] *M* riens de cose *BPA* rienz *C* rien nule de sa cose ne nule
rien ‖ qui] *C* à quoi il eust atochié ni qui *D* qu'il ‖ eust esté] *MADF*
fust *C* ait esté ‖ 610. anchanteor] *DF* prophete ‖ que il leur dient
—ensegnassent] *CA om.* ‖ que — et] *DF om.* ‖ que il] *D* qui *F* qu'ilz
la ‖ ensegnassent] *P* enseignent ‖ Et — messages] *R om.* ‖ 611.
responnent] *B* disent *DF* dient ‖ Nous n'en savons] *BDF* qu'il n'en
sevent ‖ car] *D* quant ‖ quancque] *F* tout quant qu' ‖ avoit] *MBP*
ot ‖ 612. hors] *A* fors *MBP* aval *DF* en voie ‖ si—prist] *D om.* ‖
departi] *MBP* fu departiz ‖ 613. et] *C ad.* einsinc fu ‖ *DF* Pilate
fut ‖ messages] *M ad.* qui liet en furent ‖ 614. Une—porter] *R om.*
‖ Une — messages] *A om.* ‖ Une piece] *F* Ung pou ‖ *CP* grant piece
‖ après] *C ad.* ce que ce ot esté ‖ avint — vint] *MBP* vint uns hom
‖ 615. estoient] *CF* estoit ‖ iriez] *F* dolent ‖ de ce] *F om.* ‖ qu'il—
porter *D om. C* que il n'anportoient rien et que rien nule n'avoient
trové de chose qui eust esté à ce Jhesu *A* qu'il n'en portoient rien
ne il n'avoient trouvé rien que il en peussent porter de cel home
*F* qu'ilz n'en porteroient rien et qu'ilz n'avoient riens trouvé qu'ilz
en peussent porter de chose qui eust atouchié à celuy prophete ‖
616. *P* porter lor signor ‖ Tant — fame] *R 1483* L'uns d'eus une
femme savoit ‖ Tant — dist] *D* et lor dit ‖ *CFP* Et tant ‖ chil hom]
*F* qu'il ‖ 617. que il savoit] *C* Seignor, je sai ‖ qui — aouroit]
*R 1484,5* Ki de lui un visage avoit Qu'ele chaucun jour aouroit ‖
visage] *H* ymage ‖ que ele aouroit] *A om.* ‖ 618. aouroit] *C* soloit
aorer *D* avoit trové ‖ mais—pris] *A om. R 1486,7* Meis sanz doute
qu'il ne savoit Où pris l'eut se l'eut trouvé ‖ mais] *MBF* ne *P* et
‖ il ne savoit] *C* ge ne sai ‖ ele] *M* il ‖ l'avoit pris] *C* lou prist ‖
pris] *MBP ad.* mais il savoit bien qu'ele l'avoit *C ad.* mais itant vos
di ge bien que je li ai veu avoir et aorer ‖ Lors — Pilates] *R 1488*
Adonc ont Pilate apelé ‖ fu apelez] *A* si apelerent ‖ 619. si—dit]

5

620 mande coment ele avoit non et en quele rue ele estoit. Et
cil dist, qu'ele avoit non Verone et estoit en la rue de l'escole,
„et est une povre fame." Et quant Pilates ot bien apris, qui
ele estoit et coment ele avoit non, si l'enveia querre et ele i
vint. Et quant Pilates la vit venir, si se leva encontre lui
625 et l'acola, et la povre fame se merveilla moult de Pilate qui
si grant joie li faisoit. Lors la traist Pilates à conseil à une
part et li dist: „Je ai oï dire que vous avez une samblance,
d'ome en vostre huche, si vos voil proier et requerre que vos
la me mostrez. Et la fame fu moult espoentée et dist: „Sire
630 ge ne sai riens de ce que vos me demendez"; si s'escondit
mout durement. A ces paroles vinrent li message, et Pilates

R 1489 Se li content que cil dist ha ‖ si] BA et ‖ content] B conterent ‖ cil] ADF il CP ad. lor ‖ avoit] A ot ‖ Et — non] R 1490,1
Et Pilates li demanda Tantost comment avoit à non ‖ li] MBPA om.
‖ 620. et — estoit] R 1492 Et en queu rue estoit sa meison ‖ estoit]
MBP manoit ‖ Et cil dist] R om. C et cil li dist A et il li distrent
DF il dist H cil respondit ‖ qu'ele — l'escole] R 1493,4 Verrine ha
non, si n'est pas fole, S'est en la rue de l'escole C Ele a non Verone
et si esta en la rue de l'escole ‖ estoit] MBP que ele maint ‖ l'escole]
H la maistre Escole ‖ 622. et est — fame] R om. ‖ est] MB que ele
est ‖ Et — vint] R 1495—9 Quant Pilates seut où mennoit Et comment
ele à non avoit Il ha tantost envoié là, Par un message la manda.
Ele vint si tost com le sout ‖ ot bien apris] D l'ot entendu et il ot
apris F eut ce entendu et bien retenu ‖ qui — estoit] D om. ‖ 623.
estoit] C iere ‖ i] MPD om. ‖ 624. Et quant — acola] R 1501,2
Quant vist venir, Se leva contre li ‖ Et] D om. ‖ venir] MBPA om.
‖ se] DF s'en ‖ leva] CAD dreca F ala ‖ encontre] F à ‖ lui] F ele
‖ 625. M et si l'acola ‖ et la — faisoit] R 1502—4 si s'en merveilla
La povre femme, quant le vist, De la grant honneur qu'il li fist ‖
povre] DF bone ‖ se] M s'en ‖ merveilla] BF esmervilla ‖ 626. Lors
— part] R 1506 Si l'a après d'une part treite ‖ Lors] CDF et ‖ la]
A om. ‖ DF Pilate la (traist F tira) ‖ Pilates] CA om. ‖ à une part]
MPCADF om. ‖ une] F om. ‖ 627. et li — huche] R 1507—9 Et li
dist: Dame une semblance Avez d'omme... En meison ‖ et] MP si
D et si ‖ Je] C Verone, je ‖ une] H la ‖ 628. d'ome] H d'un houme ‖
huche] C baillie ‖ si vos — mostrez] R 1510 Je vous pri que la nous
moustrez ‖ proier et] F om. ‖ voil — requerre] D pri ‖ vos — mostrez]
MBPCA jou la voie ‖ 629. Et — espoentée] R 1513 La fame fu
toute esbahie ‖ fame] DF bone fame ‖ fu] M si fu ‖ MBP si dist ‖
dist] R ad. bien ‖ Sire — demendez] R 1515,6 Que de ce n'avoit ele
rien ‖ 630. ne] C n'an ‖ si — durement] B om. R 1515 Forment
s'escondist ‖ s'escondit] CAF l'escondit D s'encondist ‖ 631. A — dist]

lor dist: „Veez ci la fame!" Lors l'acolent tuit et li font
moult grant joie et li content lou besoig por quoi il sont
venu en la terre, et lou malage au fil l'ampereor, et li dient
que il garroit, se il avoit cele samblance que ele ha, et se 635
ele la voloit vendre il l'acheteroient moult volentiers. Et
quant ele oï lou besoig, si lor dist bien que descovrir li covenroit,
si lor dist: „Seignors, ge ne vendroie pas ce que vos me re-
querez ne je ne le donroie mie pour quancque vos porriez
avoir; mès se vos me jurez, vos et tuit vostre compaignon 640
que vous me meuroiz à Rome et que vos ne me toldroiz rien

---

R 1517—20 A ces paroles sunt venu Li messagier et unt veu La
fame Ki venue estoit, Et Pylates à li palloit ‖ A] F Sur ‖ ces paroles]
MBP cest mot ‖ vinrent] F survindrent ‖ message] M ad. l'emperaour
‖ 632. Veez — fame] R om. ‖ fame] F bonne fame DF ad. que l'en
vos dit qui (a F avoyt) la (visiere F face) ‖ Lors—besoig] R 1521—3
Li messagier l'unt acolée Et grant joie li unt menée Et le besoig
li unt conté ‖ tuit] B om. DF ad. ensamble ‖ li] MBPA om. ‖ 633.
joie] MP ad. de li ‖ li] A om. ‖ content] M disent BPCA dient ‖ lou
besoig] F la matere et la cause ‖ por — terre] R 1524 Pour quoi
estoient assemblé ‖ por] MBP et por ‖ 634. et — ampereor] R om. ‖
malage] MA message D mal ‖ au] MBPF du ‖ F à l'empereeur ‖ et
li dient — volentiers] D om. R 1525—34 Dient li s'ele ha en meison
Chose de quoi puist garison Avoir li fiuz l'empereeur, Ele en sera à
grant honneur, Touz les jours que vivera Jameis honneur ne li faura.
On dist qu'ele ha une semblance De Jhesu dont feit remembrance,
Et s'à vendre la povons, Moult volentiers l'achaterons ‖ et li dient]
C om. F et cuydons ‖ 635. garroit] C ad. ce li a l'an fait entendant
‖ 636. moult volentiers] F tant comme ele la vouldroyt vendre ‖
moult] C om.   Et quant — covenroit] R 1535,6 Verrine voit bien
et percoit Que descouvrir li couvendroit ‖ Et] MBPA ad. ele respont ‖
637. si sot bien] B car bien seut‖CAF à descouvrir ‖ li] B l'en coven-
roit] C convenoit ‖ 638. si lor — avoir] R 1539—41 Et dist: Je ne
la vendroie Pour riens qui soit, ne ne donroie Ce que vous ci me
requerrez ‖ si lor] F et lor A si ‖ Seignors] M om. A Sire ‖ ne] M ad.
vos ‖ vendroie pas] DHF vodroie (F ad. mie) ‖ 639. ne je — mie]
CADF (neis ADF om.) se vos (m'en D me) donneiez (F ad. tout)
‖ 640. mes—compaignon] R 1542,3 Ainz couvint que tout me jurez,
Et vous et vostre compeignon ‖ jurez] MBP juriez AP ad. et ‖ vos
et] MPCDF om. ‖ toute] CD trestuit ‖ compaignon] MBP compaignie
‖ 641. que — avoc vos] R 1544—8 Qu'à Romme, en vostre region,
Que sanz rien tolir me menrez Et que vous rien ne me tourrez,
Et je avec vous m'en irei Et ma semblance porterei ‖ menroiz] M

que ge vos mostrasse ne riens de ce que vous me demendez,
je m'en irai avoc vos." Et quant cil l'oïreut, si en furent
moult lié et dient: „Nos vos en menrons à grant joie et vos
645 jurerons ce que vos nos avez demendé." Lors li jurerent tuit
et quant il orent juré, si li distrent: „Vos serez ancor riche
fame; or nos mostrez, s'il vos plaist, ce que nos vos demandons." Et ele respont: „Attendez moi ci, je vos irai querre
ce que vos me demendez." Einsi s'en ala Verone en sa maison,
650 et quant ele fu en sa maison, si prist lou suaire souz son
mantel et s'en revint as messages; et quant ele i fu venue,

---

m'en menries ‖ toldroiz] *F* ousterez ‖ rien] *MBP* cose *C* nule rien *D*
nule chose *H* nient de chose ‖ 642. que — mostrasse] *A om.* ‖
moustrasse] *DF* puisse (motrier *F* moustrer) ‖ ne—demendez] *MBP om.*
‖ ne riens] *CA om.* ‖ me] *C om.* ‖ 643. irai] *MBPCA* iroie ‖ Et quant
—dient] *D om.* R 1549—51 Quant li messagier ce oïrent, Forment
en leur cuers s'esjoïrent. Il dient ‖ l'oïrent] *F* oyrent ‖ 644. lié] *F*
joyeulx ‖ et] *B* si ‖ dient] *MB* disent *F* luy dyent ‖ Nos — demendé]
*D om.* R 1551—3 Nous vous emmenruns *A* grant joie et vous jurerons Trestout quanque vous devisez ‖ *MBP* moult grant ‖ et] *F* et
si ‖ vos] *A* nous ‖ 645. jurerons] *A* ferons *C ad.* à tenir *F ad.* tous
‖ nos] *B om.* ‖ Lors — juré] *R om.* ‖ Lors] *MBPA* se ‖ tuit] *DF ad.*
ensemble *CA ad.* ce que ele (vos *A* voust) ‖ 646. si li — fame] *R*
*an späterer Stelle 1557—9* Tout li juif qui là estoient... Dient
qu'encor riche seroit ‖ distrent] *PAF* dient ‖ Vos] *C* Veronne, sachiez
que vos ‖ ancor] *F ad.* unes foiz ‖ *C* moult riche ‖ 647. or — de-
mandons] R 1554,5 Meis, s'il vous pleeist, se nous moustrez La
semblance que demandons ‖ mostrez] *F ad.* font ilz ‖ s'il] *D* si ‖
nos] *MP* vous oés que nous *A* que vous avez et que nous ‖ deman-
dons] *C* avons demandé ‖ 648. Et — demandez] R 1561—3 Verrine
as messagiers ha dist: Attendez moi un seul petit, Querre cele
semblance irei ‖ respont] *B* dist ‖ Attendez moi ci] *B* souffrez vous
chi un poi ‖ ci] *CBP ad.* et ‖ vos irai] *B* l'irai ‖ 649. ce—demendez]
*A om.* ‖ Einsi — Veroine] R 1566 Tantost s'en va *MBPCA* (Et il *C* Il
*A* Et cil) (l'atendent *C* demeurent) et (ele *A* cele) s'en (ala *CA* va)
‖ *H* Et Veroine s'en ala ‖ en sa maison] *MBPCA om.* ‖ en] *H* à ‖
maison] *H ad.* et vint à sa buge ‖ 650. et — maison] R 1567 Quant
fu eu sa meison entrée ‖ fu — maison] *F* y ‖ fu] *MP ad.* venue ‖
maison] *B ad.* venue ‖ si — mantel] R 1569—71 Et si ha prise la
semblance, Desouz sen mantel l'a boutée ‖ si] *D* et ‖ lou suaire] *MBP*
le sydoyne *D* la visiere *F* la face ‖ 651. et — messages] R 1572 As
messages est retournée ‖ et s'en revint] *MPAD* si vint *C* et lors
s'en vint ‖ as messages] *MBPCA* ariere *F ad.* qui l'actendoient ‖ et

si lor dist: „Or vos seez!“ Et il s'asistrent. Et ele trait
hors la sanblance; et quant cil la virent, si en furent moult
lié et se leverent encontre. Et ele lor demanda: „Por quoi
vos estes vos levé?“ Et il distrent: „Nos ne nos en poïmes 655
tenir, quant nos veimes ceste samblance que nos ne nos leves-
siens. „Ha, dame,“ font il, „dites nos o vos la preïtes et
coment vos l'eutes.“ Et ele respont: „Ge vos conterai coment
il m'avint: ge avoie un sydoine que ge avoie fait faire, si le
portoie en mon braz au marchié, quar je le voloie vendre, si 660

quant — venue] *RAD om.* *C* si apela les messages à une part || i]
*BPF om.* || venue] *F ad.* devant eulx || 652. si] *R 1575 F* Ele *D* et
|| seez] *C ad.* tuit ci devant moi || Et il s'asistrent] *R 1579* Il se vunt
trestout rasooir (|| s'asistrent] *PADHF* s'asient || Et elle—sanblance]
*R om.* || ele] *A* celle || 653. hors] *M* maintenant *D* fors *F* en avant
|| la] *M* sa || sanblance] *C ad.* si la desvelope || et quant—encontre]
*R 1580,1* Tantost cum la peurent voir Il les couvint touz sus saillir]
|| et quant] *MD* quant || cil] *PADF* il || en] *MPD om.* || 654. lié]
*F* joyeulx || et se] *A* si se || leverent] *A ad.* li || Et — demanda]
*R 1583* La boeune femme ha demandé || lor] *MBP om.* || demanda]
*MBPCAD* dist (*P ad.* dist) || Por — levez] *R 1584* Pour quoi il
s'estoient || Por quoi] *C* Seignor et por quoi || 655. vos estes] *MBP*
estes || estes] *C* iestes || Et — levessiens] *R 1585—8* Par foi! il le
nous couvint feire, Quant nous la semblance veimes; Feire l'estut,
si le feimes || en] *M om.* || poïmes] *A* poons || 656. quant] *D* dès
que || ceste] *DF* la || que — levessiens] *D om.* || nos ne nos] *M* ne ||
ne] *F* en || 657. Ha — l'eutes] *R 1589,90* Dame, font il, pour Dieu
nous dites Où vous cest suaire preistes || dame] *MBPA om.* *C* Verrone
|| font il] *D om.* *F* font les messaigiers || preites] *H* persistes ||
658. Et — m'avint] *R 1591,2* Ele respont: Je vous direi, Comment
m'avint vous conterei (|| Et ele respont] *D* Ele lour dit *F* Et elle leur
dist || Ge vos conterai] *C* Ge vos conterai ge bien || Ge] *B ad.* le
|| coment] *D ad. in Roth* Ci parole li contes coment la Veronique
fust trouvée à Rome *F ad. die Ueberschrift:* Cy après est raconté
comment la Veronique fust trouvée et aportée à Rome || 659. m'avint]
*CDF* avint *DF ad.* (une *D om.*) chose || *CDHF ziehen* il avint *zum*
*Folgenden* || ge avoie un — faire] *R 1593* Une sydoine feit feire avoie
|| ge] *PDHF* que je || un — faire] *H* fait faire un sydone || sydoine]
*F* voistement (*darüber geschrieben, ohne dass* voistement *ausgestrichen*
*ist,* drap) || si — braz] *R 1594* Et entre mes braz le portoie || le
portoie] *MBPCA* l'emportoie || 660. en] *D* à *F* sur || au — vendre]
*C* come por vendre aval la vile *RMBPA om.* || si — liées] *R 1595,6*
Et je le prophete encontrei, Les meins avoit derrier liées || si] *C*

encontrai cels qui en menoient le prophete, les mains liées;
et li juis le sivoient. Si me requist pour le grant Diu que
je li essuiasse son vis et tersisse por la suour qui li couroit
contreval son vis. Maintenant pris lou chief du sydoine, si
665 li essuiai son vis, et puis m'en vig; et il l'an menerent outre
batant. Et quant je fu en ma meson et je regardai mon
drap, si i trovai ceste samblance. Et ainsi m'avint, et se
vos quidez que ele ait mestier au fil l'ampereeur, je m'en irai
avoc vos, si l'en porterai." Et il dient: "Granz merciz, car

---

et lors si avint chose que ge ‖ 661. en menoient] *A* menoient ‖
prophete] *C ad.* batant ‖ les mains liées] *F* qui avoyt les mains liées
‖ 662. et — sivoient] *R om.* ‖ li juis] *C* toz li juis *H* li autre juif
‖ le sivoient] *C* après lui qui moult laidement lou demenoient ‖ le]
*F* me ‖ sivoient] *D* sivent ‖ Si — tersisse] *R 1599—1602* Pour le
grant Dieu mout me prierent Li juif, quant il m'encontrerent, Que
mon sydoine leur prestasse, Au prophete son vis torchasse ‖ Si me
requist] *C* Et quant la prophete me vit, si m'apela et me pria *H*
Ensi comment je passai devant lui, si me requist *DF* et il me requist ‖ pour — Diu] *DHF om.* ‖ que je — tersisse] *MBP* que jou li
essuiasse et tiergisse son viaire *CA* que je li essuiasse et tuersisse
lo vis (*C ad.* de mon toaille) *DHF* que je li essuiasse son (vis *F*
visaige) (et tersisse *D om.*) ‖ 663. por — vis] *MBPCA om. R an
späterer Stelle 1605,6* Car il si durement suoit Que touz ses cors en
degoutoit ‖ 664. Maintenant — vis] *R 1603,4* Errament le sydoine
pris Et li torchei mout bien sen vis ‖ *C* Et ge pris maintenant ‖
Maintenant] *F* ainsi *P* et maintenant ‖ pris] *F* je prins ‖ chief] *F*
bout ‖ du] *CF* de mon ‖ sydoine] *F* abillement (*darübergeschr.* drap)
‖ 665. essuiai] *D* en ters *F* en essue ‖ son vis] *MBPCA om.* ‖ et
puis] *R* je *M* puis si *C* et si *A* et ‖ m'en ving] *D* m'en tornai *F*
me tournay ‖ il] *C* cil *DF* li juif ‖ outre] *A om. F* tout oultre ‖
666. Et — meson] *R 1611* Et quant en ma meison entrei ‖ fu] *B*
ving ‖ en] *P* à ‖ ma] *MB om.* ‖ et — drap] *R 1612* Et men sydoine
regardei ‖ et] *MPF om. BD* si ‖ regardai] *DF* regarde ‖ mon] *AF* à
mon ‖ 667. drap] *C* sydoine ‖ si — samblance] *R 1613* Ceste semblance y hei trouvée ‖ si] *DF* et ‖ i] *ADF om.* ‖ samblance] *C ad.*
ampriente ‖ Et — m'avint] *R om. CF ad.* lors *D ad.* comme vos avez
oï *F ad.* comme vous ay conté et comme avez ouy ‖ et se — ampe-
reeur] *R 1615—7* Se vous quidiez qu'il ait mestier Ne qu'ele peust
assouagier Li fil à nostre empereen ‖ et] *M* lors *D om. C ad.* or
*F* Puys leur dist ‖ 668. quidez] *F* croyez ‖ de] *MBP om.* ‖ *MBP*
mestier ait ‖ *F* à l'empereur ‖ je — l'en porterai] *R 1619,20* Volentiers
o vous m'on irei Et avec moi la porterei ‖ 669. si l'en porterai] *CA*

144

nos quidons bien que ele li ait mestier." Onques ne troverent 670
en la terre cose qui de lui fust fors ceste.

Ensinc s'en revinrent et passerent mer. Et Pilates remest
en sa baillie. Et quant il vindrent à Rome, si en fu li empereres moult liez et lor demanda noveles coment il avoient
erré et se li pelerins avoit voir dit. Et il dient que tot 675
ensinc que il avoit oï de lui estoit il voirs et plus ancor, ne
Pilates n'avoit mie si grant tort com il quidoient. Si li content tot l'errement si com il l'avoient oï d'une part et d'autre.

---

et (si *A om.*) li porterei || Et — mestier] *R 1621—3* Li messagier
mout l'en mercient, Car bien afferment et bien dient, Car mestier
avoir leur pourra || *C* A granz || merciz] *C ad.* douce dame || car]
*DF om. C* et || 670. ele] *A* il || ait] *F* aura || *C* grant mestier ||
Onques — ceste] *R 1625—7* Car il n'unt nule rien trouvée Qu'il aient
si bien esprouvée Comme ceste || Onques] *C* Lors pristrent consoil
ansamble et distrent que il s'en iroient aitant. Issi atornerent lor
oirre ne onques || troverent] *DF ad.* li messages || 671. en la terre]
*DF om. CA* (el *A* ou) pais || cose] *M om. CA* rien || *A* trouverent
rien au pais || de lui fust] *P* mestier lor eust *C* qui eust este ˙soe
*A* qui li vaussist *D* qui eust atouchié au prophete *F* au saint prophete
|| fors que ceste] *C* que ceste *A* for ceci *DF* fors cele samblance ||
que] *P om.* || 672. Ensinc — mer] *R 1627,8* Ainsi mer passerent Et
en leur terre s'en ralerent || s'en] *P om.* || revinrent] *A* vindrent *D*
retornerent arriere *F* son retournés *CA ad.* li message (à Rome *A om.*)
|| et] *D* si || passerent] *F* ont repassé || *CF* la mer || Et — Rome] *R om.*
|| remest] *A* remaint *F* demeure || 673. baillie] *F* bailliaige || Et —
Rome] *R 1629* Or sunt à Romme revenu || il] *CA* cil || vindrent] *M*
revinrent *F* arriverent || si — liez] *R 1630* L'empereres mout liez en
fu *F* l'empereur en fut grandement joyeux || si] *MBPCD om.* || en]
*P om.* || 674. liez] *C ad.* de lor venue || et lor — erré] *R 1631,2*
Nouveles leur ha demandées Comment les choses sunt alées || lor] *C*
lors lor || demanda] *C ad.* Titus || noveles] *C om.* || 675. erré] *F* bien
enserché *C ad.* et esploitié || et se — dit] *R 1633* Se li pelerins voir
disoit || se] *D om.* || Et il — ancor] *R 1634* Il dient, de rien ne,mentoit
|| dient] *MBP* distrent || que tot — voirs] *A* que voirs estoit || 676.
que il] *CDF* com il || avoit] *M* avoient *BP* l'avoient *C* l'avoit || oï
de lui] *C* dit || oï] *F* dit || estoit] *F* qu'il estoyt || ne — quidoient]
*R 1639,40* Pilates si grant tort pas n'a Cum nous jugiuns par decà
|| ne] *D* et *C* mais || 677. n'avoit] *CH* n'i avoit || tort] *MBP* coupes
en la mort d'icel houme *H* toupes || il quidoient] *CA* (en *A* il) di-
soient || Si — d'autre] *R om.* || Si li] *C* Lors li *F* Et si || content] *DF*
conterent || 678. tot] *D om.* || l'errement] *A om. F* le tourment || si

Lors demanda l'ampereres, si le prophete estoit si preudom
680 com il disoit? Et il respondent: „Oïl, assez plus." Et il
lor demande: „Aportez me vos rien del suen?" „Oïl, sire, si
com nos vos dirons." Lors li conterent coment troverent la
fame et coment chou aloit et que ele aportoit. Et quant
l'ampereres l'oï, si en fu moult liez et dist: „C'est moult
685 boene chose que vous avez amenée, ne onques mais de tel
mervoille n'oï parler." Et il dient: „Nous ne quidons pas que
nus hom se deust seoir qui la veist." Lors ala l'ampereres à

---

com] *B* ensi com *MP* comment *A* et comment *F* comme ‖ l'avoient]
*MADF* avoient ‖ oï] *M* my *C* ad. dire ‖ d'une part et d'autre] *B om.*
‖ d'une] *P* de l'une ‖ d'autre] *P* de l'autre ‖ 679. Lors — plus] *R om.*
‖ Lors] *C* Et lors lor *F* Lors leur ‖ demanda] *BPDF* demande *C*
redemanda ‖ si — estoit] *MBPCA* (et *MBPA om.*) estoit il *CA* ad.
donc ‖ 680. il disoit] *C* icil dit *A* il disoient *D* n'en disoit ‖ il] *P*
hom ‖ respondent] *D* distrent *F* respondirent ‖ Oïl] *F* ad. et ‖ *MBP*
plus assez *F* uncores beaucop plus ‖ Et—suen] *R 1641—3* L'empereres
ha demandée: Avez me vous riens aporté Qui à ce seint prophete
fust ‖ 681. lor — demande] *P* dist ‖ Aportez me vos] *F* avez vous
aporté ‖ rien del suen] *D* chose qui à lui ait atouchié *F* auchune
chose à quoy il eust atouchié ‖ Oïl—dirons] *R 1645,6* Oïl, sire, nous
aportuns Une chose que vous diruns ‖ Oïl] *MBPCA* Et il (disent *P*
dient *CA* respondent): Oïl ‖ sire] *MBPCA om.* ‖ si] *C* en tel maniere
*AF* ainsi ‖ 682. Lors — aportoit] *R 1647—50* A ces paroles li conterent Comment il la femme troverent, Qu'ele avecques li aportoit,
Tout ainsi cum la chose aloit ‖ li] *M om.* ‖ conterent] *A* content ‖
comment troverent] *MBPA* l'afaire de *C* l'errement de ‖ coment —
aportoit] *C* coment ele meesmes li aporte lou drap *A* comment ele
aportoit le drap *D* comant ele avoit lonc tens guardée la visiere *F*
tout ainsi comme ele avoyt gardé longtemps la semblance ou la face
‖ coment] *P* comme ‖ 683. Et — dist!] *R 1651,3* Li empereres, ce
sachiez, Quant l'oï, si en fu moult liez, Il dist ‖ 684. l'oï] *C* à ce
oï *A* oï a ces paroles ‖ moult] *C* à merveilles ‖ liez] *F* joyeux ‖ et]
*C* si ‖ C'est — parler] *R 1653—6* Bien avez esploitié Et vos journées
emploié; Vous aportez une merveille, N'oï paller de sa pareille ‖ C'est]
*CA* que c'estoit ‖ 685. que] *C* quant ‖ vous avez amenée] *C* il la
fame avoient amenée ‖ vous avez] *A* il avoient *F* l'avez ‖ amenée]
*DF* ad. avoc vos ‖ ne] *C* car ‖ *DF* n'oï paller de tel merveil ‖ mais]
*C* ad. fait il ‖ n'oï] *M* n'oïsmes onques mais ‖ 686. Et — veist] *RD om.*
‖ Et il dient] *F om.* ‖ il] *C* cil li ‖ 687. nus hom] *P* nen ‖ nus] *M*
nous, *wohl von Hucher falsch aufgelöst für* nus ‖ se — veist] *F* peust
scavoir que ele en eust rien ‖ se] *MP om* ‖ Lors — venue *R 1657—9*

la fame, si li fist moult grant joie et li dist que bien fust
ele venue et que il la feroit moult riche fame por ce qu'ele
li avoit aporté. Quant ele oï ce, si en fu molt liée et dist: 690
„Sire, ge voldroie mout volantiers faire vostre plaisir." Et il
li demanda ce qu'ele li avoit aporté et ele li monstra la semblance. Et quant il la vit, si l'enclina .III. foiz, si s'en merveilla moult et dist que ce ert la plus bele samblance d'ome
que il onques mes veist. Lors l'a prise entre ses deus mains, 695
si la porta en la chambre, où ses filz estoit enmurez, et mist
la samblance à la fenestre; et apela son fiz et li mostra. Et

--------

Li empereres s'en ala A la femme et la bienvigna; Dist li bien fust
ele venue || Lors] C Et lors || ala] C s'en ala. *Mit diesem Wort
schliesst in A das VII. Blatt, das VIII. fehlt* || 688. si] BF et || li]
D *om.* || joie] F chiere || et li] M et il B et si P si li || que —
aporté] D *om.* || 689. et que — aporté] R *1659—62* Qu'il la feroit
et pleinne et drue Pour ce qu'ele avoit aporté A son fil et joie
et santé || et] C *om.* || que] H *om.* MBP car || feroit] H seroit ||
moult] DHF *om.* || 690. li] H *om.* || aporté] C *ad.* lou suaire à cele
prophete || Quant — plaisir] DF *om.* R *1663—6* Quant ele l'emperere
oï, En son cuer mout s'en esjoï: Sire, vostre plaisir Sui toute preste
d'acomplir || Quant] C et quant || oï ce] MPC l'oï || molt] C à mer-
voilles molt || et] MP *ad.* li || 691. Et — aporté] RDF *om.* || 692. ce]
BP de chou || li] B *om.* || et ele — semblance] R *1667* La semblance
li ha moustrée || ele] M cele DF Veroine || li — semblance] BP li
monstre C lou trait fors D monstra la visiere F monstra à l'emperere
la face || 693. Et — foiz] R *1669* Quant la vist, .III. foiz l'enclina ||
l'enclina] MP le vait incliner C l'ala ancliner D li a moult tot en-
cliné F se inclina par terre || .III.] F par troys || si s'en — moult]
R *1670* Et durement se merveilla F et fut moult esmerveillé || s'en
merveilla] MB s'esmerveilla C s'an mervoille || s'en] P se || 694. et
dist — veist] R *1671—3* Et à la preude femme dist, Que meis tele
semblance ne vist D'omme ne ki si bele fust || 695. Lors — enmurez]
R *1675—7* Entre ses deus meins prise l'a Et en la chambre la
porta, Où ses fiuz estoit enmurez || Lors] F Adoncq, l'a prise] MBPDF
le prist DF *ad.* l'empereres || entre] C en M à || 696. porta] C porte
D enporta || où] DF là où || estoit enmurez] MBP estoit enclos D
se dormoit F se demeuroyt et là où il estoit enmuré || et — fenestre]
R *1679* Et à la fenestre la mist || mist] MC met || 697. à] M sus
F dessus BPC sor || et apela — mostra] CR *om.* || et] B puis MPD
si || apela] MBP l'apiele C apele || son fiz] MBP *om.* || et li mostra]
MBP (et puis B se) li a moustrée || li] F la luy || Et — esté]
R *1681—3* Et sachiez, quant il l'eut veue, N'avoit unques la char

5*

quant il l'ot veue, si fu maintenant plus saius que il n'avoit
onques mais esté. Lors dist: „Biaus sires Dex, qui est ceste
700 samblance qui si m'a alegié de totes mes dolors?" Lors
s'escria: „Depeciez moi cest mur!" Et il si firent au plus
tost que il porent. Et quant li murs fust depeciez, si le
troverent tot sain et tot haitié.

Molt fu granz la joie que l'ampereres fist et tuit li autre,
705 de ce que son filz fust tout sains et tous haitiés. Et Vaspasians demanda, où cele samblance fu prise ne à qui ele avoit
estée, qui gari l'avoit, ce que nus hom terriens ne povoit

------

eue Si sainne cum adonques l'eut ‖ Et quant il] *D* si tout comme
ses fiz *F* Et si tost que son filz ‖ 698. il] *C* cil ‖ l'ot veue] *CMBP*
la vit ‖ maintenant] *MPDF om. B* tantost ‖ plus — esté] *D* tot sains
et et plus qui n'avoit onques esté *F* tout sain et guery plus que
jamais il n'avoit esté ‖ 699. mais] *M om.* ‖ Lors — dolors] *R 1685—8*
Lors ha dist: Sires de pitié Qu'est ce qui si m'a alegié De toute
ma grant maladie, De mes doleurs? ‖ Lors] *B ad.* li *C* et lors si *F*
Adoncquez ‖ dist] *DF ad.* Vaspasiens ‖ Dex] *B om.* ‖ qui] *C* à cui ‖
700. si] *BPCDF om.* ‖ alegié] *F ad.* et guery ‖ de] *D om.* ‖ Lors
— mur] *R 1689,90* Vaspasiens s'est escriez: Errant ce mur me depeciez ‖ Lors s'escria] *DF* (et *F om.*) puis dit à son pere ‖ 701.
s'escria] *MBP* s'escrie ‖ depeciez moi] *DF* Sire, faites moi depecier
‖ Et — porent] *R 1691,2* Si firent il hysnelement C'onques n'i eut
delaiement ‖ il] *MPC* cil ‖ si] *F* le ‖ firent] *DF* fist ‖ 702. porent]
*DF* pot ‖ Et — depeciez] *MBPC om. R 1693* Quant eurent le mur
depecié ‖ si — haitié] *R 1694* Troverent le sain et bettié ‖ si le tro-
verent] *C* si l'ont trové *DF* Vaspasiens (s'en *D om.*) issi (hors *F*
dehors) ‖ 703. tot haitié] *F* joyeux *B* tout haitié et tout sain ‖
704. Molt — haitiés] *R om.* ‖ granz] *D om.* ‖ *F* Adonques fut la joye
moult grande ‖ l'ampereres] *C ad.* Titus ‖ fist] *MBP ad.* de son fil
*C ad.* de Vaspasian son fil ‖ et tuit li autre] *MBP om.* ‖ 705. de
ce — fust] *MBP* qui fu *C* quant il lou virent ‖ son filz] *F* celuy
enfant ‖ tout — haitiés] *C* sain et haitié *D* tot seinz *F* ainsi sain et
guery ‖ Et Vasp. demanda] *R 1695* Ore unt bien la nouvele enquise
‖ Et] *C* Lors ‖ *C* demanda Vaspasians *B* demanda ses fieus ‖ Vaspa-
sians] *P* il ‖ 706. où — estée] *C* cui cele samblance fu et où ele fu
prise ‖ où — prise] *R 1696* Où fu tele semblance prise ‖ cele sam-
blance] *MP* chou *D* ceste visiere *F* ceste face ‖ fu] *H* avoit esté ‖
prise] *MP* pris ‖ ne — estée] *RB om.* ‖ ne] *P* et ‖ à qui] *DHF* à
quel home ‖ ele] *MP* la samblance ‖ avoit esté] *MP* estoit ‖ 707.
qui gari l'avoit] *D om. R 1697* Ki ainsi tost gari l'avoit ‖ gari l'avoit]
*C* si sainement l'a gari *F* m'a ainsi gari *H* m'a gair [sic!] de plus

feire. Et on li coute ce que la fame lor ot conté et les
autres vertuz que li pelerins vit. Et il demande as messages:
„Est il dont voirs qu'il aient mort ensi preudome com cil 710
estoit?" Et il respondent, que oïl. Et quant il oï ce, si en
fu moult iriez et dist que mar l'avoient fait et que jamais
n'aroit joie tant que il l'auroient comparé. Lors dist à son
pere: „Sire, vos n'iestes mie rois ne empereres ne sires de
moi ne d'autrui, mais cil est sires qui a tel pooir que dès 715
là où il est, a donné tel pooir et tel vertu et tel force à sa

---

vil maladie || ce — feire] *R 1698* Ce que nus feire ne povoit || ce] *H*
qui soit chose *F om.* || ne] *F* nullement ne || povoit] *BCH* pot *C ad.*
onques mais || 708. Et — vit] *R 1699,1700* Et il li unt trestout
conté Comment les choses sunt alé || Et] *F* ainsi || on] *DF* l'en *C* li
message et ses peres || conte] *C* content || lor ot] *DF* avoit || les] *D*
toutes les || 709. vit] *C ad.* au vivant de la prophete *R ad. 1701,2*
Il unt le pelerin hors mis De la prison || Et — estoit] *R 1702—5*
Il [li pelerins] ha enquis, Se c'estoit voirs que dist avoit Dou prophete
et s'ainsi estoit, Qu'il aient si preudomme ocis || il] *C* Vaspasians ||
710. Est il] *P* se ce est || Est] *C* Comment est *F* Beaux signeurs,
est || il] *MBD* cou || dont] *C* dons *DFP om.* || qu'il] *CF* que li juif
|| aient] *M* avoient || mort ensi] *F* ainsi occis et mys à mort ce ||
ensi] *P om.* || com cil estoit] *F om.* || 711. Et — oïl] *R 1706* Il
respondent qu'il est ainsis; *ad. 1707—10* Au pelerin unt tant donnée
Que riches fu tout son aé et Verrine pas n'oublierent, Mais granz
richesces li donnerent || respondent] *DF* respondirent || que] *MD om.*
|| Et — iriez] *R 1711—13* L'enfes eut la nouvele oïe, Sachiez que ce
ne li plut mie, Ainz en fu iriez durement || oï ce] *C* l'oï || 712.
iriez] *F* courrocié et marry || et dist — comparé] *R 1714—19* Et dist:
Trestout certeinnement La mort Jhesu achaterunt Tout cil qui au
feit esté unt. Il ha dist à l'empereur: Jameis n'arei bien ne honneur
Desi que l'arunt comparé || l'avoient] *DF ad.* ilz || et que — joie]
*MBP* (car *P* et que) il n'aroit jamais joie *C* que il n'aura james
joie || 713. tant que il] *MBP* si || l'auroient] *C* l'auront || Lors —
pere] *R 1721* Il ha dist après à son pere || Lors] *D ad.* si || dist]
*DF ad.* Vaspasiens || son pere] *B* l'emperere || 714. Sire— d'autrui]
*R 1722* N'estes pas rois ne emperere || Sire] *MBP om. C ad.* Sire
|| mie] *F* mais || de] *CF* ne de || 715. mais — sires] *R 1723* Meis
cil le doit estre pour voir || est sires] *MPC* sires est empereres ||
sires] *F* droyt sires || qui — pooir] *DF om. R 1724* Qui seur nous
touz ha tel povoir *MBP* qui tel force et tel pooir qui || que — est]
*R 1725* Qui de là où est || 716. a donné — samblance] *R 1725—7*
ha donné Teu vertu et teu poesté A la semblance *M* doune tel force

samblance, qu'ele m'a gari, ce que vos ne nus hom, tant fust hauz, ne poist faire; mais cist est sires des homes et de totes autres choses. Ge vos pri come à mon seigneur et à mon
720 pere que vos me laissiez aler vanchier sa mort de cels qui l'ont ocis à tort." Et l'ampereres li respont: „Biaux fiz, ge voil que tu faces tote ta volenté." Et quant Vaspasiens l'oï, si en fu moult liez. — Ensi avint et fu aportée la samblance de Jhesu - Crist à Rome, que on apele la Veronique.

---

et tel pooir et tel virtu à sa samblance *B* a doné tel force et tel vertu *P* donnes donne [!] tel force et tel vertu à sa semblance *D* a doné tel force et tel vertuz à en sa samblance *H* mais tel forche et tel pooir à sa samblance *F* m'a donné telle force et telle vertu en sa semblance || 717. qu'ele m'a gari] *R 1728* Que m'a si bien et tost gari || ce — faire] *R 1729,30* Ce que hons faire ne peust, Vous ne autres, tant hauz hons fust *MBP* cou que vous ne nus, (*BP ad.* haus) hom ne poroit faire *D* et que vos ne autre ne puissez fere *H* chou que vous ne autres hom ne peustes faire *F* ce que vous ne nul aultre hom ne povoyt faire || vos ne] *C om.* || 718. mais — choses] *R 1731,2* Meis cist ha seur touz le povoir, Et, certes, bien le doit avoir || mais] *MBPDF om.* || sires] *F* seigneur || des homes] *DF ad.* et des fames || totes]. *D om.* || 719. autres] *CFP om.* || Ge — pere] *R 1733,4* Biaus peres, jointes meins vos pri, Cum mon seigneur, cum mon ami || Ge] *C* Et ge || à mon seigneur et] *D om.* || à] *C bis om.* || *P* mon pere || 720. que vos — mort] *R 1735,6* Que vos me leissiez aler vengier La mort mon seigneur droiturier || vos — aler] *MBPDF* que jou (aille *F* l'aille) || sa mort] *DF om.* || qui — tort] *R 1737,8* Que cil larrun puant juis Unt si vileinnement ocis || 721. l'ont ocis] *P* l'avoient ocis *MB* l'ocisent *F* l'ont ainsi ocis || *C* l'ont à tel tort ocis || à tort] *DF om.* || Et — volenté] *R 1739—41* Li empereres li respondi: Biaus fiuz, jou vueil, si vous en pri, Feites vo volenté entiere || l'ampereres] *DF* li peres || li] *MBPDF om.* || respont] *DF ad.* à son fiz et (*F ad.* luy) dit || Biaux fiz] *MBP om.* || 722. tote] *MBP om.* || Et — liez] *R 1743,4* Quant Vaspasiens l'entendi, En son cuer mout s'en esjoï || Et] *DF om.* || Vaspasiens] *MPC* cil *B* il || l'oï] *B* oï ce *DF* oï la parole || 723. moult] *C* à mervoilles || liez] *F* joyeux || Ensi avint] *R 1745* Ainsi firent, ainsi alerent || avint et] *CDHF om.* || avint] *BP* vint || et fu — Veronique] *R 1746,7* Ainsi la semblance aporterent, On l'apele la Veronique *DF* fust portée la Veronique (à Rome que n'en apele *F* que l'on appele à Romme) la samblance (Jhesu-Crist *H om.*) por la garison (du fiz à l'empereor *H* Vaspasiien) || *H* la semblance aportée || 724. on] *C* l'an *MB ad.* i || apele] *MBPC* clame (encore *C om.*) || la] *MBP om.* || Vero-

Tytus et Vaspasiens atornerent lor oirre por aler en la 725
terre de Judée. Et quant il furent passé, si manderent Pilate
que il venist à els. Et quant Pilates vit qu'il amenoient si
grant gent, si ot paor et parla à Vaspasien et dist: „Sire, ge
sui en vostre commendement, faites moi à savoir que vos volez
faire." Et Vaspasiens respont: „Ge sui venuz vangier la mort 730
au prophete qui m'a gari." Quant Pilates l'oï, si ot moult
grant paor; car il cuida qu'il fust vers lui encusez, si li dist:
„Sire, volez vous toz prandre, qui furent à sa mort et savoir
qui a tort ou droit?" — „Oïl," fait il, „ge lo voldroie bien

---

nique] *C* Veronnicle ‖ 725. Tytus — Judée] *R 1749—52* Vaspasyanus
et Titus llec ne sejournerent plus; Ainz unt tout leur oirre atournée ‖
*C* Et Tytus ‖ Tytus et] *H om.* ‖ atornerent] *H* atorna *P* apareillierent
*F* mistrent seur ‖ oirre] *F* armée ‖ por aler] *MB* à venir *D* d'aler ‖
la terre de] *P om.* ‖ 726. Et — els] *R 1753—6* En mer entrerent,
la mer passerent, Plus tost qu'il peurent, arriverent; Pylate funt
errant mander, Qu'il viegne tost à eus paller ‖ passé] *DF ad.* outre
mer ‖ si] *F* il ‖ 727. que — els] *D om.* ‖ à] *C* encontre ‖ Et — paor]
*R 1757—9* Pylates oit le mandement Et set qu'il ameinnent grant
gent. Peur eut ‖ vit] *C* vint et vit ‖ amenoient] *F* amenoyt ‖ 728.
grant] *MBP ad.* plenté de *F ad.* compaignये de ‖ si ot paor] D si
ot moult paor *F* il en eut moult grant paour ‖ et parla — dist]
*R 1759,60* nepourquant palla, Vaspasien arreisonna ‖ Vaspasien] *C ad.*
à une part ‖ dist] *CF* li dist ‖ Sire — faire] *R 1761—4* Sire, vous
m'avez ci mandé. Vez moi ici tout apresté De feire tout vostre
pleisir, Quanque j'en pourai acomplir ‖ Sire] *MB om.* ‖ 729. en] *P* à ‖
commendement] *C* merci *F* service fayre et à vostre commandement
‖ faites — savoir] *F* Dictes, s'il vous plaist ‖ que — faire] *C* que vos
avez an pansé à feire et por quoi vous menez issi grant gent *F'* que
c'est vostre pleisir de fayre ‖ faites] *C* et; por Deu, faites ‖ volez]
*MBP* vourés ‖ 730. Et Vaspasiens — gari] *R 1765—7* Vaspasyens
dist sanz targier: Je sui ci venuz pour vengier La mort Jhesu qui
m'a gari ‖ Vasp. respont] *MBP* il dist ‖ Ge] *C* Pilate, ge ‖ 731. au]
*C* à la *F* du ‖ m'a] *M* me ‖ Quant — paor] *R 1768,9* Quant Pylates
ce entendi, Si ha eu mout grant peeur ‖ moult grant] *MBPC om.* ‖
moult] *F om.* ‖ 732. paor] *F* paors ‖ car — encusez] *R 1774* Qu'il quida
qu'il fust encusez ‖ qu'il fust] *MBPC* estre ‖ vers] *C* envers ‖ *C* encusez envers lui ‖ si — droit] *R 1775—8* Lors ha dist à Vaspasyen:
S'oïr voulez, je direi bien, Qui a eu ou droit ou tort Dou prophete
ne de sa mort ‖ li] *MB om.* ‖ 733. toz] *C ad.* les juis *DF ad.* cels ‖
qui — mort] *MBPC om.* ‖ et savoir] *C* ou savoir avant *P* et bien
savoir ‖ 734. qui] *C* li quel ‖ a] *C* ont ‖ Oïl — savoir] *R 1779* Oïl,

735 savoir." Et Pilates li dist: „Feites me prandre et metre an
prison et dites que c'est por ce que je ne le voloie jugier, et
faites grant semblant de moi haïr." Lors le fist Vaspasiens
ensi com Pilates l'ot dist et les manda par tote la terre. Et
quant il furent tuit assemblé, si lor demenda Vaspasiens no-
740 veles dou prophete qui plus se faisoit sires que ses peres
n'estoit. Et lor dist: „Vos avez fait que traiteurs, quant
vos lou soffrites." Et il respondirent tuit ansamble: „Tot ce
nos faisoit Pilates vostres baillis qui se tenoit devers lui et
voloit qu'il fust rois sor nos, et il dit, por ce, se il le disoit,

---

dist il, bien le voudroie || fait il] *DF* dit Vaspasien || voldroie] *F*
vueil || bien] *C* moult || 735. savoir] *C ad.* li quel en ont tort ne droit ||
Et — dist] *RB om.* || Pilates li] *MP* il || li] *DF om.* || Faites — prison]
*R 1781* En vo prison me meterez || Faites] *C* Sire, faites || me prendre]
*DF* les tot prendre || an] *BP* en une || 736. et dites — jugier]
*R 1782—4* Et à tous les juis direz, Que c'est pour ce que nou voloie
Jugier || que c'est] *B om. C* que vos me volez destruire || le] *M om.* ||
voloie] *MBP* voil || et faites — haïr] *R om.* || 737. Lors — commandé]
*R 1785,6* Vaspasyens einsi le fist Cum Pylates li avoit dist *MP*
Ensi comme Pilate l'ot coumandé et Vaspasiens le fist *B* et ensi
comme Pilates le dist Vaspasien en le fist *C* Ensinc com Pilates l'ot
devisé et Vaspasiens lou fist *DF* Lors le fist Vaspasiens (si comme
*F* ainsi que) Pilate (l'ot conmandé *F* l'avoyt conseillié || 738. et les
— terre] *R 1787* Mandé sunt par toute la terre || les manda] *MBP*
manda les (*B ad.* chaus *P ad.* hauz) hommes || par] *MBP* de || terre]
*MBP ad.* tous ciaus qu'il quidoit (et pooit savoir *BP om.*) qui eussent
esté à la mort Jhesu-Crist pourparler || Et] *R om.* || 739. il] *C* li
juis || tuit] *MB om.* || si lor — prophete] *R 1790,1* Vaspasyens ha de-
mandé Que il unt dou prophete feit || Vaspasiens] *MBP om.* || 740.
dou] *CMBP* de cele || qui — n'estoit] *D om. R 1793,4* Plus estoit sires
que ses peres, Ne rois ne dus ne empereres *MBP* qui se faisoit
roy *F* qu'il disoyt à estre son seigneur et plus qu'il ne faisoit son
pere || 741. n'estoit] *M ad.* Et il lor en disent chou qu'il en vaurent
|| Et lor dist] *R om.* || Et lor] *M* Et il lor *BP* si leur *F* Et lors
leur || dist] *B* a dit || Vos — traiteurs] *R 1795* Avez vous feit que
traiteur || avez feit] *C* feites tuit || que] *MBP* com || quant — soffrites]
*R om.* || 742. lou] *DF om.* || soffrites] *C ad.* à nul jor à vivre *DF ad.*
qu'il se feisoit (sire *F* seigneur) de vos || Et — lui *R 1797—9* Il
distrent, li puant renoi, Que Pylates le soustenoit Et se tenoit par
devers li || respondirent] *H* respondent *MP* dient *B* disent || Tot]
*DHF om.* || 743. nos] *DHF om.* || faisoit] *M* fist || vostres] *D* nostre
|| et voloit — nos] *R om.* || et] *C* et si || 744. voloit] *H* disoit || fust]

n'avoit il mie mort deservie. Et nos deimes que si avoit et 745
que nos ne vossimes pas soffrir que il eust autre rois sor nos
que vos; et il disoit qu'il estoit rois des rois." Vaspasians
lor respont: „Por ce ai je mis Pilate là ù il est, en prison,
que je avoie bien oï dire coment il avoit ovré et que il
l'amoit plus que moi. Or voil savoir par vos meismes, li 750
quel furent ce de vos as quels il plus pesa de ce que il se

---

*H* estoit *C ad.* autresin com ‖ sor] *D* de *H* desus ‖ nos] *C ad.* por
ce qu'il li mostroit ses anchantemenz et li disoit qu'il devoit estre
rois. Et por ce lou preimes et menames devant li por jugier ‖ et
il dit — deservie] *R 1800—4* Nous ne voulions pas ainsi; Car trestout cil qui se funt roi Dient contre ten pere et toi; Et Pylates.
adès disoit Pour ce mort pas ne deservoit *MP* et disoit, se il le
disoit, que pour con n'avoit il (pas *P* mie) mort deservie *B* et pour
chou, s'il le disoit, n'avoit il pas mort desservie *C* et quant nos
quidames que Pilates lou nos jugoit, si nos dit qu'il n'avoit pas por
ce mort deservie qu'il disoit qu'il devoit estre rois sor toz les rois
*F* Et il dist, pour ce si n'avoyt il mye mort deservye, si il le
disoyt ‖ 745. Et — avoit] *R om.* ‖ nos] *C ad.* li ‖ deimes] *H* disient ‖
avoit] *H* faisoit ‖ et que — vos] *R 1805,6* Nous ne voulsimes pas
soufrir. Qui roi se fait, il doit morir *C* si ne li vossimes plus
soffrir ses anchantemenz affeire ne qu'il deist au pueple qu'il fust
rois desor vostre pere et nostre sires *DHF* que nos ne sofferion
(jà *H* pas) (que il fust *H* que nus se fesist) sire dessus (vos *F* nos
seigneurs) ‖ 746. ne] *M om.* ‖ vossimes pas soffrir] *MBP* soufferions
jà ‖ 747. et il — des rois] *R 1807,8* Encor disoit plus grant boufois,
Qu'il se clamoit le roi des rois ‖ et il disoit] *MBP* et cil le voloit
(*B ad.* i) estre (et disoit *B om.*) *C* et il tote voies disoit que si seroit
et ‖ il disoit] *DHF* Pilates disoit ‖ rois des rois] *DHF* (rois *H* sires)
(desor *F* dessus) touz les rois ‖ lor respont] *MBP* dist maintenant ‖
748. lor] *C om. R* à ce ‖ Por — prison ‖ *R 1810,1* Pour ce l'a feit
mestre au parfont De ma chartre ‖ ce] *P* quoi *C ad.* fait il ‖ *C*
Pilate mis ‖ là — est] *C om.* ‖ en prison] *MBPDF om.* ‖ 749.
que — ovré] *R 1811—13* qu'oï avoie, Enseurquetout bien le savoie
Qu'il avoit malement ouvré ‖ que *F* car ‖ avoie] *C* ai ‖ coment — ovré
et] *B om.* ‖ avoit] *C* a ‖ ovré] *DF* erré ‖ et que — moi] *R 1814* Car
plus que moi l'avoit amé ‖ 750. que] *DF ad.* il ne fessoit ‖ moi]
*CD* nos *MPF* vous ‖ Or — seigneur] *R 1815—8* Or vueil je de
par vous savoir, Et si me dites tout le voir, As ques de vous touz
plus pesoit De ce que seigneur se feisoit ‖ voil] *PF ad.* je ‖ savoir]
*F* bien savoir *DF ad.* dit Vaspasiens ‖ li — vos] *MBP* li quel cou
fisent et *D om. F* les quelx le firent et ‖ 751. as — pesa] *D om. M*

faisoit seigneur, et li quex li fist plus comparer, et coment
vos ovrates vers lui dès lou premier jor que vos lou veites,
et por quoi vos lou cuillites en si grant haine, et li quel
755 estoient à vostre consoil et tote l'uevre si com ele a esté."
Et quant li juis oïrent que il voloit enquerre et savoir, la
verité, si en furent moult lié et quidoient que il lou deist
por lor preu et por lou domage Pilate. Si li conterent moult
liement tote l'uevre ensi com il l'ont menée et coment il se
760 faisoit rois seur aus et por quoi il lou haoient et coment
Judas le lor vendi .XXX. deniers, et li mostrerent celui qui

qu'il pesoit plus *B* as quels il pesoit plus *P* qui pesoit plus *C* cui
il plus pesa *F* as quelz il deplaisoyt plus || de ce — seigneur] *D om.*
|| ce] *F* quoy || 752. faisoit] *B* fist || seigneur] *CF* sires *F ad.* nommer ||
et li — comparer] *R 1820* Et li ques l'en fist pour ce pis *D* li quel
li firent plus de ledure et plus de maux *F* et les quelz luy firent
plus d'ennuy || fist] *P* fistrent || et coment — veites] *R 1821,2* Com-
ment vers lui vous contenistes Le premier jour que le veites || 753.
ovrates] *F* vous gouvernastes || vers] *C* envers || veites] *M ad.* jusques
adont que vous l'oceites || 754. et por — haine] *R 1823,4* Et pour
quoi en si grant haine Le queillites n'en teu cuerine (|| cuillites] *D*
acuilliates *F* pristes || en] *B* à || si grant] *MBPC om.* || et li — consoil]
*D om. R 1825* Li quel dou grant consoil estoient || 755. à] *C* en ||
et tote — esté] *R 1827,8* Toute l'uevre entierement Et trestout le
commencement || et tote] *MBP* de toute || l'uevre] *F* la besoigne || a
esté] *M* fu alée *B* est alée *D* est || 756. Et quant — verité] *R 1829*
Quant li juif ce entendirent || li juis] *MBPC* il || oïrent] *M* l'oïrent
|| euquerre et] *C om.* || et savoir] *MBPD om.* || la] *C* tote la || 757.
si — lié] *R 1830* En leur cuers mout s'en esjoïrent || lié] *F* joyeux
|| et quidoient — Pilate] *R 1831—4* Que ce fust pour leur preuz,
quidoient. Pour ce plus s'en esjoïssoient Que ce fust pour leur aven-
tage, Pylates y eust damage || quidoient] *MBPDF* quidierent || deist]
*P* feist || 758. lor] *C* lo || preu] *F* proffit || domage] *M* dampnation
*BP* dampnement || *DF* de Pilate || Si — l'uevre] *R 1835,6* Il dient
au commencement Trestoute la chose || si li] *C* s'en sont lié et joiant
et li || li] *D om.* || conterent] *PCD* content || moult liement] *CD om.* ||
759. tote] *C* trestote || ensi — menée] *RD om.* || ensi com] *C* coment
*F* ainsi que || il l'ont menée] *M* ele a este menée || l'ont] *P* l'orent
*F* l'avoyent || et coment — aus] *R 1837,8* Cil Jhesus-Criz roi se feisoit
Seur eus touz || 760. seur aus] *DF* desor touz les rois || et por —
deniers] *R 1839,41,2* Pour ceste chose le haoient... Et comment Judas
le trahi Et trente deniers le vendi || 761. le lor vandi] *MBP* lor ot
vendut *C* lor avoit vendu || .XXX. deniers] *MBPDF om.* || et li —

li paia les deniers et cels qui lou pristrent. Et se vanta
chascuns dou lait que il li firent et li conterent coment il
l'en menerent devant Pilate et coment il s'en plaintrent; mais
il ne lou vost onques jugier; et que maugré suen l'ocistrent 765
et „ancois que il lou nos vausist baillier, nous covint il que
nous preissiens la mort de lui sor nos et sor noz anfanz; ne
autrement ne lo nos vaut livrer. Si nos en clamons à toi
et vouluns, que tu nos quites de ces covenances que nos i
avons." 770

Quant Vaspasians oï et entendi lor desleiauté et lor ma-
lisse, si les fist toz prandre et metre en une fort maison.

-------

deniers] *R 1845,6* Celui qui les deniers paia Li moustrerent ‖
mostrerent] *CD* mostrent ‖ 762. li — deniers] *C* les li paia ‖ li]
*MBP om.* ‖ et cels — pristrent] *R 1847* Ceus qui lo pristrent, li
moustrerent ‖ lou] *F* les ‖ Et — firent] *R 1848—50* Et devant lui
mout se vanterent Dou despit, de la vilenie Qu'il li firent ‖ vanta]
*C* vente ‖ 763. chascuns] *F* ung checun ‖ dou lait] *D* de ce *F* du
tourment ‖ il] *D om.* ‖ firent] *MPD* fist *F* avoyt fayt ‖ et li — Pilate]
*R 1851* Comment devant Pylate vindrent ‖ li] *P om.* ‖ conterent] *C*
content ‖ 764. en menerent] *F* menerent ‖ devant Pilate] *C om.* ‖ et
— plaintrent] *MBPDF om. R 1852* A lui se plaintrent ‖ mais —
jugier] *R 1855* Certes, sire, il nou voust jugier ‖ 765. lou] *M om.*
*C* lor ‖ onques] *C om.* ‖ et que — l'ocistrent] *R om. DF* et sanz
congié l'ocistrent ‖ suen] *M* lui ‖ 766. et ancois — anfanz] *R 1856—62*
N'il ne le nous vouloit baillier, S'on respondant ne li bailloit, A
cui il penre s'en pourroit, S'on riens l'en vouloit demander; Bien
s'en vouloit asseurer. Sanz doute, seur nos le preimes Et noz enfans
i aqueillimes *C* ainz covint, ancois qu'il lou nos en laissast mener,
que nos preissiens la mort et lou sanc de lui sor nos et sor noz
enfanz *DF* et coment, ancois qu'il le nos vosist livrer, que nos (le
*F om.*) (primes *F* prenssissons) sor nos et sor noz enfanz (*F ad.* sa
mort) ‖ lou nos] *B* lor ‖ 768. ne — livrer] *R om.* ‖ lo] *BD om.* ‖ nos]
*P om. BC ad.* en ‖ vaut] *DF ad.* Pilates ‖ Si — covenances] *R 1867—70*
Si nous en clamons à toi De ce que nous fist tel desroi, Et voulons
que tu nous en quites Des couvenances devant dites ‖ Si nos] *C* et
nos nos ‖ 769. et vouluns] *MBP* et *C* et si te mostrons *DHF om.*
‖ nos] *H ad.* en ‖ de ces covenances] *D* de la couvenance ‖ de ces]
*C* d'icels ‖ que nos i avons] *MBPC om.* ‖ 771. Quant — malisse]
*R 1871—3* Vaspasyens ha ce oï, Leur desloiauté entendi, Leur malice
dont plein estoient ‖ *F* Et quant ‖ oï et entendi] *DF* ot oï et
entendu ‖ et lor malisse] *C om.* ‖ malice] *D* mauvestiez ‖ 772. si —
maison] *R 1875,6* Touz ensemble penre les fist, En une grant meison

Lors si fist mander Pilate. Et quant Pilates vint devant lui,
si li dist: „Sire, or sez tu bien, se jou ai tort en la mort au
775 prophete.“ Et il respont: „Tu n'i as pas si grant tort con
ge quidoie, mes ge voil toz cels destruire qui furent à la mort
du prophete; et si m'ont bien dist, por coi il doivent morir.“
Puis les a fait venir devant lui et grant planté de chevax, et
fist prendre .IIII. des plus vaillans, si les fist maintenant de-
780 rompre. Et quant li autre les virent, si s'en esmaierent moult
et demenderent por quoi il faisoit ce. Et il dist: „Pour la

les mist ‖ toz] *P* on ‖ fort] *MBPC om.* ‖ 773. Lors — Pilate] *R 1877*
Si ha feit Pylate mander ‖ Lors si] *B* Et lors si *F* Et lors *C* Puis
‖ fist mander] *C* menda ‖ Et — lui] *D om. R 1879* Pylates est venuz
devant *MBP* Quant il fut devant Vaspasien *F* Quant Pilate fu venut
davant luy ‖ 774. si — prophete] *DHF om.* ‖ *R 1880—2* A son
seigneur va enquerant, Se il avoit eu grant tort Ou prophete ne en
sa mort ‖ Sire] *C ad.* Sire ‖ tort] *C* nul tort ‖ en] *MBP* à ‖ 775. Et
il respont] *R om. D* et li dit *F* si luy dist Vaspasien *H* si dist
Vaspasiiens ‖ Tu — quidoie] *R 1883* Nennil si grant cum je quidoie
‖ i] *DHF om.* ‖ pas] *DHF* mie ‖ tort] *MBP* copes ‖ 776. mes —
morir] *R 1887—90* Je vueil touz ces juis destruire, N'en i aura uul
qui ne muire; Bien sunt seu descouvrir Pour quoi il doivent tout
morir ‖ qui — prophete] *BP om. M* par qui il fu traitiés à mort *C*
qui sont emprisoné ‖ 777. du prophete] *F* de celuy seygneur *DF ad.*
qui m'a gari (de m'enfermeté *F* de ma maladie *MBP ad.* Car
jou voil bien que vous sachiés que moult (*BP ad.* me) poise de sa
mort ‖ et si] *CD* car ‖ m'ont] *PD* moult ‖ bien] *B* moult bien ‖ bien
— morir] *C* tot requenu lor errement, si les en covient toz à morir
*D* par quoi il ont mort deservie ‖ et si — morir] *F* car ilz ont bien
mort deservye ‖ 778. Puis — derompre] *R 1891—6* Devant lui les
ha apelez, Trente en ha d'une part sevrez; Assez feit chevaus amener
Et as queues les feit nouer Que touz trahiner les fera. Jà un seul
n'en eschapera *C* Lors les fist toz prandre et mener devant lui toz
liez sor granz plantez de chevax, si an prist .IIII., si les fist maintenant derompre *DHF* (Lors *H* Atant *F* Ainsi) fist Vaspasiens
(prendre *H* venir *F* venir devant luy) grant (plainté *F* nombre) de
chevaux et les fist prendre .IIII. et .IIII., si les fist (maintenant
touz *F* tout presentement) derompre ‖ et grant — chevax] *B om.* ‖
779. fist] *P* en fist ‖ des plus] *P* les miex ‖ derompre] *B ad.* à
chevaus ‖ 780. Et quant — moult] *R 1898,9* Li autre n'unt talent
de rire, Meis mout durement s'esmaierent ‖ autre] *DF ad.* juis ‖ les
virent] *DF* oïrent ce ‖ les] *M* le ‖ s'en — moult] *D* s'en merveillierent
moult *F* furent moult fort esmerveillez de ce que Vaspasien faisoyt
une telle justice d'eulx ‖ moult] *C* fort ‖ 781. et demenderent — ce]

mort Jhesu." Et dist, que toz les covendroit de tel mort morir ou il randroient lou cors de Jhesu. Et il respondent: „Sire, nos lou baillames à Joseph d'Arimathie, ne nous ne savons qu'il en fist, et se tu nos ranz Joseph, nos en ren- 785 drons Jhesu." Et Pilates respont: „Vos ne vos en atendites mie à lui, ancois lou feites garder là où il lou mist à vos gardes. Et li deciple dient que il l'ont puis veu et qu'il surrexi." Et lors dist Vaspasians que toz les convient morir.

------

R 1900 Pour quoi ce feisoit, demanderent [|| et] C si li || il] D Vaspasiens P ce estoit que il || ce] C ad. faire || Et — Jhesu] R 1901 Il dist: Pour la mort de Jhesu || il] MPC ad. lour || Pour — Jhesu] DF por ce que il avoient occis Jhesu (F ad. Crist) || la mort] P l'amour de || 782. Jhesu] C ad. vanchier || Et dist — Jhesu] R 1903,4 Ou tout vif le me renderez, Ou tuit vileinnement morrez || Et dist] BF om. || dist] D om. || les] F leur || PDF morir de tele mort || CF à morir || 783. ou il randroient] B s'il ne rendoient || Et — d'Arimathie] R 1905 Par foi! à Joseph le rendimes || respondent] B disent C li dient || 784. Sire] DF om. || DF à Joseph || MP d'Arimachie B de Barimacie CF de Barimathie || ne nous] Mit diesen Worten setzt A Blatt IX 1. Spalte wieder ein || ne nous] R 1908 Et nous || 785. et se — Jhesu] R 1909,10 Et se tu Joseph nous rendoies, Le cors Jhesu par lui rauroies MBP et coument le (renderons P rendrions) nous? C et se tu nos ranz Joseph, il nos dira bien que il en fist A et si vos le tenez, il vos diroit que il en fist DF mes se Joseph nos est renduz, nos (en F te) rendrons Jhesu || 786. Et — lui] R 1911,2 Et Pylates leur respondi: Ne vous tenistes pas à lui || C lor respont || ne vos en atendistes] A n'entendistes || en] MDF om. || 787. mie] P pas A ad. du tout || lui] DF nos || ancois — gardes] R 1913—5 Aincois le feistes garder; Trois jours feistes demourer Vos gardes là où il le mist || ancois] ADF ains || lou mist] DF fust mis C ad. en la pierre || là — gardes] A om. || D guarder à voz gardes là où il fust mis || à] F et le gardoient || 788. gardes] CF genz || Et li — surrexi] R 1916—26 Et deistes qu'il avoit dist Qu'au tierz jour resusciteroit, A ses deciples dist l'avoit. Vous doutiez qu'il ne l'emblassent Par nuit et qu'il ne l'emportassent, Et il feissont entendant, Que veu l'eussent vivant, Et feissent les genz errer En la creance et desvoier; Car, se il fust resurrexiz, Granz periuz fust et grant ennuiz || Et li] C Mais si || l'ont] DF ont || puis] F depuis || et] MBA ad. dient || 789. surrexi] D resurrexi F est resuscité C est resuscitez de mort à vie P resuscita || Et — morir] R 1927,8 Vaspasiens dist, que morir Les convient touz || Et] PCAD om. F Adoncq || lors] B om. F leur || B Vaspasian dit || quo — morir] D Touz les devent morir F à touz

790 Si en fist tant ocirre que ge n'en sai dire lou conte, et leur commanda que il rendent ou Jhesu ou Joseph. Et cil dient qu'il
ne sevent ne l'un ne l'autre. Lors en refist une grant partie
ardoir. Et quant il virent que toz les covenroit morir, si en
i ot .I. qui dist: „Sire, se ge enseignoie Joseph, serai ge
795 asseurez et je et mi enfant?" Et Vaspasians respont: „Oïl."
Lors lou mena à la tour où Joseph fu enmurez, et dist: „Je

---

leur convient mourir ‖ convient] *C* convenra ‖ *PC* à mourir ‖ morir]
*DF ad.* se il ne le (me *F om.*) rendent ‖ 790. Si — conte] *R 1933,4*
Tout en r'a feit morir à honte Que je n'en sai dire le conte ‖ Si]
*D* Et *F* Ainsi *C* Lors ‖ ge n'en sai] *F* l'on n'en scaroyt ‖ n'en] *D*
ne ‖ *D* le conte dire ‖ dire] *P om.* ‖ et leur — Joseph] *R om.* ‖ 791.
commanda] *C* lors dist au remenant *D* commande *MBA* lour demande
*P* lor demandent ‖ rendent] *MPC* rendissent ‖ ou Jhesu] *MB* Jhesu ‖
Joseph] *C ad.* car il set bien que par els est Joseph perduz. Et
Pilates li dit que voirement l'amblerent il et que il puis ne le vit
‖ Et cil — l'autre] *R om.* ‖ cil] *C ad.* li *F* ilz ‖ dient] *DF* (le *F om.*)
respannent ‖ 792. ne sevent] *P* n'en sevent ‖ ne l'un ne l'autre] *DF*
ne Jhesu ne Joseph ‖ Lors — ardoir] *R 1935* Ardoir en fist une
partie ‖ Lors] *B* Et lors *F* Alors *H* Adont ‖ refist] *H* resist *F* fist
*CH ad.* Vaspasians ‖ une — ardoir] *F* bruller une grant partie ‖
ardoir] *F ad. eine Kapitelunterschrift und zugleich eine Kapitelüberschrift zum Folgenden:* Or a il esté raconté cy davant comment
Vaspasian, filz de l'empereur de Romme fut guery de la lepre et
comment il vint en Judée pour vengier la mort Jhesus-Crist et
comment il destruysit les juifz. Après cy sera dit, comment il delivra Joseph et ousta de la chartre où il avoit si longuement esté ‖
793. Et — morir] *R 1937,8* Quant il virent, qu'ainsi morir Les
couvendroit ‖ Et quant] *D* Quant *F* Adoncques ‖ il] *C* cil *DF* li juis
‖ virent] *D om. MBA ad.* ce ‖ que — covenroit] *F* qu'il leur couvenoyt
touz mourir ‖ covenroit] *BADF* couvenoit *M* convient ‖ *C* à morir ‖
si — dist] *H om. R 1939* S'en y eut un qui s'escria ‖ si en] *Von hier
an kehren MBP mit den Worten* si disent que d'aus (pooit *B* pooient)
il faire (son *B* leur) commandement *zu der Version des grossen Gral
zurück* ‖ si] *F* il ‖ en i] *D om.* ‖ 794. .I.] *A om.* ‖ qui dist] *F* lequel
dist et demanda à Vaspasien ‖ Sire — enfant] *R 1941—3* Et se je
Joseph enseignoie, Ma vie sauve averoie, Et ma fame et tout mi
enfant? ‖ Sire] *F om.* ‖ ge enseignoie] *C* je ansaig *F* il enseignoyt
*H* je vous ensaigne ‖ serai ge] *F* si il seroyt ‖ serai] *A* seroie ‖
795. asseurez] *DHF* quites (*H* gurtes[!]) ‖ et je — enfant] *F om.* ‖ Et
— Oïl] *R 1944,5* Vaspasiens respont errant: Oïl ‖ respont] *A* dit *F*
luy respondit ‖ Oïl] *C* que oïl ‖ 796. Lors — enmurez] *R 1947,8*

lo vi ci dedanz metre et fui à ceste pierre enmurer; car nos
dotions que Pilates ne lou fist querre." Et Vaspasians demande: „Combien il a de temps que ce fu?" Et cil respont:
„Au tierz jor que le prophete fu mis en la croiz." Et il 800
demande: „Por quoi l'i meites vos et que vos avoit il forfait?"
Et cil li comte: „Por ce qu'il nos toli lou cors du prophete
et lou mist en tel leu que nos ne lou poimes trover ne ravoir.
Ainsi il nous fu emblé et nous savions bien qu'il nos seroit
demendez. Et nos nos conseillames entre nos que, se il nos 805
estoit demandez, nos dirions toz jors qu'il l'auroit eu, et qui
nos randroit Joseph, nous randriens Jhesu, por ce que nos savions

---

Tantost l'a à la tor mené Où Joseph eurent enfermé ‖ lou mena]
*DF* mena Vaspasiens ‖ à] *C* en ‖ Joseph] *F* il ‖ fu] *DF* estoit ‖ et
dist — metre] *R 1949* Et dist: Ci enz mestre le vi ‖ Je] *C* Sire, ge
‖ 797. ci dedanz metre] *DF* mestre en ceste chartre ‖ et fui — en-
murer] *R om. F* et fut enmuré en ceste pierre ‖ fui] *C* si fui ‖ en-
murer] *D* murer ‖ car — querre] *A om. R 1951,2* Pilates partout le
feisoit Querre ‖ 798. ne] *F om.* ‖ Et — fu] *R 1953,4* Lo[r]s demanda
Vaspasyens, Combien povoit avoir de tens ‖ demande] *C* li demande
*DF* respont ‖ 799. il] *D om.* ‖ *F* combien a il ‖ de temps] *CDF om.*
‖ Et cil — croiz] *R om.* ‖ cil] *A* il *F ad.* luy ‖ 800. Au] *C* Dès lou
‖ jor] *F ad.* emprès ‖ mis — croiz] *CA* ocis ‖ la] *D om.* ‖ Et — forfait]
*R 1955—7* Dites, pour quoi ci le meistes Et pour quoi ceenz l'en-
clossistes, Et que vous avoit il meffeit? ‖ il] *C* cil ‖ 801. demande]
*C* respont *D* dit *F* luy demande ‖ l'i] *D* le ‖ forfait] *F* meffayt ‖
802. Et cil — prophete] *R 1958—60* Il li conterent tout le feit,
Comment il le cors leur toli Dou prophete ‖ li conte] *CDF* respont
‖ toli] *DF* avoit (tollu *F* ousté) ‖ lou cors du] *DF* le ‖ du] *C* de la
‖ 803. et lou — ravoir] *R 1961—3* Et en tel liu repus l'avoit, Où
nus trouver ne le pourroit Et que ravoir nou pourriuns ‖ lou mist]
*F'* l'avoyt mys ‖ tel] *F' om.* ‖ trover ne ravoir] *DF* avoir *CA* trover
‖ 804. Ainsi — demendez] *R 1964,5* Emblez nous fu; bien le savuns
Et qu'il nous seroit demandez ‖ Ainsi — emblé] *D om. CA* Ensinc
fu la prophete amblée ‖ savions] *C* savons ‖ bien] *CA ad.* (dès *A om.*)
qu'il nos estoit amblez et ‖ 805. Et nos — morir] *R 1967—9* Tout
ensemble nous conseillames Que Joseph tout vif penriammes Et que
li touriammes la vie ‖ nos nos] *CA* nos ‖ entre nos] *CA om.* ‖ se —
demandez] *A* si on le nos demandoit ‖ 806. nos] *CA* que nos ‖ di-
rions] *H* diriés ‖ l'auroit] *H* s'auroit *F* l'avoyt *D* l'auroient ‖ eu]
*A om.* ‖ et qui — Joseph] *A* et qu'il le nos rendroit ‖ 807. nous
randriens Jhesu] *A om.* ‖ por ce — morz] *A om. R 1975,6* Que Joseph
n'averoit on mie, Qu'il averoit perdu la vie *DF* quar nos cuidions

bien qu'il seroit morz. Et ce feimes nos por ce que nous
oïmes dire que li deciple disoient que il resurrexi. Ice est la
810 raisons por quoi nos lou prismes et meismes en ceste chartre."
Et Vaspasians demanda: „Oceites lo vos ancois que vos lou
meissiez en cel tor?" Et il respont: „Nennil, meis nos lou
batimes moult durement por la folie que il disoit." Lors dist
Vaspasians: „Creez vos que il soit morz?" Et cil li respont:
815 „Coment poroit il estre vis que il a si lons tens que il i fu
mis?" Et Vaspasians dit: „Cil le peust bien avoir sauvé, qui
m'a gari de ma maladie, ce que nus hom ne pot faire se il
non. Et ce est cil meismes por cui il fu enmurez; et moi
qui onques ne lou vi, ne ne fis por lui nule rien, a il gari et
820 sené de la plus vil maladie que onques nus hons eust; et ce

---

bien que Joseph ne peust tant vivre ‖ 808. Et ce — resurrexi]
R 1977—9 Nous oiens dire et tesmoigner A ses deciples avant-ier,
Que au tie[r]z jour resurrexi ‖ 809. resurrexi] D estoit resurrexi
CAF estoit resucitez ‖ Ice — chartre] R 1981,2 C'est ce pour quoi il
fu ocis Et dedenz ceste chartre mis ‖ Ice] A Et ce ‖ 810. raisons]
F la cause et la raison ‖ nos lou prismes et] D om. ‖ prismes —
chartre] CA feimes ‖ chartre] F prison ‖ 811. Et Vasp. — tor]
R 1983—6 Vaspasyens leur demanda: Fu il morz aincois qu'il fust
là, Et se vous avant l'oceistes Et puis en la tour le meistes? ‖
demanda] CAD respont F respont et demande ‖ ancois] F ains ‖
812. en cel tor] DA eu la chartre F en ceste chartre ‖ Et il —
disoit] R 1987—9 Nennil, meis forment le batimes Et pnis là dessouz
le meismes Pour les folies qu'il disoit ‖ C que nennil ‖ 813. moult]
C trop ‖ Lors — morz] R 1993,4 Or me dites, se vous creez, Que il
soit morz ne trespassez ‖ Vaspasians] DF ad. à celui ‖ Creez vos] DF
Cuides tu ‖ Et cil — mis] R 1995—8 Il respondent trestout ensemble:
Nous ne savuns, meis il nous semble, Qu'il ne pourroit pas estre
vis; Trop ha lonc tens qu'il fu ci mis ‖ Et — respont] A Et il dient
DF Et il dist ‖ 815. il a] A en ‖ DF que si lonc tens a ‖ 816. Et
Vasp. — non] R 1999—2004 Vaspasyens leur ha moustré: Bien le
pourroit avoir gardé Cil meismes qui m'a gari Et m'a donné que
je sui ci; Car je sai bien qu'il est nus hon Qui le peust feire s'il
non ‖ dit] CAF respont que ‖ peust] CAF puet ‖ sauvé] D ad. et
gueri ‖ 817. m'a] DF me ‖ ce — non] D om. F et fist chose qu'il
estoit nully qui le peust faire si non luy ‖ 818. Et ce — enmurez]
R 2005,6 Et bien voi, que c'est veritez Que pour lui fu il enmurez
‖ Et] F om. ‖ est] D fu ‖ cil] D il ‖ fu] D est ‖ et moi — eust] R om.
‖ et] C car ‖ moi] A je ‖ 819. ne ne — rien] CA ne rien (nule
A om.) fis por lui ‖ rien] D chose ‖ et sené] F om. D sauvé ‖ 820.

est cil por cui il fu enmurez et batuz et à cui il fu donez;
ge ne quideroie mie que Jhesus l'eust laissié si vilainnement
morir." Lors s'abeissa Vaspasians et la pierre li fust ostée,
si apela Joseph, mais il ne respont pas. Et li autre dient:
„Merveilles! quidez vous que cist hom poist avoir tant 825
duré?" Et Vaspasians respont: „Je ne cuic pas qu'il soit
morz, se ge nel voi." Lors demanda une corde grosse, et on
li ha aportée; et il lou rapele pluseurs foiz. Et quant il vit
qu'il ne respont pas, si s'en avala aval. Et quant il fust
avalez, si regarda de totes parz et vit une clarté en un requoi 830

---

vil] *F* vilainne ‖ onques] *F* jamais ‖ nus] *DF om.* ‖ et ce — donez⸣
*R 2007,8* Et voirs est que donnez li fu, Et pour lui l'avez vous
batu ‖ 821. cil] *D ad.* sires *F ad.* seigneur ‖ por — batuz et] *A om.*
‖ enmurez] *DF* mis en prison ‖ 822. ge — morir] *R 2009—11* Je
ne quit mie ne ne sent Que Jhesus si vileinnement L'eust cilec
laissié morir ‖ ge] *A* ne je ‖ mie] *C* pas ‖ que Jhesus] *ADF* qu'il ‖
laissié] *A om.* ‖ *D* qu'il eust einsi laissié vileinement morir *F* qu'il
l'eust laissié mourir ainsi vilainement ‖ 823. Lors — ostée] *R 2013,4*
Lors li unt le bouch'uel osté, Et il ha dedenz regardé *C* Lors fist
Vaspasians la pierre oster de desus la chartre, si s'abaissa il meismes
aval ‖ pierre] *A unleserlich* ‖ li fust ostée] *A* si fit oster ‖ 824. si —
pas] *R 2015* Huche le, meis pas ne respont ‖ si] *F* et il ‖ apela
Joseph] *C* l'apela ‖ mais] *ADF* et ‖ il] *C* cil ‖ respont pas] ¯*DF* li
respondi (mout *F* mot) ‖ Et — duré] *H om. R 2016,7* Li juif dient,
que ce sunt Merveilles, s'il ha tant duré ‖ li autre] *C* les autres
genz *F ad.* qui estoient à ce present ‖ dient] *DF* distrent *C* li dient
‖ 825. Merveilles] *C* Sire, merveilles pansez qui *D ad.* est que *F*
Nous esmerveillons de quoy *A om.* ‖ *F* vous cuydez ‖ vous] *C om.*
*A ad.* donc ‖ cist] *A* nus ‖ poist avoir] *F* ayt ‖ poist] *D* puisse ‖
826. duré] *C ad.* en vie ‖ Et — voi] *R 2021,2* Li rois dist, pas ne
quideroit Qu'il fust morz, s'il ne le veoit ‖ Vaspasians] *CA* il ‖ respont]
*D* dit ‖ Je] *C* Certes, je ‖ cuic] *CDF* croi ‖ 827. nel] *D* ne
‖ Lors — grosse] *R 2023* Une grant corde ha demandée ‖ demanda]
*D* demande *DF ad.* Vaspasiens ‖ grosse] *ADF om.* ‖ et on — aportée]
*R 2024* Et on li ha tost aportée *C* et l'an li aporte *D* et n'en li
aporte *F* et l'en la luy aporte ‖ 828. et il — foiz] *R 2025* Pluseurs
fois le r'a apelé *DF* et il (l'apele *F* apele) de rechief: Joseph ‖ Et
— aval] *R 2027,8* Quant vit qu'il ne responderoit, S'est avalez là
jus tout droit ‖ Et] *D om.* ‖ il] *F* Vaspasien ‖ 829. ne] *F ad.* luy ‖
respont] *D* responent *F* respondoyt ‖ pas] *A om.* ‖ s'en] *A om. F*
se ‖ avala] *CA* avale *C ad.* il meesmes *F* descendit ‖ Et — avalez]
*A om. R 2029* Et quant il avalez fu là ‖ 830. avalez] *C* aval *F*

---

de la chartre; si commanda la corde à traire amont, et lors
ala celle part. Et quant Joseph lo vit, si se leva encontre
lui et dist: „Bien veignes tu, Vaspasien!" Et quant Vaspasiens s'oït nomer, si se merveilla moult et dist: „Qui ies
835 tu qui si bien me nomes, et tant come ge t'apelai, ne me
vossis respondre?" Et il dist: „Je sui Joseph d'Arimathie." Et
quant Vaspasians l'oï, si en fu moult liez et dist: „Beneoiz
soit li sires qui t'a sauvé; car cest sauvement ne pooit nus
faire se lui non." Lors s'entr'acolerent ambedui et s'entre
840 baisierent et font moult grant joie; et lors demanda Vaspasians
à Joseph: „Joseph, qui t'aprist mon non?" Et Joseph li

descendu à bas ǁ si — parz] *D om. R 2030* De cà et de là regarda ǁ
si] *A* et *F* il ǁ regarda] *CA* regarde ǁ et vit — chartre] *R 2031,2*
En une clotest esgarde et voit Une clarté qui là estoit ǁ clarté] *DH*
grant clarté *F* moult grant clarté ǁ requoi] *A* destour *DH* des angles
*F* des coings ǁ 831. si — amont] *R 2033,4* La corde treire commanda
Amont ǁ si] *DF* et quant il vit ce, (si *F* il) ǁ traire] *F* tirer ǁ et
lors — part] *R 2034* et ou clotest ala *DF* (Lors ala *F* Et s'en ala
Vaspasien) cele part où il vit la clarté ǁ 832. Et — dist] *R 2035,6*
Quant Joseph Vaspasyens vist, Contre lui se lieve et li dist ǁ vit]
*C ad.* venir ǁ leva] *CAF* dreca ǁ 833. dist] *F* luy dist *C ad.* Joseph
ǁ Bien — Vaspasien] *R 2037* Vaspasyen, bien viegnes tu! ǁ veignes
tu] *CFH* soies tu venuz *H* viegniés vous ǁ Et — dist] *R 2039—41*
Quant Vaspasyen s'oït nommer, Commenca soi à merveillier, Et dist
ǁ Vaspasiens] *C* il *A* cil ǁ 834. se] *C* s'en ǁ merveilla] *F* esmerveilla
ǁ moult] *F* grandement ǁ Qui — responde] *R 2041—3* Qui t'a mon
non apris? Une respondre ne me voussis Or einz quant de la t'apelei
ǁ 835. si bien] *F* ainsi ǁ t'apelai] *F* t'ay apelé ǁ ne] *AF* tu ne ǁ me
vossis] *F* m'as pas voulu ǁ 836. Et — d'Arimathie] *R 2046* Joseph
sui, diz d'Arymathye ǁ d'Arimathie] *CDF* de Barimathie *A* de Barimacie ǁ Et — dist] *R 2047—9* Et quant Vaspasyens l'entent, Si s'en
est esjoïz forment Et dist ǁ Et] *D om.* ǁ 837. si] *D* il ǁ liez] *F*
joyeux ǁ Beneoiz — sauvé] *R 2049,50* Cil Diex benooiz soit, Qui t'a
sauvé ici endroit ǁ 838. sires] *F* seigneur ǁ qui] *F ad.* ainsi ǁ car —
non] *R 2051,2* Car nus ne puet ce sauvement Sanz lui feire *F* car
nul aultre que luy ne le povoyt fayre ǁ car] *C* ne ǁ nus] *A* nul sire
ǁ 839. faire] *A om.* ǁ lui] *C* Jhesu ǁ Lors — joie] *R 2053,4* Adonc
andui s'entr' acolerent, Par grant amour s'entre baisierent ǁ *F* Lors
touz deux en l'amour de Dieu s'entre acolent ǁ ambedui] *CA om.*
ǁ s'entre baisierent] *AD* baisent *F* s'entre baisent ǁ 840. font] *C* s'entre
font ǁ joie] *F* chiere ǁ et lors — Joseph] *R 2055* Lors ha demandé
et enquis ǁ et lors] *D* lors *F* alors ǁ demanda] *CDF* dist ǁ *C* à Joseph
Vaspasians ǁ 841. Joseph — non] *R 2056* Joseph, qui t'a men nun

respont: „Cil qui set totes les choses." Et Vaspasians demande
à Joseph, se il set celui qui l'avoit gari de sa maladie. Et
Joseph li demende: „De quel maladie?" Et cil li conte la
maladie ausi comme il l'ot eue. Et quant Joseph l'ot entendu, 845
si s'en rist et dist: „Ge sai bien qui t'a gari et voudras
tu savoir qui il est et coment il a non? Et se tu lou veus
croire, ge lou t'aprendroie à conoistre et te diroie ce qu'il m'a
comandé que je te die." — „Certes," dist Vaspasians, „ge lou
crerrai moult volantiers." — „Or croi donc," dist Joseph, „que 850

---

apris || Joseph] *AD om.* || Et — choses] *R 2057,8* Et Joseph tantost
li respont: Cil qui ha apris tout le munt || li] *ADF om.* || 842.
choses] *DF ad.* qui sunt || Et Vaspasians — maladie] *R 2059—62*
Vaspasyens à Joseph dist, Par amours qu'il li aprist, Qui fu cil qui
gari l'avoit Dou mal qui si vileins estoit || 843. set] *C ad.* qu'il li
die *DF ad.* et conoit || celui] *C* qui est cil hom *A* quex bons est
cil || l'avoit] *A* l'a *C* lou || de sa maladie] *ADF om.* || Et Joseph —
maladie] *R 2063* Joseph dist: De queu maladie? || 844. li] *D om.* ||
De quel maladie] *A* quel mal il avoit || maladie] *CA ad.* ce fu *DF ad.*
t'a il queri || Et cil — eue] *R 2064—8* Cil respont: De meselerie. Si
vileinne iert et si puant, Car nus ne seist autretant, Ne fust lez moi
qu'ei ci esté Pour tout l'avoir d'une cité || Et] *F* Adoncq || cil] *ADF*
Vaspasien || 845. ausi — eue] *CA* et coment il (en *A* fu) gari || l'ot]
*D* ot *F* l'avoyt || eue] *F ad.* de chief en chief || Et — gari] *R 2069—72*
Quant Joseph l'a bien entendu, Si s'en rist et dist: Nou sez - tu,
qui t'a gari? Je te dirai, Car tout certeinnement le sai || l'ot entendu]
*DF* (attandi *F* entendu) la maladie || 846. s'en] *C* en || et dist]
*DHF om.* || Ge — gari] *A* li filz Dieu] *D* Celui, fait Joseph, qui t'a
gueri, cognois je bien || Ge sai bien] *FH* Celuy, fait Joseph, je
cognois bien || et voudras — non] *R 2073* Se voloies savoir son non
|| et] *A om.* || voudras] *CF* viaus || 847. et] *F* ne || Et se — die]
*R 2076—9* Il couvendroit qu'en lui creisses Et ses commandemenz
feisses; Et je mout bien les te diroie Et la creance t'apenroie Et
tout quanqu'il m'a commandé || veus] *C* voloies || 848. croire] *DF*
savoir et croire || ge lou t'aprendroie] *A* il t'aprendra || lou] *F om.*
|| t'aprendroie] *D* t'eprandroi *F* t'aprendre || conoistre] *F* le cognoistre
|| et te diroie] *CA om.* || ce qu'il] *C* ensinc com || 849. que je te
die] *CA om.* || Certes — volantiers] *R 2081,2* Vaspasyens dist: Jou
creirei Et mout volentiers aourrei || dist] *CDA* fait || Vaspasians]
*CA* il *F ad.* ouy || 850. moult] *CA om.* || Or — archangles] *R 2083—90*
Vaspasyen, enten mes diz: Je croi que c'est li sainz espriz Qui
trestoutes choses fourma, Et ciel et terre et mer feit ha, Les nuiz,
les jours, les elemenz Fist il et touz les quatre veuz. Il fist et cria

6*

ce est li sainz esperiz qui a formé totes choses et qui fist lou
ciel et la terre et les nuiz et les jorz et les .IIII. elemenz,
et fist les angles et les archangles. Si en i ot une partie de
mauveis, et cil qui manveis furent, si furent plain d'orgueil
855 et d'envie et de couvoitise. Si tost com il lou furent, sel sot
nostres sires, si les fist chaoir del ciel, et plurent .III. jorz et
.III. nuiz que onques puis si durement ne plut. Si en chaï
trois generacions eu enfer et trois en terre et trois en l'air.
Les trois qui chaïrent en enfer, tormentent les ames; et les
860 trois qui chaïrent en terre, tormentent les homes et les fames
et mostrent la voie de pechier et metent en escrit les pechiez
que il font; et li autre trois qui sont en l'air, ont autre

les archangles et tout ensemble fist les angles ‖ donc] *A* doncques
‖ dist] *C* fait ‖ 851. ce est] *D* soit ‖ a formé] *C* cria *DF* a criées ‖
totes] *CD ad.* les ‖ choses] *DF ad.* qui sunt ‖ qui fist] *A* fait ‖ 852.
les nuiz] *CA* la nuit ‖ les jorz] *CA* le jor ‖ 853. fist] *F* crea ‖ et
les archangles] *CADF om.* ‖ archangles] *C ad.* et cria totes les choses
et quancque je te dirai *AF ad.* et cria ce que je (*F ad.* te) dirci
‖ Si—mauveis] *R 2091* De mauveis en y eut partie ‖ Si] *CAF* Quant
(*F* Car quant) il ot fait les angles (*C ad.* fait Joseph) (si *F* il) ‖
i] *H om.* ‖ 854. et cil—convoitise] *R 2092,3* Plains d'orgueil et de
felonnie, Et d'envie et de couvoitise ‖ et cil—furent] *A* qui ‖ *F* furent
maulvais ‖ d'orgueil] *D* de mauvestié et d'orgoil ‖ 855. d'envie] *D*
d'anemi ‖ Si — ciel] *R 2096,7* Se les eut Diex tost trebuchiez Cà
aval ‖ Si—furent] *DA om.* ‖ Si] *FH* Et si ‖ sel—sires] *D* et nostres
sires le sot tantout ‖ 856. sires] *F* seigneur ‖ si les—ciel] *DHF om.*
‖ et plurent—plut] *R 2098,9* Trois jours et trois nuiz adès plurent,
Qu'ainz plus espessement ne plut ‖ 857. nuiz] *C ad.* si durement ‖
puis] *A om. F* mais ‖ Si—l'air] *R 2101,2* Trois generacions chei En
enfer et en terre ausi ‖ Si] *DF* Et si *H* Il *C* D'icels si ‖ chaï] *C*
plurent ‖ 858. en terre] *DF* sor terre ‖ en l'air] *D* en l'element *H*
en elemens *F* sur les elemens ‖ 859. Les—ames] *R 2103,2105* Cil
qui cheïrent en enfer... Tourmentent en enfer les ames ‖ Les trois] *A*
cil *H ad.* generations ‖ chaïrent] *CAF* sont ‖ Les trois — font]
*R 2106—16* Li autre tourmentent les femmes Et les hommes (qui
sus la terre Cheïrent) et mestent en guerre Trop grant envers leur
createur; Honte li funt et deshonneur En ce qu'il pechient trop
griement Contre lui et vileinnement. Et li angle leur unt moustré,
Qui sont en terre demouré, Et si les mestent en escrist, Ne vuelent
pas, c'on les oblist ‖ et les trois — fames] *H om.* ‖ 860. terre] *C* l'eive
et en la terre avoc lou pueple ‖ tormentent] *D* si tormentent ‖ et
les fames] *F om.* ‖ 861. *D* lor mostrent ‖ mostrent—font] *A* mettent
en voie de pechié ‖ et] *C* et quant ils ont pechié, si ‖ 862. il]

meniere d'angin; car il prannent samblances de maintes figures,
et tot ce font il pour decevoir home et metre el servage de
l'anemi. Et ensinc ces trois generacions sont par trois foiz 865
trois .IX. generacions qui chaïrent dou ciel et aporterent lou
mal engin en terre et la tricherie. Li autre qui remestrent
ou ciel, [se] conferment et gardent de pechier por la honte et
por lou despit de cels qui porchacierent la haine de Deu qui
les avoit fait de si espiritel chose comme de sa volenté; et il 870

---

et li — d'angin] *R 2117—9* Les autres trois si demourerent En
l'eir et ilec s'arresterent, D'engignier unt autre menniere || et] *AD om.*
*F* icy nous deceipvent || autre] *A om.* || trois] *CDF om.* || ont — d'angin]
*A* cil sont moult engigneux || ont] *C* cil ont || autre meniere] *F* aultres
manieres || 863. d'angin] *D* de peine *F* de nous decepvoir et de
tempter *C ad.* dont il se painnent moult durement || car — figures]
*R 2121* Qu'il preunent diverses samblances A et prennent autres fi-
gures et diverses samblances *D* et prennent par meintes foiz figures
*F* et prennent souventes foys diverses signers || 864. et tot — l'anemi]
*R 2122—4* Leur darz, leur javeloz, leur lances, Pour decevoir as
genz envoient Et de bien feire les desvoient || tot] *A om.* || decevoir]
*CD* engignier *F* tromper et decepvoir || metre el servage] *F* le rendre
subject au service || el] *D* en || 865. l'anemi] *C ad.* car il les font
songier folement en maintes manieres || Et ensinc — tricherie] *2135—7*
Ainsi sunt leur genelogyes Et sunt par trois foiz trois foïes. Le
mal et l'enging aporterent *A* Icel .III. generacions enchantent le
monde et aportent le mal engin et la tricherie *D* Ce .III. generacions sunt par trois foiz; einsi chaït dou ciel et font .IX. generacions et aporterent le mal engin en terre *H* Ensi ces. III. generations par trois fies chaïrent dou ciel et de ces .III. en i ot .IX.
qui aporterent le mal en terre *F* Ainsi cheut du ciel neuf generations qui sont causes de touz les maulx et des mauvaises temptacions
qui se font sur la terre || sont] *C* qui sont || foiz trois] *C ad.* sont
einsin || 866. et aporterent] *C* qui aporterent || 867. engin] *C om.*
Li — Deu] *R 2131—8* Li autre qui sunt demouré Ou ciel, si furent
confermé, Qu'il ne peurent jameis pechier; Garderunt soi de l'en-
combrier Que li autre ne pourchacierent, Quant ou ciel meisme
pechierent Et de la honte et dou despirt Que Diex pour leur orgueil
leur fist || Li] *CAH* Et li || remestrent] *A* demourerent *D* remés sunt
*F* demeurent || 868. ou ciel] *H om.* || ou] *CF* en || conferment]
*CDHF ad.* les homes et (les *D om.*) || por — honte et] *H om.* || 869.
porchacierent] *CH* porchacoient || haine] *H* mort || de Deu] *D* De
[sic!] *H* Jhesu-Crist *A* de cil || qui — volenté] *R om.* || qui les] *CDF*
qu'il *H* et le haine qu'il || 870. avoit] *H* avoient || et il — perdicion]

par leur deserte pourchacierent leur perdicion. Et por lou despit d'aus fist Diex home de la plus vile boue que il sot. Et quant il l'ot feit si bel com il fu et tel comme li plot, si li presta sen et mimoire et vie et clarté, et dist que de cestui
875 rampliroit il lou siege des autres. Quant li diables vit et sot que si vile chose estoit montez en gloire dont il estoit descenduz, si en fu moult iriez et moult pensa en son cuer conment il l'angignast. Quant nostres sires ot fait home, si lou mist en paradis; et de l'omme fist la femme; et quant li deiables

───── ─

*R om. C* et cil par sa deserte porchaca que il lou perdi par lou fol demenement de lui *D* Et il par le confondement de lui de la joie espiritel *H* et il par leur pechié pourchacoient que il perdu par le commendement de lui *F* Et par leur deserte ilz pourchacerent qu'ilz perdirent par le confondement de luy la voye espirituelle ||
871. Et por — home] *R 2139—42* Ainsi furent bien confondu Li angle que Diex eut perdu, Et convint qu'il homme fourmast Et pour despist le criast || 872. d'aus] *A* que Diex en ot || fist Diex] *DHF* vot nostre (sires *F* seigneur) fere || Diex] *A om.* || home] *A* li home || de la — sot] *vgl. R 2163* li hons qui de boue estoit || boue] *CA* chose *F* matere || que il] *F* qui || sot] *C* ot *DF* soit || 873. Et quant—plot] *R 2143,4* Ausi bel le fist comme lui; Ainsi li plut et abeli || l'ot] *D* ot || si bel—plot] *A om.* || com il fu] *DF om.* || et tel —plot] *C om.* || si — clarté] *R 2145—7* Puissance d'aler, de venir, De paller, vooir et d'oïr, Sens et memoire li donna *CA* si li bailla mimoire et presta vie et charté || 874. et dist—autres] *R 2148—50* Et dist que de lui remplira Touz les sieges de paradis Où li angle estoient jadis || dist] *DF ad.* nostre (sires *F* seigneur) || de] *DF* par || 875. rampliroit] *CA* ampliroit || il] *DHF om.* || siege] *A* lieu || autres] *C ad.* .IX. *F ad.* qui estoient cheuz || Quant — descenduz] *vgl. R 2161,3,4* Car quant li ennemis ce vist... Que li hons, qui de boue estoit, Les sieges dou ciel remplироit || li] *CD om.* || vit et] *CAHF om.* || sot] *H om. C ad.* fait Joseph à Vaspasian || 876. chose] *C ad.* com hom estoit, com de limon de l'iave || estoit montez] *CA* iroit || en gloire] là || en] *A* à la || descenduz] *CA* venuz || 877. si —iriez] *R 2162* Si en eut mout tres grant despist || iriez] *F* courrocé et marry || et moult—l'angignast] *R om.* || moult pensa] *C* moult baa *A* pensa *F* pourpensa et mist || 878. l'angignast] *DF* le porroit (engignier *DF* tromper et decepvoir) || Quant—paradis] *R 2151—3* Ainsi fu honz feiz et fourmez Et en paradis hostelez, Car Diex meismes l'i mena || Quant] *C* Car quant *A* Et quant || si] *F* il || 879. et de — famme] *R 2156,7* Et Diex de sa coste fourma Sa fame *A* et fist fame de l'omme || fist] *F* il fist *C ad.* nostres sires || et quant

les vit, si mist moult graut paiune comment il les porroit 880
angignier. Si engigna la fame par une pome, et la fame
engigna l'ome; et quant il furent angignié, si les gita nostres
sires hors de paradis, qui nul pechié ne consaut. Et de ceus
deux fu li pueples engendrez. Et ce puepe vost avoir deiables
por ce qu'il consanti à sa volenté. Mais li peres qui est sires 885
de totes choses, fist bons eovres por l'omme sauver; car il
euvoia son fil en terre en la virge Marie. Por ce que li siegles
et li home fu dampnez par la fame, si dist nostres sires,
come cil qui tort ne voloit faire, que il lou racheteroit par
fame. Et il si fist quaut il enveia son fil en terre, qui nasqui 890

—engignier] *R om.* || 880. les vit] *ADF* le sot || mist—paine] *C* se
mist moult en agait || moult] *F om.* || les porroit engignier] *C* l'an-
gigneroit || les] *AD* le || porroit] *D* peust || 881. Si—l'ome] *R 2165—8*
A Eve vint, si l'engingna Par la pomme qu'ele menja.  Par l'en-
hortement l'ennemi S'en fist Adam mengier ausi || Si] *C* Si fist taut
li deiabies qu'il || engigna] *F* il deceut *DF ad.* premier || par une
pome] *ADF om. C ad.* premierement || 882. engigna] *CA om. F*
deceut || et quaut—paradis] *R 2169,70* Et quant il en eurent mengié,
De paradis furent chacié || furent] *C ad.* amedui || angignié] *F* deceuz
et trompez || nostres sires] *A om.* || 883. hors] *D om.* || paradis] *CA*
son (saintisme *A* seint) lieu || *F* nostre seigneur le gita hors de
paradis || qui—consant] *F om. R 2171* Car li lius pechié ne consent
|| nul] *A om.* || consant] *D* conseust || Et de—engendrez] *R 2175* De
ces deus fu li mons criez || 884. deux] *AD om. F* icy || fu — en-
gendrez] *F* fut conceu et engendré le pueple || li] *D om.* || engendrez]
*C ad.* et de cels qui issirent d'els || Et ce—volenté] *R 2176—9* Et
Deables fu si irez, Que il touz avoir les vouloit Pour ce que bons
consentu avoit A acomplir sa volenté || ce] *D om. F* le || *C* li deiables
|| 885. qu'il] *DF* que (*F ad.* le) pueple || consanti] *D* consant || Mais
—sauver] *R 2180,1* Mais li vrais Diex, par sa bonté, Pour s'uevre
qu'avoit feit sauver || Mais] *DF om. A* Et || sires] *F* seigneur || 886.
choses] *F ad.* qui sont || fist] *C ad.* puis || bons eovres] *C* une mer-
villeuse oevre *DF* cest ovre || l'omme sauver] *CA* sauver (ceux *A*
ce) qu'il avoit (faiz *A* fait) || car—Marie] *R 2183* En terre sen fil
envoia || car il] *A* si *D* et peres *F* et le pere || 887. terre] *D ad.*
et s'aombra || Por—par fame] *R om.* || Por] *DF* Et por || li] *C* toz
li || siegles] *A* homme et li siecle || 888. et li home] *C om.* || fu] *C*
estoit || dampnez—fame] *DF* doné par la fame au deable || sires] *F*
seigneur || 889. tort] *CA* nul tort || lou racheteroit] *D* les raimbroit
|| racheteroit] *F* repaireroyt || 890. Et il—terre] *R om.* || Et—quant
il] *D* Lors || Et il si] *A* Si le *F* Lors || fist] *FH ad.* ce qu'il que

167

en Bethléem de la virge Marie sanz pechié et sanz ordure.
Ce fu cil qui ala par terre .XXX. et .III. anz, et faisoit les
beles miracles et les boennes oevres; ne onques n'en fist une
mauveise. Ce fu cil que li juif ocistrent en croiz de fust. Por
895 ce que Eve pecha par la pome que li fust avoit chargiée, si
covenoit que li filz Deu morist en fust. Ensinc vint li filz
Deu morir en terre por son pere, et ce fu icil filz qui de la
vierge Marie fu nez, que li juif ont ocis; ne onques nel vostrent
conoistre à seignor. C'est cil qui t'a gari et por cui ge fuz
900 ci mis en prison, et c'est cil qui se soffri, por rachater home,
des paines d'anfer. Ensinc a li filz sauvée l'uevre dou pere
et dou fil et dou saint esperit. Et tu doiz croire que ces trois
parties sont une meismes chose en Deu, et si lou puez veoir

---

il (*H ad.* lor) avoyt dit || quant] *C* car *FH* que || envoia] *F* envoyroyt
|| qui — ordure] *D om. R 2185—8* Nez fu de la virge Marie Sanz
pechié et sanz vilenie, Sanz semence d'omme engenrez, Sanz pechié
conceuz et nez *H* qui nasqui des flans à la vierge Marie en Bethleem
sans pechié || qui] *CA* et ce fu Jhesus qui || 891. en Bethleem] *C*
am Belleam || 892. Ce fu—oevres] *R 2189—91* Ce fu cil meismes
Jhesus Qui o nous conversa cà-jus Et qui les miracles feisoit || ala
—anz et] *CA om.* || 893. et les—oevres] *DF om.* || ne—mauveise]
*R 2193* Unques n'ouvra mauveissement || 894. Ce—en fust] *R 2195—8*
Ce fu cil qui par les juis Fu en la crouiz penduz et mis Ou fust
de quoi Eve menja La pomme et Adans li cida || li] *C om.* || croiz
*F* la croiz || de fust] *DF om. C ad.* après ce que il ot esté baupti-
ziez .V. ans et demi || Por] *CF* Et por || 895. Eve pecha] *C* Eve
et Adanz pechierent || li fust] *C* futz *F* l'arbre || chargiée] *F* portée
et chargiée || 896. Deu] *DF om.* || fust] *F* l'arbre *C* fut por racheter
home et l'uevre de son pere meismes || Ensinc—pere] *R 2199,2200*
Ainsi voust Diex li fiuz venir Pour sen pere en terre morir || 897.
Deu] *ADF om.* || por] *C ad.* sauver l'uevre de || et ce—ocis] *R 2201,2*
Cil qui de la virge fu nez, Par les juis morz et dampnez || fu] *CA*
est || icil] *DF* le || qui] *DF om.* || 898. fu nez] *DF om.* || ont ocis]
*F* occirent || ne—seignor] *R om.* || 899. à] *F* comme || C'est—prison]
*R om.* || C'est] *C* Et c'est || 900. ci] *A om.* || en] *C* em || et c'est—
d'anfer] *R 2203,4* Ainsi nous voust touz racheter Par son sanc des
travauz d'enfer || et cest—home] *CA* et icil qui a fait lou rachat del
pechié de l'ome et qui lou raent || soffri] *F ad.* ainsi || 901. des]
*D* de || Ensinc—esperit] *R om.* || Ensinc—l'uevre] *DF* einsi a feite
le fiz l'evre || 902. Et tu—Deu] *R 2207,8* Tu doiz croire, n'en doute
mie, Que cil troi funt une partie || 903. parties] *DF* persones || en
Deu] *A om.* || et si—gari] *R 2209* Voo[i]r le puez qu'il t'a gari |

à ce qu'il t'a gari; et ce est cil qui t'a ci amené por veoir
qu'il m'a sauvé, ce que nus ne poist faire, se il non. Einsinc 905
croi lou conmendement de ses deciples qu'il a laissiez en terre
por essaucier son non et por garder les pecheeurs." — Et
Vaspasians respont: „Joseph, moult m'as bien mostré que il
est sires de toutes choses et que ce est Dex li peres et li filz
et li sainz esperiz; et einsinc con tu lou m'as dit et mostré, 910
einsinc lou croi gie et crerrai." Lors dist Joseph: „Si tost
con tu seras issuz hors de ceianz, si quier les deciples qui
tiennent s'onneur et ont lou conmendement que il lor dona
en terre; et saches bien que il est resucitez et que il s'en est
alez au conmendement de son pere an cele char meesme en 915
quoi il fu en terre."

---

puez] D peust || 904. et ce—sauvé] R 2210,1 Et se t'a amené ici
Pour vooir se il m'a sauvé || ce est cil] DHF om. || qui] H il F
qu'il || qu'il] ADF la (A om. où il) || por—sauvé] H por chou que
tu veisses lou loy [leu] là où il m'a saivié || 905. ce que — non]
D om. vgl. R 2212 Nus fors lui n'i ha poesté || nus] C ad. hom
F nully || poist] F povoyt || se il non] F om. || Einsinc — pecheeurs]
R 2213—6 Et tu le commandement croi De ses deciples et de moi,
A cui Diex li voust enseignier Pou[r] son non croistre et essaucier
|| Einsinc] A Et si || 906. de] ADF à || 907. DF pour son non
essaucier || pecheeurs] DF ad. de l'anemi || Et—esperiz] R 2217—20
Vaspasyens ha respondu: Je t'ei mont tres bien entendu De Dieu
le pere, Dieu le fil, Dou saint esprist que Diex est il || 908. respont]
D ad. et dit || Joseph] A om. || moult] DF tu || 909. sires] F
seigneur et maistre || toutes] C ad. les || 910. et einsinc — crerrai]
R 2223,4 Tout ainsi le croi et crerei, N'autrement croire nou vourrei
|| lou m'as] D me l'as || dit et] D om. || 911. einsinc] D om. || crerrai]
D le croiroi F ainsi le croyroy DF ad. touz les jours de ma vie ||
Lors — deciples] R 2225—7 Joseph dist: Si tost cumme istras De
ci et de moi partiras, Quier les deciples Jhesu - Crist || C li dist
DF ad. à Vaspasiens || Si] C Vaspasian garde, que si || 912. issuz]
A om. || hors] C fors DF om. || creianz] H verschrieben chaiers ||
qui — terre] R 2228—30 Qui tiennent ce que il leur dist, Car il
sevent ce qu'il donna Et quanque à feire commanda || 913. s'onneur]
D l'enor C sa loi F la loi Jhesus - Crist || ont] C gardent || F les
commandements || 914. terre] C ad. icil te conseilleront et si te
donront lou saint baptoisme par que tu seras saus || et saches—terre]
R 2231—4 Il est de mort resucitez, A son pere s'en est alez, O
soi ha nostre char portée, En paradis gloirefiée || bien] A om. C tu,
de voir, et si lou croi || resucitez] D resurrexi || s'en] A om. || 915.

Ensinc a Joseph converti Vaspasian et amené à ferme
creance. Lors apela Vaspasians cels qui ierent en haut qu'il
entendoient, et lor dit que il voisent la tour depecier par dehors
920 et que il a trové Joseph sain et sauf et vivant. Et quant cil
l'oïrent, si s'en merveillierent moult et dient que ce ne puet
pas estre. Et il lor conmende que il voisent isnelement la tor
depecier. Et il si font. Et quant il l'orent depeciée, si s'en issi
Vaspasians et en amena avoc lui Joseph. Et quant cil dehors
925 lo virent, si s'en merveillierent moult et distrent tuit que moult
est forz la vertuz qui sauvé l'a.

---

de] *AD om.* ∥ an] *CA* et an ∥ *C* meesmes ∥ en quoi] *CA* où ∥ 917.
Ensinc—creance] *R 2235—8* Joseph tout ainsi convertist Vaspasyen
et entroduist, Si que il croit bien fermement Jhesu le roi omnipotent ∥ a] *F om.* ∥ Vaspasian] *C om.* ∥ et amené à] *DF* à la loie
de ∥ amené] *C* avoié ∣ ferme] *D* rme [sic!] ∥ 918. creance] *C ad.*
Vaspasian ∣ Lors — dehors] *R 2239—42* Vaspasyens ha apelé Ceus
qui l'avoient avalé, Si que il bien entendu l'unt, Encor fust il bien
en parfunt ∥ ierent] *DF* estoient ∥ qu'il — dit] *C* et il respondent:
Que volez vos, sire? — Ge voil, fait il ∥ qui'l entendoient] *A* et il
l'entendent ∥ 919. lor] *A* il lor ∥ il voisent — dehors] *C* vos depeciez
ceste tor par dehors ∥ voisent] *DF* voloit *A* aillent ∥ 920. et que—
vivant] *R 2247,8* Qu'il ha Joseph leenz trouvé Tout sein de cors
et tout heitié ∥ et que] *CA* car ∥ il a] *C* ge ai ∥ sain — vivant]
*ADF om.* ∥ Et estre] *R 2243 und 48* De ce se sunt mout merveillié... Quident que ce estre ne peust ∥ Et] *DF om.* ∥ cil] *A ad.*
dehors ∥ 921. l'oïrent] *A* l'oient ∥ si — moult] *F* ilz en furent moult
esmerveillez ∥ s'en] *AD* se ∥ que ce — estre] *D om.* qu'il n'est pas
possible qu'il soyt vif ∥ 922. Et il—depecier] *D* isnelement alez la
tor depecier ∥ Et il lor] *H* Lors *F* Adoncq *A* Et ∥ commende] *A*
commandent *F ad.* Vaspasien ∥ que il — depecier] *F* que tout
pacieuvement il depiecent incontinent la tour ∥ 923. depecier] *H*
depechia ∥ Et — font] *R 2251,2* Li serjant queurent quant l'oïrent
Et errant depecier la firent ∥ si] *F* le ∥ font] *F ad.* incontinent
qu'il eut commandé ∥ Et Quant — Joseph] *R 2253,4* Li rois de la
prison oissi, Joseph amena avec lui ∥ il] *C* cil ∥ si s'en—Joseph]
*A* si s'en issirent ∥ 924. et en — Joseph] *DF* (avant *F* le premier)
et (*F ad.* puys) Joseph après ∥ Et quant — moult] *R om.* ∣ cil] *A*
il ∥ dehors] *A om. DF* qui estoient (illeuc *F* là presens) ∣ 925.
s'en] *A* se ∥ s'en moult] *F* furent grandement esmerveillez ∥ moult]
*A om.* ∥ et distrent—l'a] *R 2255,6* Dient li viel et li enfant, Que
la vertu de Dieu est grant ∥ distrent] *A* dient ∥ tuit] *CA om. F*
trestouz ∥ 926. est] *F* estoyt ∥ forz] *F* grande ∥ vertuz] *F ad.* de

Ensinc delivra Vaspasians Joseph de la prison et l'an mena devant les juis là où il estoient assamblé. Et quant il le virent, si s'en merveillierent moult. Et lors dist Vaspasians: „Randez moi Jhesu, que veez ci Joseph.“ Et cil respondent: „Nos le li 930 baillames, die nos qu'il est devenuz.“ Et Joseph respont: „Vous savez bien que ge au fis, et là où ge le mis vos lou feites garder à vos gardes. Meis sachiez bien que il est resuscitez come Dex.“ Lors furent moult esbahi li juis. Et Vaspasians fist d'aus ce que lui plot. Et celui qui Joseph li avoit anseigné 935 et toute sa liguiée, mist en la menaie de Jhesu-Crist, si les

celuy ‖ sauvé — l'a] *F* ainsi l'avoyt là saulvé et gardé ‖ 927. Ensinc —assamblé] *R* 2257,8 Or fu Joseph touz delivrez, Devant les juis amenez ‖ *F* Joseph Vaspasien ‖ l'an mena] *AD* le mena *F* l'en en mena ‖ 928. là — assamblé] *CA om.* ‖ assamblé] *D* ausamblé] ‖ Et quant — moult] *R* 2259—62 Quant le virent et le connurent, Li juif esbaubi en furent, Comm[en]cent soi à merveillier, Quant le voient sein et entier ‖ il le] *DF* li juis le ‖ le virent] *C* vindrent là où li juis estoient ‖ 929. s'en — moult] *F* en furent touz esbahiz et tous esmerveillez ‖ moult] *C ad.* trestuit cil qui lo virent ‖ Et lors —Joseph] *R* 2263—5 Lors leur ha Vaspasyens dist: Rendez moi tantost Jhesu-Crist, Que vez ci Joseph en present ‖ 930. que — Joseph] *DF* et je vos (rendroi *F* rendre) Joseph ‖ Et cil — devenuz] *R* 2266—9 Il respondent communement: Certes, sire, nous li baillames, Et bien set que nous li leissames; Die nous qu'il est devenuz ‖ cil] *DF* li juis ‖ le] *C om.* ‖ li] *DF om.* ‖ 931. baillames] *DF ad.* à Joseph ‖ nos] *A om. C* toi *F* vous ‖ qu'il] *DF* que il en fist et que il ‖ Et Joseph — gardes] *R* 2271—3 Joseph respondi as juis: Bien seustes où je le mis, Car vous le feistes garder ‖ 932. ge] *A om.* ‖ 933. à vos gardes] *D om.* ‖ Meis — Diex] *R* 2277,8 Sachiez, qu'il est resuscitez, De mort à vie *und 2282* Comme Diex est lassus [en enfer] muntez ‖ sachiez] *C* vos sachiez ‖ bien] *F* de vroy ‖ 934. Dex] *F* vroy Dieu *D ad.* et comme sires que il est de nos touz *F ad.* et comme vroy sire et seigneur de nous touz ‖ Lors — juis] *R* 2283,4 Li juif furent esbahi, C'onques meis ne le furent si ‖ li juis] *A om. C* icil jui *DF ad.* quant il oÏrent ce ‖ Et — plot] *R* 2285,6 Vaspasyens à un seul mot Fist des juis ce que li plot ‖ 935. d'aus] *DF ad.* tel justice ‖ ce] *C* quanc ‖ que] *D* comme il ‖ plot] *DF ad.* à faire ‖ Et celui — mer] *R* 2287—92 Celui qui avoit enseigné Là où Joseph avoient mucié, Fist metre en mer à grant navie, Avec lui toute sa lignie; En veissiaus les empeint en mer; Or peurent par l'iaue vaguer ‖ celui] *C* de celui ‖ qui] *DA* et sa lignie qui ‖ li] *A om.* ‖ de] *AD om.* ‖ 936. si les — mer] *C* si les

fist mestre en vessiaux et enpoindre en mer. Et puis vint
Vaspasians à Joseph et li demanda: „Voudras tu point
sauver de ceste gent?" Et Joseph respont que nennil, se il
940 ne croient el pere et el fil et el saint esperit et en la trinité
et que li filz Deu nasqui de la virge Marie. Et Vaspasians
dist à ceux qui estoient de sa meinguiée: „A il nul de vos
qui voille achater de ces juis?" Si distrent de teux i ot: „Oïl".
Si en achaterent et Vaspasians lor en donoit .XXX. por un
945 denier.

    Et Joseph avoit une soe sereur qui avoit non Enygeus, et

---

fist metre en vaissiaus et enpoindre en la mer *D* si le fist mestre
en la mer *F* et les fist meptre en des vaisseaux sur la mer *H* si
les fist mettre en vaissiaus et eskiper en mer ǁ 937. fist mestre]
*A* mist ǁ Et puis — gent] *R 2293,4* Li rois à Joseph demanda, Comment
ce juis sauvera ǁ Et puis] *AD* Et *F* Puys ǁ vint] *F* s'en vint ǁ 938.
Vaspasians] *CA om.* ǁ demanda] *C* dist ǁ Voudras] *C* Sire, voudras
*D* Joseph, voudras *F* si il vouloyt ǁ point] *F* nulz ǁ 939. ceste] *F*
toute ceste ǁ Et Joseph — Marie] *R 2295—2300* A ce Joseph ne se
tust mie: S'il vuelent croire ou fil Marie, Qui sires est de charité:
C'est en la sainte trinité, Ou pere, ou fil ou saint esprist Si en
no loi l'enseigne et dist ǁ Et Joseph respont] *A om.* ǁ *F* luy respondit ǁ Que nennil] *A* Oïl *DF om.* ǁ 940. et en la] *D* et à la *F* qui
sont une ǁ 941. et que] *C* si com *A* que ǁ *F* de Dieu ǁ Marie]
*C ad.* autrement n'en voil ge point sauver *DF ad.* il periront
*F ad.* touz) en ame (*F ad.* et) en cors ǁ Et Vaspasians — denier]
*R 2301—6* Vaspasyens a feit savoir A ceus de sen pais, pour voir,
Se juis vuelent acheter, .XXX. en donra pour un denier. Si grant
marchié leur en fera, Tant cumme à vendre en y ara *A* Lor demanda Vaspasians si il i avoit... (*unleserlich*) qui en vousist achater.
Et ce dist as Romeins qui estoient venu avec luy; si en achaterent,
quar Vaspasians leur en donoit .XXX. pour .I. denier *C* Et Vaspasians dist en haut: A il nul de mes homes qui voille acheter nul
de ces juis? Et ce dit il as Romains et il estoient tuit paien, si
estoient venu avoc lui por els destruire; si en orent et acheterent
moult et Vaspasiens lor en donoit .XXX. por un denier ǁ 942. sa
meingniée] *F* ses genz ǁ A] *F* Y a ǁ de vos] *F* d'entre vos ǁ 943.
de ces] *F* des ǁ de teux] *F* d'auchuns ǁ i ot] *F* qui i furent ǁ Oïl]
*F* que ouy ǁ 944. Si en] *D* Si *F* Ainsi auchuns d'eulx en ǁ acha-
terent] *D ad.* tex i ot ǁ donoit] *F* dona ǁ un] *D* .IIII. ǁ 945. denier]
*D* deniers ǁ 946. Et Joseph — Joseph] *R 2307—11* Joseph une sereur
avoit, Enygeus par non l'apeloit, Et son serourge par droit non,
Quant vouloit, apeloit Hebron. Hebrons forment Joseph amoit ǁ *C*

ses sires avoit nou Brons qui moult amoit Joseph. Quaut
Brons et sa fame soreut que Joseph estoit trovez, si eu furent
moult lié et vindrent à lui là où il lou sorent, si li distrent:
„Sire, nos venons à ta merci." Quant Joseph l'oï, si en fu 950
moult liez et dist: „Non à la moie, mais à la celui qui nasqui
de la virge Marie et qui m'a sauvé; en cel creons nous toz
jors mais." Et Joseph lor demanda, s'il eu i croir·plus qui
vossissient croire en Dieu que il les sauveroit d'icest torment.
Et cil parlerent as autres, si eu troverent moult qui distrent 955
que il crerroient ce que Joseph lor diroit. Eusinc vindrent
devant lui, et si li distreut; que il crerroient ce que il crerroit.

---

si avoit ǁ une] *C* un ǁ soe] *A om.* ǁ Enygeus] *C* Enysgeus *A* Anis-
geus *D* Anigeus ǁ 947. sires] *F* seigneur ǁ amoit] *D ad.* perfetement
ǁ Joseph] *CA ad.* son serorge de (Barimatbie *A* Barimacie) ǁ Quant
— lié] *R* 2313,4 Quant Brons et sa femme percurent Que Joseph
vivoit, lié en furent ǁ 948. sorent] *CA* oïrent ǁ estoit] *DA* fust ǁ
trovez] *C ad.* vis ǁ 949. lié] *F* joieulx ǁ et vindrent — distrent]
*R* 2315—7 Et l'alerent errant vooir, Quant seurent où estoit, pour
voir; Et li unt dist ǁ et] *C* si ǁ lou] *F om.* ǁ sorent] *F ad.* qu'il
estoyt ǁ si li] *F* et ǁ distrent] *F ad.* à Joseph ǁ 950. Sire — merci]
*R* 2317,8 Joseph, de fi, Sire, nous te crions merci ǁ nos] *D* vos ǁ
Quant — mais] *R* 2319—28 Quant Joseph ha ce entendu, Mout liez
et mout joianz en fu Et dist que: ce n'est pas à moi, Meis au
seigneur en cui je croi, Le fil la saintisme pucele Marie qui fu
Dieu ancele. Celui servuns, celui amons, Qui m'a sauvé, celui creons,
Et dès ore meis en avant Devons tout estre en lui creant ǁ 951.
liez] *F* joyeux ǁ et] *F ad.* leur *D* si lor ǁ Non] *C ad.* feites mie ǁ à]
*A* en ǁ la celui] *F* celuy ǁ 952. *D* de virge ǁ qui] *DF* et à celui qui
ǁ sauvé] *F* gardé et saulvé *DF ad.* en la prison ǁ et qui — sauvé]
*A om.* ǁ en cel — nous] *C* et icelui crerrai gie *DF* Et il distrent: Celui
crerron nos ǁ 953. Et Joseph — torment] *R* 2329—34 Lors fist Joseph
par tout crier, Se nul en y ha qui sauver Se vueille et croire en Jhesu-
Crist, Il les hostera dou despist Nostre seigneur et de tourment ǁ Et]
*F* ainsi ǁ demanda] *DF* dit ǁ s'il — avoit] *DF* se il en trovoient plus
(*F ad.* nulz) ǁ 954. en Deu] *CA om. D* en la trinité *F ad.* et en la trinité
ǁ que il] *C* et il *A* si ǁ torment] *F ad.* et les meptroit hors de ceste
peine ǁ 955. Et cil — disoit] *R* 2335—8 Et cil à leur amis pallerent,
Qui le greent et otroierent Qu'il creroi[n]t tout entreseit, Et quanqu'il
vouroit, seroit fait ǁ Et] *F ad.* ainsi ǁ cil] *F* ceulx là ǁ moult]
*F* beaucop ǁ 956. crerroient] *F* creoient ǁ Joseph] *D* il ǁ lor] *ADF om.*
ǁ diroit] *F* disoit *D* creroit ǁ Ensinc — crerroit] *R om.* ǁ vindrent]
*DF ad.* li juis ǁ 957. si li] *DF om.* ǁ crerroient] *F* creoient ǁ ce]

Quant il les oï, si lor dist: „Ne me feites pas menconge
entendant por la paor del torment Vaspasian; quar vos lou
960 comparriez moult durement.“ Et il li distrent: „Nos ne t'ose-
riens mentir.“ Et Joseph dit: „Se vos volez croire ce que je
croi, vos ne demorrez pas en voz heritages ne en voz maisons;
aincois en vendroiz oveuc moi en essil et guerpiroiz tot por
Dieu.“ Et il dient, que ce feront il moult volantiers. Lors
965 vint Joseph à Vaspasian et li pria que il à ceste gent pardoint
son mautalent por Deu et por l'amor de lui. Et il lor pardone.
Ensinc vanja Vaspasians la mort de Jhesu - Crist. Et

---

C en celui Dieu ‖ crerroit] F creoyt ‖ 958. Quant — durement]
R 2339 — 42 Et Joseph leur ha dist atant: Ne me feites pas entendant Menconge, pour peur de mort, Vous l'achateriez trop fort
‖ Quant—oï] D om. ‖ il] F Joseph ‖ les oï] A l'oï C ad. issi parler
‖ si] D Et Joseph ‖ Ne] C Biau seignor, gardez que ne ‖ pas] F
point ‖ 959. entendant] D à croire ‖ quar] CA que ‖ 960. Et—
mentir] R 2343,4 Il dient: Fei ten pleisir, Nous ne t'oserians mentir
‖ li] A om. ‖ Nos] C Sires, nos F Joseph, nous ‖ t'oseriens] A te
sarions D te porrons F te pourrions ne ne vouldrions ‖ 961. Et
Joseph — Dieu] R 2345—50 Joseph dist: Se vous volez Croire, pas
ci ne demourrez; Aincois leirez vos heritages, Vos terres et vos
hesbergages, Et en eissil nous en iruns, Tout ce pour amour Dieu
feruns ‖ Et Joseph dit] F Lors leurs dist Joseph ‖ dit] CA respont
‖ 962. ne] D ad. me ‖ demorrez] C remenroiz A remaindrez ‖
maisons] C manoirs ‖ 963. aincois] CA ainz ‖ en] DF vos en ‖ oveuc
moi] CA om. ‖ guerpiroiz] F donnerez ‖ 964. Et— volantiers] R 2351
Il dient, ce ferunt il bien ‖ dient] F distrent ‖ moult] F om. ‖ Lors
—lui] R 2352—5 Joseph va à Vaspasyen, Si li pria qu'à cele gent
Pardonnast tout son mautalent; Pour amour de lui le feist CA Et
il (vint A vient) à Vaspasian (si li dist A om.): Pardonez à ceste
gent vostre mautalent ‖ 965. vint—pria] D proia Joseph à Vaspasiens ‖ F qu'il pardonne à ceste gent ‖ 966. l'amer de lui] D moi
‖ Et — pardone] R 2356 Et Vaspasyens ainsi le fist ‖ pardone] F
pardonna CA ad. por (amour A l'amour) de Joseph ‖ 967. (Ensinc
— Jhesu - Crist] R 2357,8 Vaspasyens ainsi venja La mort Jhesu ‖
Ensinc] F Et ainsi ‖ de] DF om. ‖ Crist] C ad. et lors se bauptiza
Joseph et sa maisniée de la main saint Climant, et Vaspasians
refist autretel ‖ Et — estranges] R 2359—64 Quant Joseph eut si
esploitié, A Vaspasyen prist congié, Et d'ileques se departi. Ses
genz mena aveques li. En lointeinnes terres alerent Et là longuement demourerent C Et lors après assambla Joseph sa gent et s'en
ala hors dou pais là où nostres sires li ot conmandé par estranges

Joseph, quant il ot cele gent avec lui, si s'en ala et prist
congié à Vaspasiau, si les mena en moult longtaines terres et
estranges. Et quant il furent là, si lor mostra par maintes 970
foiz maintes beles paroles de nostre seignor, si lor commanda
à laborer. Une moult grant piece ala lor affeires moult bien,
et puis après si ala si mal con ge vos conterai; car quanqu'il
faisoient et laboroient, aloit à mal. Et einsinc furent une
grant piece tant qu'il ne porent plus soffrir; et cil maus lor 975
avenoit par une mauvaise meniere de pechié que il avoient
entr' aus commenciée, par quoi tuit li bien terrien lor failloient.
Et cil pechiez estoit luxure sanz raison. Et quaut il furent si
ataint que il ne porent plus soffrir, si vindrent à Bron qui
moult estoit bien de Joseph, si li distrent: ,,Sires, tuit li bien 980

regions, mais ancois prist congié à Vaspasian; si s'en ala en moult
loigtaignes terres et en estranges que il converti à la creance de
Jhesu-Crist. Moult mena Joseph loig et en estranges terres cels
qui avoc li s'en alerent *DF* Quant Joseph *F* Et Joseph, quant ot
cele gent avec lui, si s'en ala en moult estranges terres et prist
congié (à *F* de) Vaspasien || 968. avec li] *A om.* || 970. estranges]
*DF ad.* Et Vaspasiens s'en (repera *F* retourna) à Rome || Et
— laborer] *R 2365—9* A ce qu'il demourerent là, Boens enseignemenz
leur moustra Joseph et bien les enseiguoit, Car il feire bien le
savoit; Commanda leur à labourer || il] *DF* Joseph et sa compaignie
|| là] *F ad.* où ilz alloient || mostra] *DF* dit Joseph || par] *DF om.*
971. maintes beles] *D* bones *F* beaucop de bonnes || 972. Une—
bien] *R 2371,2* Si ala leur afeires bien Grant tens || moult] *F om.*
piece] *A ad.* de terre || ala] *A* a || 973. et puis — conterai]
*R 2373,4* Meis après ala malement; Et si vous conterei comment ||
si] *F* bien || con] *F* ainsi que || conterai] *C* dirai || car — mal]
*R 2375—7* Quar tout ce quanques il feisoient, Par jour et par nuit
labouroient, Aloit à mal || car] *CAD* que || 974. et laboroient] *DF om.*
|| aloit] *DF ad.* tot || Et einsinc — soffrir] *R 2377,8* A ce soufrir Ne
se vourrent plus aboennir || Et] *D om.* || 975. porent plus] *F* les peut
|| et cil — commencée] *R 2379—81* Et cil maus qui leur avenoit,
Pour un tout seul pechié estoit, Qu'avoient entr' eus commencié ||
lor] *C* si lor || 976. par] *D* por || de] *D om.* || 977. par—failloient]
*R om.* || par] *C* et par *A* pour || terrien] *DF om.* || failloient] *DF*
faillirent || 978. Et cil — raison] *R 2383,4* C'iert pour le pechié de
luxure, Pour teu vilté, pour tele ordure || Et quant—soffrir] *R 2385,6*
Quant virent qu'il ce endurer Ne peurent ne ce mal tenser || Et]
*AD om.* || 979. porent] *CA* pooient || si — distrent] *R 2387—9* A
Hebron sunt venu tout droit, Qui mout bien de Joseph estoit; Si
li dient || 980. moult] *CA om.* || bien] *F* amy || si] *F* et || Sires—

et totes les plantez terriennes que nos soliens avoir, uos sont
faillies; ne onques nule gent n'orent si grant mesaise con nos
avons; si te volons prier, por Deu, que tu paroles à Joseph
et que tu li dies la grant mesaise que nos avons de fain que
985 par un poi que nos ne menjons et nos et noz anfanz." Quant
Brons les oï ensinc parler, si en ot moult grant pitié et lor
demanda: „A il grant piece que vos santez ceste grant doleur?"
— „Qïl, mais uos l'avons tant celée com nos poimes; si te
volons preier, por Deu, que tu demendes à Joseph, se il nous
990 avient par nostre pechié où par lou sien." Et Brons respont
que moult volantiers li demandera. Lors vint à Joseph, si li

avons] *R 2389—94* tout bien les fuient, Toutes mesaises les pour-
suient „N'unques si granz genz com nous suns Tant n'eurent mal
cum nous avuns. Nous soufruns meseise trop grant, Unques genz
n'en souffrirent tant" || Sires] *A om.* || 981. *D* toute la plenté ||
plantez terriennes] *F* fruictz terriens [| terriennes] *D om.* || que —
avoir] *A om.* [ *D* à avoir || sont faillies] *A* faillent || 982. ne] *AD*
que *H* car || nule] *F om.* || 983. si te — anfanz] *R 2395—8* Si te
voulons pour Dieu prier, Que le voises Joseph nuncier; Car nous
tout si de fein moruns, Par un petit que n'enragons || *C* en paroles
|| 984. mesaise — la] *H om.* || mesaise] *F* povreté et indigence *H*
mesqueanche || que] *H* comme || avons] *DF* soffron || que par] *F*
et par *AH* pour || 985. un] *AH om.* || poi] *H* quoi || que nos —
anfanz] *A* que nous ne mourons et nous et noz enfanz *D* que nous
morons nos et noz enfanz *F* que nous ne nous entre mengeons et
nous et nos enfans || que] *H om.* || et nos et noz] *H om.* || Quant
— doleur] *R 2401—4* Et quant Hebrons ha ce entendu, Mout grant
pitié en ha eu, Et si leur ha bien demandé, S'il unt longuement
enduré. || 986. les — parler] *A* l'oï || les] *F* si les || parler] *D* de-
menter *F* guementer || lor demanda] *C* lor dist *A* dit || 987. A] *F*
Y a || grant piece] *C* gaires || santez] *C* avez *F* souffrez || grant]
*F om.* || 988. Oïl — poimes] *R 2405,6* Oïl, certes, il ha louc tens,
Tant cum peumes, l'endurens || Oïl] *DF* Et il (*F ad.* luy) responent:
Oïl, sire *C ad.* moult, font il || com nos poimes] *F* que nous n'en
povons plus || poimes] *D* poons plus || si te — sien] *R 2407—12* Pour
Dieu si te voulons prier, Va t'en à Joseph conseillier Pour quoi ce
nous est avenu, Que nous avons trestout perdu, Par nos pechiez
ou par les siens, Qu'einsi avons perduz nos biens || si] *F* pour quoy
|| 989. por Deu] *CA om.* || demendes] *A* mandes *D* dies *F* dyes
(*darübergeschrieben* sachez) || il nous avient] *CDF* ce est || 990.
par] *DF* por || Et Brons — demandera] *R 2413,4* Hebrons respont,
qu'il i ira; Volentiers li demandera || Brons] *F* il leur || respont]
*D* dit || 991. que — demandera] *D* Je lui demanderei moult vo-

conta la grant dolor que li pueples souffroit; „si te demandent
que lor sachiez à mender se ce est par leur pechiez où par
lou vostre.“ Et il respont: „Ge pri à celui qui de la virge
nasqui si come à mon pere que je sache ceste chose. Lors ot 995
Joseph paor que il n'eust mespris et faite chose dont nostres
sires fust correciez. Lors dist: „Brons, ge le saurai, se ge
puis, le te dirai.“ Et lors s'en vint Joseph devant son vaissel
plorant et s'agenoilla et dist: „Sire, qui de la virge nasquis
par ta pitié et par ta doucor et por sauver ta creature qui 1000
voudra à toi obeir; sire, issi veraiement con ge vos vi mort

---

lentiers *F* Je le luy scauray tres voluntiers ‖ Lors — souffroit]
*R 2415—7* Lors vient à Joseph, si li conte La grant mesaise et la
grant honte Que ses genz entour lui soufroient ‖ vint] *CDF ad.*
Brons ‖ si] *DF* et ‖ 992. conta] *AD* dist ‖ grant] *ADF om.* ‖ pueples]
*DF ad.* qui (illeuc *F* là) estoit ‖ souffroit] *CD* sostenoit ‖ si te— vostre]
*R 2419,20* Si prient, c'um leur leit savoir De ceste chose tout le
voir ‖ si te] *DF* et ‖ demandent] *DF* volent *C ad.* et anquierent ‖
993. que] *C ad.* por Deu ‖ lor — mender] *A* que on leur sache à dire
*D* que tu lor dies *F* que tu leur saches à dire ‖ par] *DF* por ‖
994. vostre] *DF* tien ‖ Et il — chose] *R 2421—4* Lors ha pris Joseph
à prier De cuer loial, fin et entier, Le fil Dieu que savoir li face
De tout cest afeire la trace ‖ respont] *D* dit *F* luy dist ‖ à] *D om.*
‖ virge] *F ad.* Marie ‖ *F* qui nasquit de ‖ 995. si — pere] *D om.* ‖
si] *C* et prierai ‖ ceste chose] *DF* comant ceste famine lor puest
estre avenue ‖ Lors — correciez] *R 2425—8* Lors s'est Joseph à douter
pris Que il n'eust vers Dieu mespris Et feit chose dont cou, rouciez
fust Diex vers lui; n'en est pas liez ‖ Lors] *F* Et lors ‖ 996. que
il n'eust] *A* d'avoir ‖ et faite] *D* à faire ‖ 997. fust] *CA* se fust ‖
Lors dist — dirai] *R 2429,30* Puis dist: Hebron, je le sarei; Et se
le sai, jou vous direi ‖ Lors] *C* et ‖ dist] *DF ad.* Joseph à Bron ‖
Brons] *ADF om.* ‖ se — dirai] *DF* (si *F* et puis) le te dirai, se je
le puis savoir ‖ 998. puis] *C ad.* et lors si ‖ Et lors — dist] *R 2431—3*
Joseph à sen veissel s'en va Et tout plourant s'agenoilla Et dist
‖ Et lors] *D* Atant *F* Puys après incontinent ‖ s'en] *D* se ‖ *D* et
puis si s'agenoilla ‖ 999. Sire — obeir] *R 2433—40* Sire qui char
presis En la virge et de li nasquis, Par ta pitié, par ta doucour,
J venis et pour nostre amour; Entre nous vousis Converser Pour
ta creature sauver, Qui à toi vourroit obeïr, Ta volenté faire et
suir ‖ la] *A om.* ‖ nasquis] *DF* nasquites ‖ 1000. ta pitié] *D* vostre
sainte pitié ‖ ta doucor] *DF* vostre docor ‖ ta creature] *F* vostre
creature *D* toute creature *CA* totes les creatures ‖ 1001. voudra]
*F* voeult *CA* voudront ‖ à toi] *F om.* ‖ toi] *CAD* vos ‖ sire — cor-

et vif corporelment et vos revi après lou travail de la mort en
la tor où ge estoie enmurez; sire, quant vos me commandastes
que totes les foiées que ge voldroie avoir secors de vos que
1005 je. venisse devant cest precieux vaissel où vostre precieus sanc
est; sire, einsi veraiement vos requier ge et pri que vos me
conseilliez de ce que cest pueples me demende, si que ge en
puisse ovrer à vostre plaisir et à vostre volanté.

Lors la voiz del saint esperit s'aparut à Joseph, si li
1010 dist: „Joseph, ne t'esmaier tu mie, quar tu n'as corpes en
cest pechié.“ — „Ha, sire,“ dist Joseph, «par vostre pitié
soffrez que ge oste cels de ma compaignie, qui en cest pechié
sont.“ Et la voiz respont: „Joseph, tu feras une grant sene-

---

porelment] *R 2441,2* Sire, tout ausi vraiement, Com vif vous vi,
mort ensement ‖ issi] *A* si *D* ausi *F* ainsi ‖ veraiement] *F om.* ‖ *F*
vif et mort ‖ 1002. corporelment] *ADF om.* ‖ et vos — enmurez]
*R 2443—5* Si cumme après la mort te vi Vivant à moi paller ausi
En la terre où fui emmurez ‖ revi] *D* veni *CA* reciu *F* revoy *C ad.*
entre mes braz ‖ mort] *C ad.* quant Nicodemus vos ot descloé as tenailles de la sainte veraie croiz et après me deites *A ad.* et que
nous me deistes ‖ 1003. sire, quant — sans est] *R 2448—53* Et là,
sire, me commandastes, Quant vous ce veissel m'aportastes, Toutes
les foiz que je vourroie Secrez de vous, que je venroie Devant ce
veissel precieus Où est vostre sans glorieus ‖ quant] *in F durch-
gestrichen CA* que ‖ vos] *D om.* ‖ 1004. voldroie — secors] *DF* auroie
mestier ‖ 1005. venisse] *DF* revenisse ‖ *F* où est ‖ precieus] *F* sainct
et precieux *C* dignes ‖ 1006. sire — demende] *R 2454—6* Ainsi vous
pri je et requier, Que vous me voulliez co[n]seillier De ce que cele
gent demande ‖ ge] *F om.* ‖ 1007. demende] *D* demandent ‖ si —
volanté] *R 2457,8* Que puisse ouvrer à vo pleisir Et vo volenté
acomplir ‖ si] *CA* et ‖ 1009. Lors — dist] *R 2459,60* Lors ha à Joseph
la vouiz dist, Ki venue est dou saint esprist *DF* (Atant *F* Tout
incontinent) descendi la voiz du saint esperit et (dist à Joseph *D om.*)
‖ Lors] *C hinter* s'aparut ‖ si] *C* et si ‖ 1010. Joseph — pechié]
*R 2461,2* Joseph, or ne t'esmaie mie, N'as coupes en ceste folie ‖
Joseph] *A om.* ‖ t'esmaier tu] *A* t'esmaie *F* ne t'esmoye ne ne te
soucye ‖ corpes] *F* charge ne coulpe ‖ en] *A* à ‖ 1011. Ha — sont]
*R 2463—5* Sire, dunques par ta pitié, Suefre touz ceus qui unt
pechié, Que les ost de ma compeignie ‖ Joseph] *CA* il ‖ par vostre
pitié] *ADF om. C* or ‖ 1012. oste] *C* ost ‖ cels] *D* ce [*durch die
Punkte ungültig gemacht*] ceuz ‖ *F* qui sont ‖ pechié] *DF ad.* par quoi
si grant famine lor (est *D om.*) venue ‖ 1013. sont] *D om.* ‖ Et —
senefiance] *R 2466—8* Joseph, ce ne feras tu mie, Meis une chose

fiance et metras mon sanc et moi en esprueve vers les pecheeurs.
Joseph, sovaigne toi que je fui venduz et traïz en terre, et 1015
lou savoie bien, ne onques n'an parlai tant que je fui chiés
Symon; et lors dis que avoc moi menjoit et bevoit qui mon
cors traïroit. Cil qui sot que ce avoit fait ot honte, si se
traist un poi arrieres de moi; ne onques puis ne fust mes
deciples; et pour lou nombre parfaire covient il un autre en 1020
son liu. Mais en son leu ne sera nus mis devant que tu i
soies mis. Tu sez bien que ge fui à la table chiés Symon à
la ceinne et que je soi bien que mes tormanz mi avenroit.
Ou non d'icele table en fai une autre carrée. Et quant tu

---

te commant C'iert en senefiance grant ‖ Et — respont] *A om.* ‖ respont]
*DF* (si *F* luy) dit ‖ feras] *CA ad.* jà ‖ 1014. et metras — pecheeurs]
*R 2469—71* Ten veissel o men sanc penras, En espreuve le meteras
Vers les pecheurs ‖ et metras] *CA* que tu metras ‖ moi] *DF ad.*
meismes ‖ 1015. Joseph — terre] *R 2473,4* Souvigne toi que fui
venduz, Trahiz et foulez et batuz ‖ je] *D* e ‖ et lou — Symon]
*R 2475—7* Et tout adès bien le savoie; Meis unques paller n'en
vouloie Devant que je fui chiés Symon ‖ 1016. lou] *C* que ge lou
*D* que le *F* je le ‖ tant] *C ad.* con ge alai par terre jusqu'au darreain ‖ 1017. et lors — traïroit] *R 2479,80* Et dis qu'aveques moi
menjoit, Qui le mien cors trahir devoit ‖ et] *D om.* ‖ dis] *D* dit
‖ et bevoit] *A om.* ‖ mon cors] *CA* ma char ‖ 1018. traïroit] *D*
traïssoit ‖ Cil—moi] *R 2481,2* Cil qui seut qu'il avoit ce feit, Honte
eut, arriers de moi se treit ‖ sot] *CA ad.* bien ‖ que ce avoit] *DF*
que il ot ce ‖ que] *C* qui ‖ 1019. traist] *F* tira ‖ de] *A* dès *DF*
desor ‖ ne onques — liu] *R 2483,4* Ainz puis mes deciples ne fu;
Meis un autre en y eut en liu ‖ fust] *C* se mist en compaignie de
‖ mes] *A om.* ‖ 1020. et pour—liu] *DF* puis mis .I. autre en leu
de lui en son non ‖ et] *A om.* ‖ parfaire] *A om.* ‖ covient—liu] *A* en
mis un autre en son lieu ‖ 1021. Mais — soies mis] *R 2485,6* En
son liu ne sera nus mis Devant que i soies assis ‖ Mais — devant]
*A* Pour ce vueil je ‖ mis] *C* posez ‖ 1022. soies mis] *A* soies *DF*
soies en cel leu ‖ mis] *C ad.* mais ce n'iert mie à la table d'ices
deciples, mais à une autre qui senefiera celi ‖ Tu — avenroit]
*R 2487—90* Tu sez bien que chiés Symon fui A la taule où menjei
et bui; Ileques vi je men tourment Qui me venoit apertement ‖
Tu sez bien] *DF* Ce dist la voiz *H* En cel lieu, che dist la vois
‖ Tu] *C* Et tu ‖ que] *C* quant ‖ fui] *C ad.* assis ‖ *DF* chiés Symon
à la table ‖ à la table] *H om.* ‖ 1023. et que—avenroit] *D om.* ‖
soi] *F* ouy *H* i soe ‖ bien que] *AF om.* ‖ mi avenroit] *AHF om.*
‖ 1024. Ou—carrée] *R 2491,2* Ou non de cele table quier Une autre

1025 l'auras faite, si apele Bron, ton serorge, qui bons est et de
qui bien istra, et si li di, que il aut en cele aigue et que il
te peche un poisson; et lou premier que il prendra, t'aporte.
Et quant il ira peschier, si covriras la table, et pran ton
vaissel et lou met en mi leu d'icele part où tu voldras seoir;
1030 si lou cuevre d'un ploi de toaille. Et quant tu auras ce fait,
si pran lou poisson que Brons t'aportera, si lou met de l'autre
part encoutre lou vaissel. Et quant tu auras ce fait, si mande
ton pueple, et lor di que il verront jà ce dont il se dementent
et qui a pechié. Et lors pran Bron, si t'asié si com ge sis à

et fei apareillier ‖ Ou] C Et en D En H Et ‖ non] D leu ‖ en fai
—autre] C voil que tu en faces une ‖ en fai] F fayez H en seras
[für feras] ‖ autre] A om. ‖ Et—istra] R 2493—6 Et [quant] apa-
reillié l'aras, Bron te serourge apeleras. Bros tes serourges est boens
hon, De lui ne venra se bien non ‖ tu l'auras] A elle sera ‖ 1025.
de qui] F du quel ‖ qui — istra] C qui preudom est et de cui
maint preudome istront et sont issu ‖ 1026. bien] AD bons ‖ et si
—poisson] R 2497,8 Si le fei en cele iaue aler Un poisson querre
et peeschier ‖ et si] F om. D si ‖ et que—peche] C si pechera ‖ 1027.
te] D t'i ‖ poisson] C ad. por toi ‖ et lou—t'aporte] R 2499,2500
Et le premier que il penra Tout droit à toi l'aportera ‖ lou] D om.
C tot lou ‖ prendra] C panra ‖ t'aport] CA t'aport F le t'apporte
‖ 1028. Et — toaille] R 2503—7 Puis pren ten veissel et le mest
Sus la table, lau mieuz te pleist; Meis qu'il soit tout droit en mi
liu; Et là endroit te serras tu, Et le cuevre d'une toaille ‖ si] DHF
tu ‖ covriras] C apareilleras DF porverras H coverras ‖ table] C ad.
et quant tu l'auras tote apareilliée et les napes mises desus ‖ et]
C si ‖ 1029. met] H meteras ‖ en mi leu] DHF om. ‖ seoir] H se-
jorner ‖ 1030. si] F et ‖ lou cuevre] H de se neure[?] ‖ d'un ploi]
D de pan H le plain F du bout ‖ DHF la toaille ‖ toaille] H table
‖ Et—vaissel] D om. ‖ Et—t'aportera] R 2508—10 Quant auras ce
feit sans faille, Adonc repanras le poisson Que t'avera pechié Hebron
‖ ce] C tot ice ‖ 1031. Brons] AF il ‖ si—vaissel] R 2511,2 D'autre
part le mest bien et bel, Tout droit encontre ten veissel ‖ si] F
et ‖ 1032. Et quant — pechié] R 2513—8 Et quant tu tout ce
feit aras, Tout ten pueple apeler feras, Et leur di que bien tost
verrunt Ce de quoi dementé se sunt, Qui par pechié ha deservi,
Pour quoi leur est meschéu si ‖ 1033. jà] F là ‖ se] AD om.
‖ 1034. et — pechié] DF om. C et es quex d'els il poiche ‖ et
qui] F lequel ‖ Et lors — destre] R 2519—23 Adonc quant tu
seras assis En cel endroit là où je sis A la cene, quant je i
mengei O mes deciples qu'i menei; Bron assié à ta destre mein

la ceinne, et Bron asié à ta destre.  Et lors verras qu'i se 1035
traira arriere tant come li leux à un home tient.  Et saches
que cist leux senefiera lou leu dont Judas s'osta, quant il sot
qu'il m'eut traï.  Icil leux ne porra estre ampliz devant ce
que li filz Bron et d'Anysgeus l' emplisse.  Et quant tu auras
feit Bron asseoir, si apele ton pueple et lor di que, si il bien 1040
ont creu lou pere et lou fil et lou saint esperit et l'avenement
de la trinité et les conmendemenz de l'obedience que je t'avoie
anseigniez et tu à els, et comendé el non des trois vertuz qui
une meisme chose sont, vaiguent avant si s'asiéent à la grace
de Deu."                                                          1045

──────────

‖ Et lors — Bron]  *C om.* ‖ si t'asié — destre]  *C* Et lors t'asié en
senefiance de moi issi con ge sis à la cienne et Brons sera asiée
à destre de toi *A* si te asié si com je m'asis à la cene et Bron
siée à ta destre *D* et si t'asié en leu de moi aussi comme je m'assis
à la ceine et Bron asié à destre lez toi *F* et t'asye ou nom de moy
ainsi comme je m'asis à la ceine et assié Bron à dextre amprès toi
‟ 1035. Et lors — tient]  *R 2524—6* Lors si verras trestout de plein
Que Brons arriere se treira Tant  comme uns hons de liu tenra ‖
*F* tu verras ‖ qu'i]  *C* que il ‖ 1036. arriere]  *C* en sus de toi ‖ tant]
*F* autant ‖ li leux]  *H* il liaeens[!] ‖ li]  *A* un ‖ tient]  *C ad.* d'espace
‖ Et saches — traï]  *R 2527—30* Icil lius wiz si senefie Le liu Judas
qui par folie De nostre compeignie eissi, Quant s'aperceut qu'il m'eut
trahi ‖ 1037. cist]  *CA* li ‖ dont]  *D* doue ‖ s'osta]  *A* se leva ‖ sot qu'
il]  *A om.* ‖ 1038. Icil — l'emplisse]  *R 2531—6* Cil lius estre empliz
ne pourra Devant qu'Enygeus avra Un enfant de Bron sen mari
Que tu et ta suer amez si.  Et quant li enfes sera nez, Là sera
ses lius assenez ‖ Icil]  *CA* ne icil ‖ porra]  *D ad.* mie ‖ devant ce]
tant ‖ ce]  *A om.* ‖ 1039. et d'Anysgeus]  *AD om.* ‖ emplisse]  *C* acom-
plisse ‖ Et quant — Deu]  *R 2537—53* Quant tout ce feit ainsi aras,
Ten pueple à toi apeleras, Et leur di, se il bien creu unt Dieu, le
pere de tout le munt, Et le fil et le seint esprist, Si cum apris
l'avoit et dist; C'est la benoite trinité Ki est en la sainte unité, Et
de touz les commandemenz Et touz les boens enseignemenz Que je
enseigné leur avoie, Quant à eus touz par toi palloie Des trois
vertuz qui une funt.  Se trestout ce bien gardé unt, Que il n'en
unt trespassé rien, Viegnent voir, tu le vieus bien, A la grace nostre
seigneur ‖ 1040. apele ton]  *A* parle au ‖ et]  *F ad.* si ‖ si il]  *ADF om.*
‖ *C* ont bien creu ‖ 1042. les]  *D om.* ‖ je]  *D om.* ‖ t'avoie]  *ADF*
leur avoie ‖ 1043. anseignez]  *D* commandée et enseyngnié ‖ et tu à
els]  *ADF om.* ‖ el]  *C* en ‖ des]  *D* de ‖ *F* qui sont une ‖ qui]  *D ad.*
toutes ‖ 1044. sont]  *CA ad.* en Deu ‖ vaignent]  *ADF* et viengneent

Ensinc fit Joseph ce que nostres sires li ot commandé;
si s'asist une graut partie d'aux, et plus i ot de cels qui ne
s'asistrent mie. La table fu tote plainne fors li leux qui plains
ne pooit estre. Et quant cil qui sistrent au mangier, santirent
1050 la doucor que il avoient et l'acomplissement de lor cuers, si
orent moult tost les autres obliez. Un en i ot de cels qui se
seoient à la table, qui avoit non Petrus; si esgarda cels environ qui estoient en estaut, si lor dist: „Santez vos rien de
ceste grace que nos santons?" Et il respondent: „Nos n'en
1055 sentons rien." Lors lor dist Petrus: „Dont feites vos lou pechié

---

‖ si] *F* et ‖ s'asiéent] *D* sacent ‖ à] *A om. F* en ‖ la] *C* sa ‖ 1046.
Ensinc—commandé] *R 2555,6* Joseph fist le commandement Nostre
seigneur tout pleinnement ‖ Ensinc] *DF* Atant s'en parti la voiz et
‖ *DF* Joseph fist ‖ ce que] *C* si com ‖ ot commandé] *CA* conmenda
‖ 1047. si—mie] *R 2559,60* Dou pueple assist une partie, Li autre
ne s'assistrent mie ‖ d'aux] *ÇA om.* ‖ i] *F* en i ‖ 1048. s'asistrent]
*CA* (i *A* se) sistrent *D* sistrent ‖ mie] *D om.* ‖ La—estre] *R 2561—3*
La taule toute pleinne estoit, Fors li liu qui pleins ne pooit Estre
‖ tote] *ADF om.* ‖ leux] *CA ad.* entre Joseph et Bron ‖ *F* qui ne
povoyt estre emply ‖ plains] *ADF* empliz ‖ 1049. pooit] *C* pot ‖ Et
—obliez] *R 2563—9* et cil qui au mengier Sistrent, si eurent sanz
targier La doucour, l'acomplissement De leur cuers tout entierement.
Et cil qui la grace sentirent, Assez errant en oubli mirent Les
autres qui point n'en avoient ‖ sistrent] *F* s'assistrent ‖ au] *D* à
‖ mangier] *C ad.* à la table ‖ santirent] *ADF* sorent ‖ 1050. doucor] *D*
doucoz ‖ l'acomplissement] *D* compleissement ‖ 1051. tost] *D* touz ‖
Un—Petrus] *R 2570,1* L'uns de ceus qui se seoient, Qui Petrus apelez
estoit ‖ Un—ot] *F* Il en y eut ung ‖ ot] *A* avoit ‖ se] *C om. A* i ‖ 1052.
seoient] *D* saient ‖ à la table] *A om.* ‖ à] *D* en ‖ *C* à non ‖ si—dist]
*R 2572—4* Regarde delez lui et voit Ceus qui estoient en estant,
Va mout tres humlement priant ‖ si] *C* Icil Petrus si *A* qui ‖ es-
garda] *F* regarda ‖ environ] *DF om.* ‖ *C* cels qui estoient environ
els en estant *A* cil qui estoient en estant entr'eulx ‖ 1053. si] *F*
et ‖ dist] *F* demanda ‖ Santez—santons] *R 2575—7* Par amour, or
me dites voir, Povez vous sentir ne savoir Riens de ce bien que
nous sentuns? ‖ Santez] *C* Seignor, santez ‖ rien] *ADF* poeint ‖ 1054.
que] *D* ce que ‖ Et—rien] *R 2578* Cil respondent: Riens n'en avuns
‖ il] *C* cil li ‖ Nos] *C* Nenil, sire, nos ‖ 1055. rien] *C* nule rien
*A* noeint ‖ Lors—Joseph] *R 2579—84* Adonques leur ha dist Petrus:
De ce ne doit douter hons nus, Que vous ne soiez entechié De ce
vil, dolereus pechié, Dont Joseph enquerre feistes Et pour quoi la
grace perdistes ‖ lor] *ADF om.* ‖ feites vos] *DF* avez (*F ad.* vous)

que vos feites anquerre à Joseph." Quant cil oïrent einsinc
Petrus parler, si orent honte, si s'en issirent de la maison. Si
en i ot un qui plora et fist molt mauveise chiere. Et quant
li servises fu fait et finez, si se leverent et ralerent entre les
autres. Et Joseph lor ot conmendé que chascun jor venissient 1060
à hore de tierce à cele grace. Et einsinc conut Joseph par
lou conmandement de Dieu et par sa vertu les pecheeurs. Et
ce fut le premier leus où li vaissiaus fu mis en esprueve.

Ensinc fu lonc tens, et cil de fors si demandoient sovant
d'icele grace à cels qui l'avoient, et lor distrent: ,,Que est ce 1065

---

fait || pechié] *C ad.* par que vos avez eu la disiete || 1056. feites
anquerre] *ADF* demandastes || à] *AD om.* || Joseph] *DF ad.* (par *F*
pour) quoi la famine vos (*F ad.* est) venue || Quant — maison]
*R 2585,6* Adonc pour la honte qu'il unt, De la meison issu s'en
sunt || Quant—parler] *A* Quant ce il oïrent ce *D* Quant il oï ce que
Petrus leur dit *F* Quant ceulx là ouyrent ce que Petrus leur dist
|| 1057. Petrus] *C ad.* Petrus || si] *DF* si en || honte] *D* moult grant
honte || s'en] *C om.* || de] *C* hors de || maison] *A* chambre || Si —
chiere] *R 2587,8* Un en y eut qui mout ploura Et mout leide
chiere feit ha || 1058. qui] *C* qui remest en la meison qui || plora]
*A ad.* et remest || mauveise] *D* male || Et quant—autres] *R 2589—91*
Quant li services fu finez, Si s'est chaucuns d'ilec levez. Entre les
autres sunt alez || 1059. li] *AD* cil || fait et] *CD om.* || et finez]
*A om.* || leverent] *DF ad.* tuit cil qui (*F ad.* se) seoient à la table
|| et ralerent] *A om.* || ralerent] *F* alerent || 1060. autres] *C ad.* genz
|| Et Joseph — grace] *R 2592—4* Meis Joseph leur ha commandé,
Que il revignent chaucun jour A cele grace sanz demour || que —
grace] *F* qu'ilz venissent checun jour à celle grace à tierce || chascun
jor] *D om.* || *D* il venissent || 1061. à—tierce] *D om.* || grace] *D ad.*
arriere || Et einsinc—pecheeurs] *R 2595—8* Ainsi ha Joseph perceu
Les pecheeurs et conneu: Ce fu par le demoustrement De Dieu le
roi omnipotent || Et] *DF om.* || 1062. Dieu] *C* Jhesu-Crist || et —
pecheeurs] *DF* les pecheurs et par sa grace || Et ce — esprueve]
*R 2599,2600* Par ce fu li veissiaus amez, Et premierement esprouvez
*CA* et ce (fu *A* est) là où li vaissiaus fu (mis la premiere foiz *A*
premierement mis) en esprueve || 1063. mis en esprueve] *FH* fut
(esprouvé *H* espues[!]) || en] *D* et || 1064. Ensinc—distrent] *R 2601—4*
Ainsi eurent la grace là Ki mout longuement leur dura. Li autre
ki debors estoient A ceus dedenz mout enqueroient || fu] *CDF* furent
|| lonc] *C* moult lonc || tens] *C ad.* et menoient tel vie || et cil —
sovant] *ADF* et (une *DF om.*) grant piece (*DF ad.* après) que cil
de fors (demandoient *DF* demanderent) || 1065. l'avoient] *D* avoient
*F* celle grace avoient || et lor distrent] *C om. A* et disoient *F ad.*

que vos avez et où en allez chascun jor, et que vos en est
avis, quant estes à cele grace assis, et qui vous a ce enseignié?"
Et il respondent: „Nostre cuers ne porroit panser lou grant
delit ne la grant joie en quoi nos somes et que nous avons
1070 tant com nos i seons; et quant nos en somes levez, si nos
dure la grace jusqu'à l'andemain." Et cil lor demandent:
„Dont puet si granz grace venir qui einsinc raamplist le cuer
de l'ome?" Petrus respout: „Elle vient de celui qui sauva
Joseph en la prison." — „Et cil vaissiaus que nos avons veu,
1075 ne onques ne nos fu moustrez, ne ne savons que c'est." Et
il responent: „Par cel vaissel somes nos departiz, et par la
force de lui ne laisse il nul pecheor en sa compaignie; et vos

et demanderent ‖ Que — enseignié] R 2605—8 Que vous semble de
cele grace, Que sentez vous qu'ele vous face, Et qui vous ha ce don
donné, Ne qui vous ha en ce enfourmé? C que estoit ice que il
sentoient à cele table et qui lor avoit ice anseignié, ne coment il i
vont et que lor estoit il avis quant il i sont A qu'est ce qui vous
a ce enseignié ne où vous allez ne que vous en est avis quant vous
i estes ‖ 1066. et que — enseigné] DF om. ‖ 1067. Et il — l'andemain]
R 2609 — 14 Cil respondent: Cuers ne pourroit, A pourpenser ne
soufiroit Le grant delit que nous avuns Ne la grant joie en quoi
nous suns, Qu'il nous y couvient demourer Dusqu'au matin et se-
journer ‖ il] C cil lor ‖ C cuer ‖ porroit] C porroient DF puest
panser] C ad. ne la boche dire F aveir ‖ C la grant joie ne lou
delit ‖ lou — joie] A la grace ‖ F les grans delites ‖ 1069. en—
somes et] ADF om. ‖ et—avons] C om. ‖ 1071. jusqu'à] F joucq'au
‖ l'andemain] DF ad. à ore de tierce ‖ Et cil—l'ome] R 2615 — 8
Don puet si grant grace venir, Ki ainsi feit tout raemplir Le cuer
de l'omme et de la femme Et de bien refeit toute l'ame? ‖ lor]
A om. ‖ 1072. qui—l'ome] D om. ‖ cuer] CF cors ‖ 1073. de l'ome]
C d'ome ‖ Petrus respont] R 2619 Lors leur ha Joseph respondu
C Et Petrus ‖ Elle—prison] R 2620,1 Ce vient dou benooit Jhesu
Qui Joseph sauva en prison ‖ Elle] A Celle ‖ 1074. en la prison]
D om. C ad. .XLII. anz ‖ Et cil — c'est] R 2623 — 6 Cil vaissiaus
qu'avuns or veu, Unques meis moustrez ne nous fu; Que ce puet
estre ne savuns, Tant soutillier nous y puissuns ‖ cil] F de ce ‖
vaissiaus] H Vespasiiens [sic!] ‖ vou] C ad. font il ‖ 1075. ne
onques — c'est] D om. ‖ ne onques] C que onques ‖ ne ne] FH si
ne ‖ c'est] C ad. que senefie il? ‖ Et—compaignie] R 2627—30 Cil
dient: Par ce veissel ci Summes nous de vous departi, Car il n'a
à nul pecheour Ne compaignie ne amour ‖ 1076. il] C Petrus ‖
responent] CA respont ‖ departiz] C departi li un des autres ‖ et
par] C ad. la vertu qui dedanz est et par ‖ par] D om. ‖ 1077. ne

meismes lou poez veoir. Mais or me dites, quel talant vos
eutes et quel pensez, quant Joseph vos dist, que vos venissiés
seoir.“ Et quant il dient qu'il ne poreut aprochier à la table, 1080
lors dist cil qui avoit la grace: „Or poez vos bien savoir cels
qui firent lou pechié par quoi vos avez perdue la grace.“ Et
cil dient: „Nos nos en irons comme chaitif; mais car nos
anseigniez que nos dirons où nos vos avons laissiez.“ Et cil
dient: „Vos direz que nos somes remex en la grace dou pere 1085
et dou fil et dou saint esperit et en l'anseignement de la
creance Joseph.“ — „Et que porrons nos dire del vaissel que

---

—il] C car il ne consant ‖ compaignie] C ad. se les dignes non ‖
et vos — veoir] R 2631 Vous le povez mout bien vooir ‖ vos] C à
vos ‖ 1078. Mais — seoir] R 2632—5 Meis or me dites tout le voir,
Quel talent ne queu volenté Vous eutes ne quel pensé Quant on
vous dist: Venez sooir ‖ or me dites] ADF dites moy ‖ dites] C ad.
fait Petrus ‖ 1079. et quel pensez] C om. ‖ pensez] A penser F
paveir ‖ Joseph] A il ‖ 1080. seoir] C ad. à la table ‖ Et quant—
table] RDF om. C Et cil li dient qu'il ne santirent onques point
d'icele grace, n'a rien ne lor en fu, ne à la table ne porent aprochier,
ensorquotot nos la veimes si plainne de gent que nus ne s'i poist
seoir entr'els fors que seulement lez Joseph o nus ne puet ataindre
‖ aprochier à la table] A om. ‖ 1081. lors — perdue la grace]
R 2636—8 Et si repovez bien savoir, Li queus feisoit ce grant
pechié Pour qu'ietes de grace chacié ‖ lors—grace] C om. ‖ lors] D
or li F adoncq ‖ vos] DF om. ‖ savoir] C conoistre et savoir DF
veoir C ad. fait Petrus ‖ cels qui] ADF li quel ‖ 1082. firent] ADF
avoient fait ‖ pechié] C ad. par quoi vos avez la grant disiete et
‖ vos avez] DF nos avons ‖ la grace] C ceste grant grace que nos
avons ‖ Et cil — laissiez] R 2639—44 Cil dient: Nous nous en iruns
Comme chetif et vous leiruns, Meis, s'il vous pleist, nous aprenez
(Bien savuns que vous le savez) Que dirons quant on nous dira,
Pour quoi vous avuns leissié cà ‖ 1083. cil] C ad. li ‖ Nos nos]
ADF Nos ‖ en irons] D orons ‖ chaitif] F meschans et chetifz ‖
car] DF om. ‖ DF enseigniez nos ‖ 1084. que] ADF comment ‖ Et
cil—Joseph] R 2645—52 Or escoutez que respondrez, Quant de ce
opposé serez. Et si respondrez verité, Qu'à la grace suns demouré
De Dieu no pere, Jhesu-Crist, Et ensemble dou saint esprist, Tout
confermé en la creance Joseph et en sa pourveance ‖ cil] F ilz leur
C ad. lor ‖ 1085. dient] C dit D responent F distrent ‖ Vos direz
que] CA om. ‖ 1087. Et que—agrée] R 2653—6 Et queu sera la
renummée Do veissel qui tant vous agrée? Dites nous, comment
l'apele on, Quant on le numme par son non? ‖ Et] D ad. il distrent
F ad. ilz dyent et ‖ que nos] D que F que (nos *über der Zeile*)

nos veimes, et coment lo clamerons nos, qui tant vous agrée?"
— „Cil qui bien lo voldrout clamer ne mestre non, au mien
1090 escient, lou clameront lou Graal; quar il agrée tant et abelist
à cels qui en sa compaigniée pueent durer; car chascuns a
autant de toz biens come li poissons qui eschape des mains à
l'ome, quant il lou tient, et se met en grant yaue." Et quant
cil l'oent, si dient: „Bien doit avoir non cest vesseaux Graaus."
1095 Et einsinc lou nommerent cil qui s'en alerent et cil qui demourerent. Et cest non sot Joseph, si li abeli moult. Et ainsi
venoient chascun jor à tierce et disoient qu'il aloient au service
del Graal. Et dès lors en cà fu clamée ceste estoire Graal.

---

|| 1088. clamerons] *F* nommrion || vous] *CADF* nos || agrée] *C ad.*
et vous plus qui n'avez nul autre paine *AF ad.* que nous n'avons
autres poines de nos vies || 1089. Cil — yaue] *R 2658—70* Qui à
droit le vourra nummer, Par droit Graal l'apelera; Car nus le Graal
ne verra, Ce croi je, qu'il ne li agrée; Et touz ceus pleist de la
contrée A touz agrée et abelist; En li vooir hunt cil delist, Qui
avec lui pueent durer Et de su compeignie user; Autant unt d'eise
cum poisson, Quant en sa mein le tient uns hon, Et de sa mein
puet eschaper Et en grant iaue aler noer || bien] *DF om.* || lo] *D*
li || clamer] *F darübergeschrieben* nommer || mestre] *F* meptre (*darüber
in der Hs.* imposer) || non] *C ad.* fait Petrus || au mien] *A* à nostre
*D* à noz *F* leur || 1090. quar] *C* que *DF* qui || *DF* tant agrée || et
abelist—yaue] *D om.* || 1091. qui] *AF ad.* sont tels que || car] *C*
que || 1092. autant] *F* tant || toz] *F om.* || des mains—yaue] *C* en
li ave des mains à l'ome quant il lo tient || 1093. l'ome] *A* homme
|| quant — tient] *AF om.* || et se met] *F om.* || Et quant—Graaus]
*R 2671—4* Quant cil l'oient, sel greent bien; Autre non greent il
rien Fors tant que G[r]aal eit à non; Par droit agreer s'i doit on
|| 1094. l'oent] *FH* l'ouyrent || Bien] *C* que bien || doit] *C ad.* donc
|| cest vesseaux] *C om.* || *C* li Graaus || 1095. Et — demourerent]
*R 2675—7* Tout ainsi cil qui s'en alerent Et cil ausi qui demou-
rerent Le veissel unt Graal nummé || nommerent] *D* noment || et
cil — demourerent] *A om.* || et cil] *F* à ceulx || demourerent] *CD*
remestrent || 1096. Et cest—moult] *R om.* || si—moult] *F* et luy pleut
et le trouva beau || moult] *A om.* || Et ainsi—del Graal] *R 2679—82*
Li pueples qui là demoura, A l'eure de tierce assena, Car quant à
ce Graal iroient Sen service l'apeleroient *C* Ensinc s'en alerent cil
arriere et li boen remestrent; et quant il aloient au main au servise
qui establiz lor estoit et en leur demendoit où il aloient, et il re-
spondoient que il aloient au service del Graal || 1097. chascun jor]
*A om.* || 1098. Et dès — Graal] *DF om. R 2683—6* Et pour ce
que la chose est voire, L'apelon dou Graal l'estoire, Et le non dou

La compaignie de ceste gent qui faus estoient, quant il
s'en furent alé, leissierent un de lor compaignons qui avoit à 1100
non Moys et estoit sages au parent du monde et engigneus,
et moult finoit bien sa parole et en sa conscience faisoit samblant de estre sages et piteux, et dist: „Je ne me movrai
d'avoc ceste gent que Dex ainsi paist de sa grace." Et lors
plora et fist moult triste chiere et piteuse; einsi remest, quant 1105
li autre s'en alerent; et toutes les foiz que il veoit .I. de cels

---

Graal ara Dès puis le tens de là en çà || Graal] C li contes del
Graal || 1099. La — Moys] R 2687—9 Ces fauses genz qui s'en
alerent Un de leur compeignons leissierent, Qui Moyses à non avoit
C Si en droit dit li contes que la compaignie de ceste gent qui faus
estoient, laissierent l'un de lor compaignons qui moult estoit faus
et desloiaus et decevanz, luxurieux qui avoit à non Moys || La] ADF
En la || quant — alé] DF om. || 1100. leissierent] A si en lessierent
DF en avoit || de lor compaignons] ADF om. || à] ADF om. || 1101.
Moys] F ad. lequel demoura quant les aultres s'en furent allez || et
estoit — piteux] R 2690—7 Et au pueple sage sembloit, En lui
gueitier bien engigneus, Et en paroles artilleus; Bien commencoit
et bien finoit, En sa conscience feisoit Et semblant que il sages
fust Et que li cuer piteus eust || et estoit — faisoit samblant] A om.
C Icil Moys se faisoit au parant au siegle moult sages et escien-
treux et moult avoit boenne loquance de parler, si finoit moult
bien sa parole quant an li avoit aucune raison enchargiée à dire et
sa conscience estoit tex qu'il sambloit F et estoyt (dahinter mehrere
Worte ausgestrichen) et avoyt (wiederum mehrere Worte ausgestrichen)
belle parole, ce sambloyt, et faisoit samblant || et engigneus] D om.
|| 1102. en sa conscience] D om. || 1103. de] C om. || sages] C moult
sages et humles || piteux] C ad. à la veue des genz || et dist — grace]
R 2697—9 Dist, ne se movra entreseit D'avec ces genz que Diex si
peit De la grace dou saint esprist || et dist] C si dist à cels qui
s'en aloient || me] DF om. || 1104. d'avoc] F d'avecques D de || gent]
CA boenne gent || ainsi] CAD om. || Et lors — piteuse] R 2700,1
Lors ploura et mout grant duel fist Et triste chiere et trop piteuse
|| Et] DA om. || 1105. fist] D dist || einsi — alerent] R om. || einsi]
A et ainsi C si se || quant — alerent] C et quant li pecheeur s'en
furent alé, si orent moult de tribulacions entr'aus, ne ne durent ja
venir là dont il vindrent et Moys qui se remest avoc les boens ||
1106. et toutes — cuer] R 2703—8 Et s'aucuns de lez lui passoit
De la grace, mout li prioit, Que pour lui devant Joseph fust, Que il
de lui merci eust. Ce prioit menu et souvent, Ce sembloit de cuer
simplement || et] C om. || toutes] C trestotes || de] DF qui avoient H

---

de la grace, si li croit merci moult simplement par samblant
de bon cuer et disoit: „Por Deu priez Joseph, qu'il ait merci
de moi et que ge puisse avoir d'icele grace que vos avez."
1110 Einsinc lor pria par maintes foiz. Longuement le soffri ceste
compaignie tant que un jor avint que tuit cil de ceste compaignie parlerent ansamble et distrent, que il avoient pitié de
Moys, et distrent que il en proieroient Joseph. Et vindrent
tuit ansamble à Joseph, si se leissierent trestuit chaoir à ses
1115 piez et li crierent merci. Et Joseph se merveilla moult et lor
dist: „Que volez vous?" Et il respondent: „Li plus des genz
qui vindrent avoc nos, s'en sont alé por ce que nos eumes la

---

qui avoit ‖ 1107. crioit] *H* rrioit [sic!] ‖ ‖ samblant] *CA* samblance
‖ 1108. bon] *CA om.* ‖ et disoit — avez] *R 2709,10* Pour Dieu, priez
Joseph, que j'aie De la grace ki nous apaie ‖ *C* lor disoit ‖ *D* merci
ait ‖ 1109. et que] *A* que ‖ ge] *D om.* ‖ que vos avez] *C om.* ‖
1110. Einsinc — foiz] *R 2711* Par meintes foiz proia ainsint ‖ *C* Et
einsinc ‖ lor] *D* le ‖ pria] *F* parla ‖ foiz] *C* foiees ‖ Longuement —
compaignie] *RD om.* ‖ le — compaignie] *C* soffri Moys ceste dolor ‖
1111. tant que — Joseph] *R 2712—6* Tant qu'à une journée avint
Qu'il estoient tout assemblé. De Moyses leur prist pité Et dirent
qu'il en palleroient A Joseph et l'en prieroient ‖ que] *D* qu'il ‖ *D*
avint .I. jor ‖ ceste compaignie] *C* la grace ‖ 1112. parlerent ansamble et] *D om.* ‖ il] *C* moult ‖ avoient] *D* auroient ‖ pitié] *C* grant
pitié ‖ 1113. et distrent — Joseph] *C* Mais, qu'an ferons nos, font
il? Nos en prierons, font il, Joseph, se vos vos i acordez. Lors
s'otroient li uns à l'autre que il l'an proieront ‖ et distrent] *A* Lor
pristrent conseil ‖ proieroient] *A* parleroient *D ad.* tuit ensemble ‖
Et vindrent — merci] *R 2717—20* Quant tout ensemble Joseph virent,
Trestout devant ses piez cheirent, Et li prie chaucuns et breit Qu'il
de Moyset pitié eit ‖ Et] *C* Lors s'en ‖ 1114. tuit ansamble] *D om.*
‖ à] *A* devant ‖ Joseph] *ADF* luy *C ad.* et quant il i furent venu ‖ si]
*ADF* et ‖ se] *D om.* ‖ trestuit] *F om. CA* tuit ‖ 1115. li] *A om.*
*D ad.* en ‖ crierent] *DF ad.* tuit ‖ Et Joseph — vous] *R 2721—4* Et
Joseph mout se merveilla De ce que chascuns le pria, Et leur ha
dist: Vous, que voulez? Dites moi, de quoi vous priez ‖ Joseph] *D*
il ‖ moult] *C ad.* que il avoient ‖ et lor] *C* si lor *A* et ‖ 1116. Que]
*C* Biax seignor, que me ‖ Et — alé] *R 2725—7* Il respondent hisnelement: Li plus grans feis de nostre gent S'en sunt alé et departi ‖ il]
*C ad.* li ‖ respondent] *F ad.* à Joseph ‖ Li] *C* Sires, li ‖ des] *DA* de ‖
genz] *A* cil ‖ 1117. vindrent] *C* ci vindrent ‖ avoc nos] *DF om.* ‖ nos]
*A* vous ‖ s'en] *D* si s'en *F* ceulx s'en ‖ por — vaissel] *R om. C* par la
grant mesaise de fain que il avoient dès lors en cà que nos commencames

grace de ton vaissel, sires, et ci en est uns remex, qui a non
Moys; si nos samble qu'il se repant moult durement, et dit
que ja ne partira de nos, et pleure moult tenrement et nous 1120
prie que nos te proions que il ait de ceste grace que Dex
soffre que nos avons en ta compaignie." Quant Joseph l'oï,
si dist: „La grace n'est pas moie à doner, nostres sires la
done à cels cui lui siet, et ce sont cil qui la doivent avoir.
Et cil n'est pas espoir tex com il se feit et com il a lou 1125
samblant. Il nous puet engignier, et se il nous engigne, il
engignera soy memes avant." Et cil li respondent: „Nous le

---

à avoir la grace de ton vaissel *A* depuis que vous eustes la grace
du vessel ‖ 1118. sires — compaignie] *R 2728—37* Un seul en ha
demouré ci, Qui pleure mout tres tenrement Et crie et feit grant
marrement, Et dist qu'il ne s'en ira De ci tant comm' il vivera. Il
nous prie que te prions, De la grace que nus avuns Icilec en ta
compeignie A grant joie et à seignourie, Qu'avec nous en soit par-
conniers ‖ sires] *D om.* ‖ et — remex] *D* mes il en est .I. remés *F*
il en est icy demouré ung ‖ et] *A om.* ‖ 1119. si nos — qu'il] *C* qui
‖ nos] *A* non ‖ durement] *C ad.* de ses pechiez ‖ 1120. ja] *C om.* ‖
partira] *C ad.* james à nul jor ‖ et pleure] *D* ainz pleure ‖ 1121.
prie] *A* en prie *C* a proié ‖ proions] *C ad.* por lui ‖ que il] *D* qui ‖
Dex] *C ad.* nostres sires ‖ 1122. soffre] *DF* nos souffre à avoir ‖ que
— avons] *A* et que il soit ‖ Quant — avoir] *R 2739—44* Joseph
respont sanz reculer: Ele n'est pas moie à donner, Car nostro sire
Diex la donne Là où il veut à tel persone. Cil cui il la donne, pour
voir, Sunt tel qu'il la doivent avoir ‖ *C* Et quant ‖ l'oï] *C* les oï issi
parler *D* ot ce entendu *F* les entendit ‖ 1123. dist] *C* lor dist ‖ La] *C*
Biaus seignor, la ‖ pas] *CD* mie ‖ moie] *F* myenne ‖ nostres] *C* mais
nostres ‖ sires] *F* seigneur ‖ 1124. cui lui siet] *A* à cui il veut *F*
qu'il luy plaist (ce so *ausgestrichen*) ‖ et] *F om.* ‖ ce sont cil] *C*
qui sanz pechié sont, icil ‖ avoir] *A om.* ‖ 1125. Et cil — avant]
*R 2745—50* Et cil espoir n'est pas iteus Comme il se feit, bien
le seut Dieus. Ce devuns savoir, non quidier, Que il ne nous puet
engignier. S'il n'est boens, si s'engignera, Et tout premiers le com-
parra ‖ Et cil—espoir] *F* Et j'espere que cel homme n'est pas ‖ Et] *C* ne
pas] *AD* mie ‖ et com] *C* ne com ‖ a lou samblant] *D* semble *F* moustre
semblant ‖ lou] *A om.* ‖ 1126. Il — avant] *C* ne il n'angigne mie
nos mes lui et se il nos bee à engignier il s'angignera tot avant
en s'uevre meismes ‖ nous] *F* vous ‖ puet] *A ad.* bien ‖ engignier]
*F* tromper et decepvoir ‖ et se—engigne] *D om.* ‖ nous engigne] *F*
le fayt ‖ 1127. engignera] *D* engigne *F* se deceipt ‖ soy] *F* luy ‖
avant] *DF om.* ‖ Et cil — fait] *R 2751,2* Sire, nous avuns graut fiance,

crerrions james par [lou] samblant que il fait. Mais, por Deu,
donez li ceste grace, se vos poez." Et Joseph respont: „S'il
1130 i velt estre, il li covient estre tex com il se fait; et nepor-
quant g'en proierai nostre seignor por vos." Et il respondent:
„Granz merciz."

    Lors vint Joseph toz seux devant lou Graal et se coucha
à codes et à genouz et pria Jhesu-Crist, nostre sauveeur, que
1135 il par sa pitié et par sa bonté li face veraie demostrance de
Moys, se il est tex com il fait lou samblant. Lors s'aparut la
voiz du saint esperit à lui et dist: „Joseph, Joseph, or est
venuz li tens que tu verras ce que ge t'ai dit dou siege qui
est entre toi et Bron; tu pries et tu cuides et cil qui t'en
1140 ont prié qu'il soit tex com il fait lou samblant. Di li, se il
est tiex comme il se fait, et il atant la grace comme il fait

---

Et se pert bien à semblance... *Hinter 2752 fehlen in R mehrere Verse
(wahrscheinlich 2 Blätter), welche den Bericht über das weitere Schicksal
Moys' enthalten haben müssen* || cil] *DF* il || li] *AD om.* || Nous —
fait] *C* Dont ne crerriens nos james ne lui par samblant qu'il fait,
se il le faisoit de barat *DF* Donc ne (croirez vos *F* croyrons nous)
james nullui (si *F* s'il) nos decevoit par tel samblant comme il fait
|| par — fait] *A om.* || 1129. donez li] *DF* (lesse[e]z *F* faictes) le venir
en-|| ceste] *C* de ceste || se vos poez] *A om.* || Et] *A om.* || 1130. i]
*D om.* A en || li] *C om.* || covient] *A* covint *F* fault || estre] *C* que
il soit || fait] *C ad.* par samblant || et] *C* mais bareterres qui viaut
autrui conchier par barat dont ne seroit il granz joies qui li baraz
conchiast lou bareteor. Oïl, font cil, Et vos en verroiz par tens,
fait il, tot son corage || neporquant] *A* non pour ce que *F* non pas
tant || 1131. seignor] *A* sire || vos] *C ad.* qui m'en priez || il] *C* cil
li || respondent] *DF ad.* tuit ensamble || 1132. merciz] *C ad.* sire ||
1133. toz seux] *A* voiant tous ceulx || coucha] *A* mist *F* gitta *C ad.*
devant à terre || 1134. à codes et] *F om.* || Jhesu-Crist] *D om.* ||
Crist} *F om.* || nostre sauveeur] *DF* le sauveor du monde || nostre]
*A* son || 1135. il] *F* luy plaise || pitié] *DF* vertu || bonté] *C* grace
|| li] *D* il || face] *F* fayre || 1136. fait] *F* se fait et comme il fayt ||
1137. à] *C* devant || lui] *DF* Joseph || Joseph] *DH om.* || or est] *H*
ort es || 1138. verras] *A* auras || que] *D* qui || ge} *F om.* || dou siege]
*H* de lingnie *C ad.* vnit de la table || qui est] *H om.* || 1139. *H* et
tu pries || et tu cuides] *C* que tu cuides *A* et cuides toy || cil] *H*
tout cil || 1140. lou] *A om.* || fait lou samblant] *AH* se fait || samblant]
*A ad.* et tu verras ce que je en feray pour toi et pour ta com-
paignie || Di li — se fait] *CDHF om.* || li] *A ad.* et si li fai dire ||
1141. et il atant] *C* et s'il aimme tant || atant] *A ad.* ainsi à ||

lou samblant, si.aille avant et s'asiee à la table, et lors verras
que il devendra." Ensiuc come la voiz ot conmeudé à Joseph,
si lou fist; si vint avant et parla à cels qui de Moys l'avoïent
prié et lor dist: „Dites à Moys, se il est tex que il doie 1145
avoir la grace, nus ne la li puet tolir; et se il est autrement
que il ne fait lou samblant, n'i vaigne ja, car il ne puet
nului si bien angignier ne traïr com soi meisme." Cil alerent à
lui, si li distrent tot eusinc com Joseph lor ot comendé à dire.
Quant Moys l'oï, si en fu moult liez et dist: „Je ne redot rien 1150
que seulement lou congié de Joseph et qu'il ne croit que ge
ne soie tex que je n'i doie bien entrer." Et il li respondent:
„Son congié as tu, se tu fais sa loi." Lors lou prannent entr'
ax, si en font moult grant joie et l'ameinent au servise. Et
Joseph, quant il lo vit, si li dist: „Moys, Moys, ne t'aprochier 1155
de chose dout tu ne soies dignes; nus ne te puet si bien

comme — samblant] *DHF* que (*H* dont) il cuide avoir *C ad.* d'estre
boeus || 1142. si] *F* s'en || aille] *H* voist || avant] *F* en avant || et] *D*
si *H* et si || s'asiee] *D* siece *F* se sie || à la table] *A om.* || table]
*DHF* grace || verras] *D* verra || 1144. si lou] *DF* et Joseph le || si
vint — parla] *DF om.* || si vint avant] *C* et lors s'en vint arrieres ||
1145. et lor dist] *DF om.* || lor] *A om. C* lors || Dites] *D* Et dites *F* Et
dicte *H* dis *C ad.* fait il || à] *H om.* || se] *D* que se || que il] *F* comme
il se fayt et qu'il || doie] *D* doi || avoir] *H* . voir || grace] *DH ad.* .
si comme il fait (*H ad.* lou) semblant || la li] *CDH* li || tolir] *A* oster
*F ad.* ne ouster || se il est] *F* si || autrement] *A* autre || 1147. que
— semblant] *DF* (et *D om.*) qu'il ne soit tieux || que il ne] *C* com
il || n'i] *DF* qu'il (ne *F* n'i) || vaigne] *C ad.* il || car] *C* que || 1148.
nului] *C* nelui *AF* nul || si bien angignier] *F* tromper et decepvoir si
bien || angignier ne] *D om.* || angignier] *A* croire || ne traïr] *AF om.* ||
com] *F* que || soi] *DF* lui || *C* angignier com soi meisme ne traïr || Cil]
*F* Ainsi *CA ad.* i || 1149. à lui] *CA om.* || si] *AF* et || tot — dire]
*ADF om.* || 1150. Quaut] *CA* Et quant || l'oï] *CF* les oï *C ad.* einsinc
parler || liez] *F* joyeux || redot] *AF* doubte *D* doi || rien] *C* rien nule
|| 1151. que seulement] *D* solement fors *F* fors seullement || et qu'il
ne croit] *CADF om.* || que] *C* et que || 1152. n'i] *A* i *DF* ne ||
entrer] *C* estre et aseoir *D* entier || il] *C* cil || li] *A om.* || 1153. tu]
*C ad.* bien || *F* Tu as son congié || se] *D om.* || fais sa loi] *C* ies
tex com tu nos feiz lou semblant. Et cil dit que si est || sa] *F*
à sa *AD* leur || loi] *AD* lais || prannent] *C ad.* cil || 1154. si] *F*
et || moult] *A om.* || l'ameinent] *C* l'an menerent *F* le maynent *A* le
portent || 1155. Et — vit] *DF* (Et *D om.*) Joseph l'oï || quant — vit]
*A om.* || si] *F* il || t'aprochier] *F* t'aproche *D ad.* mie || 1156. dignes]

anginier comme tu meismes; garde que tu soies tex con ces
genz quident." Et Moys respont: "Si voirement con ge sui
boens, me doint Deux durer en ta compaingnie." — "Or va
1160 avant," dist Joseph, "se tu ies tex com tu diz, nos lou verrons
bien." Lors s'asist Joseph et Brons, ses serorges, et tuit li
autre, chascuns en son leu com il durent. Et quant il furent
tuit assis, Moys fu en estant et ot paor et ala entor la table,
ne il ne trueve leu où il s'asiee que lez Joseph. Si s'i asiét,
1165 et quant il fu assis, si fu fonduz maintenant en terre, ne ne
sembla que onques i eust esté. Et quant cil de la table virent
ce, si en furent moult effreé de celui qui einsin fu perduz
entr' aus. Ensinc furent à cel servise celui jor, et quant il
furent levé, Petrus parla à Joseph et dist: "Sire, or ne fumes
1170 nos onques mais si effreé com or somes. Nos te prions par
totes iceles vertuz que tu crois, se il te plaist et tu lou sez,
que tu nos dies que Moys est devenuz." Joseph respont: "Ge

---

*C ad.* à l'avoir ‖ nus — meismes] *D om.* ‖ nus] *C* car nus ‖ 1157. *C*
et garde ‖ que] *F* comme ‖ ces] *A* tes ‖ con — quident] *D* come tu
fais samblant *F* comme tu cuydes estre et comme ces gens qui cy
sont ‖ 1158. quident] *A* djent *C ad.* et con tu lor as dit ‖ Et —
respont] *CA om.* ‖ Moys] *F* il ‖ Si] *F* Aussi ‖ voirement] *C ad.* dist
Moys *A ad.* dist il ‖ *C* con ge boens sui ‖ 1159. me] *CA* si me ‖
Deux] *CA* il ‖ ta] *C* vostre ‖ *F* me doint Dieu durer en ta compaiguye
comme je suys bons ‖ Or — Joseph] *A om.* ‖ va] *C* vieu ‖ 1160. se] *A*
et se *C* car se ‖ verrons] *A* voudrons *D ad.* y a *F ad.* tautost ‖ 1161.
ses serorges] *D om.* ‖ et tuit li autre] *D om. C ad.* à la table ‖ 1162.
*D* et chascun ‖ com] *C* issi com ‖ durent] *F* avoient à coustume *C ad.*
feire ‖ *C* se furent ‖ 1163. *D* et Mois ‖ fu] *C* remest ‖ en estant]
*F* sur bout *C ad.* d'arrieres els ‖ et] *F* si ‖ paor] *F* paours ‖ et ala]
*C* si ala ‖ entor] *A* oltre *F* tout à tour ‖ la table] *D om.* ‖ 1164.
truvee] *F* trouva *H* vit ‖ leu] *ADH om.* ‖ s'asiee] *DH* s'asiece ‖ que]
*H om. D* fors ‖ lez Joseph] *H* les là où Joseph est *C ad.* et il entre
anz ‖ lez] *F* auprès de ‖ Si s'i asiét] *A* Et si fist *D* Ci s'asiest *F*
Ainsi s'asiét *H* se s'i assist ‖ 1165. et quant il fu] *C* et si tost
com il s'i fu *A* com il fu ‖ maintenant] *C om.* ‖ en terre] *AD om.*
*F* en abisme *C ad.* car maintenant ovri la terre et lou sorbi et
maintenant reclost après lui ‖ ne ne] *C* ne onques ne ‖ 1166. que]
*C* que il ‖ cil de la table] *A* il *DF* cil qui (seoient *F* estoient assis)
à la table ‖ 1167. ce] *F* telle chose ‖ moult] *DF om.* ‖ effreé] *D*
esmaié ‖ de] *F* et de ‖ einsin] *D* si tout ‖ 1168. celui] *D* toute *F*
tout le ‖ il] *C* i ‖ 1169. parla] *F* alla ‖ dist] *C* li dist ‖ *A* parla
et dist à Joseph ‖ Sire] *C ad.* sire ‖ or] *F om.* ‖ *F* nous ne fusmes
‖ 1170. onques] *F* oncq ‖ effreé] *D* esguarez *F* esbahiz ‖ or] *F* nous
‖ 1171. lou sez] *DF* ouses ‖ 1172. que — dies] *A* si nous di ‖

nel sai mie; mes se à celui plaist, qui tant nos en a mostré,
nos saurons lou seurplus." Lors vint Joseph toz seux plorant
devant son vaissel et s'agenoille et dist: „Biaux sires Dex, 1175
moult sont boennes voz vertuz et sages voz oevres; sire, ansinc veraiement com vos preites char en la virge Marie et au
nasquites et venites en terre por soffrir toz tormenz terriens,
comme vos soffristes mort; einsinc veraiement que vos me
sauvates en la prison où Vaspasians me vint querre par vostre 1180
commendement et que vos me deites que totes les foiz que ge
seroie encombrez, que vos vendriez à moi. Sires, je vos pri
et requier que vos m'ostez de ceste dotance et me metez en
veraie novele que Moys est devenuz, si que ge le puisse dire
à ceste gent à qui tu as donnée ta grace en ma compaignie." 1185

---

1173. nel] *D om.* || à] *C om.* || nos] *F* vous || en] *D om.* || 1174.
saurons] *C* en saurons bieu || *A* devant son vessel pleurant || 1175.
et] *D* et si || s'agenoille] *C ad.* à ter, à codes et à genouz || 1176.
voz] *A* vostre || 1177. char] *C* sanc et char || virge] *C ad.* pucele ||
Marie] *C ad.* et porta à fil et à pere || an] *ADF om.* || 1178.
nasquites] *C ad.* au jor de noel || toz] *A om.* toz || terriens]
*A om. Hier endet die Lücke in R 2753,4* Vous voussistes au darriens
Soufrir les tourmenz terriens || 1179. comme — mort] *R 2765,6* Et
voussistes la mort soufrir Et pour nous en terre morir *C* et aban-
donates à la mort por nos sauver || comme] *DF* sire, come *A* sire,
ainsi vroiement comme || einsinc — commendement] *R 2757—9* Si
vraiement com me sauvastes En la prison et m'en gitastes, Où
Vaspasyens me trouva || einsinc—que] *A* et || einsinc] *DF* et einsi ||
veraiement] *C ad.* com c'est voirs et || que] *DF* come || 1180. prison] *C ad.*
l'evesque Cayphas || vostre] *C* lou vostre || 1181. commendement] *C ad.*
sire || et que — moi] *R 2761—5* Et en la prison me deistes, Quant vous
ce vaissel me rendistes, Qu'adès, quant je vous requerroie, Quant de
riens encombrez seroie, Sanz targier venriez à moi || et] *CA* sire,
et || que vos] *D om.* || totes] *C ad.* les *D* par tantes || que ge] *DF*
comme je || 1182. encombrez] *F* en necessité || Sires — devenuz]
*R 2766—8* Si voirement com en vous croi, Moustrez moi que est
devenuz Moyses || je] *C* et je || 1183. que vos — dotance] *CAD* que
vos de ceste (quidance *A* honte *D* poine) m'ostrez (*D ad.* de la
quidance) || dotance] *H* de ceste homme || metez — novele] *H* moustrez
auchune signe || 1184. Moys] *ADF* il || devenuz] *D ad.* en vroi
savoir || si que — compaignie] *R 2769—72* Que le sache certeinne-
ment Et dire le puisse à ma gent, Que tu par ta grant courtoisie
M'as ci donné en compeignie || si] *DF om.* || que] *F* par quoy || le]
*C om.* || 1185. ceste gent] *DF* ces genz || à qui] *C* cui || tu as donnée]

Alors s'aparut la voiz du saint esperit à Joseph et dist:
„Joseph, Joseph, ore est avenue la senefiance que ge te dis,
quant tu fondas ceste table, que li leus qui de lez toi seroit voiz,
seroit en remambrance de Judas qui perdi son siege, quant jo
1190 dis qu'il me traïroit, et je dis que ses leux ne seroit mais
rampliz devant lou jor del jugement, que tu lou rampliroies,
quant tu raporteroies la conoissance de ta mort. Et ainsi te
dis ge, que cist leux ne seroit raampliz, devant que li tierz
hom de ton lignage lou rampliroit, et ce iert dou fil Bron et
1195 Anysgeus dont issir doit; et cil qui de son fil istra, ramplira
cest leu et un autre qui el non de cestui sera fondez. Tu de-

DF vos donnez ‖ en] C et ‖ compaignie] C ad. veraie novele ‖ 1186.
Alors — Joseph] R 2773 La vouiz à Joseph s'apparu ‖ Alors] CD
Lors ‖ s'aparut] C descendi ‖ et dist] R 2774 Et se li ha ce respondu
1187. Joseph - Judas] R 2775—9 Joseph, or est à ta venue La
senefiance avenue, Que te dis quant tu fundas La table Qu'en liu
de Judas Seroit cil lius en remembrance ‖ Joseph] D om. ‖ or] F'
maintenant ‖ avenue] CAH venue ‖ 1188. table] C ad. car ge te
dis ‖ de lez] H da les F' amprès ‖ 1189. seroit en] DH en la ‖ de
Judas] C dou leu que Judas guerpi, qui lez moi seoit à la cienne ‖
qui perdi — traïroit] R 2780,1 Que il perdi par s'ignorance, Quant
je dis qu'il me trahiroit ‖ qui — siege] D qui son siege pierdi C car
il lou perdi par la traïson que il fist de moi ‖ quant jo dis] C et
ge meesmes li dis ‖ 1190. dis] F te dy ‖ qu'il me traïroit] C que
avoc moi bevoit et menjoit qui me traïroit ‖ traïroit] ADHF traïsoit
‖ et je dis] R om. C et lors dis ge as deciples quant il s'an leva ‖ je]
D om. ‖ que ses — jugement] R 2782,3 Et cil lius rempliz ne seroit
Devant le jour du jugement ‖ ses] H ce ‖ mais] F jamais ‖ 1191.
que tu — mort] R 2785—7 Et tu meismes l'empliroies Adonc quant
tu raporteroies La souvenance de ta mort ‖ tu lou rampliroies] F
le me ampliroys ‖ 1192. tu] H il ‖ raporteroies] C aporteroies ‖ ta]
DHF ma ‖ mort] H ad. et ta couuissance ‖ Et ainsi — rampliroit]
R 2788—92 Meis le te di pour ton confort, Que cist lius empliz
ne sera Devant que li tierz hons venra, Qui descendra de ten
lignage ‖ Et] H om. ‖ ainsi] C autresins ‖ te] DHF om. ‖ 1193. ge]
A om. ‖ seroit] H sera CA ne (pooit A porroit) estre ‖ raampliz]
C ad. de ta table ‖ devant que] D jusque H jousques ‖ devant] H ad.
dont ‖ li] H au ‖ 1194. et ce — doit] R 2793,4 Et Hebruns le doit
engenrer, Et Enygeus ta suer porter ‖ ce iert] F sera ‖ dou] DHF
le ‖ et] H om. ‖ 1195. Anysgeus] C Hannysgeus ta sereur ‖ et cil
— leu] R 2795,6 Et cil qui de sen fil istra, Cest liu meismes
emplira ‖ et cil] ADHF cil ‖ ramplira] CAF acomplira H qui acomplira ‖ 1196. et un — fondez] R om. ‖ autre] C ad. avoc cestui ‖ Tu

mandes que cil est devenuz, qui s'i asist; gel te dirai. Quant
il remest des autres qui s'en alerent, nel fist il se por toi
non angignier; car il ne creoit pas que cil qui estoient en ta
compaignie, eussent si grant grace com il avoient; ne il ne 1200
remest fors que por angignier ta compaignie; et bien saches,
que il est fonduz en abisme, ne de lui n'iert plus parlé devant
ce que cil qui cest lieu ramplira, lou truist et là ù il le trovera, si s'en repantira des deliz terriens, et de cestui ne doit
estre plus loncement pallé, que il vivra encor sanz puissance. 1205
Et cil qui recrairont ma compaignie et la toe, le clameront
cors Moys. Ensinc lou conte et retrai à tes deciples et panse

---

—asist] *R 2797,8* De Moyses qui est perduz, Demandes qu'il est
devenuz *C* et cil de cui tu demendes qui s'i assist, vels tu savoir
qu'il est devenuz *DF* Cil de qui tu demandes qui s'i assist que tu
ne ses qu'il est devenuz || 1197. gel—dirai] *R 2799,2800* Or escoute
et je te direi, Car bien dire le te sarei || gel] *A* et je le || Quant —
angignier] *R 2801—5* Quant si compeignun s'en alerent Et ci avec
vous le leissierent, Ce qui il touz seus demoura, Qu'o les autres ne
s'en ala, Ce fist il pour toi engignier || 1198. remest des autres] *F*
demoura et laissa les aultres || autres] *C ad.* mescreanz || nel — an-
gignier] *F* je ne le fist si non pour toy cuidier trômper et decepvoir ||
1199. car — avoient] *R 2807—10* Ne povoit croire ne savoir Que tes
genz peussent avoir, Ki aveques toi demouroient, Si grant grace comme
il avoient || car] *AD* que || que cil — en] *C* que tu ne cil de || 1200.
eussent] *C* aussient || si grant] *A* tel *D* la || avoient] *C ad.* et ont || ne il
—compaignie] *R 2811,2* Et sanz doute ne remest mie Fors pour honnir
ta compeignie || il] *DF om.* || 1201. remest] *F* demoura || fors] *AD om.*
*F* si non || angignier] *F* decepvoir || et bien—abisme] *R 2813,4* Saches
de voir, qu'il est funduz Dusqu'en abysme, et est perduz || bien]
*C om.* || saches] *F* sache *C ad.* tu || 1202. ne de—truist] *R 2815—9*
De lui plus ne pallera on, Ne en fable ne en chancon Devant ce
que cil revenra, Qui le liu vuit raemplira. Cil meismes le doit
trouver || ne] *A ad.* que *DF ad.* ja || n'iert] *A* n'est *F* n'estoyt || parlé]
*C* parole *DF* parole tenue || 1203. cest lieu ramplira] *C* ramplira
cest siege *DF* l'amplira || lou truist] *A om.* || et là — puissance]
*R om.* *C* et il iert tex que des deliz terriens n' aura cure, ne de
cestui qui perduz est, ne doit estre parole plus longuement tenue
*A* et là où on le trouvera, si en priera Deu des riens terriens, ne
de cestui ne doit estre plus parlé || 1206. Et cil — Moys] *R 2821—4*
Qui recreirunt ma compeignie Et la teue, ne doute mie, De Moyses
se clamerunt Et durement l'acuserunt || recrairont] *CHF* retrairont
|| toe] *F* tienne || le] *C om. DHF* si le || clameront] *H* clamerons *F' ad.*
et apelleront *C ad.* sa sepolture || 1207. corps Moys] *D* conteor ||

que tu as porquis vers moi." Ansine parla la voiz del saint
esperit à Joseph et li anseigna la mauveise euvre de Moys.
1210 Et Joseph l'a raconté à Bron et à Petrus et as autres deciples.
Et quant il l'ont oï et entendu, si dient: „Moult est forz
la jostise nostre seignor Jhesu-Crist, et moult est fox qui por
ceste chaitive vie la porchace."

Tant furent ansamble un grant tens que Brons et Anygeus

---

Ensinc — moi] R 2825—9 Ainsi le doiz dire et conter A tes deciples
et moustrer. Or pense que tu pourquis has Vers moi; ainsi le
trouveras ‖ conte et retrai] A conteras F conte D conte et le retrai
‖ à tes] D as ‖ panse] C ad. de maintenir et de faire que tu aies lou
guerredon après ta mort et à ton vivant ‖ 1208. porquis] DF con-
quis D ad. et gaaigniez ‖ moi] DF ad. eine Kapitelunterschrift (Ci
palle li conte F Icy a esté raconté) coment la voiz du saint esperit
palla à Joseph et li (dit F enseigna) la mauvesté (du F de) Moys
F ad. Il ‖ Ansinc — Moys] R 2829—31 Ainsi ha a Joseph pallé Li
seinz espriz et ha moustré La mauveise euvre Moysest ‖ 1209. et]
C ad. ansinc ‖ anseigna] A a enseigné ‖ mauveise euvre] DF mauvestie
‖ euvre] C vie A clairté ‖ Moys] C ad. et lou mauveis corage; et
il s'en parti atant ‖ 1210. Et Joseph — deciples] R 2833,4 Et Joseph
ne le coile mie A Bron se à sa compeignie ‖ Et Joseph] C si A
et il ‖ raconté] C contée A conté ‖ à Bron] C Bron ‖ et à Petrus]
A om. C et Petrus ‖ as] C à toz les ‖ deciples] A om. ‖ 1211. Et —
entendu] R 2835—8 Ainz leur ha apertement dist, Quanqu'il oï de
Jhesu-Crist Et la chose comment ele est, Et qu'il ha feit de Moysest
‖ il] C cil ‖ l'ont]. AF ont D ot ‖ si — Crist] H om. R 2839,40 Il
dient tout: Par verité, Granz est do Dieu la poesté ‖ Moult] C que
moult ‖ 1212. jostise] A justisement ‖ nostre] D de ‖ Jhesu - Crist]
A om. ‖ et moult — porchace] R 2841,2 Fous est qui pourchace folie
Pour ceste dolereuse vie ‖ 1213. la porchace] C desert que il n'ait
s'amor por nul delit de cors que il puist avoir ‖ 1214. Tant —
anfanz] R 2843—5 Brons et sa fame lonc tens furent Ensemble
tout ainsi con durent Tant qu'il eurent douze fiuz C Ensinc furent
ansamble un grant tens en cele region, puis que Joseph ot preeschié
par la terre de la grant Bretaigne, dont il se furent crestienné
tuit li haut home et la menue gent, et maintes granz miracles i
fist nostres sires por lui et puis s'en vint converser en ces diverses
parties d'ocidant si com vos avez oï el conte, mais totes les aventures qui lor avint, ne vos puis ge retraire, autre part me covient
à guanchir. Si dirons que tant furent en ces deserz Joseph et sa
compaignie que Brons et Hanysgeus orent .XII. anfauz A Einsi
furent un grant tens Joseph et Brons DF Einsi furent (grant F

orent .XII. anfanz qui furent beau bacheler et moult grant. 1215
Si en furent moult aucombré. Et tant que Anysgeus parla à
Bron son seignor, si li dist: „Sires, vos deussiez demender
Joseph, mon frere, que nos ferons de noz anfanz; quar nos
n'an devons nule rien feire se par son commendement non et
par sa volenté." Et Brous respont: „Ensinc con vos l'avez 1220
dit, ge le loue et ge lou ferai volentiers." Lors vint Brous à
Joseph, si li dist: „Sires, je viens à toi par lou consoil de ta
sereur. Sire, si volons que tu saches que nos avons .XII. filz,
moult bians et genz, si n'i volons metre nule autre entante,
se par Deu et par vostre consoil non." Et Joseph respont: 1225

---

long) tens en cele grace; et Bron et Anygeus orent .XII. fiz ‖
1215. qui — grant] *A om. R 2846* Et biaus et genz et par creuz
‖ qui] *C ad.* tuit furent fil et ‖ beau] *C* moult biau ‖ bacheler] *F*
enfans ‖ moult] *F om.* ‖ 1216. Si — ancombré] *A om. R 2847* Et en
furent mout encombré ‖ Si] *D* et il *F* et ‖ moult] *H* beaucop ‖ Et
tant—dist] *R 2849,50* Tant qu' Enyseus à Bron palla, A son seigneur,
et dist li ha ‖ Et] *F om.* ‖ tant que] *A om.* ‖ parla] *A* parle ‖ 1217.
si] *F* et ‖ Sires—frere] *R 2851,2* Sire, vous deussiez mander Joseph,
men frere et demander ‖ 1218. *DF* à Joseph ‖ que — anfanz] *R 2853*
Que nous feruns de nos enfanz ‖ quar — volenté] *R 2855,6* Car
nous riens feire ne devuns, Que aincois à lui n'en palluns ‖ 1219.
n'an] *D* ne ‖ nule] *A* mie *H om.* ‖ se — non] *D* si par lui non est
*F* si non par son conseil ‖ 1220. Et Brons—volentiers] *R 2857—60*
Brons dist: Tout ausi le pensoie, Que je à vous en palleroie; Mout
volentiers à lui irei Et de bon cuer l'en prierei ‖ respont] *C ad.* et
dit ‖ Ensinc] *A* Et ainsi *C* Dame, tot einsinc ‖ l'avez] *D* le m'avez
‖ 1221. ge le loue] *C* lou ferons nos *A* et je le le Joseph *D* ausi
le lo ge *F om.* ‖ et] *H om. C* car ‖ ge] *ADF om.* ‖ le ferai] *F* y
entendray ‖ Lors — dist] *R 2861* Brons vint à Joseph, si li dist ‖
Lors] *CF* Et lors ‖ vint] *C* s'en vint ‖ Brons] *A om. C ad.* maintenant ‖ 1222. si] *F* et ‖ Sires—sereur] *R 2863,4* Que sa suer l'eut
là envoié, De cele besoigne touchié ‖ viens] *C* vaig ‖ toi] *DF* vous
*C ad.* parler ‖ par — sereur] *DF om.* ‖ par] *C* et par ‖ 1223. Sire
— genz] *R 2865*, Sire, douze granz fiuz avuns ‖ Sire — saches] *C* si
te vaig dire et volons que tu lou saches que *DF* et si voil bien
que vos sachiés que ‖ si volons — saches que] *A om.* ‖ nos] *F* moi
et Anygeus vostre seur ‖ 1224. moult] *D ad.* bien ‖ genz] *CDF* moult
genz ‖ si — non] *R 2866,7* Assener pas ne les vouluns, Ne riens
feire se par toi non ‖ autre] *CF om.* ‖ entante] *D* conseil ‖ 1225. se
—non] *D* se par le conseil Deu non et du vostre ‖ Et—compaignie]
*R 2869,70* Joseph dist: En la compeignie Serunt de Dieu, n'i

„Dex les atort à sa compaignie et je l'an prierai moult volentiers." Lors lessierent ester jusques au jor que Joseph estoit devant son vaissel moult privéement. Si li sovint de ses neveuz, si pria tant nostre seignor, se il lui plaisoit que si
1230 neveu fussient atorné à son servise et qu'il l'an feist, se lui plaisoit, aucune demostrance. Et quant Joseph ot son oraison finée, si s'aparut à lui uns angles, et li dist: „Joseph, Jhesus m'envoie à toi por ceste priere que tu li as faite de tes neveuz; il te mende qu'il velt que il soient atorné à son servise et
1235 que il soient si deciple et qu'il aient maistre sor els et qu'il tiennent la terrienne ordre, qu'il aient fames cil qui avoir les

---

faurrunt mie ‖ 1226. Dex] *C ad.* fait il ‖ atort] *A* atraire *F* tienne ‖ sa] *C* la soe sainte ‖ compaignie] *C ad.* recevoir ‖ et — volentiers] *R 2871* Mout volentiers l'en prierai ‖ 1227. Lors — vaissel] *R 2873—5* Lors ont tout ce leissié ester Dusqu'à un jour qu'alez ouvrer Fu Joseph devant sen veissel ‖ *C* lou laissierent ‖ ester] *F* estre *C ad.* atant ‖ jusques au jor] *C* et tant *DF* jusqu'à l'endemain que ‖ 1228. estoit] *DF* vint *C ad.* un jor ‖ moult privéement] *A om.* ‖ Si li — seignor] *R 2876—9* Si li souvint et l'en fu bel De ce que Brons li eut prié, Si prist à plourer de pitié, Et prie Dieu mout tenrement ‖ Si] *H* Et la ‖ 1229. si] *H* et ‖ tant] *C* tot maintenant ‖ se il — demostrance] *R 2880—6* Peres Diex, rois omnipotent, S'il vous pleit, feites moi savoir De ceste chose vo vouloir, Que nous de mes neveuz feruns, En quel labeur les meteruns. Feites m'en auchune moustrance, S'il vous pleist, et senefiance *DF* se il (le *F* luy) plesoit, que il le feist aucune demoustrance quel conseil il porroit mestre (et *F* en) ses nevouz ‖ il] *C om.* ‖ l'an] *A* en ‖ lui] *A* il li ‖ 1231. Et — finée] *R om.* ‖ Et] *D om.* ‖ ot] *D om.* ‖ son] *D* so ‖ oraison] *CA* raison ‖ 1232. si — dist] *R 2887—9* Et Diex à Joseph envoia Un angle qui li anunca, Si li dist ‖ si] *H* il ‖ s'aparut] *D* se parust ‖ à lui] *D om.* ‖ li] *CA om.* ‖ Joseph — toi] *R 2889* Diex m'envoie à toi ‖ Jhesus] *DF ad.* Crist ‖ 1233. por — neveuz] *R om.* ‖ ceste — faite] *C* certefier que tu feras ‖ faite] *DF* requise ‖ de tes neveuz] *ADF om.* ‖ de] *A* des ‖ 1234. il te — servise] *R 2890—4* Sez tu que te mande par moi? Il fera tant pour tes neveus Tout quanque tu pries et vieus; Il vieut qu'il soient atorné Au service Dieu ‖ il te mende] *ADF om.* ‖ qu'il] *A* il *DF* et ‖ que il] *DF* que tes neveuz ‖ atorné] *F* acueilliz ‖ à son servise] *DF* (à *F* en) sa compaignie ‖ et — deciple] *R 2895* Que il si deciple scrunt ‖ 1235. si] *ADF om.* ‖ et qu'il — els] *R 2896* Et maistre seu[r] eus averunt ‖ qu'il] *C* si ‖ et qu'il — ordre] *R om.* ‖ 1236. tiennent] *C* taignent *DF* gaaignent ‖ la terrienne ordre] *D* le terrien mestier *F* le mestier terrien ‖ qu'il

voldront, et cil qui n'en voldront nules avoir si seront deciple.
Et quant il seront marié, si commende au pere et à la mere
qu'il t'amaiunent celui qui fame ne voldra avoir; et quant il
sera venuz à toi, si vien devant ton vaissel, et lors orras la 1240
parole Jhesu-Crist, qui parlera à toi et à lui ansamble.'' Quant
li angles ot parlé à Joseph et Joseph l'ot bien entendu, si
s'en ala li angles et Joseph demoura moult liez et moult joianz
del bien que il ot oï que si neveu auroient. Si s'en revint à
Bron, et li dist: ,,Tu m'as demeudé consoil de mes neveuz et 1245
de tes filz; ge te pri que tu les atornes en leu terrien et à
la loi de Dieu maiutenir, que il aient fames et eufanz, si com

---

aient — voldront] *R 2897,8* Se il vuelent fames avoir, Il les arunt *F*
Et ceux qui vouldront avoir femmes qu'ilz en ayent ‖ qu'il] *C* c'est à
dire qu'il ‖ cil] *D om.* ‖ 1237. voldront] *DF* voudra ‖ et cil — avoir]
*R 2899* Cil qui point de femme n'ara ‖ qui] *D om.* ‖ n'en] *AD* ne ‖
nules avoir] *A om.* ‖ nules] *D om.* ‖ si seront deciple] *R 2900* Li
mariez le servira ‖ si] *F* il ‖ seront] *A ad.* li autre ‖ deciple] *D* mariez
*A ad.* et il sera mestier *C ad.* à son servise faire et maintenir
sainte eglise, si com il lor sera mestiers ‖ 1238. Et quant — marié]
*RDF om.* ‖ quant il] *C* l'autre partie en ‖ si — avoir] *R 2901—5*
Meis tu commanderas au pere, Et si le diras à la mere, Que il
t'ameinnent devant toi Celui qui femme aveques soi Ne voura avoir
ne tenir ‖ mere] *H* me ‖ 1239. qu'il — celui] *D* que celui t'ameinent
*H om.* ‖ celui] *A* ceux ‖ qui — avoir] *D* que ne voudra fame avoir
*F* qui ne vouldra point avoyr de femme *H* qui ne vaurra (*vom
übrigen fehlt die Variante*) ‖ voldra] *A* voudront ‖ avoir] *CA* prandre
‖ et quant — ansamble] *R 2907—10* Et quant serunt à toi venu, Tu
ne feras pas l'esperdu, Meis devant ten [vaissel] venras, La vouiz
dou saint esprit orras ‖ il sera — toi] *C* tu l'auras *A* tu les auras
‖ 1241. *CA* de Jhesu-Crist ‖ lui] *A* cil ‖ Quant — entendu] *R 2911,2*
Joseph mout tres bien aprist Quanque li angles li eut dist ‖ 1242.
li angles — et Joseph] *D om.* ‖ l'ot] *A* ot ‖ si — angles] *R 2913* Et puis
li angles s'en ala ‖ 1243. li angles] *A om. C ad.* el ciel amont ‖ et Joseph — auroient] *R 2914—6* Et Joseph mout liez demoura Pour le grant
bien qu'il entendoit, Que chaucuns des enfanz avoit ‖ demoura] *CAD*
remest ‖ joianz] *CF* joieux ‖ 1244. del bien] *C* por l'anneur *CA* de la
joie ‖ que il ot oï] *CA om.* ‖ Si s'en — Bron] *R 2917* A Bron vint ‖ 1245.
et li — maintenir] *R 2917—21* et li ha conté Le conseil qu'il avoit
trouvé: Sez tu, dist Joseph, que te proi? Tes enfanz e[n]seigne à la
loi De Dieu garder et maintenir ‖ Tu] *C* Bron, tu ‖ et de tes filz]
*A om.* ‖ 1246. te pri] *DF* voil ‖ tu] *D om.* ‖ atornes — terrien] *F*
meiptes au monde au labeur de la terre ‖ *A* terrien lieu ‖ 1247. de Dieu]

autres genz doivent avoir; et s'il en i a nul qui fame ne voille
avoir, si lou m'amainne." Et Brons respont: „Sires, à vostre
1250 commendement et à vostre plaisir." Lors vint Brons à sa fame,
si li conta ce que Joseph li avoit dit. Et quant la mere l'ot
oï, si en fu moult liée et dist à son seignor: „Hastez vos de
ce faire que mes freres vos a comendé au plus tost que vos
porroiz." Lors parla Brons à ses filz et lor dit: „Beaux fiz,
1255 quex genz volez vos estre?" Et il responent li plus d'els:
„Tex con vos voldroiz." — „Ge voil," fait Brons, „que tuit
cil de vos qui fames voldront avoir que il les aient et que il
les taignent bien et leiaument ensinc con ge ai tenue vostre
mere." Et quant cil l'oïrent, si en furent moult lié et distrent:

---

CA om. ‖ maintenir] CA ad. en tel meniere ‖ que—avoir] R 2922—4
Femmes aient à leur pleisir, A la menniere d'autre gent Les arunt
par espousement ‖ que] DF et voil que ‖ 1248. et s'il — m'amainne]
R 2925—8 S'aucuns y ha qui femme avoir Ne vueille et remennoir
O moi en ma maison vourra, Icil avec moi demourra ‖ voille] D
voil ‖ 1249. Et Brons — plaisir] R 2929,30 Brons dist: A vo commandement Et à vo pleisir boennement ‖ Sires—plaisir] D au plesir
et au commendement de Dieu et à vostre soit il F Sire, au commandement et au plaisir de nostre seigneur Dieu et au vostre soyt
il fayt ‖ 1250. Lors — dit] R 2931,2 Brons à sa femme repeira, Ce
que Joseph dist li conta ‖ Lors] CA Ensinc F Adoncq ‖ 1251. si] F
et ‖ conta] C conte ‖ Et quant—seignor] R 2933—5 Quant Enyseus
eut tout ce oï, Dedenz sen cuer s'en esbaudi, A Bron dist ‖ l'ot oï]
CAF l'oï ‖ 1252. liée] F joyeuse ‖ seignor] F mary ‖ Hastez —
porroiz] R 2935,6 Sire, or nous hastez, S'en feites ce que vous devez
‖ Hastez] F Pour Dieu, hastez ‖ 1253. faire] CA om. ‖ a comendé]
D comande ‖ comendé] C ad. et feites isnellement et ‖ 1254. Lors
— estre] R 2937—9 Brons touz ses enfanz apela, A touz ensemble
demanda, Queu vie chaucuns vieut mener ‖ Beaux fiz] A om. C Mi
anfant ‖ 1255. volez] C voldroit A voldriés ‖ vos] D om. ‖ Et —
d'els] R 2940 Il dient F Et le plus d'entre eulx respondirent ‖
1256. Tex — voldroiz] R 2940—2 Dou tout acorder Voulons à ten
commandement, Et le feruns mout boennement ‖ Ge — mere]
R 2947—50 Commande leur que loiaument Se tenissent et belement
En la compeignie leur femmes, Seigneur soient et eles dames ‖ fait]
D dit ‖ Brons] DF Bron CA il ‖ tuit] C om. ‖ 1257. de vos] DF om.
‖ que il] D qui ‖ 1258. taignent] F entre tiennent ‖ ensinc] D ausi
‖ tenue] A fait H entre tenue ‖ 1259. mere] C ad. en jusqu'ici ‖
cil] F ilz ‖ si — lié] R 2943 Et de ce furent il mout lié ‖ lié] F
joyeux ‖ et distrent — trespasser] vgl. R 2940—2 ‖ et distrent] A om.

„Biax pere, nos ferons ton commandement sanz trespasser." 1260
Lors porchaca Brons et loig et pres que il eussient fames
selonc la loi et au commendement de sainte eglise. Li dozesme
de ses fiz ot non Alains li gros; icil ne vost fame prandre,
et dist que qui le devroit escorchier, ne prandroit il nulle de
ces fames. Et quant ses peres l'oï, si s'en merveilla moult et 1265
li dist: „Biaus filz, por quoi ne prenez vos fame, si cou vostre
frere font?" Et il respont: „Sires, ge n'an puis avoir nul
talant, ne ja nule n'en aurei."

    Ensinc maria Brons ses .XI. anfanz et lo dozoisme remena

---

|| et] *C* si li || 1260. Biax pere] *A om. DF* Sire || ton] *DF* vostre ||
trespasser] *F* depasser || 1261. Lors — fames] *R 2944—6* Meis
Hebrons leur ha pourchacié Et loing et pres tant qu'il eussent
Femmes et qu'il marié fussent || *F* pres et loing || fames] *F* des femmes
*C ad.* et qui avoir les vost || 1262. selonc — eglise] *R 2951—3* Pristrent
les selonc la viez loi, Tout sanz orgueil et sanz bofoi, En la fourme
de sainte eglise || selonc — et *DF om.* || loi] *C ad.* Jhesu-Crist || au]
*A* et que ce soit au || eglise] *C ad.* si les ot. Mais ancor estoit
la crestientez moult tenue et moult novele en ce pais que l'an
apeloit la bloe Bretaigne que Joseph avoit novelement convertie à la
creance de Jhesu-Crist || Li — gros] *R om.* || Li dozesme — fiz] *CA* Li
uns des .XII. filz (Bron *A om.*) *H* li .XII. fius || 1263. fiz] *F*
enfans || icil — fames] *R 2959—62* Fors c'un qui avant escorchier Se
leiroit et tout detrenchier, Que femme espousast ne preist. N'en vient
nule; si comme il dist || icil] *F* lequel || vost] *C ad.* onques
*F ad.* point || 1264. et] *C* aincois || que] *DH om.* || devroit escorchier]
*CA* l'escorcheroit || devroit] *D ad.* vif || escorchier] *H* escorchrer || ne]
*A* si ne *F* n'en || nulle — fames] *F* point || nulle de ces] *C* pas || de
ces fames] *H om.* || 1265. Et quant — dist] *R 2963—5* Quant Brons
l'ot, mout se merveilla, A privé conseil l'apela Et dist || Et] *D om.*
|| ses] *AD* li || si — moult] *F* s'en fut esbahiz || 1266. li] *A om.* ||
dist] *F* demanda || Biaus — font] *R 2965—7* Fiuz, pour quoi ne
prenez Femme si cum feire devez, Ausi cumme vo frere unt feit? ||
por quoi] *CA* que || si] *A om. C* autresinc || 1267. font] *ADF om.*
|| Et il — aurei] *R 2968—70* N'en pallez plus tout entreseit, Qu'en
mon aé femme n'arei Ne ja femme n'epouserei || Sires] *A om.* || ge]
*C* que ge || n'an] *AD* ne || nul] *A om.* || 1268. ja] *A* certes || n'en]
*DF* de ces fames || 1269. Ensinc — dist] *R 2971—3* Li unze enfant
sunt marié, Le douzime ha Brons ramené A Joseph, sen oncle, et
li dist || Ensinc] *C ad.* con ge vos ai dit || maria] *F* marié || ses .XI.
anfanz] *C* de ses anfanz les .XI. *D* ses enfanz les .XI. *F* unze de

1270 à Joseph, et li dist: „Sires, vez ci vostre neveu qui por moi
ne por sa mere ne velt fame prendre." Et Joseph s'en rist
et li dist: „Cestui me donroiz vos, entre vos et ma seror." Et
il respont: „Sire, moult volentiers." Et quant Joseph oï que
il li fust donez, si en fu moult liez. Lors le prist Joseph
1275 entre ses braz, si l'acola et dist au pere et à la mere: „Alez
vos en; quar il me remaindra." Lors s'en ala Brous et sa
fame et li anfes demoura avoc Joseph. Et Joseph li dist:
„Biaus, chiers nies, grant joie devez avoir; car nostres sires
vos a esleu à son servise faire et à son non essaucier. Biax,
1280 dous nies, vos seroiz chevetainnes de voz freres, et ne vos

ses enfans || dozoisme] A .XII. || remena] CAF amena || 1270. li]
D om. || Sires — prendre] R om. || Sires] A om. || 1271. mere] F ad.
uullement [ ne velt] F n'a voulu || Et — dist] R 2974,5 Quant Joseph
l'oï, si s'en rist. Joseph dist D Et lors dit Joseph et rist à Bron
F Et lors se prist à rire Joseph et dit à Bron || 1272. li] A om. || Cestui
— seror] R 2975 — 8 Cestui ci avoir Doi,. si sera miens pour voir. Se
vous et me sereur voulez, Entre vous deus le me donrez || Cestui] C ad.
fait il || me] D ma || donroiz] A devez || entre vos H om. || entre] F om.
|| Et il — volentiers] R 2979 Il respondent: Volentiers, sire || 1273.
respont] F respondent || Sire — volentiers] C que voire moult volentiers,
sire || Sire] DF Voire, sire || volentiers] D ad. si l'otroie F ad. ainsi le
luy octroyent || Et — liez] R om. || Et] A om. || Joseph] A il || oï]
F voyt || 1274. il] D om. || fust] C estoit || liez] F joyeux C ad. et
Alains meesmes dist que ce don otroioit il bien A ad. et li dist
qu'il li haitoit bien || Lors — mere] R 2981 — 3 Joseph entre ses
braz le prist, Acola le et au pere dist Et à sa suer || le] DF om.
|| Joseph] DF ad. son neveu || 1275. si l'acola] DF si le baisse et
acole C ad. et conjoï || si] A et || dist] C après dist || Alez —
remaindra] R 2983,4 qu'il s'en alassent Et l'enfant avec lui leissasent
|| Alez] F Retournez || 1276. quar] CA andui que || remaindra] F re-
maindra, darüber steht C remenra || Lors — dist] R 2985,6
Brons o sa fame o ala; L'enfes o Joseph demoura || ala] C alerent ||
1277. demoura] F demeure CD remest A remaint || Et — dist] R 2987
Lors dist Joseph || Joseph] A om. DF il C ad. lou prant, si || 1278.
Biaus — essaucier] R 2987 — 91 Biaus nes, por voir, Mout grant joie devez
avoir. Nostres sires par son pleisir Vous ha esleut à lui servir Et
à essaucier sen douz non || 1279. faire] A om. || Biax — freres]
R 2993,4 Biaus, douz nies, cheveteins serez, Et vos freres gouvernerez
|| 1280. dous] A om. || nies] DHF ad. (fet H dist) Joseph || vos —
freres] A om. || chevetainnes] H chievenains[!] || de] D et C ad. toz
et ne -- moi] R 2995 De de lez moi ne vous mouvez || et] A om.

movez de delez moi, et si orroiz la vertu de Jhesu-Crist, nostre
sauveor, s'il lui plaist que il parost à moi."

Lors vint Joseph devant son vaissel et pria nostre seignor
que il, se lui plaisoit, li feist veraie demostrance de son neveu
et de sa vie. Quant Joseph ot s'oreison finée, si entendi la 1285
voiz del saint esperit, qui li dist: „Joseph, tes nies est chastes
et simples et de boen san; il te crerra de totes les choses que
tu li ansaigueras; et li di et conte li l'amor que j'ai eue en
toi et que je ai encor, et coment ge vig en terre et coment
tu me veis vendre et achater, et coment ge fui laidiz en terre 1290
et coment ge recui mort, et coment ge te fui donez et coment

---

DF or ‖ 1281. movez] F esloingnez ‖ de] A om. ‖ et — moi]
R 2997—3000 Ce que vous direi, retonez, La puissance de Jhesu-
Crist, Le nostre sauveeur eslist, S'il li pleist qu'il parout à moi, Si
fera, si cum je croi ‖ et] A om. ‖ si] F om. ‖ orroiz] DF oiez F ad.
et entendez ‖ vertu] C verité ‖ de] D que ‖ Jhesu-Crist] C om. ‖
nostre] A vostre ‖ 1282. s'il] C et se D si ‖ plaist] C ad. si voirement com il est Dex et sires ‖ que — moi] F de parler à moy ‖
parost] A parole ‖ moi] C nos ‖ 1283. Lors — vie] R 3001—4
Joseph à sen veissel ala, Mout devotement Dieu pria, Demoustrast
li de son neveu, Comment il li feroit son preu ‖ Lors — pria] ADF
Lors pria Joseph ‖ 1284. il] CDF om. ‖ se lui plaisoit] F si
c'estoit son plaisir ‖ lui] CA om. DF qu'il li ‖ veraie] D une ‖ de
son — vie] DF de la vie de son neveu ‖ 1285. vie] C ad. quex il
iert ‖ Quant — dist] R 3005—7 Joseph a finé s'oreison. Et tantost
ha oÿ le son De la vouiz ki li respondi ‖ Joseph] D om. ‖ entendi]
A entr'oÿ ‖ la] F une ‖ 1286. del saint esperit] AF om. ‖ Joseph
— san] R 3008—10 Tes nies est sages, ce te di, Simples et bien
endoctrinez, Et retenanz et bien temprez ‖ chastes — san] D simples
et chastes et bons H simples et dous et vous [sic!] F simple et
bon et chaste ‖ 1287. il — ansaigneras] R 3011,2 De toutes choses
te creira, Quanque li diras, reteura ‖ il] DF et il ‖ 1288. et conte
— encor] R 3014—6 L'amour que j'ei, li conteras, A toi et à toutes
les genz Ki unt boens endoctrimenz ‖ li di et] A om. ‖ C di li ‖
conte li] C conte ‖ l'amor] C tote l'amor H lanus[!] ‖ j'ai eue] A
je oei D je oi ‖ en] A o H à ‖ 1289. et — encor] C om. ‖ j'ai]
A j'a F je y ay ‖ et coment — terre] R 3017 Conte li comment
vins en terre ‖ coment] DF por quoi C por quoi et coment ‖ et
coment — achater] D om. R 3019,20 Et coment je fui achetez,
Venduz ‖ 1290. me] A om. ‖ et coment — terre] AD om. R 3021
Coment fu batuz et leidiz ‖ laidiz] H vendus F tourmenté ‖ 1291.
et — mort] D om. R 3023,4 Et escopiz et decrachiez, Et à l'estache
fu loiez ‖ recui mort] C resuscitai de mort à vie ‖ reeui] H

tu me meis en ta pierre et coment tu me lavas, quant tu m'eus
osté de la croiz, et coment tu eus mon vaissel et coment tu
eus lou sanc de mon cors et coment tu en fus pris et mis
1295 en prison et coment ge te confortai et quel don ge te donai,
à toi et à toz cels qui de ton lignage estoient et à toz cels
qui sauroient raconter et aprandre le porroient à dire l'amor
et la vie que g'ai à toi. Et saches bien et en soies remem-
brauz et di à tou neveu que ge t'ai doné accomplissement de
1300 cuer d'ome en ta compaignie, et à toz cels qui sauront bien
parfeitement raconter noz paroles ai donné grace et pleisance
au siegle. De ceus qui bon seront et garderei lor droiz he-

---

souffry || et coment ge te—pierre] *R om.* || et] *D om.* || et coment tu
— cors] *A om.* *R 3028* Comment mes plaies me lavas || 1292. me]
*CA om.* || lavas] *CA ad.* mon cors || quant—croiz] *ADF om.* *R 3027*
Comment tu de la crouiz m'ostas || m'eus] *CA* l'eus || 1293. et —
vaissel] *R 3029* Comment ce veissel ci eus || eus] *A* as || mon] *A*
le || et coment tu eus — cors] *R 3030* Et le mien sanc y receus ||
et coment tu eus lou] *A* du || 1294. et coment tu en fus—prison]
*R 3031,2* Comment tu fus des juis pris Et ou fonz de la chartre
mis || en] *A om.* || pris et] *ADF om.* || mis] *F'* livré || 1295. en prison]
*DF* à mort *C ad.* et coment tu i fus .XLII. ans et coment je t'i
secoriu et coment ge vig à toi || et coment ge te confortai] *R 3033* id.
*DF ad.* et comant ge te secoru || et quel — estoient] *R 3035* Et là
un don te donnei ge || 1296. à toi] *CAD om.* || toz] *DF om.* || *F*
qui estoient de ton lignaige || et à toz cels qui sauroient — toi]
*R 3037—40* A touz ceus qui le saverunt Et qui apenre le vourrunt,
Di li l'amour et la vie Qu'ei à toute la compeignie || toz] *ADF om.*
|| 1297. raconter] *C ad.* nostre amor || et] *CDF ad.* qui || aprandre
le porroient] *F* pourroient aprendre || le] *C* la || à] *DF* et || *C* la vie
et l'amor || 1298. et la vie] *AF om.* || g'ai à toi] *C* je oi à toi et
ai || à] *DF* en || Et — compaignie] *R 3041—4* Aies en ten ramem-
brement Que te donnei emplusement De cuer d'omme en ta com-
paignie (A ten neveu nou cele mie) || saches] *C ad.* tu || en] *ADF om.*
|| remembranz] *C* mambranz || 1299. di] *C* si lou di || 1300. en] *C* en ta
vie et à ta || et—siegle] *R 3045—8* Et à touz ceus qui ce sarunt, Par-
feitement le conterunt, Et pleisance et grace averunt Cil qui au siecle
bien ferunt || sauront] *C* porront || 1301. *D* raconter bien perfectement ||
parfeitement] *C* parfitement || noz] *AF* vos || ai—pleisance] *C* et dire
de ceste grace || ai donné] *AD* et doner || 1302. siegle] *C ad.* qui si
est plaisanz || De — non] *R 3049—54* Leur heritages garderei, En
toutes courz leur eiderei, Ne pourrunt estre forjugié Ne de leur
membres mehaignié, Et leur chose dont sacrement Ferunt en mon

ritages qu'il n'en porront estre forsjugié à tort et leur garderai
leur cors de vergoigne et lor droites choses dont sacrement
sera fait en mon non. Et quant tu li auras tot ce mostré et 1305
enseigné, si li mostre ton vaissel, et li di que li sans qui dedanz est, est de moi; et ce sera affermemenz de sa creance;
et li mostre et enseigne, coment anemis engigne cels qui à moi
se tiennent, et que il meismes se gart que il ne soit ja en si
grant ire, ne enorbetés que il ne voie cler, et qu'il taigne 1310
entor soi la chose qui plus tost lou gitera de mauveis pansez
et d'ire; car ce sont les choses qui plus grant mestier li auront

---

remembrement C moult meilleur en seront, et cil et celes qui de
boen cuer l'orront et miauz en garderont lor droit heritage, que il
n'an porront estre forsjugié à tort, ce est à dire que miauz en
gaderont lor ames et lor cors de pechier et de faire vergoigne,
que ce n'est pas droituriere chose, et de feire faus sacremenz en
mon non; i de tot ce se doivent garder li verai creant || garderei]
AD garderez || lor] F les || 1304. et — fait] A om. || 1305. sera]
D soit || Et — enseigné] R 3055 Quant tout ce moustré li aras
|| tu] D om. || tot — enseigné] C mostré et enseigné tot ice || 1306.
si — moi] R 3056—8 Men veissel li aporteras, Et ce qui est dedenz,
li di: C'est dou sanc qui de moi issi || di] H enseigne et li di || li
sans] H il li se chou [!] || qui] H que || dedanz] C anz || 1307. est
de] H escrit [!] de C si est de || et ce — creance] R 3059,60 S'il le
croit ainsi veraiement, De foi aura confermement || et ce] H ce || affer-
memenz] C li affermemenz A li seremenz H assermement F à confer-
mer || de] H om. || sa] C ma A la || creance] C ad. si en crerra moult
mielz || 1308. et —tiennent] R 3061—3 Moustre li comment ennemis
Engigne et decoit mes amis Et ceus qui se tiennent à moi || li] D om.
|| et enseigne] C om. || anemis] D li anemis F les dyables et les ennemys
|| engigne] C se painne d'angignier F enguignent et deceipvent || à] D
o || 1309. et que — enorbetés] R 3064—7 Que il s'en gart, car je l'en
proi. Ne li oblie pas à dire, Qu'il se gart de courouz et d'ire, Que il
enhorbetez ne soit || il meismes] F luy mesmes || gart] C ad. bien
DF ad. de l'anemi || que il ne] D qui || ja] A om. || si] C sin
1310. enorbetés] C ensinc grant orbeté A orbés F aveugle || que
— cler] R 3068 Maubailliz est qui bien ne voit || voie] F ad. tous-
jours || et — d'ire] R 3069—72 La chose tres bien court tenra: C'est
ce qui mieuz le gitera Et plus tost de mauveis pensez, D'estre
tristoiez ne irez || taigne] HF ne tiegne F ad. point || 1311. tost]
ADHF om. || 1312. d'ire] CDF ad. et qu'il n'ait rien chier contre
ces choses || car — l'anemi] D om. R 3073—5 Cest choses mestier
li arunt Et mout tres bien le garderunt Contre l'enging de l'ennemi
|| les choses] A celles || plus grant] A greignor || auront] AF porront

et qui plus lou garderont de l'angin de l'anemi; et qu'il se
gart de la joie de sa char, qui le porroit engignier; car joie
1315 n'est preuz, qui retorne à duel.  Et quant tu li auras totes
ces choses mostrées et dites, si li commende et prie que il les
retraie à cels que il amera et que il cuidera à prodommes.
Et par tot là où il ira, parole de moi et de mes oevres, et
quant il plus en parlera, se il m'ainme, et plus i trovera.  Et
1320 li di que de lui doit issir uns oirs masles à cui la garde de
mon vaissel doit repairier; et ausi li enseigne et mostre nostre
compaignie.  Et quant tu auras ce fait, si li baille et commende

---

avoir ‖ 1313. garderont] *F* gardoient ‖ de l'angin] *C* d'angin *F* de
la temptacion ‖ de l'anemi] *C* et d'anemi *A* l'anemi *F* à l'ennemy
et d'enuy ‖ et qu'il — duel] *R 3077—80* De la joie de char se gart,
Qu'il ne se tiegne pour musart.  La char tost l'ara engignié Et
mis à duel et à pechié ‖ 1314. de la — engignier] *DF* que la joie
de la char ne (l'enguist *F* l'engigne ne deceipve) ‖ char] *CA ad.*
qu'ele n'est preuz ‖ qui — engignier] *C om.* ‖ qui] *A* et si ‖ car] *DF*
et que ‖ joie] *DF* la joie ‖ 1315. n'est preuz] *F* ne vault rien ‖
retorne] *D* torne *F* se tourne ‖ Et — prodommes] *R 3081—6* Quant
tout ce moustré li aras, Tu li diras et prieras, Qu'il à ses amis le
redie, Pour chose nule nou leit mie, A ceus qui preudomes saura
Et que boens estre connoistra ‖ auras] *A ad.* conté ‖ totes] *A om.* ‖
1316. mostrées et dites] *A* et moustrées *DF* dites et montrées ‖ que
— amera] *C* que il les retaigne et si que il les sache raconter à
cels que il en menra *A* que il les retienge et le traie vers ceulx
qu'il amera ‖ les] *D* le ‖ 1317. retraie] *C* retaigne et si que il les
sache raconter *F* publye et dye ‖ cels] *D* touz ceus ‖ amera] *C* en
menra ‖ que — prodommes] *C* qu'il le quident à si preudome ‖
cuidera] *A* cuide ‖ à] *H om.* ‖ prodommes] *F* bonnes genz *C ad.*
que savoir lou doient veraiement qu'il die voir *F ad.* et à ceulx
qui scavoir le doibvent ‖ 1318. Et — oevres] *A om. R 3087,8* Il
pallera de moi adès Où qu'il sera et loig et près ‖ là] *F om.* ‖
ira] *F om.* ‖ parole] *C* parost *D* parout *F* si parle ‖ et quant —
trovera] *R 3089,90* Car plus en bien en pallera Et plus de bien y
trouvera ‖ 1319. quant il plus] *F* tant plus il ‖ en] *A om.* ‖ se il
m'aiume] *D om.* ‖ i trovera] *D* li enbelira *F* luy proffitera ‖ i] *A*
en ‖ Et — repairier] *R 3091—3* Di li que de lui doit issir Un oir
malle qui doit venir.  Ce veissel ara [à] garder ‖ Et] *CA* Et si ‖
1320. oirs] *A* hons ‖ la — vaissel] *DF* mes vesseaux ‖ garde] *C*
grace ‖ 1321. repairier] *F* estre et demourer ‖ et ausi—compaignie]
*D om. R 3094,5* Et si li doiz ausi moustrer Et nous et nostre compeignie ‖ et] *F om.* ‖ ausi] *C* ansinc con ge t'ai dit *AF* ainsi ‖ *F*
enseigne lui tout ‖ enseigne] *C* anseigneras ‖ mostre] *C* mosterras ‖
1322. Et — loi] *R 3097—9* Quant tu averas tout ce feit, La garde

la garde de ses freres et de ses sereurs en loi, et qu'il s'en
aut vers occidant es plus loigtaignes parties que il trovera,
et en toz les leus où il vendra, essauce mon non; et demant 1325
à son pere que il li doint sa grace. — Demain, quant vos
seroiz tuit assemblez, si verroiz une clarté venir entre vos, et
aportera un brief. Et ice brief qui sera aportez, bailleroiz
Petrus et li commenderoiz que il s'en aut en iceles parties qui
miauz li plairont. Et ne s'esmaie mie, que ge ne l'oblierai 1330
pas. Et quant tu li auras ce commandé, si li demende où ses
cuers li trait à aler; et il te dira qu'il s'en ira es vaux de
Avaron; et iceles terres traient totes vers occidant; et lors li

---

de ses freres eit Et de ses sereurs ensement || Et — baille] *D om.*
baille et] *F om.* || commende] *D* commade || 1323. la garde] *DF* les
guardes || de ses freres] *A* des freres || loi] *F* la loy || et qu'il —
trovera] *R 3100,1* Puis s'en ira vers occident Es plus loi[g]teins lius
que pourra || qu'il] *CD* que || 1324. aut] *AF* aille || vers] *D* en || es]
*D* et es || 1325. et en — non] *R 3102,3* Et en touz les lius où
venra, Touz jours essaucora men non || essauce] *C* essaut || et demant
— grace] *R 3105,6* Et à son pere priera Qu'il eit sa grace, et il
l'aura || demant] *C* et si die *DF* et die || 1326. à] *C om.* || pere]
*C ad.* Bron || il] *D om.* || Demain — entre vos] *R 3107—9* Demein,
quant serez assemblé, Vous verrez une grant clarté, Ki entre vos
descendera || Demain] *CA* Et demain *D* Derreinement *DF ad.* fait
la voiz || 1327. assemblez] *CD* ansamble || et aportera] *R 3110* Et
un brief vous aportera || et] *A* qui || 1328. Et — Petrus] *R 3111,2*
Le brief qui sera aportez, A Petrus lire le ferez || Et] *DF om.* || qui
sera aportez] *C om. ADF* qu'il aportera || bailleroiz] *A* si baillerez
*DF* si baille || 1329. *F* à Petrus || et li — plairont] *R 3113—16* Et
li commanderez briement Que il s'en voit ysnelement En quel partie
qu'il vourra Et lau li cuers plus le trerra || aut] *F* aille || qui —
plairont] *D* que il cuidera que mieudres li seront *F* que mieulx il
aymera || 1330. Et — pas] *R 3117,8* Et qu'il ne soit pas esmaiez,
Que de moi n'iert pas oubliez || Et — mie] *DF om. C* ne ne s'en
esmait il ja || que] *DF om.* || 1331. pas] *CDF* mie || Et — aler]
*R 3119—21* Quant ce commandé li aras, Après ce li demanderas,
En quel liu li cuers le treit plus || ce] *DF om.* || commandé] *C* dit
|| si — aler] *D om.* || demende] *A* di, *AF ad.* que il te die voir || ses]
*A* li || 1332. trait] *F* tire *C ad.* et commende li qu'il te die sanz
rien celer où il bée || à] *A* d' || et — Avaron] *R 3122,3* Il te
dira, n'en douto nus, Qu'es vaus d'Avaron s'en ira || s'en] *H om.*
|| 1333. Avaron] *H* Valon || et iceles — occidant] *R 3125,6* Ces terres
trestout vraiement Se traient devers occident || traient] *D* cruerent

commanderas que il atende là où il s'arestera lou fil Alain;
1335 ne il ne porra aler de vie à mort, devant que il ait celui
qui son brief lira et anseignera et dira la force et la vertu de
ton vaissel. Et cil qui venra, li dira noveles de Moys. Et
quant il aura celes choses oïes et veues, si trespassera et venra
au gloire. Et quant tu li auras ce dit, si envoie tes neveuz
1340 et lor di aucores totes ces paroles et cest ansaignement." —
Quant ce oï Alains, si an fu moult convertiz et plains de la
grace de nostre seignor. Et quant Joseph ot oï et entendu
ce que la voiz li ot dit, si parole à son neveu, si li retraist
totes icelles choses que il sot, dès que il fu nez, de Jhesu-Crist.

---

*F'* tirent ǁ totes] *H om.* ǁ et lors — Alain] *R 3127,8* Di li lau il
s'arrestera, Le fil Alein atendera ǁ et lors] *C* et *H* ore ǁ *1334.*
commanderas] *A* commanda *D* commadera *F* commando *H* dites *D ad.*
la voiz ǁ que il — s'arestera] *DHF* (là *H* que là) où il s'arrestera
(et *H om.*) que il atende *A* que il s'arestast et attendeist ǁ fil]
*CAHF' ad.* dou fil ǁ *1335.* ne — lira] *R 3129—32* Ne il ne pourra
devier, Ne de cest siecle trespasser Devant le jour que il ara Celui
qui sen brief li lira ǁ devant] *C ad.* ce ǁ ait] *C ad.* veu ǁ *1336.* lira]
*C* lurra ǁ et anseignera — vaissel] *R 3133,4* Enseignera li [le] povoir
Que cist veissiaus ci puet avoir ǁ et dira] *A om.* ǁ et la] *D* et *F*
de la ǁ de ton] *C* de mon *A* du ǁ *1337.* Et — Moys] *R 3135,6* Dira
li que est devenuz Moyses qui estoit perduz ǁ venra] *C* i venra *H*
verra ǁ li] *H om.* ǁ Moys] *H* Moi ǁ Et quant — gloire] *R 3137—40*
Quant ces choses ara veues, Et oïes et perceues, Adonques si trespassera, En joie sanz faillir venra ǁ *1338.* celes choses — veues] *A*
celle chose oïe ǁ si] *A* il ǁ *1339.* Et — neveuz] *R 3141,2* Et quant
tu tout ce dist aras, Pour tes neveuz envoieras ǁ Et] *DF om.* ǁ dit]
*C ad.* et enorté *D ad.* et il à toi *F ad.* et il te aura oy ǁ *C* en envoie ǁ *1340.* et lor — ansaignement] *R 3143—6* Toutes ces paroles leur
di, Que je t'ei contées ici, Et trestout cest enseignement Leur di sanz
trespasser neent ǁ lor] *A om.* ǁ ansaignement] *AF ad.* à Alain *D ad.* oï
Alain ǁ *1341.* Quant — Alains] *ADF om.* *C* Trestot ice que la voiz
dist à Joseph oï Alains ǁ si — seignor] *R 3147,8* Mout fu bien convertiz Aleins Et de la grace de Dieu pleins ǁ si] *ADF* et si ǁ con-
vertiz] *H* liés ǁ *1342.* de nostre seignor] *ADHF* du saint esperit
*C ad.* c'est dou saint esperit ǁ Et — dit] *R 3149,50* Joseph eut bien
tout entendu Que la vouiz dist et retenu ǁ Et] *A om.* ǁ *1343.* si
parole — Crist] *R 3151—3* Alein sen neveu apela, De chief en chief
conté li ha Tout ce qu'il seut de Jhesu-Crist ǁ parole] *H* paroles ǁ
si li] *F* et luy ǁ retraist] *DF* raconte *F ad.* et dit ǁ *1344.* choses]
*DF* paroles ǁ sot] *D* sunt ǁ dès — Crist] *A* de Jhesu-Crist que il fu

Et cil qui fist cest livre dit que, se il voloit tot raconter 1345
iceles choses que Joseph conta à son neveu Alain, que cist
livres se dobleroit deux foiz d'escripture; mais qui itant en
aura oï, moult sera fox s'il n'antant bien que Joseph aprist
son neveu. Et quant il li ot tout mostré et anseigné, si li
dist: „Biaus, doulz nies, moult devez estre boens, quant nostres 1350
sires vos a tant donné de sa grace." Lors l'amena Joseph
arrieres à son pere, et li dist: „Bron, cist sera garde en terre
de ses freres et de ses serors; et comande lor que il lou croient
et qu'il se consoillent à lui de totes les choses dont il seront
eu dotence, et si il l'otroient bien, biens lor en vendra et, s'il 1355
ne le font, mal leur en prendra; et si li donez veiant els vostre

---

nez ‖ dès] *F ad.* ce ‖ nez] *D* neez ‖ de] *C* que il ot aprises de ‖
Crist] *C ad.* et de sa creance ‖ 1345. Et cil — aprist son neveu]
*DF om.* ‖ Et cil — d'escripture] *R 3155—9* Meistres Robers dist de
Bouron, Se il voloit dire par non Tout ce qu'en cest livre afferoit,
Presqu'à cent doubles doubleroit ‖ 1346. iceles — Alain] *A om.* ‖ *C*
Elain ‖ 1347. mais — neveu] *R 3159—64* Meis qui cest peu pourra
avoir, Certeinnement pourra savoir (Que s'il y vieut de cuer en-
tendre, Assez de bien y porra prendre) Ces choses que Joseph aprist
A sen neveu et qu'il li dist ‖ 1349. Et — dist] *R 3165—7* Et quant
tout ce li eut moustré, Dist li ‖ Et quant] *CA*
Quanc que ‖ li] *D om.* ‖ tout] *C om.* ‖ si] *F* et *C* retint li anfes moult
bien et puis après ‖ 1350. Biaus—grace] *R 3167—70* Biaus nes, boens
devez estre, Quant de no seigneur, de no maistre, Avez teu grace recou-
vrée Qu'ele vous est de Dieu donnée ‖ estre] *CD* bien estre ‖ 1351. grace]
*C ad.* que vos seroiz chevetainnes et guïerres dessus vos freres et
voz sereurs et desus mainz autres pueples ‖ Lors — dist] *R 3171—3*
Lors le mena Joseph arriere, Et à son pere et à sa mere Dist ‖ Lors]
*C* Et lors quant Joseph li ot tot ce moustré, si ‖ l'amena] *C* l'en
amena *F* l'en mena ‖ Joseph] *CA om.* ‖ 1352. et li] *C* si li *A* et
‖ Bron — serors] *R 3173—5* que ses freres gardera Et que touz les
gouvernera Et ses sereurs ‖ Bron] *A om. C ad.* dist Joseph ‖ 1353.
et comande — prendra] *R 3175—80* et il l'otroient Que souz lui à
gouverner soient. Quant d'aucune rien douterunt, A lui conseiller
se venrunt. S'einsi le funt, bien leur venra, S'il nou funt, mal leur
sourdera ‖ comande lor] *D* couvient *F* je leur commande ‖ comande]
*C* conmandez ‖ croient] *D* creoient ‖ 1354. qu'il *A om.* ‖ les] *A om.*
‖ dont] *F* de quoy ‖ 1355. dotence] *F* necessité et de quoy ilz auront
doubtance ‖ et si il l'otroient] *DF* et il le croient (quar *A* et) *C*
et que il lou creoient et bien sachent il que ‖ en] *AD om.* ‖ vendra]
*C* avendra *A* cuvendra ‖ et si — prendra] *CAD om.* ‖ 1356. ne le

grace, si l'en croiront et ameront plus. Et il les governera
bien tant com il lo voldroint croire:"
　　L'and main furent tuit au servise, et lors avint que la
1360 clartez aparut et aporta lou brief. Et quant il lo virent tuit
ansamble sor la table, si se leverent. Et Joseph lou prist et
apela Petrus, si li dist: „Petrus, biaus amis chiers, Jhesus-Criz,
nostres peres qui nos a rachatez des painnes d'anfer, vos a
esleu à cest message feire et à porter cest brief là ù vos voldroiz."
1365 Quant Petrus l'oï, si dist: „Ge ne cuidoie mie estre tex que
il meist son message sor moi." Et Joseph respont: „Miauz

---

font] F le font aultrement || et si — grace] R 3181—7 A Bron le
pere ha commandé Et à sa femme l'a rouvé; Car il vieut qu'il
doignent Alein La seignourie de leur mein Seur leur filles, sur leur
enfanz, Uns et autres, petiz et granz, Devant eus || et si] A si
veiant] C veint || veiant els] dafür stehen in F mehrere Wörter,
welche bis zur Unkenntlichkeit ausgestrichen sind || 1357. si — plus]
R 3187,8 et plus l'en creirunt Et douterunt et amerunt C si lou
crerront plus volentiers et miauz l'en ammeront F affin qu'ilz plus
l'ayment et honourent || si l'en A et cil l'en || ameront] A l'ameront
| Et — croire] R 3189,90 Et il bien les gouvernera Tant cum chaucuns
d'eus le creira || les] D om. || 1358. bien] D moult bien C ad. à
l'aide Deu || croire] C ad. Tot autresinc com Joseph lou conmenda à
Bron son serorge et il lou fist || 1359. L'andemain—brief] R 3191—5
L'endemein furent au servise, Si cum l'estoire le devise, Et avint
c'une grant clarté Leur apparust, s'a aporté Un brief || L'andemain]
C A L'andemain || furent] C refurent DF vindrent || servise] C ad.
à hore de prime || lors aviut que] D om. || lors] F ilz leur || 1360.
et] C qui DF et lor || Et — leverent] R 3195,6 et trestout, ce me
semble, Encontre se lievent ensemble || 1361. sor] A sus D et
sor || Et — dist] R 3197,8 Joseph le prist et apela A lui Petrus
et dist li ha || Joseph] CA ad. se (leva A lieve), si lou || prist]
A prent || 1362. si li] DF et li || Petrus — voldroiz] R 3199—3204
Petrus, biaus freres, Dieu amis, Jhesu, le roi de Paradis, Qui
d'enfer touz nous racheta, A message esleu vous ha; Ce brief avec
vous porterez En quelque liu que vous vourrez || Petrus] ADHF om.
| Criz] H ad. nous envoie || 1363. nostres] H nos || a rachatez] F
a tirez et rachatez AD raint C raant || 1364. et à — brief] C et
cest brief porter || porter] A om. || 1365. Quant — moi] R 3205—8
Quant Petrus Joseph paller oit, Si li dist que pas ne quidoit Que
Diex messagier le feist, Ne brief porter li couvenist || Ge] C Sire,
ge || ne cuidoie mie] CA n'oseroie pas || 1366. moi] CADF ad. sanz
conmendement || Et - conoissiez] R 3209,10 Cil dist: Mieuz vous

vos conoist il que vos meismes ne vos conoissiez; mais tant
vos prions nos, por amor et por compaignie, que vos me dites,
quel part vos volez aler." Et il respont: „Ge lou sai moult
bien; onques message ne veites plus tost anchargié que cestui; 1370
je m'en irai es vaux d'Avaron en un solitaire leu vers occidant, et illuec atendrai la merci de mon sauveour. Et ge vos
pri à toz que vos priez nostre seignor, que il ne me doint ne
angin ne corage ne volenté d'aler ne de faire ne de dire en
nule maniere contre sa volenté; et que anemis ne me puisse 1375
tanter ne angignier ne fere perdre l'amor de Jhesu-Crist."
Adonc responent tuit si compaignon: „Si voirement comme il
faire le peust, t'en guart il, Petrus!"

conoist assez Que vous meismes ne savez || respont] *D* dit || Miauz—
il] *AF* il vous connoeist mielx |} 1367. mais — compaignie] *R 3211,2*
Meis une chose vous priuns, Et pour l'amour qu'à vous avuns ||
1368. prions] *A* praierons || por ^bis] *ADF* par || compaignie] *A*
courtoisie || que—aler] *R 3213,4* Que vous nous vouilliez demoustrer De
quel part vous voudrez aler || vos] *D om.* || me] *C* nos || 1369. quel
part] *D* que par || vos volez aler] *C* vostre' pansée est, en quel leu vos
volez aler *DF* (votre courage est *F* est vostre couraige) à aller || volez]
*C* pensez || Et il respont] *R 3215* Petrus dist || Ge—cestui] *R 3215—8*
je le sai moult bien, Et se ne m'en ha nus dist rien; Ainz ne
veistes messagier Qui mieuz le seust sanz nuncier || 1370. onques]
*H ad.* mais || ne] *H om.* || anchargié] *D* eschargé || que] *CA* de
1371. je — occidant] *R 3219—21* En la terre vers occident, Ki est
sauvage durement, Es vaus d'Avaron m'en irei |} es] *H om.* || solu-
taire leu] *A* lieu seul || solitaire] *DF* lontain *H* soudain [!] || vers]
*H* vous [!] || 1372. et illuec — sauveour] *R 3222* La merci Dieu
attenderei || et] *DF om.* || mon sauveour] *C* nostre seigneur || Et
— seignor] *R 3223,4* Et vous de moi merci aiez, A Dieu, nostre
seigneur, priez || 1373. à] *A om.* || que il—sa volenté] *R 3225—8*
Que n'aie force ne povoir, Enging, corage ne vouloir D'aler contre
sa volenté, Ne de dire contre son gré || que il—doint ne] *C* que anemis
n'ait force ne pooir de moi destorber et que Dex ne soffre que ge
|| ne angin—ne volenté] *A* force ne pooir ne enging ne courage *D*
ne force ne poer ne volenté *F* ne force ne volunté ne povair || ne
angin] *C* angin || 1374. en — volenté] *F* chose qui encontre sa
volunté puisse estre || en nule maniere] *D* chose qui soit || 1375. et
que — Crist] *R 3229—32* Encor metrez on vo priere Qu'ennemis en
nule menniere Me puist perdre ne tempester Ne de l'amour de Dieu
sevrer || et que] *DF* ne que || puisse] *F* puissent || tanter ne] *DF om.*
|| angignier] *DF* decepvoir || ne fere — Crist] *C* en tel maniere que
ge perde la soe amor *DF* par quoi je perde (la soe *F* son) amor
|| 1377. Adonc — compaignon] *A om. R 3233* Trestout respondent

Lors s'an alerent tuit ansamble chies Bron et parlerent
1380 à ses anfanz; si les apele Brons, et lor dist: „Vos iestes tuit
mi fil et mes filles en loi, et vos sanz hobediance ne poez
avoir la joie de paradis; et por ce voil que vos hobeissiez
tuit à l'un de vos et, tant con ge puis de bien doner et de
grace, doig ge à mon fil Alain, et li proi et coment que il
1385 vos praigne toz an garde, et vos coment que vos hobeissiez
tuit à lui si con vos devez faire à vostre seigneur, et que vos
de totes les choses dont vos seroiz encombré, iroiz à lui; et
il vos en adrecera et donnera conseil. Et gardez que nule
chose n'entrepreignez sor son commendement."

---

d'une part *C* Et il respondent || Adonc] *In F sind hinter diesem
Worte mehrere Wörter ausgestrichen, so dass sie nicht mehr zu er-
kennen sind* || responent] *F* respondit || tuit si] *F* son || Si — Petrus]
*R 3234* Diex qui feire le puet, t'en gart *C* Petrus, einsinc t'an gart
il com il faire lou puet || 1379. Lors — Bron] *R 3235* En la meison
Bron s'en alerent || Lors] *F* Adoncq || s'an] *ADF om.* || et — anfanz]
*R om.* || 1380. si les — dist] *R 3236,7* Les enfanz Hebron apelerent,
Et à eus touz Hebrons a dist *C* Et Brons lor dist après || si] *F*
et || lor] *D om.* || Vos — filles] *R 3238* Mi fil, mes filles estes tuit
|| Vos] *C* Bel anfant, vos || 1381. en loi] *C om. F* en la loy de
Dieu || et vos — paradis] *R 3239,40* Paradis avoir ne povez, S'à
cui que soit n'obeissiez || et vos] *D* en vous || poez] *H* pres || 1382.
et por — vos] *R 3241,2* Pour ce vueil et si le desir, Vous touz à
un seul obeir || voil] *CA ad.* ge || 1383. l'un de vos] *A* Alain || et
tant — Alain] *R 3243—5* Et tant com je de bien donner Puis, et
de grace delivrer, Je la doins à men fil Alein *A* quar je li doins
tout quanc que je puis donner de bien et de grace [de bien doner]
*DF* doner (de *F* du) bien || 1384. et li proi — garde] *R 3247,8* Je
li commant et vueil prier, Qu'il vous preigne touz à garder || et
coment] *AF om.* || 1385. praigne] *DF* ait || garde] *D ad.* après Deu
*F ad.* en la loy de nostre seigneur || et vos — seigneur] *R 3249,50*
Et vous à lui obeirez Comme à seigneur feire devez || et vos] *C*
et je vos || 1386. si — seigneur] *A* com à seignor || et que — lui]
*R 3251,2* Et s'avez de conseil mestier, A lui irez sanz atargier ||
1387. les] *A om.* || dont] *F* que || encombré] *F ad.* ne en auchune
necessité || iroiz] *A* alez *D* vos conseilliez *F* que vous ailliez à conseil
|| et il — conseil] *R 3253,4* Sanz doute il vous conseillera Si loiau-
ment comme il pourra || 1388. en] *AF om.* || adrecera] *D* drecera
*F* adroissera || et donnera conseil] *CAD om.* || Et gardez — commen-
dement] *R 3255—7* Une chose dire vous ose, Que vous n'entreprenez
pas chose Deseur le suen commandement || Et] *D* Et si || nule] *DC*
ja nule || 1389. n'entre preignez] *C* n'anprenez à feire *A* vous n'en-

Eusine s'an departirent li enfanz de chies lor pere et orent 1390
gré que il croiroient Alain de toutes les choses. Et ainsinc
les en mena en estranges terres. Et par totes les terres où
Alains venoit, à toz les hommes et femes qu'il trovoit, preeschoit et retraioit la mort de Jhesu-Crist et anoncoit son non ;
et il avoit si grant grace con nus hons pooit avoir. Eusine 1395
cil s'en sont alé et parti ; mais d'els ne voil or plus parler,
tant que li droiz coute me remaint à els.

Quant il s'en furent alé et parti, Petrus apela Joseph et

---

prenez *D* ne prenez ‖ sor] *A* contre ‖ 1390. Ensinc— pere] *R 3259,60*
Li enfant s'en vunt tout ainsi, De leur pere sunt departi ‖ s'an]
*ADF* se ‖ enfanz] *C* anfant ‖ et orent — choses] *R 3261,2* Et mout
boenne volenté unt Qu'il Alein leur frere crerunt *C* et orent ensinc
li home et les fames garant qu'il croient Alain de totes lor choses
*A* et gréerent que il croiroient Alain de toutes les choses *D* et
orent grée que il le croioirent de toutes choses *F* et eurent l'autre
pour leur gouverneur et garant et distrent tant eulx que les femmes
qu'ilz le croiroient de toutes choses ‖ 1391. Et — terres} *R 3263,4*
En estranges terres ala, Avec lui ses freres mena ‖ ainsinc] *A* il ‖
1392. en mena} *A* mena *D* amaine *DF* ad. Aleins ‖ Et par— venoit]
*R 3265* En touz les lius où il venoit ‖ par — terres] *A* partout là ‖
1393. Alains] *D* Helains ‖ à toz — non] *R 3266—9* Hommes et
femmes qu'il trouvoit La mort anuncoit Jhesu-Crist, Ainsi cum
Joseph li aprist, Le non Jhesu-Crist preeschoit *C* si faisoit par les
meilleurs viles, as citez et as chastiaus assembler totes les genz, si
les preeschoit et retraioit la mort de Jhesu-Crist et lor anoncoit la
creance novele de son saintisme non *A* si denoncioit la mort de
Jhesu-Crist à touz les prodes hommes et fames que il trouvoit *DF*
et à tout les prodes homes (*F ad.* qu'il trouvoyt) et (*F ad.* à toutes)
les prodes fames que il trovoit et (retraioit *F* racontoyt de) la mort
(*F ad.* de) Jhesu-Crist (en *F* et de) son non ‖ 1395. et il—avoir}
*R 3270* Entre touz mout grant grace avoit ‖ et il — grace] *DF* Einsi
ot Alains (*F ad.* si) bone grace de Dieu ‖ il] *A* ainsi ‖ hons] *C* hom
*F om.* ‖ pooit] *A* peust *D* puest *C ad.* plus *F ad.* jamais ‖ avoir] *CD ad.*
greignor ‖ Ensinc — à els] *R 3272—4* Meis or d'eus vous leirei ci,
Que je n'en vueil or plus paller, Se m'i couvenra retourner ‖ Ensinc
— parti] *R 3274* Ainsi furent d'ilec parti *und 3275* Parti s'en sunt
et tout alé ‖ Ensinc] *ADF om.* ‖ 1396. cil — parti] *C* s'en alerent
cil et partirent ‖ cil] *F om.* ‖ *F* partiz et allez ‖ mais — ne] *A* si
n'en ‖ or] *ADF om.* ‖ 1397. tant — els] *A* à pensant ‖ conte] *C* del
conte ‖ els] *D* eles ‖ 1398. Quant — dist] *R 3275—7* Parti s'en sunt
et tout alé. Petrus ha Joseph apelé Et les autres, si leur ha dit ‖

toz les autres et lor dist: „Seignors, il covient que ge m'en
1400 aille au commendement de Jhesu-Crist." Lors vindrent tuit en
un corage et proient Petrus que il remaigne. Et il respont:
„Je n'ai talant ne volanté de demorer; mais por l'amor de
vos demorerai hui mais et demain jusqu'après lou servise.
Ensinc remest Petrus. Et nostres sires qui avoit tot esgardé
1405 coment il devoit estre, si envoia son message à Joseph, et
dist: „Joseph, ne t'esmaier mie; il covient que tu faces la
volanté Jhesu-Crist et retraies l'amor de toi et de lui à Petrus.
Et Petrus s'en redoit aler. Et sez tu por quoi li talanz vos
vint à toz ansamble, que vos lou retenissiez hui? Nostres
1410 sires le voloit issi por ce que il poist dire verité à celui por

---

Quant—parti] C Ce dit li contes ci en droit que quant cil anfant
furent issi alé et parti que ‖ il] D cil ‖ alé et parti] D alcez F
partiz et allez ‖ 1399. autres] C ad. deciples DF ad. compaignons ‖
lor] A om. C li ‖ Seignors—Crist] R 3278,9 Il m'en couvient aler,
ce quit, Ce soit au Dieu commandement ‖ Seignors] CA Sire ‖ 1400.
Lors — remaigne] R 3280,1 Lors funt leur assemblement, Petrus
prient, ne s'en voit pas ‖ tuit] A trestuit ‖ 1401. proient] CA proie-
rent ‖ remaigne] C remainsist F demeure ‖ Et il—demorer] R 3282,3
Il leur respont ysnele pas, Qu'il n'a talent de demourer ‖ il] CF
Petrus ‖ 1402. ne volanté] D om. ‖ mais — servise] R 3285—7 Meis
hui mes pour vous demourrei Et puis demein si m'en irei, Quant
aruns esté au servise ‖ mais] AD et ‖ l'amor de] A om. ‖ 1403. de-
morerai] D remaindrai A ad. je F je demourre ‖ jusqu' après lou]
F jousques au vespres heure de ‖ 1404. Ensinc — Petrus] R 3288
Ainsi remest à leur devise ‖ remest] A remaint F demeure ‖ Petrus]
A om. C ad. lou soir ‖ Et — Joseph] R 3289—91 Nostres sires qui
tout savoit comment la chose aler devoit, A Joseph son angle envoia ‖ sires] F seigneur ‖ tot] A ad. ce ‖ esgardé] F regardé ‖ 1405.
si] F om. ‖ et dist — mie] R 3293 Et dist qu'il ne s'esmaie mie ‖ et
dist: Joseph] A om. ‖ et dist] C et l'apela et dist ‖ 1406. Joseph]
C ad. Joseph ‖ t'esmaier] F t'esmoye A ad. tu ‖ il covient — Crist]
R 3295 Ma volenté te couvient feire ‖ 1407. Jhesu] A de Jhesu ‖
et retraies — Petrus] R 3296 L'amour de moi et toi retreire ‖ retraies]
C que l'an retraie A retroiroi D retraie F retrayre ‖ à Petrus]
CAD om. C ad. Or en sont ti neveu alé qui la retrairont ‖ 1408.
Et — aler] R 3297 Petrus de vous se doit partir ‖ redoit] F doibt
‖ aler] F retourner ‖ Et sez — hui] R 3298,9 Sez tu, por quoi hui
retenir L'osastes et il demourer? ‖ 1409. vint] C est venuz ‖ hui]
AF ad. mes ‖ Nostres — issi] R 3300 Diex le vouloit ainsi moustrer
‖ 1410. sires] F seigneur ‖ le voloit] CA lou vost ‖ por ce — va]
R 3301—3 Pour ce que voir dire pouist Ne de rien nule ne

cui il s'en va, quant il verra de ton vaissel et des autres
choses, que ge te dirai qu'eles sunt boennes. Joseph, il covient que totes les choses qui ont commencement, qu'eles aient
fin. Nostres sires set bien que Brons est moult preuzdom en
lui, et por ce vost il qu'il porchacast lou poisson qui est à 1415
vostre servise, et il vielt, que il soit garde de cest vaissel après
toi et que tu li dies et aprennes coment il se devra contenir
et totes les amors de toi et de Jhesu-Crist, et coment tu
l'aimas, et il toi, et toz les herremenz que tu sez de lui dès
cele hore que tu nasquis, si que tu l'afermes bien en droite 1420
creance; et li conte coment Jhesus vint à toi en la tor et
coment il t'aporta cest vaissel, et les paroles que il t'aprist,

---

mentist A celui pour qui il s'en va ‖ ce] DF om. A ad. qu'il vouloit ‖ poist] DF puisse ‖ à] A de ‖ por cui — va] A qui le sauva ‖
1411. cui] D quoi ‖ quant — boennes] R 3304—6 Quant il de ton
veissel verra Et des choses que je t'ei dites, Qu'eles sunt boennes
et eslites ‖ quant] A et quant ‖ verra] C aura veu ‖ de ton] A du ‖
des] A les ‖ 1412. que ge—choses] DF om. ‖ que] C ce que ‖ qu'eles
—boennes] A om. C Lors s'en ira ‖ Joseph — fin] R 3307—9 Joseph,
il couvient vraiement, Les choses qui commencement Ont, que fin
aient après ‖ Joseph] A quar ‖ 1413. les] A om. ‖ commencement]
D comencent ‖ qu'eles] A qu'il ‖ D fins aient ‖ 1414. Nostres—
preuzdom] R 3310,1 Nostres sires set bien adès Que Brons mout
preudons ha esté ‖ en lui] A om. F vers luy ‖ 1415. et por—ser-
vise] DF om. R 3312—15 Et pour ce fu sa volenté Que il en iaue
peeschast Et qu'il le poisson pourchacast, Que vous avez en vo
servise ‖ vost] A voulut ‖ 1416. et il — toi] R 3316—8 Diex vieut
et einsi le devise, Que il ten veissel avera Et après toi le gardera ‖ et]
A que DF quar ‖ il] C om. ‖ 1417. et que — contenir] R 3319,20
Apren li comment meintenir Se devera et contenir ‖ aprennes] CDF
apran ‖ 1418. et totes—il toi] R 3321,2 Et l'amour que tu has à moi
Et qu'ei adès euc à toi ‖ 1419. l'aimas] C l'aimes ‖ et il toi] D et
il ama toi F et comment il t'ama ‖ et toz — nasquis] R 3323—6
Apren li touz les erremenz Et trestouz les contenemenz, Trestout
ce que de Dieu oïs Dès cele eure que tu naschis ‖ toz les herremenz]
F toutes les bonnes vertuz et operations ‖ tu sez] D sez ‖ dès] F
depuys ‖ 1420. cele hore] DF om. A l'eure ‖ hore] C hors ‖ si —
creance] R 3327 En ma creance le metras ‖ en] CA à ‖ droite] C
ferme F bonne et droicte ‖ 1421. et li — tor] D om. R 3329,30
Di li, comment Diex à toi vint En la chartre ‖ Jhesus] F nostre
seigneur ‖ et coment — vaissel] R 3330,1 et ton vaissel tint Et en
tes meins le te bailla ‖ 1422. cest] H son ‖ et les—chartre] R 3332

quant il parla à toi en la chartre; ce sont iceles saintimes
paroles pretieuses que l'en tient au sacré del Graal. Et quant
1425 tu li auras ce fait, si li commende lou vaissel qu'il le garde
bien dès lors en avant, [s']i mespreigne, sera la mesprisons
sor lui. Et tuit cil qui orront de lui parler, lou clameront
lou riche pescheor por lou poisson que il pescha. Et einsinc
lou covient à estre. Et ansinc com li mondes va en avalant,
1430 covient que toute ceste gent se traie vers occident. Si tost
come li riches peschierres sera saisiz del vaissel et de la grace,
si convenra que il s'en aut aval vers occident, là où ses cuers li

---

Les seintes paroles dist t'a ‖ 1423. quant — chartre] *H om.* ‖ quant]
*D* que ‖ ce sont — Graal] *R 3333—6* Ki sunt douces et precieuses,
Et gratieuses et piteuses, Ki sunt proprement apelées Secrez dou
Graal et numées ‖ saintimes] *H* sourtismes [!] *F* sainctes sacrées ‖
1424. pretieuses] *CDHF om.* ‖ l'en] *H om.* ‖ sacré] *F* sainct sacrement ‖ del Graal] *F* de l'autier ‖ del] *A* sur le ‖ Graal] *D ad. in*
*Roth*: Li conte a dit comment Joseph a raconté à Petrus de la
mort de Jhesu-Crist. Après il dira, comment il baillera à Bron son
vessel et la commandera à guarder *F ad.* Ou conte precedent a esté
raconté comment Joseph a declaré à Petrus l'amour de Jhesus-Crist
et de luy. Cy après parlera comment il abailla à Bron son vaisseau
et luy commanda à garder ‖ Et — fait] *R 3337* Quant ce averas feit
bien et bel ‖ Et] *DF om.* ‖ 1425. li] *D om.* ‖ fait] *A* dit *DF* apris
(et mostré à Bron *F om.*) ‖ si li — bien] *R 3338,9* Commanderas li
le veissel, Qu'il le gart dès or en avant ‖ li] *D om.* ‖ commende] *F*
recommande ‖ qu'il — bien] *C* et la garde de lui *AD* et la garde ‖
1426. dès] *CADF* et dès ‖ lors] *DF* illeuc ‖ s'i — lui] *R 3340—2*
N'i mespreigne tant ne quant, Toute la mesproison seroit Seur lui
‖ s'i mespreigne] *CADF om.* ‖ mesprisons] *DF* prison ‖ 1427. Et —
parler] *R 3343* Et cil qui nummer le vourrunt ‖ *A* parler de lui ‖
lou clameront — pescha] *R 3344—7* Par son droit non l'apelerunt
Adès le riche pescheeur... Pour le poisson qu'il peescha ‖ 1428.
lou clameront] *A* si le clameront *F* le clameront et nommeront ‖
pescha] *H* peschera ‖ Et — estre] *R 3349* Ainsi couvenra la chose
estre ‖ Et] *AD om.* ‖ 1429. lou] *A om.* ‖ à] *AD om.* ‖ Et ansinc —
occidant] *R 3351—4* Ausi cum li monz va avant, Et touz jours en
amenuisant, Couvient que toute ceste gent Se treie devers occident
‖ Et] *AD* que *F* car ‖ li] *C* toz li ‖ va] *C* va et ira *D* vait et va ‖
1430. covient] *DF ad.* il ‖ toute] *C* trestote ‖ gent] *C* jant ‖ traie]
*C* traient *A* voist *D* retraie *F* tire ‖ Si — grace] *R 3355,6* Si tost
com il seisiz sera De ten veissel, et il l'ara ‖ 1431. del] *A* de cest
‖ 1432. si — occidant] *R 3357,8* Il li couvient que il s'en voit Par

dira; et là où il s'arestera, li covendra que il atende lou fil
de son fil, et que ceste grace et cest vessel celui le rende et
recomant, quant il sera tens, que il lou devra avoir. Et lors 1435
sera eutre vos acomplie la senefiance de la trinité qui est par
trois. Lors fera dou tierz Jhesu-Crist son plaisir, qui est sires
de toutes choses. Quant tu auras cest vaissel baillié à Bron,
et commendée la grace, et tu en seras dessaisiz, lors s'en ira
Petrus et porra dire voirement que il en aura veu saisi lou 1440
riche pescheeur, et ce est la chose por qu'il remest jusqu'à
l'endemain. Et quant il aura ce veu, si s'en ira. Et li riches
pecheors sera saisiz du vessel, si s'en ira par mer et par terre; et

---

devers occident tout droit ‖ aut aval] *A* avale ‖ là — dira] *R 3360*
Et lau li cuers plus le treira ‖ 1433. et là — son fil] *R 3361—3*
Et quant il sera arrestez Là ù il vourra demourez, Il atendra le
fil sen fil ‖ 1434. et que — avoir] *R 3365—70* Et quant cil fiuz
sera venuz, Li veissiaus li sera renduz Et la grace, et se li diras
De par moi et commanderas Que il celui le recommant, Qu'il le
gart dès or en avant ‖ que — recomant] *C* ceste grace de ton vaissel
que tu li conmenderas que il à celui lou rebaut et rande *A* il
commande que il li rende la grace de ton vessel si tost com il le
verra et *D* que il iceste grace, icest vessel que tu li comanderas
que icelui le rende et le recomant et *F* et que ceste grace et cestuy
vaisseau que tu leur commanderas que bien il les garde et rend et
‖ 1435. lou] *A* la ‖ Et lors — trinité] *R 3371—3* Lors sera la senefiance Acomplie et la demoustrance De la benoite trinité ‖ 1436.
entre vos] *AF om.* ‖ acomplie] *F ad.* entre vous ‖ qui — trois] *R 3374*
Qu'avons en trois parz devisé ‖ 1437. trois] *D ad.* personnes ‖ Lors
— choses] *R 3375—7* Dou tierz, ce te di ge pour voir, Fera Jhesu-Criz
sen vouloir, Qui sires est de ceste chose ‖ Lors] *C* et lors ‖ fera] *CADF*
sera ‖ Jhesu — plaisir] *CADF* au plaisir (de *DF om.*) (Jhesu-Crist *A*
Dieu) ‖ qui] *D* qu'il ‖ 1438. Quant — dessaisiz] *R 3379—81* Quant le
veissel à Bron donras, Et grace et tout li bailleras, Et tu en seras de-
saisiz ‖ tu] *DF ad.* li ‖ cest — Bron] *A om.* ‖ à Bron] *DF om.* ‖ 1439. com-
mendée] *F* rendu et recommandée *A ad.* et rendue ‖ lors — pescheeur]
*R 3383—8* Adonques s'en ira Petrus, Je ne vueil qu'il demeurt
plus; Car vraiement dire pourra Que il saisi veu aura Hebron, le
riche pecheeur, Et dou veissel et de l'onneur ‖ lors] *C ad.* si ‖ 1440.
porra] *C* si porra bien ‖ voirement] *C* de voir ‖ aura] *C* a ‖ 1441.
et ce — l'endemain] *R 3389,90* Pour ce Petrus fu demourez Dusqu'au
mein ‖ qu'il] *D* quoi il ‖ remest] *AD* remaint *F* demourra ‖ jusqu'à]
*F* au ‖ 1442. l'endemain] *C* demain ‖ Et quant — terre] *R 3391,2*
Quant ce aras feit, il se mouvra, Par terre et par mer s'en ira ‖ il]
*DF* Petrus ‖ Et li — s'en ira] *CA om.* ‖ 1443. terre] *C ad.* à tot son vessel

cil qui totes boennes choses a en garde, lou gardera. Et tu,
1445 quant tu auras tot ce fait, si prandras fin del siegle terrien et
venras en joie pardurable. Tu et ti oir et la ligniee qui de ta
sereur istra et est issue, sera sauf, et tuit cil qui bien en sauront
parler, en seront plus amé et chier tenu de toz preudomes."
Ensinc lou fist Joseph com la voiz dou message Jhesu - Crist
1450 li ot commendé. L'andemain se rasamblerent tuit au servise,
et Joseph retrait à toz ce que la voiz dou saint esperit li
avait dit, fors les paroles que Jhesus - Criz li aprist en la
chartre; et iceles paroles aprist il au riche pescheeur en tel

---

*A ad.* et li riche pechierre s'en ira, saisiz de son vessel ‖ et cil —
gardera] *R 3393,4* Et cil qui toutes choses garde, L'avera du tout
en sa garde ‖ 1444. totes — choses] *A* tout ‖ a] *D om.* ‖ Et tu —
terrien] *R 3395,6* Et tu, quant tout ce feit aras, Dou siecle te
departiras ‖ tu] *A om. F* toy *DF ad.* Joseph ‖ 1445. terrien] *A om.*
‖ et—pardurable] *R 3397* si venras en parfeite joie ‖ 1446. venras]
*CF* t'en venras ‖ *C* la joie ‖ Tu — preudomes] *R 3400—6* Tu et
ti oir et la lignie, Tant ce qu'est né et qui neistra De ta sereur,
sauf estera. Et cil qui ce dire sarunt, Plus amé et chieri serunt
De toutes genz plus hennouré, Et de preudommes plus douté *C* et ti
oir quant il morront, viendront et tuit cil qui de ta sereur istront
et sont issu, en seront tuit parconnier de la grant joie qui ja ne
prandra fin; et tuit cil qui bien en sauront parler, en seront plus
amé et chier tenu de toz preudomes et de toz lou pueple communement *A* et ta lignie qui de ta seror istra et est issue, vendront
après toi et tuit cil qui bien en sauront parler, en seront plus amez
de touz *DF* et (tu *F* toy et) (ta lignie de tes heirs *F* de tes hoirs
la lignée) qui de ta seror istra et est issue, sera touz jorz mais
essauciée et tuit cil (auront pallé à aux *F* parler en scauront) en
seront plus amez et chier tenuz (*F ad.* de toutes prodes gens) ‖
1449. Ensinc — commendé] *R 3407,8* Ainsi Joseph trestout feit ha
Ce que la voiz li commanda ‖ *C* Et ensinc ‖ lou] *A om.* ‖ message]
*F* messaigier ‖ 1450. li ot] *A* l'ot *C* a ‖ L'andemain — servise]
*R 3409,10* L'endemein tout ce rasemblerent, Et au servise demourerent ‖ *A* Et l'endemein ‖ se rasamblerent] *A* si s'assemblerent ‖ se]
*DF om.* ‖ 1451. et Joseph — dit] *R 3411,2* Joseph leur ha trestout
retreit Quanque la voiz dist entreseit ‖ retrait] *C* lou restraist *A* si
retrait *F* raconte ‖ toz] *DF* Petrus et à Bron ‖ ce que] *C* issi come ‖
saint esperit] *CA* message Jhesu-Crist ‖ 1452. avait dit] *ADF* li ot commandé *D ad.* touz *F ad.* tout *C ad.* trestot lor dist ‖ fors—chartre] *R
3413,4* Fors la parole Jhesu-Crist, Qu'en la chartre li avoit dist ‖ les] *CA*
iceles ‖ aprist] *DF* avoit (aprises *F* apris) ‖ 1453. et iceles—pescheeur]

maniere que il les avoit escriptes, si li mostra l'escrit priveement. Quant tuit li autre orent oï et entendu que Joseph se 1455
departiroit de lor compaignie, si en furent moult esmaié. Et
Petrus, quant il ot oï que Joseph s'en fust dessaisiz et ot celui
bailliée sa grace, et les commendemenz retraiz et anseignez,
et il l'en ot veu saisi, si prist congié; quant il furent levé, si
s'en ala. Au congié prandre ot plaint et sospiré et plorées 1460
maintes lermes par grant humilité et faites oreisons et proieres
por Petrus, que Dex le menast en tel leu, qu'il fust à son
pleisir et à sa volenté. Joseph remest encor ensamble o lou
riche pescheor et fu en sa compaignie trois jorz. Au quart jor
dist Brons à Joseph: ,,Sires, uns grans talanz me vient que ge 1465
m'en aille; plaist te il que je m'en aille?" Et Joseph respont:

R 3415,6 Cele parole sanz faleur Aprist au riche pecheeur C ad.
seul à seul || en — escriptes] R 3417,8 Et quant ces choses li eut
dites, Si li bailla après escrites || 1454. avoit] C ot || si — priveement]
R 3419,20 Il li a feit demoustrement Des secrez tout priveement
|| si] F et || priveement] A om. || 1455. Quant — esmaié] R 3421—5
Quant il eurent Joseph oï, Et chaucuns d'eus bien l'entendi, De leur
compaignie partoit, Ne avec eus plus ne seroit, Il en furent tout
esbahi || se] D om. || 1455. Et — dessaisiz] R 3426 Quant virent
Joseph desseisi || Et — oï] C Et quant Petrus ot ce oï et entendu ||
1457. Petrus] H om. || ot] D om. || oï] A ce oï || s'en] H le || fust] H om.
C estoit || dessaisiz] H dessaisiront dou vaissel || et ot — congié] A om.
R 3428—32 Car il seurent qu'il eut baillié Sa grace et son commandement, Ne savoient pas bien comment. Seisiz fu li riches
peschierres Dou Graal et touz commanderes. Congié prist || et ot
— anseignez] D om. || celui] F om. || 1458. bailliée] F baillié || 1459.
l'en] D en || saisi] D ad. le riche pecheor || prist] CA a pris || quant
— levé] R 3433 quant levé se sunt || C et quant || si s'en ala]
C ad. de la table D ad. sanz F' si se leva || 1460. Au —
humilité] R 3434—6 Au departir mout plouré unt, Souspirent et
unt larmoié; C'estoit tout par humilité || Au] D aux || ot — plorées]
D si ot ploré et souspiré F et plaint et plore et souspire || et sospiré]
A soupiré || 1461. et faites — volenté] R 3437,8 Il funt oroisons et
prieres || et faites — proieres] A de prieres et d'oroisons || faites] DF fait
|| 1462. por — volenté] CA om. || le] D les || 1463. Joseph — pescheor]
R 3439,40 Joseph remest, pour feire honneur, Avec le riche pescheeur
|| C Et Joseph || remest] A remaint F demeure || encor] D om. || o]
C om. A et D ou || 1464. et fu — jorz] R 3443 Au tierz jour ha
à Joseph dist || Au quart jor] DF lors || 1465. Brons] C Bron
A om. || Sires — aille] R 3444,6 Joseph, ... Volenté ei que je m'en
aille || uns] F mon || me] F om. || 1466. plaist — aille] R 3447,9

10

„Il me plaist bien, puis que il plaist à nostre seignor. Tu sez
bien que tu an portes et en quel compaignie tu t'en vas, ne
nus des autres ne lou set si apertement com tu et ge lou
1470 savons. Tu t'en iras, quant tu voldras, et je remaindrai au
commendement de mon sauveur." — Ensinc se departirent; si
s'an ala li riches peschierres dont maintes paroles furent puis
dites et retraites. Et ensinc remest Joseph et fina en la terre
et ou pais où il fu nez.

1475     Et messires Roberz de Borron dist que qui bien voldra
savoir cest conte, il li couvendra à conter, que Alains, li filz

---

Se il te venoit à pleisir, Par ten congié m'en vueil partir *C* plaist
te il? *A* se il te plaist *D* plest vos il, que je m'en aille *F* vous
plaise que m'en aille ‖ Et Joseph — seignor] *R 3449,50* Il me pleit
bien, Joseph respont; Car ces choses de par Dieu sunt ‖ 1467. Il
me] *CA* que il li ‖ bien] *CA* moult bien ‖ puis] *DF* quant
‖ plaist à] *C* li plaist et ‖ Tu — vas] *R 3451,2* Bien sez, que tu
emporteras, Et en quel pais t'en iras ‖ Tu] *CA* Et tu ‖ 1468. et
en — vas] *A om.* ‖ t'en] *DF om.* ‖ ne nus — savons] *R om.* ‖ ne]
*C* et ‖ 1469. des autres] *A om. C ad.* de noz compaignons ‖ lou]
*D om.* ‖ com — savons] *A om.* ‖ *D* je et tu ‖ tu] *F* toy ‖ ge] *F* moy ‖
1470. savons] *C* savon *D* savois ‖ Tu t'en — sauveur] *R 3453,4* Tu t'en
iras, je remeindrei, Au commendement Dieu serei ‖ Tu — quant]
*A* Va t'en là où ‖ Tu] *C* Mes tu ‖ je remaindrai] *DF* (je *D om.*)
m'en irai ‖ 1471. Ensinc — peschierres] *R 3455,6* Ainsi Joseph se
demoura; Li boens pescherres s'en ala ‖ departirent] *D ad.* Joseph
et Bron ‖ si — retraites] *D om.* ‖ 1472. dont — retraites] *R 3457,8*
Dont furent puis meintes paroles contées ‖ maintes — furent] *AF*
mainte parole fu ‖ puis] *F* depuys ‖ 1473. dites et retraites] *A om.*
*F* dite et retraicte *C* en la grant Bretaigne ‖ Et ensinc — nez]
*R 3459,60* En la terre lau il fu nez, Et Joseph si est demourez ‖ Et]
*H om.* ‖ ensinc] *D om.* ‖ remest — fina] *D* Joseph s'en ala ‖ remest]
*F* demeure ‖ 1474. où — nez] *A om.* ‖ où] *H* il ‖ nez] *D ad.*
et ampris la terre *C* envoiez de par Jhesu-Crist ‖ 1475. Et messires
— conte] *R 3461,2* Messires Roberz de Beron dist, Se ce ci savoir
voulun ‖ Et messires — dist] *D* Dit ore *H* Ore dist apries cis
contes *F* Et dit après la letre ‖ Borron] *C ad.* qui cest conte
mist en autorité par lou congié de sainte eglise et par la proiere
au preu conte de Monbeliart, ou cui servise il estoit, si dist *A ad.*
qui cest conte mist en ystoire par le congié de sainte yglise, dist
‖ *CA* voldra bien ‖ 1476. conte] *C* livre ‖ il li — devint] *R 3463—5*
Sanz doute savoir couvenra Conter là ù Aleins ala, Li fiuz Hebron
et qu'il devint ‖ il — conter] *C* si saura dire et conter ‖ couvendra]
*H* couverroit ‖ à conter] *A* savoir *H* raconter ‖ que] *D* où *H* que

Bron, devint et où il est alez et quel vie il mena et quex
oirs issi de lui et quel vie li oir menerent. Et si li convendra
savoir la vie Perron et où il est alez et où il sera trovez.
Et si li convendra qu'il sache que Moys est devenuz et que 1480
il lou puisse trouver par raison de paroles et qu'il sache où
li riches peschierres s'an ala et que il sache mener celui qui
aler doit par raison. Toutes ces .IIII. parties covient assambler,
chascune partie par soi, si com eles sont devisées. Et ce ne
puet nus hons faire, se il n'a veu ou oï conter de ceste estoire 1485
[ou] livre del Graal. Et au tens que messires Roberz de Borron
lou retraist o monseigneur Gautier de Monbeliart, ele n'avoit

---

il ‖ Alains] *C ad.* li gros ‖ 1477. et où — alez] *A om. R 3466* En
queu terre aler le couvint· ‖ alez] *DHF ad.* et où il sera trovez ‖
et quel — trovez] *H om.* ‖ et quel — mena] *R om.* ‖ et quex — lui]
*R 3467* Et ques oirs de li peut issir ‖ 1478. issi] *DF* ystra ‖ et
— menerent] *DR om.* ‖ Et si — Perron] *R 3469* Et queu vie Petrus
mena ‖ li — savoir] *D* covendra à celui qui cest conte voudra savoir
*F* fauldra à celuy qui cest conte vouldra scavoir, avoyr cognoissance
de ‖ 1479. Perron] *A* du Perron ‖ et où — alez] *CA om.* ‖ et où —
trovez] *R 3470—2* Qu'il devint, n'en quel liu ala, En quel liu sera
recouvrez; A peinnes sera retrouvez ‖ 1480. Et si — sache] *R om.*
*A* et savoir ‖ li] *DHF om.* ‖ sache] *C ad.* dire ‖ que — devenuz]
*R 3473* Que Moyses est devenuz ‖ est devenuz] *CA* devint ‖ et que
— paroles] *R 3475,6* Trouver le couvient par reison De parole *H*
que il le puisse par raison de parole trouver ‖ et que — paroles]
*A om.* ‖ 1481. puisse trouver] *C* retruist ‖ de] *DF* des ‖ et qu'il
— ala] *R 3477* Lau li riches peschierres va ‖ qu'il sache] *A om.* ‖
qu'il] *C* que cil qui lou trovera ‖ 1482. s'an ala] *CA* ala *D* va ‖ et
que — raison] *R 3479,80* Et celui sache ramener, Qui or en droit s'en
doit aler ‖ mener] *H* Petrus mener ‖ celui — raison] *H* par raison
là ù il aler doit ‖ 1483. aler] *CA ad.* i ‖ raison] *C ad.* de paroles
et d'uevre ‖ Totes — soi] *R 3481,2* Ces quatre choses rassembler
Couvient chaucune ‖ *C* Et totes ‖ covient assambler] *D om.* ‖ assam-
bler] *CA* ansamble assambler ‖ 1484. chascune — memoire] *DHF om.*
‖ chascune — devisées] *R 3483,4* Chascune partie par soi Si comme
ele est ‖ Et ce — Graal] *R 3484—8* meis je bien croi Que nus hons
nes puet rassembler, S'il n'a avant oï conter Dou Graal la plus
grant estoire, Sanz doute, ki est toute voire ‖ 1485. hons] *C* hom
‖ ou] *C* et ‖ de ceste — Graal] *CA* (lou livre *A om.*) del Graal de
ceste estoire ‖ 1486. Et au — livre] *R 3489—94* A ce tens que je
la retreis O monseigneur Gautier en peis, Qui de Montbelyal estoit,
Unques retreite esté n'avoit La grant estoire dou Graal Par nul
homme qui fust mortal ‖ 1487. retraist] *C* restraist ‖ o] *A* et *C*

onques esté escripte par nul home, fors el grant livre. Et je
voil bien que tout cil sachent, qui cest livre verront que, se
1490 Dex me done santé et vie et memoire, ge rasamblerai totes
ces .IIII. parties en une seule, ensinc con ge les ai par raison
d'une seule partie traites ; et ce aist Dex li puissanz de totes
choses. Et si convendra à conter de la cinquoisme et ces .IIII.
laissier tant que je revienge à ces paroles et à ceste eovre,
1495 chascune par soi. Et se ges laissoie atant, nus ne sauroit,
que ces choses seroient devenues ni por quel senefiance jes
auroie desevrées.

---

à ‖ Gautier] *C ad.* lou preu conte ‖ 1488. par — livre] *A* fors du
grant livre par nul homme ‖ Et — seule] *R 3495—9* Meis je feis à
touz savoir, Qui cest livre vourrunt avoir, Que, se Diex me donne santé
Et vie, bien ei volenté De ces parties assembler ‖ 1490. memoire]
*CA ad.* (et *A* que) se il par son pechié ou par son corroz ou por
ce que il (crerist *A* creust) moi, (se Deu non ou talent où ge ai esté
tresqu'à or *A om.*) ‖ totes — raison] *D om.* ‖ 1491. en] *C* par paroles à ‖
ensinc — choses] *R om.* ‖ ensinc — traites] *HF* ensi par raison comme
(*F ad.* je) les ai (traites *F* aprises) d'une seule partie (*F ad.* et traictes)
‖ 1492. d'une — traites] *D* aprises d'une sole partie et traites ‖ et ce]
*CD* ce *H* et apries chou ‖ aist] *CADHF* est ‖ puissanz] *HF* tous
poissans *H ad.* sires ‖ de totes choses] *AF om.* ‖ 1493. Et — soi]
*R 3501—8* Ausi cumme d'une partie Leisse, que je ne retrei mie,
Ausi couvenra il conter La quinte et les quatre oubliet, Tant que
je puisse revenir Au retreire plus par loisir Et à ceste uevre tout
par moi Et chascune m'estu[et] pa[r] soi ‖ de la cinquoisme] *CA* ce
meismes *DHF* de la ceine meismes ‖ 1494. tant — soi] *C* mais
ancois me convendra à conter d'une ligniee de Bretaigne, c'est la
ciquoisme et des aventures qui i avindrent et puis revendrei à ceste
oevre et la raconterai chascune ligniee par soi ‖ ceste eovre] *A* ces
eovres *D* cestes hoiere *H ad.* faire ‖ 1495. chascune] *H* chasane (!)
‖ Et se — desevrées] *R 3509—14* Meis se je or les leisse atant, Je
ne sai homme si sachant Qui ne quit que soient perdues, Ne qu'eles
serunt devenues, Ne en quele senefiance J'en auroie feit dessevrance
‖ Et] *C* Car ‖ se] *H om.* ‖ ges] *AH* je le *DF* ge ‖ atant] *F* ytant
*C ad.* et la cinquoisme ligniee n'i estoit meslée ‖ 1496. ces] *DF*
toutes ces ‖ choses] *H* .IIII. parties ‖ ni] *A* et ‖ jes] *DF* je les ‖
1497. auroie] *HF* avoie ‖ desevrées] *ADHF* departies *C ad.* l'une
de l'autre *F ad. die Kapitelunterschrift*: Le conte precedent a dit
comment Jhesus - Crist rachata son pueple des peines d'enfer.

L'Imprimerie de F. W. Jungfer à Breslau.

Google